高等职业教育铁道供电技术专业系列教材

接触网运行与检修

（第2版）

薛艳红　主编

刘方中　主审

中国铁道出版社有限公司

2026年·北京

内 容 简 介

本书介绍了电气化铁路的发展和成果、接触网的基础知识，按照新形势下铁路标准化、规范化管理要求及“运行、检测、维修”分开的管理模式，系统阐述了接触网运行管理、检测管理和维修管理，以及相关技术资料及台账记录的设置和填写标准，对接触网施工管理、普速铁路接触网大修管理、高速铁路接触网精测精修管理和接触网故障抢修与管理进行了重点介绍。

本书适合作为高等职业院校铁道供电技术专业的教材，也可作为中等职业学校电气化铁道供电专业的教材，还可作为从事接触网运行与检修技术管理人员的工具书和培训教材。

图书在版编目(CIP)数据

接触网运行与检修/薛艳红主编．—2 版．—北京：中国铁道出版社有限公司，2023.8(2026.1 重印)

高等职业教育铁道供电技术专业系列教材

ISBN 978-7-113-30324-2

Ⅰ.①接… Ⅱ.①薛… Ⅲ.①接触网-运行-高等职业教育-教材②接触网-检修-高等职业教育-教材 Ⅳ.①U225

中国国家版本馆 CIP 数据核字(2023)第 112361 号

书　　名：**接触网运行与检修**
作　　者：薛艳红

责任编辑：尹　娜　　**编辑部电话**：(010)51873206　　**电子邮箱**：624154369@qq.com
封面设计：郑春鹏
责任校对：安海燕
责任印制：赵星辰

出版发行：中国铁道出版社有限公司(100054，北京市西城区右安门西街 8 号)
网　　址：http://www.tdpress.com
印　　刷：北京铭成印刷有限公司
版　　次：2023 年 8 月第 1 版　2026 年 1 月第 2 次印刷
开　　本：787 mm×1 092 mm 1/16　**印张**：20.75　**字数**：500 千
书　　号：ISBN 978-7-113-30324-2
定　　价：59.00 元

第2版前言

“铁路职业教育铁道部规划教材”中的《接触网运行与检修》出版后，弥补了接触网专业现场运行与检修管理方面教材的空缺，受到相关院校，以及供电段和维管段等供电设备管理单位的青睐，出版社先后进行了8次印刷，得到了广大院校和读者的一致好评。

《接触网运行与检修》于2008年6月出版后，中国铁路发生了翻天覆地的变化。2008年8月1日，中国第一条具有完全自主知识产权、世界一流水平的高速铁路——京津城际铁路通车运营，标志着中国正式进入了高铁时代。至2022年底，中国铁路运营里程达到15.5万公里，高铁运营里程达到4.2万公里，电气化率达到73.8%。其间，铁路管理体制发生了根本变化，通过政企分开。国务院将铁道部拟定铁路发展规划和政策的行政职责划入交通运输部；组建国家铁路局，由交通运输部管理，承担铁道部的其他行政职责；组建中国铁路总公司，承担铁道部的企业职责；不再保留铁道部。随后中国铁路总公司又改制为中国国家铁路集团有限公司（简称国铁集团），原来的铁路局改制为铁路局集团有限公司（简称铁路局集团公司）。铁路供电专业维修体制也发生了变化，推行“运行、检测、维修”分开的管理模式。为适应新时代电气化铁路管理要求，满足大中专院校铁道供电相关专业需要，更好地为生产一线和技术管理服务，急需对教材进行修订补充完善。

本书在第一版的基础上，补充延续了电气化铁路发展历程，增加了高速铁路动车组和接触网的介绍。在章节布局上，按照国铁集团“运行、检测、维修”分开的管理要求，调整为接触网运行管理、检测管理和维修管理，对生产管理信息系统和简统化接触网作了介绍；设备维修和施工管理分别进行了描述；对大修管理中普速大修和高铁精测精修，分章节进行了描述；设备故障抢修与管理增加了部分事故故障案例，供读者借鉴并加深对知识和技能的理解。

本书由洛阳铁路信息工程学校薛艳红任主编，参加本书编写及修订人员为：李传军、陈浩、何俊、韩晓峰、周宗纪、马毅、陶东博、王培、高伟。刘方中任主审，参与本书审核人员为：唐伟、郭滨、李晓奎、陈立宾。

在本书修订过程中，洛阳铁路信息工程学校、中国铁路西安局集团有限公司、中国铁路郑州局集团有限公司、中国铁路武汉局集团有限公司、中国铁路广州局集团有限公司供电系统有关专家和教师给予大力协助和支持，在此一并表示感谢！

由于编者水平有限，书中疏漏在所难免，恳请广大读者特别是从事现场管理和运用维护人员提出宝贵意见和建议，使本教材能够更加完善和适应铁路发展。

编　者

2023年4月

目录

第一章 电气化铁路概述

第一节 电气化铁路简介

铁路运输中，列车的牵引方式有蒸汽、内燃和电力三种。电气化铁路由电力机车（除特指动车组外均含动车组，下同）和牵引供电设备两大部分组成，牵引供电设备主要包括接触网和牵引变电所两部分。

从外部电源和牵引供电系统获得电能，通过电力机车牵引列车运行，是电气化铁路的特点。铁路电气化系统包括电力机车、机务设施、牵引供电设备、电力设备，以及相应的铁路通信、信号等设备。电气化铁路具有运输能力大、行驶速度快、消耗能源少、运营成本低、工作条件好等优点，在运量大、速度高、坡度大、隧道多的铁路实现电气化，在技术上、经济上均有明显的优越性。

1879 年 5 月 31 日柏林贸易展览会上，德国的西门子公司和哈尔斯克公司铺设了世界上第一条展示用的电气化铁路，长 300 m，轨距为 1 m。随着科学技术的发展，铁路运量的增长，对能源利用率的重视，电气化铁路投入实际运营，营业里程逐年增加。特别是高速铁路的出现，带动了电气化铁路飞速发展。

电气化铁路牵引动力是电力机车，机车本身不带能源，所需能源由牵引供电系统提供。牵引供电系统主要由牵引变电所和接触网两大部分组成。牵引变电所设在铁路附近，将高压输电线送来的电能，变压后送到铁路上空的接触网上。接触网是向电力机车直接输送电能的设备，沿铁路架设的特殊的供电线路，被看作是电气化铁路的动脉。电力机车利用车顶的受电弓从接触网获得电能，牵引列车运行。电气化铁路供电示意如图 1-1-1 所示。

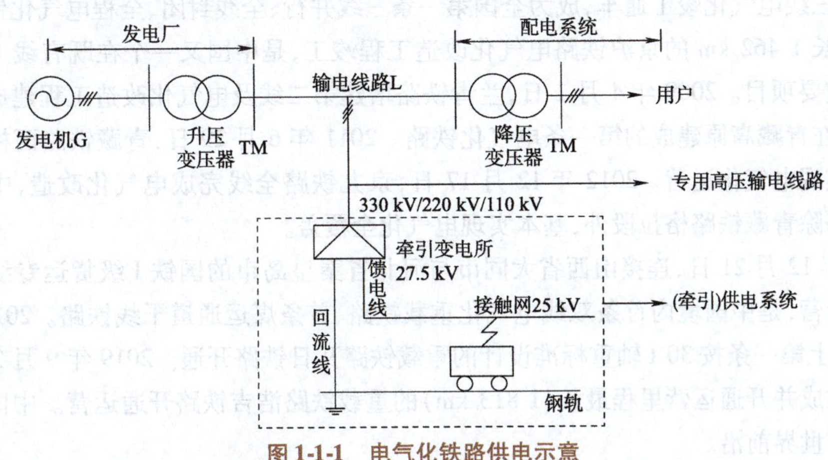

图 1-1-1　电气化铁路供电示意

牵引供电制式按接触网的电流制式分为直流制和交流制两种。直流制是将高压、三相电力在牵引变电所降压和整流后，向接触网供直流电，电气化铁路发展早期使用直流制，20世纪50年代以后较少使用。交流制是将高压、三相电力在变电所经降压并变成单相电后，向接触网供交流电。交流制供电电压较高，供电设备简单，适用大功率牵引运行需求，发展很快。

一、中国电气化铁路发展历程

中国的电气化铁路建设工作始于20世纪50年代，采用的牵引供电制式是工频单相交流制。后来的事实证明，中国电气化铁路一开始没有走弯路，选择了一条高起点的正确的道路，为中国电气化铁路发展打下了良好的技术基础。

1952年7月动工修建的宝成线，是继成渝铁路之后新中国修建的第二条铁路，其中翻越秦岭的杨家湾至秦岭间线路最大坡度达33‰。1956年，铁道部《铁路十二年科技发展规划》提出“要迅速有步骤地由蒸汽机车转到电力机车和内燃机车上去”。

1958年1月1日，宝成铁路全线正式通车，全线采用蒸汽机车牵引，正式运营；同年6月，宝成铁路进行电气化改造工程。

1960年5月14日，宝成线宝凤段电气化铁路胜利建成。同年12月15日，国产电力机车（韶山1型）验交。1961年4月11日，宝鸡至秦岭间改为电力机车牵引，6月1日宝鸡至凤州全段电力机车牵引纳入列车运行图，8月15日正式交付运营。完成电气化改造的宝凤段牵引能力达到2 400 t，上坡道行车速度提高到50～70 km/h。从此，我国第一条电气化铁路诞生了！这是我国主要依靠自身力量建成的第一条干线电气化铁路，为我国电气化铁路建设建立了不朽的业绩，也是我国铁路牵引动力迈向现代化的重要标志。

1997、1998、2000、2001、2004、2007年，中国铁路先后进行了六次大面积提速，主要对既有干线铁路进行电气化改造，提高列车运行速度。经过六次提速后，中国铁路120 km/h及以上线路延展里程2.4万km；160 km/h及以上提速线路延展里程1.6万km；200 km/h及以上线路延展里程达到6 227 km（其中250 km/h延展里程1 019 km）。140对“和谐号”动车组投入运行。从根本上扭转了列车速度长期在低水平徘徊，不适应市场需求的局面，既有线提速技术达到了世界先进水平。

1998年5月28日，广深线准高速电气化工程竣工，8月28日正式投入运营。2000年9月，广深第三线电气化竣工通车，成为全国第一条三线并行、全线封闭、全程电气化铁路。2006年7月，全长1 462 km的京沪铁路电气化改造工程竣工，是中国又一个在既有线上进行电气化改建的重要项目。2009年4月1日，兰青铁路增建第二线及电气化改造工程建成并正式通车，是中国在青藏高原建成的第一条电气化铁路。2011年6月29日，青藏铁路西格段复线建设完工并实现电气化运营。2012年12月17日，京九铁路全线完成电气化改造，中国普速主要干线铁路除青藏铁路格拉段外，基本实现电气化全覆盖。

1992年12月21日，连接山西省大同市与河北省秦皇岛市的国铁Ⅰ级货运专线大秦铁路全线竣工运营，是中国境内首条双线电气化重载铁路、首条煤运通道干线铁路。2014年12月30日，世界上第一条按30 t轴重标准设计的重载铁路瓦日铁路开通。2019年9月28日，世界上一次性建成并开通运营里程最长（1 813 km）的重载铁路浩吉铁路开通运营。中国重载电气化铁路站在世界前沿。

2003 年 10 月 12 日，秦沈客运专线正式开通运营。2008 年 8 月 1 日，京津高速电气化铁路开通运营，拉开了我国高速铁路建设的帷幕，我国高速电气化铁路进入快速发展期。2009 年 4 月 1 日，合武高速电气化铁路开通运营。2009 年 12 月 26 日，武广高铁电气化铁路开通运营。2010 年 2 月 6 日，郑西高速电气化铁路开通运营。2011 年 6 月 30 日，全长 1 318 km 的京沪高速铁路建成通车，是世界上一次建成线路最长、标准最高的高速铁路，也是新中国成立以来投资规模最大的建设项目。2012 年 12 月 1 日，中国国内首条高寒地带哈大高速铁路竣工运营，至此中国电气化铁路总里程突破 4.8 万 km，超越了原电气化铁路世界第一的俄罗斯，跃升为世界第一位。2012 年 12 月 26 日，世界上干线最长（2 298 km）的京广高速铁路全线贯通运营。2014 年，兰新高速铁路建成通车，标志着我国的电气化铁路正式大规模深入沙漠地带。2020 年 12 月 30 日，盐通高速铁路开通运营，首次全线大规模采用了由中国铁路设计集团自主研发的简统化接触网。2021 年 6 月 25 日，新建拉萨至林芝电气化铁路开通，复兴号高原内电双源动车组开进青藏高原。

2016 年 10 月 5 日，亚吉铁路埃塞俄比亚段建成通车；2017 年 1 月 10 日，亚吉铁路吉布提段建成通车；2018 年 1 月 1 日，亚吉铁路商业运营开通。亚吉铁路是海外首条集设计标准、投融资、装备材料、施工、监理和运营管理全产业链“中国化”的电气化铁路项目，是“一带一路”倡议的标志性成果。2021 年 12 月 3 日，中老昆万铁路全线通车运营，由中国按国铁Ⅰ级标准建设，是第一个以中方为主投资建设、共同运营并与中国铁路网直接连通的跨国电气化铁路。

根据中国国家铁路集团有限公司 2024 年统计公报，截至 2024 年底，全国铁路营业里程达到 16.2 万 km，其中高速铁路营业里程达到 4.8 万 km，复线率 60.8%，电气化率 76.2%。国家铁路营业里程 13.4 万 km，复线率 62.8%，电气化率 77.5%。近 10 年我国铁路运营里程和电气化率如图 1-1-2和图 1-1-3 所示。

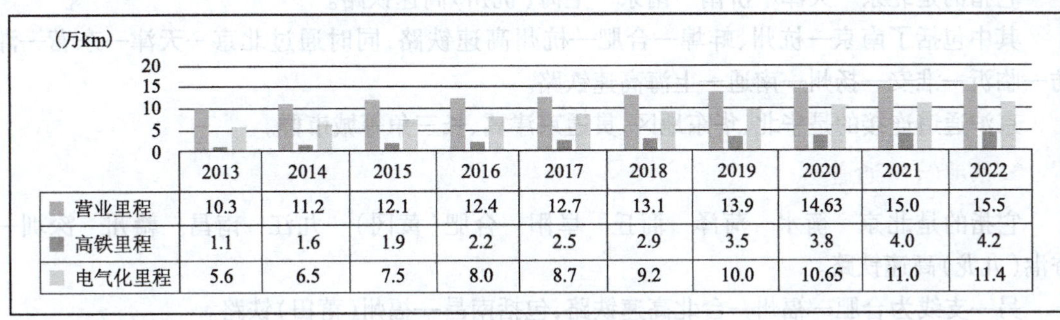

	2013	2014	2015	2016	2017	2018	2019	2020	2021	2022
营业里程	10.3	11.2	12.1	12.4	12.7	13.1	13.9	14.63	15.0	15.5
高铁里程	1.1	1.6	1.9	2.2	2.5	2.9	3.5	3.8	4.0	4.2
电气化里程	5.6	6.5	7.5	8.0	8.7	9.2	10.0	10.65	11.0	11.4

图 1-1-2 我国铁路运营里程

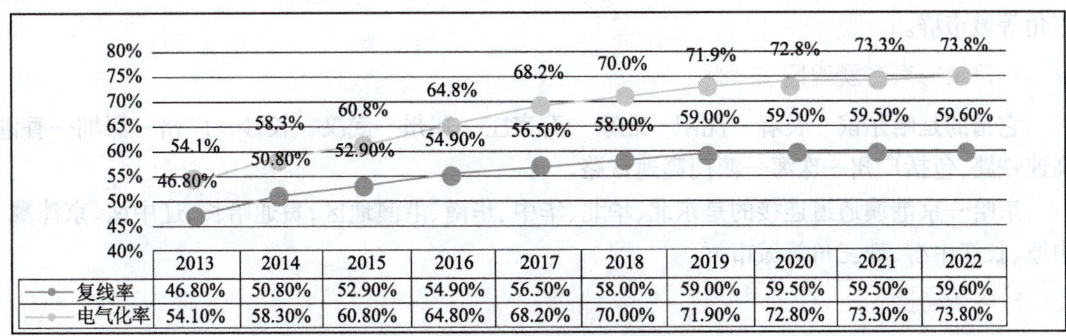

	2013	2014	2015	2016	2017	2018	2019	2020	2021	2022
复线率	46.80%	50.80%	52.90%	54.90%	56.50%	58.00%	59.00%	59.50%	59.50%	59.60%
电气化率	54.10%	58.30%	60.80%	64.80%	68.20%	70.00%	71.90%	72.80%	73.30%	73.80%

图 1-1-3 我国铁路复线率和电气化率

在中国电气化铁路发展中，依据中国国情实际，逐渐完善工程设计和施工，装备和零部件设计制造，运营管理等方面的技术标准和规范，形成了电气化铁路的中国标准。同时，培养了一大批铁路电气化方面科研、设计、制造、施工和运营管理的专业技术人员。

二、中长期铁路网规划

中华人民共和国国家发展和改革委员会《中长期铁路网规划》(2016—2030年)勾画了新时期高速铁路网"八纵八横"的宏大蓝图。预计到2030年，将建成总里程4.5万km高速铁路网，基本实现省会城市高速铁路通达、区际之间高效便捷相连。根据2021年中共中央、国务院印发的《国家综合立体交通网规划纲要》，到2035年，高速铁路(包含部分城际铁路)将达到7万km左右。

(一)"八纵"通道

"八纵"高速铁路通道包括了沿海通道、京沪通道、京港(台)通道、京哈—京港澳通道、呼南通道、京昆通道、包(银)海通道、兰(西)广通道。

1. 沿海通道

它指的是大连(丹东)—秦皇岛—天津—东营—潍坊—青岛(烟台)—连云港—盐城—南通—上海—宁波—福州—厦门—深圳—湛江—北海(防城港)高速铁路。

其中，青岛至盐城段是利用青连、连盐铁路，南通至上海段利用沪通铁路。

沿海通道连接的是东部沿海地区，贯通京津冀、辽中南、山东半岛、东陇海、长三角、海峡西岸、珠三角、北部湾等城市群。

2. 京沪通道

它指的是北京—天津—济南—南京—上海(杭州)高速铁路。

其中包括了南京—杭州、蚌埠—合肥—杭州高速铁路，同时通过北京—天津—东营—潍坊—临沂—淮安—扬州—南通—上海高速铁路。

京沪通道连接的是华北、华东地区，贯通京津冀、长三角等城市群。

3. 京港(台)通道

它指的是北京—衡水—菏泽—商丘—阜阳—合肥(黄冈)—九江—南昌—赣州—深圳—香港(九龙)高速铁路。

另一支线为合肥—福州—台北高速铁路，包括南昌—福州(莆田)铁路。

京港(台)通道连接的是华北、华中、华东、华南地区，贯通京津冀、长江中游、海峡西岸、珠三角等城市群。

4. 京哈—京港澳通道

它指的是哈尔滨—长春—沈阳—北京—石家庄—郑州—武汉—长沙—广州—深圳—香港高速铁路，包括广州—珠海—澳门高速铁路。

京哈—京港澳通道连接的是东北、华北、华中、华南、港澳地区，贯通哈长、辽中南、京津冀、中原、长江中游、珠三角等城市群。

5. 呼南通道

它指的是呼和浩特—大同—太原—郑州—襄阳—常德—益阳—邵阳—永州—桂林—南宁

高速铁路。

呼南通道连接的是华北、中原、华中、华南地区，贯通呼包鄂榆、山西中部、中原、长江中游、北部湾等城市群。

6. 京昆通道

它指的是北京—石家庄—太原—西安—成都（重庆）—昆明高速铁路。包括北京—张家口—大同—太原高速铁路。

京昆通道连接华北、西北、西南地区，并贯通京津冀、太原、关中平原、成渝、滇中等城市群。

7. 包（银）海通道

它指的是包头—延安—西安—重庆—贵阳—南宁—湛江—海口（三亚）高速铁路，包括银川—西安，以及海南环岛高速铁路。

包（银）海通道连接西北、西南、华南地区，贯通呼包鄂、宁夏沿黄、关中平原、成渝、黔中、北部湾等城市群。

8. 兰（西）广通道

它指的是兰州（西宁）—成都（重庆）—贵阳—广州高速铁路。

兰（西）广通道连接的是西北、西南、华南地区，贯通兰西、成渝、黔中、珠三角等城市群。

（二）“八横”通道

“八横”高速铁路通道包括了绥满通道、京兰通道、青银通道、陆桥通道、沿江通道、沪昆通道、厦渝通道、广昆通道。

1. 绥满通道

绥芬河—牡丹江—哈尔滨—齐齐哈尔—海拉尔—满洲里高速铁路。连接黑龙江及蒙东地区。

2. 京兰通道

北京—呼和浩特—银川—兰州高速铁路。连接华北、西北地区，贯通京津冀、呼包鄂、宁夏沿黄、兰西等城市群。

3. 青银通道

青岛—济南—石家庄—太原—银川高速铁路（其中绥德至银川段利用太中银铁路）。连接华东、华北、西北地区，贯通山东半岛、京津冀、太原、宁夏沿黄等城市群。

4. 陆桥通道

连云港—徐州—郑州—西安—兰州—西宁—乌鲁木齐高速铁路。连接华东、华中、西北地区，贯通东陇海、中原、关中平原、兰西、天山北坡等城市群。

5. 沿江通道

上海—南京—合肥—武汉—重庆—成都高速铁路，包括南京—安庆—九江—武汉—宜昌—重庆、万州—达州—遂宁—成都高速铁路（其中成都至遂宁段利用达成铁路）。连接华东、华中、西南地区，贯通长三角、长江中游、成渝等城市群。

6. 沪昆通道

上海—杭州—南昌—长沙—贵阳—昆明高速铁路。连接华东、华中、西南地区，贯通长三角、长江中游、黔中、滇中等城市群。

7. 厦渝通道

厦门—龙岩—赣州—长沙—常德—张家界—黔江—重庆高速铁路（其中厦门至赣州段利用龙厦铁路、赣龙铁路，常德至黔江段利用黔张常铁路）。连接海峡西岸、中南、西南地区，贯通海峡西岸、长江中游、成渝等城市群。

8. 广昆通道

广州—南宁—昆明高速铁路。连接华南、西南地区，贯通珠三角、北部湾、滇中等城市群。

第二节　牵引供电方式

电气化铁路是以电能作为牵引动力的一种现代化交通运输工具。由于它的牵引动力是电能，所以又称电力牵引。它与蒸汽牵引和内燃牵引不同的地方是电力牵引本身不带能源，必须由外部供给电能。专门给电力机车供给电能的装置称为牵引供电系统。牵引供电系统本身也不产生电能，而是将电力系统的电能传给电力机车。一般把国家的电力系统称为电气化铁路的一次供电系统，也称为铁路的外部供电系统。一次供电系统主要包括发电厂、区域变电所和电力传输线。牵引供电系统主要包括牵引变电所和接触网，所以又称电力机车、牵引变电所和接触网为电气化铁路的“三大元件”，如图 1-2-1 所示。

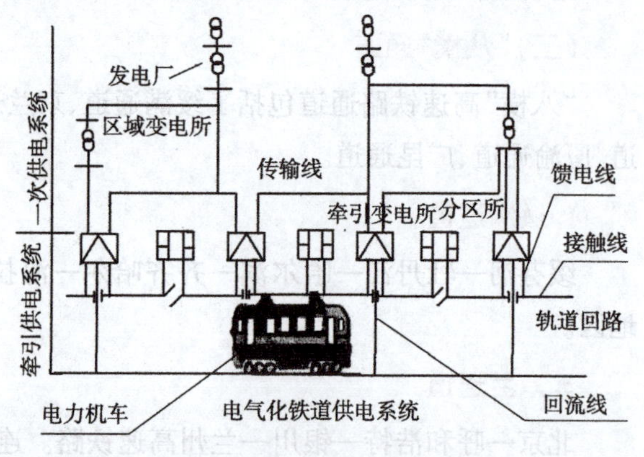

图 1-2-1　电气化铁路的组成

2013 年，中华人民共和国铁道部发布的《铁路主要技术政策》对铁路供电系统做了如下阐述：电气化铁路供电能力必须与线路运输能力相适应，供电设施应预留发展条件。采用高强度、耐腐蚀、少维修的接触网零部件，提高电气化铁路的运行可靠性和抗灾能力。优化高速铁路接触网线材性能和系统匹配，改善弓网关系。推广供电综合监控及数据采集技术。推广弓网实时监测技术，发展在线监测装置与技术。

我国电气化铁路采用工频单相交流制。向电气化铁路供电的牵引供电系统由分布在铁路沿线的牵引变电所及沿铁路线架设的接触网组成。为了保证供电的可靠性，由电力系统送到牵引变电所的高压输电线路均为双回路。

牵引供电回路的构成：牵引变电所、馈电线、接触网、电力机车、钢轨与大地、回流线。在这个闭合回路中，通常将馈电线、接触网、钢轨与大地、回流线统称为牵引网。牵引变电所采用 2

路电源进线，2 台牵引变压器，一主一备方式运行。110 kV、220 kV 或 330 kV 电源经牵引变压器后，降压为 1×27.5 kV 或 2×27.5 kV，然后供给牵引网。接触网架设在铁路上方，电力机车通过受电弓与接触线滑动接触而获得电能。牵引供电系统原理如图 1-2-2 所示。

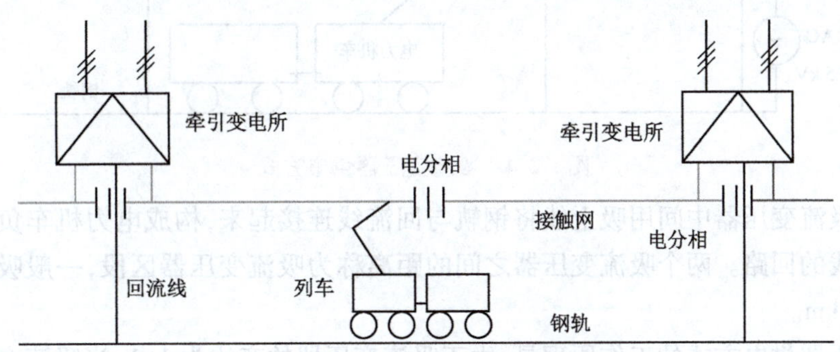

图 1-2-2　牵引供电系统原理示意

由于工频单相交流 25 kV 的牵引网是一种不对称供电回路，势必在其周围空间产生电磁场，从而对邻近的通信和广播设备产生电磁干扰，解决这一问题的途径有两个：一是在通信方面采取加强屏蔽的措施，或将受影响的通信设备迁离影响范围；二是在供电方面采取抑制干扰的措施，随着牵引网所采取的抑制干扰措施的不同，出现了不同的牵引供电方式，具体如下。

1. 直接供电方式（简称 TR 供电方式）

TR 供电方式是在牵引网中不加特殊防护措施的一种供电方式，结构简单、造价小、能量损耗也较低。供电距离单线一般为 30 km 左右，双线一般为 25 km 左右。电气化铁路是单相负荷，机车由接触网取得的电流经钢轨流回牵引变电所。由于钢轨与大地是不绝缘的，一部分回流电流由钢轨流入大地，因此对通信线路产生电磁感应影响（图 1-2-3），这是直接供电方式的缺点。它一般用在铁路沿线无架空通信线路或通信线路已改用地下屏蔽电缆的区段。

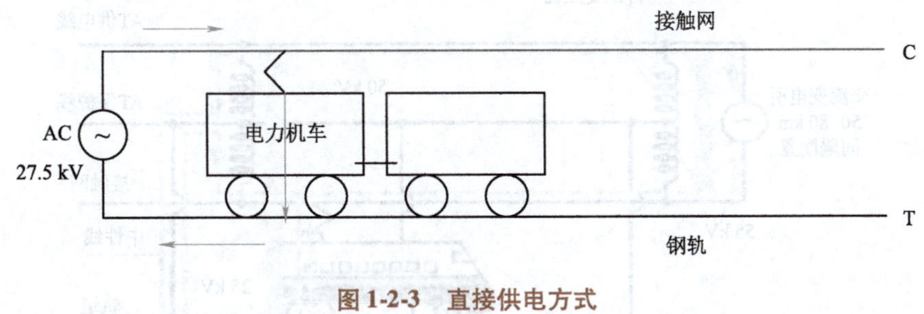

图 1-2-3　直接供电方式

2. 吸流变压器供电方式（简称 BT 供电方式）

BT 供电方式是在牵引网架设有吸流变压器—回流线装置的一种供电方式。在我国电气化铁路上曾经采用较广。吸流变压器是变比为 1∶1 的电流变压器，它的一次绕组串联在接触网上，二次绕组串联在专为牵引电流流回牵引变电所而特设的回流线上，所以也称吸流变压器—回流线供电方式（简称吸—回方式），如图 1-2-4 所示。

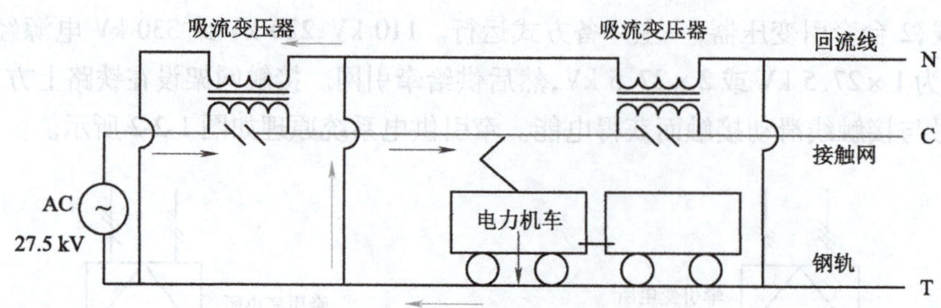

图 1-2-4　吸流变压器供电方式

在两个吸流变压器中间用吸上线将钢轨与回流线连接起来，构成电力机车负荷电流由钢轨流向回流线的回路。两个吸流变压器之间的距离称为吸流变压器区段，一般吸流变压器区段长为 2 ~4 km。

吸流变压器供电方式的工作原理是：由于吸流变压器的变比为 1∶1，当吸流变压器一次绕组流过牵引电流时，在其二次绕组中强制回流通过吸上线流入回流线。由于接触网与回流线中流过的电流大致相等，方向相反，因此对邻近的通信线路的电磁感应绝大部分被抵消，从而降低了对通信线路的干扰。这种供电方式由于在牵引网中串联了吸流变压器，牵引网的阻抗比直接供电方式约大 50%，能耗也较大，供电距离也较短，单线一般为 25 km 左右，双线一般为 20 km 左右，投资也比直接供电方式大。

3. 自耦变压器供电方式（简称 AT 供电方式）

自耦变压器供电方式是 20 世纪 70 年代才发展起来的一种供电方式。它既能有效地减轻牵引网对通信网的干扰，又能适应高速、大功率电力机车运行，故近年来，在我国得到了迅速发展。这种供电方式是每隔 10 ~20 km 在接触网与正馈线之间并联接入一台自耦变压器，绕组的中点与钢轨相连。自耦变压器将牵引网的供电电压提高一倍，而供给电力机车的电压为 25 kV，其工作原理如图 1-2-5 所示。

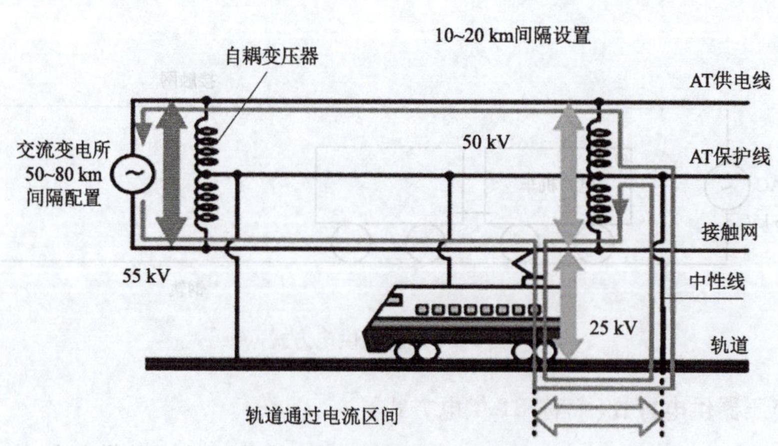

图 1-2-5　自耦变压器供电方式

电力机车由接触网受电后，牵引电流一般由钢轨流回，由于自耦变压器的作用，经自耦变压器绕组和正馈线流回变电所。当自耦变压器的一个绕组流过牵引电流时，其另一个绕组感应出电流供给电力机车，因此实际上当机车负荷电流为 I 时，流经接触网和正馈线的电流为 $I/2$。

自耦变压器供电方式的牵引网阻抗很小，约为直接供电方式的 1/4，因此电压损失小，电能损耗低,供电能力大,供电距离长,可达 40 ~ 50 km。由于牵引变电所间的距离加大,减少了牵引变电所数量,也减少了电力系统对电气化铁路供电的工程和投资。但由于牵引变电所和牵引网比较复杂,加大了电气化铁路自身的投资。这种供电方式一般采用在重载、高速等负荷大的电气化铁路上。在电力系统较薄弱的地区,为了减少电源部分的投资,经技术经济比较也可采用这种供电方式。

由于牵引负荷电流在接触网和正馈线中方向相反,因而对邻近的通信线路干扰很小,其防干扰效果与吸流变压器—回流线供电方式相当。

4. 带回流线的直接供电方式(简称 DN 供电方式,或称直供 + 回流方式)

带回流线的直接供电方式是在接触网支柱上架有一条每隔一定距离与钢轨并联的回流线,如图 1-2-6 所示。这种供电方式取消了吸流变压器,保留了回流线。利用接触网与回流线之间的互感作用,使钢轨中的回流尽可能地由回流线流回牵引变电所,因而能基本消除接触网对邻近通信设备的干扰。由于取消了吸流变压器,只保留了回流线,因此牵引阻抗比直接供电方式低一点,供电性能好一些,供电可靠性增强,造价也比吸回方式低。目前,这种供电方式在我国电气化铁路上得到了广泛采用。

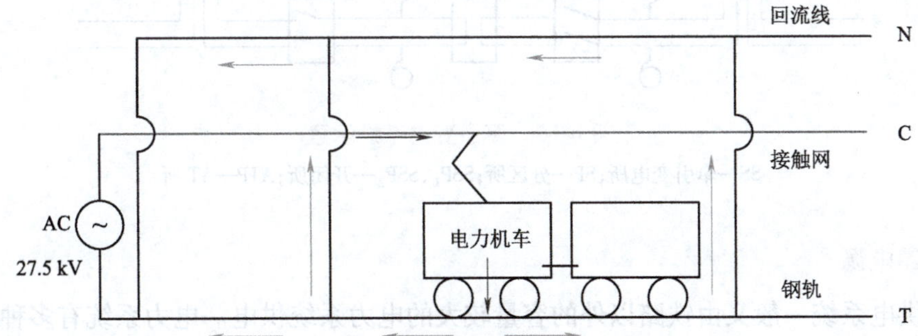

图 1-2-6 带回流线的直接供电方式

5. 同轴电力电缆供电方式(简称 CC 供电方式)

同轴电力电缆沿铁路线路埋设,其内部芯线作为馈电线与接触网连接,外部导线作为回流线与钢轨相连。每隔 5 ~ 10 km 作为一个分段,如图 1-2-7 所示。由于正馈线与回流线在同一电缆中,间隔很小,而且同轴布置,使互感系数增大,所以同轴电力电缆的阻抗比接触网和钢轨的阻抗小得多,牵引电流和回流几乎全部经由同轴电力电缆中流过。因此电缆芯线与外部导体电流相等,方向相反,二者形成的磁场相互抵消,对邻近的通信线路几乎无干扰。由于阻抗小,因而供电距离长。但由于同轴电力电缆造价高,投资大,现仅在一些特别困难的区段采用。

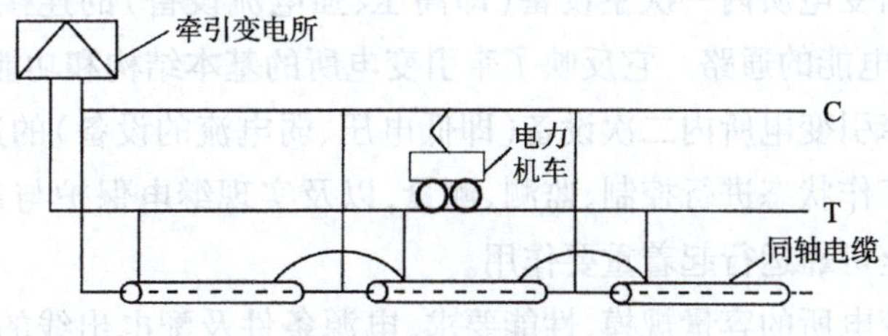

图 1-2-7 同轴电力电缆供电方式

C—接触网;T—钢轨

第三节　牵引变电所

牵引变电所的功能是将三相的110 kV(或220 kV、330 kV)高压交流电变换为两个单相的27.5 kV的交流电，然后向铁路上、下行两个方向的接触网(标称电压为25 kV)供电，牵引变电所每一侧的接触网都被称为供电臂。该两臂的接触网电压相位是不同的，一般是用分相绝缘装置隔离开来。相邻变电所间的接触网电压一般是不同相的，除用分相绝缘器装置隔离外，还设置了分区所，通过分区所断路器或隔离开关的操作，实行双边(或单边)供电，如图1-3-1所示。

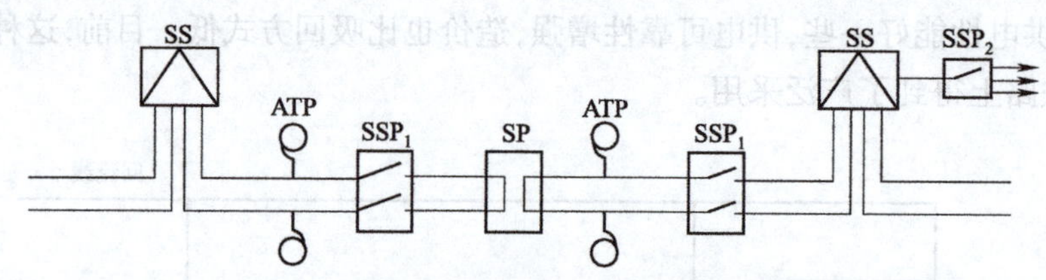

图1-3-1　牵引变电系统示意

SS—牵引变电所；SP—分区所；SSP$_1$、SSP$_2$—开闭所；ATP—AT所

1. 外部电源

牵引供电系统一般又由铁路以外的容量较大的电力系统供电。电力系统有多种电压等级的网络和设备，其中110 kV及以上电压等级的输电线路，用区域变电所中的变压器联系起来，主要用于输送强大电力，利用它们向电气化铁路的牵引变电所输送电能，供牵引用电。为了保证供电的可靠性，由电力系统送到牵引变电所的高压输电线路无一例外地为双回路。两条回路互为备用，平时均处于带电状态，一旦一条回路发生供电故障，另一条回路自动投入，从而保证不间断供电。

2. 主接线

牵引变电所(包括分区所、开闭所、AT所等)，为了完成接受电能，变换电压和分配电能的工作，其电气接线可分为两大部分，即主接线(一次接线)和二次接线。

主接线是指牵引变电所内一次主设备(即高压、强电流设备)的连接方式，也是变电所接受电能、变压和分配电能的通路。它反映了牵引变电所的基本结构和功能。

二次接线是指牵引变电所内二次设备(即低电压、弱电流的设备)的连接方式。其作用是对主接线中的设备工作状态进行控制、监测、测量，以及实现继电保护与远动化等。二次接线对一次主设备的安全可靠运行起着重要作用。

主接线是根据变电所的容量规模、性能要求、电源条件及配电出线的要求确定的，其基本主接线形式有：单母线分段接线、旁路母线的单母线分段接线、双母线接线、桥式接线、双T式(即分支式)接线等。

3. 开闭所

所谓开闭所，是指不进行电压变换而用开关设备实现电路开闭的配电所，一般有两条进线，多路馈出向枢纽站场接触网各分段供电。进线和出线均经过断路器，以实现接触网各分段停、供电灵活运行的目的。又由于断路器对接触网短路故障进行保护，从而可以缩小事故停电范围。

4. 分区所(亭)

分区所设于两个牵引变电所的中间，可使相邻的接触网供电区段(同一供电臂的上、下行或两相邻变电所的两供电臂)实现并联或单独工作。

如果分区所两侧的某一区段接触网发生短路故障，可由供电的牵引变电所馈电线断路器及分区所断路器，在继电保护的作用下自动跳闸，将故障段接触网切除，而非故障段的接触网仍照常工作，从而使事故范围缩小一半。

当某个牵引变电所不能正常供电时，可通过操作两侧分区所的开关进行越区供电，从而保证该牵引变电所的供电臂短时不停电。

5. AT 所

牵引网采用 AT 供电方式时，在铁路沿线每隔 10 ~ 20 km 设置一台自耦变压器 AT，该设置处所称为 AT 所。

6. 变压器

牵引变电所内的变压器，根据用途不同，分为主变压器(牵引变压器)、动力变压器、自耦变压器(AT)、所用变压器；根据接线方式不同，主变压器又分为单相变压器、三相变压器、三相—二相变压器等。尽管变压器的类型、容量、电压等级千差万别，但其基本原理都是一样的，其作用都是接受电能，传输电能，变换电压和分配电能，最终供给电力机车 25 kV 的单相电。由于牵引负荷具有极度不稳定、短路故障多、谐波含量大等特点，运行环境比一般电力负荷恶劣得多，因此要求牵引变压器过负荷和抗短路冲击的能力要强，这也是牵引变压器区别于一般电力变压器的特点。动力变压器一般是给本所以外的非牵引负荷供电，电压等级一般为 27.5/10 kV，容量从几百至几千 kV · A 不等。自耦变压器(AT)是 AT 供电的专用变压器，自身阻抗很小，一般沿牵引网每 10 ~ 20 km 设一台，用以降低线路阻抗，提高网压水平及减少通信干扰。

所用变压器(又称自用电变压器)是给本所的二次设备、检修设备，以及日常生活、照明负荷供电的设备，电压一般为 27.5/0.4 kV 或 27.5/0.23 kV，容量从几十至几百 kV · A 不等。

7. 断路器

断路器是牵引变电所内最为重要的电气设备之一，其工作最为繁重，地位最为关键，结构最为复杂，它依靠本身所具有的强大的灭弧能力，不但可以带负荷切断各种电气设备和牵引网线路，更可与保护装置配合，快速、可靠地切断各种短路故障。

牵引变电所应用最多的有少油断路器、六氟化硫断路器和真空断路器等几种，各种断路器的区别主要在于所用的灭弧介质不同，如少油断路器采用变压器油作为溶温和灭弧介质、六氟化硫断路器使用六氟化硫气体(SF_6)作为溶温和灭弧介质，真空断路器则使用真空作为绝缘和灭弧介质等，由于灭弧介质不同，断路器的结构自然有所差别。

8. 隔离开关

隔离开关，顾名思义就是一种在需要时将电气设备、线路与电源隔离开来的开关设备，具有明显可见的、距离足够的断口，它不带灭弧装置，不能开、合负荷电流和短路电流，具体作用如下：

(1)将需要停电的设备、线路与电源可靠隔离，以保证检修工作的安全。

(2)改变供电方式，如 110 kV 进线互投、牵引侧高压母线的分段运行或并联运行等。

(3)开、合小电流电路如电压互感器、避雷器及小容量的空载变压器等。

隔离开关按使用地点不同，有户内式和户外式两种，其区别在于户外式隔离开关可适应各种恶劣的气候条件；按工作相数不同，有三极联动、双极联动和单极三种；按操作方式不同，有电动和手动两种，尽管隔离开关的类别多种多样，但其基本组成和结构都是一样的，都由主刀闸、支持瓷瓶、底座、连杆和操作机构等部分组成。

9. 互感器

牵引变电所内仅有变压器、开关等变、配电设备是远远不能满足安全、可靠、高效供电等要求的，还需要用二次设备将其有效地监控、保护起来，因此，就需要一种变换装置将主设备中的电气参数传递给二次设备，如仪表、继电器等，这种将高电压、大电流变换成低电压、小电流的设备就是互感器，变换电压的设备称为电压互感器，变换电流的设备称为电流互感器。

互感器的作用如下：

(1)将高电压、大电流变换成低电压、小电流，以供仪表、继电器等二次设备使用。

(2)将高电压与低电压可靠地隔离开来，以保障二次设备及人身的安全。

(3)将电压互感器二次输出电压统一规定为 100 V，电流互感器二次输出电流统一规定为 5 A，便于设备设计和制造的标准化，并降低生产成本。在牵引变电所内，其等级一般为 1.5 级。

10. 并联电容补偿装置

电力系统的负荷一般分为有功负荷和无功负荷，前者做功后者不做功。对电力系统来说，其供电能力即容量是一定的，为有功功率和无功功率之和，无功分量所占比重大了，势必造成有功输出减少、降低电力系统的容量和利用率，对经济运行极为不利。因此，总希望无功分量越小越好，并引入一个衡量指标——功率因数，即有功负荷所占总负荷的比值。

牵引用电为感性负荷，利用感性负载和容性负载相位相反，互相抵消的原理，牵引变电所采用了并联电容补偿装置，以弥补牵引负荷带来的无功损失。该套装置并接在牵引侧高压母线上，由数个电容器串、并连接成组，再与电抗器串联而成。

由于电容器具有过电压、电流能力较差、断电后有残压、合闸送电会产生过电压和涌流等特性，因此装设有避雷器、熔断器、放电线圈和电抗器等加以保护。

放电线圈用以释放电容器储存的电荷、降低残压、防止再次送电时产生的合闸涌流和过电压；串联电抗器用于抑制装置投入时的合闸涌流，吸收牵引负荷产生的高次谐波并防止电容器组与系统产生高次谐波并联谐振。

电容器与电抗器是并联补偿装置的主要设备。因电力机车整流产生的主要为三次和五次谐波，为起到良好的滤波效果，一般将电抗器与电容器的电抗比设计为 $X_c/X_1=0.12$ 或 0.13。并联电容补偿装置能否安全运行主要取决于其关键设备，国家相关标准规定电容器允许在其 1.1 倍额定电压下长期运行，高于此值一般应退出运行。对于其过电流能力，规定为额定电流的 1.3 倍，其中 10% 为工频过电压引起的过电流，20% 为高次谐波电压引起的过电流。

由于新型电力机车和动车组的功率因数接近于 1，所以无须再用电容补偿装置。

第四节 电力机车及动车组

一、电力机车

电力机车本身不带原动力，靠接受接触网送来的电流作为能源，由牵引电动机驱动机车的车轮。电力机车具有功率大、热效率高、速度快、过载能力强和运行可靠等主要优点，而且不污染环境，特别适用于运输繁忙的铁路干线和隧道多、坡度大的山区铁路。

电力机车是从接触网上获取电能的，接触网供给电力机车的电流有直流和交流两种。由于电流制不同，所用的电力机车也不一样，基本上可以分为直—直型电力机车、交—直型电力机车、交—直—交型电力机车三类。

1. 直—直型电力机车

直—直型电力机车采用直流制供电，牵引变电所内设有整流装置，它将三相交流电变成直流电后，再送到接触网上。因此，电力机车可直接从接触网上取得直流电供给直流串励牵引电动机使用，简化了机车上的设备。直—直型电力机车通常称为直流电力机车，是现代电力机车最为简单的一种。图 1-4-1 所示为直—直型电力机车及工作原理示意图。

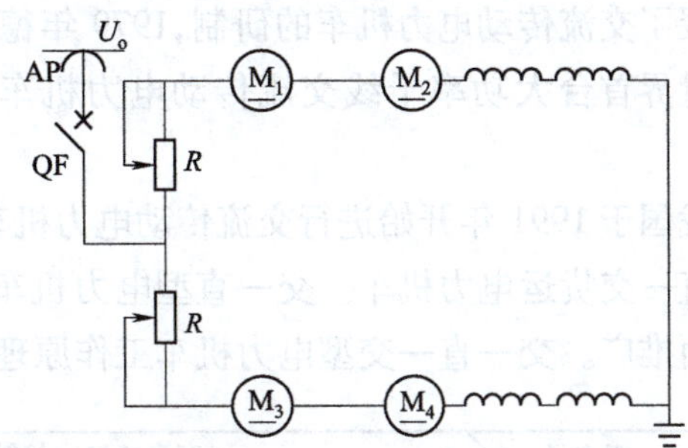

图 1-4-1 一般直—直型电力机车及工作原理示意

直流电力机车具有结构简单，造价低，经济性好；牵引性能好，调速方便；控制简单，运行可靠等优点。但是，由于受牵引电动机端电压的限制，接触网电压一般为 1 500 ~ 3 000 V。传输一定功率时电流较大，接触网导线耗电量较大，因此供电效率低。为了减少接触网上的压降，电气化区段的牵引变电所数量较多，造成基建投资大。

直流电力机车由于受牵引电动机端电压的限制，网压不可能太高，从而限制了机车功率的进一步提高。随着现代铁路运输事业的发展，直流电力机车显然已不适应干线大功率的要求。一般应用于工矿及城市交通运输，有些工矿电力机车、地铁电动车组和城市无轨电车仍采用这种形式。

2. 交—直型电力机车

电力机车从接触网取得 25 kV 工频单相交流电，经车载变压器降压为 1 500 V，整流后向牵引电动机供电。交—直型电力机车工作原理如图 1-4-2 所示。

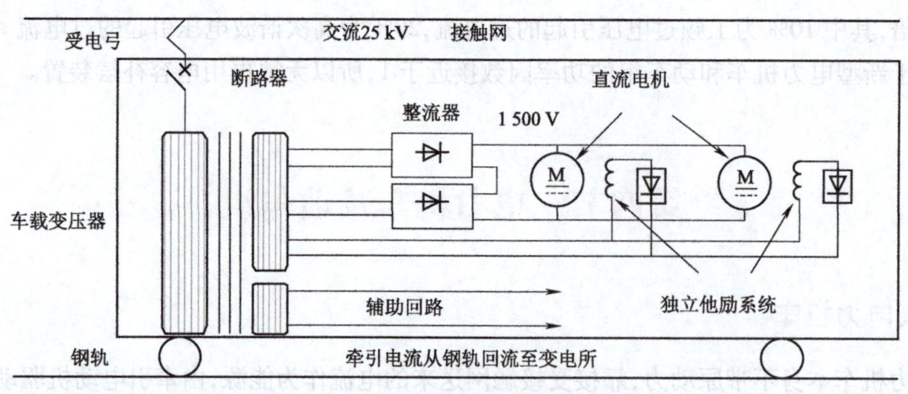

图 1-4-2　交—直型电力机车工作原理

交—直型电力机车采用半控桥式整流，通过晶闸管控制导通角来控制机车出力，所以，交—直型电力机车在整流过程中会产生谐波，功率因数较低。

我国第一台交—直型电力机车 1958 年诞生于湖南株洲，命名为“韶山”（图 1-4-3），为中国铁路步入电气化立下了汗马功劳。

图 1-4-3　交—直型电力机车

3. 交—直—交型电力机车

为克服交—直型电力机车的缺点，世界各国竞相开展了交流传动电力机车的研制，1979 年德国开发了世界首台大功率干线交流传动电力机车，欧洲等主要发达国家迅速推广，目前已普遍采用。

我国于 1991 年开始进行交流传动电力机车的研究，先后成功研制了交—直—交动车组和交—直—交货运电力机车。交—直型电力机车目前逐步淘汰，交—直—交型电力机车和动车组全面推广。交—直—交型电力机车工作原理如图 1-4-4 所示。

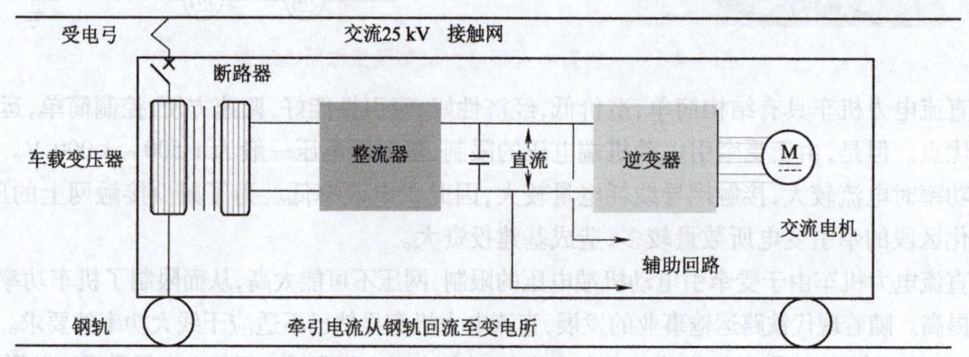

图 1-4-4　交—直—交型电力机车工作原理

交—直—交电力传动机车是指通过交流电网供电，由整流器整流为直流，再逆变为交流，从而驱动交流电动机的机车。接触网单相交流电压经牵引变压器降压和整流器整流变换成直流，再经直流中间环节和逆变器变换成频率和电压可调的三相交流后，向交流电动机供电。整流器通常采用可使功率因数接近于1的四象限脉冲整流器，逆变器大多采用电压型逆变器。对应的直流中间环节为一组大电容，交流电动机一般为异步牵引电动机。机车起动时采用恒转矩变频调速，运行时采用恒功率变频调速，电气制动采用再生制动。这类机车具有高牵引力、高黏着利用、高制动性能，以及少维修等优点，是电力机车发展的一个主要方向。使用这种方式的机车功率因数高，高次谐波少，对电网污染少，铁路用机车多采用这种供电控制方式，比较典型的如和谐HXD系列电力机车、CRH动车组及复兴号高速动车组等，都采用了这项技术。

4. 电力机车技术发展概况

1969年，株洲电力机车研究所和株洲电力机车工厂联合研制了SS_2型电力机车。1978年，株洲电力机车工厂研制成功SS_3型电力机车。1985年，株洲电力机车厂设计并试制成功SS_4型电力机车，标志着我国电力机车产品进入第三代。我国第三代电力机车产品主要特征是采用多段桥(3、4段)相控无级调压的调速方式，第三代电力机车技术的出现和成熟，极大推动了中国铁路运输的发展。

1996年，由株洲电力机车工厂和株洲电力机车研究所研制成功的AC4000型电力机车是我国第一台交流传动电力机车。1999年，由德国西门子公司与株洲电力机车工厂合作生产的，以西门子第二代“欧洲短跑手”系列电力机车作为技术平台，专为中国铁路设计制造了DJ_1型电力机车。

2004年，株洲电力机车有限公司、大同电力机车有限公司、大连机车车辆有限公司通过“引进、消化吸收、再创新”，逐步建立了和谐系列大功率交流传动机车研制平台，并逐步具备了牵引变流器、微机控制系统、制动系统等核心系统和部件自主知识产权。

HXD_1型电力机车是株洲电力机车有限公司与西门子公司联合研制，在“欧洲短跑手”机车平台上，结合DJ_1型电力机车在我国大秦线上的运用经验而研制的。

HXD_2型电力机车是大同电力机车有限公司与法国阿尔斯公司在PRIMA系列电力机车的基础上联合研制的。

HXD_3型电力机车(图1-4-5)是大连机车车辆有限公司与日本东芝公司联合研制以SSJ_3-0001试验车及日本货物铁路使用的EH50型作为技术平台设计制造的。

图1-4-5 HXD_3型电力机车

在上述三种和谐系列车型技术引进的基础上，我国三大机车制造厂商逐步完成技术消化吸收、再创新，开发出了具备自主知识产权的系列产品，主要有HXD_1系列电力机车HXD_2系列电力机车及HXD_3系列力机车。和谐系列大功率交流传动机车均采用最新大功率水冷IGBT元件实现交—直—交流电传动，并采用先进的微机控制系统实现机车的智能控制和自动检测功能。经过发展，HXD_1、HXD_{1B}、HXD_{1C}、HXD_{1D}、

HXD2、HXD2B、HXD2C、HXD3、HXD3B、HXD3C、HXD3D 型等和谐系列大功率交流传动电力机车，以及 FXD1、FXD3 型动力车相继诞生并批量生产投入运用，实现了我国轨道交通装备的快速发展。

二、动车组

1. 高速铁路和高速列车的概念

中国高速铁路（China Railway High-speed），简称中国高铁，是指中国境内建成使用的高速铁路，为当代中国重要的一类交通基础设施。

根据《铁路工程基本术语标准》（GB/T 50262—2013）：高速铁路是设计速度 250 km/h（含预留）及以上动车组列车，初期运营速度不小于 200 km/h 的客运专线铁路。

高速列车一般指时速在 200 km 以上的火车。20 世纪 50 年代初，英国首先提出了高速列车的设想，并最早开始试验工作。1976 年，用柴油电动机车牵引的高速列车在英国投入服务，这是当时英国最快的载客列车，最高时速达 200 km。

2. 高速列车的优点

高速列车的优点在于速度高，燃料省，安全可靠，服务优良。因此，高速列车从一开始就显示出了巨大的优越性。同普通列车相比，高速列车的性能大大提高，具有如下一些新的技术特点：

（1）空气阻力是影响高速列车运行的最主要因素，因此高速列车车头一般都采用流线型的车头形状（如 TGV），外表面光滑并使玻璃窗与外部齐平，以达最优的空气动力形式。

（2）在高速行驶时，要保证列车运行有足够的加速力。但高速运转时黏着系数下降，为此需要提高轴重（动力集中）或增加轴数（动力分散）。前者虽成本低，但是轴重过大会增加对线路的破坏作用，因此各国都采用不同程度的动力分散方式。

（3）为实现较大的减速，各国的高速列车不仅对所有的动轴实施制动，而且对从轴也安装了制动装置。如新干线列车对所有的车轴都装有电力制动与盘形制动的双重制动系统；TGV 列车对动轴采用电力制动与车轮踏面制动相结合，从轴仅采用盘形制动；ICE 对轴采用电力制动与盘形制动相结合，从轴采用涡流钢轨制动加电力制动。

3. 国外动车组发展概述

日本、法国、德国是国际上较早发展高速铁路技术的国家，成功开发出新干线、TGV、ICE 等时速 200 km 以上的高速客运系列产品，使铁路旅客运输发生了革命性的变化，极大地提高了铁路在长途客运市场中的竞争力。从 20 世纪 90 年代开始，意大利、西班牙、比利时等国纷纷开始发展高速铁路，欧洲高速铁路网络逐步成型；此后，亚洲、北美洲等也加入发展高速铁路行列，世界范围内掀起了高速铁路建设热潮。

新干线是日本的高速铁路系统，也是全世界第一个投入商业运营的高速铁路系统，采用 1 435 mm标准轨距，全线均为纯客运服务。新干线的第一条线路是 1964 年 10 月 1 日通车运营的连接东京与大阪之间的东海道新干线。将日本大多数的重要都市连接起来。日本动车组主要采用动力分散牵引方式，主要包括百位数字系列高速列车（0 系、100 系—800 系等）和 E 系高速列车（E1—E6、E7/W7 等）两大系列，最高运行速度从 210 km/h 到 320 km/h 不等，其研制的新一代动车组为 N700S 型动车组(图 1-4-6)和在研的 ALFA-X 型试验列车。

法国以电力机车为研究对象,其高速电力牵引列车在 1978 年曾创下时速 260 公里的纪录。1981 年 10 月,新的高速列车“T. G. V”在巴黎—里昂干线正式投入使用。采用流线型造型的“T. G. V”和常规列车相比,空气阻力减小了三分之一。它装有大功率动力装置,具有较强的爬坡能力,可以高速爬上 35% 的陡坡,也可在坡路上起动,使用的仍是普通铁轨线路,该型列车“V150”号曾于 2007 年 4 月 3 日创下时速 574. 8 km 的试验纪录。

TGV 是运行于法国及其他地区的高速列车(图 1-4-7)。它由阿尔斯通(Alstom)及国营公司 SNCF 负责开发,营运由 SNCF 负责。TGV 列车往来巴黎邻近及邻国的城市,包括比利时、德国、瑞士等。一些国家的铁路公司从法国购入 TGV 列车或技术,有荷兰、韩国、西班牙、英国及美国。

图 1-4-6 日本 N700S 型新干线列车

图 1-4-7 法国 TGV 高速列车

德国 ICE 城际特快列车(图 1-4-8)是德国国铁为迈向国际化所注册的英文名字,简称 ICE。ICE 系统是一个连接各大城市的高速铁路系统,班次由每半小时、一小时或两小时一班不等,也有速度更快的特别直达车存在。因为德国人口及中型城市分布较为平均,所以德国境内的 ICE 线路旨在连接各大城市形成完整路网,而非求取点对点间的最短行车时间。在整个 ICE 路网中,列车只可以在两段高速线路上达到 300 km/h 的最高营运速度。这与法国的 TGV 及日本新干线系统集中提高首都与其他城市的交通,与点对点高速铁路的构思有所不同。

图 1-4-8 德国 ICE 高速列车

4. 国内动车组发展概述

(1)早期研制的动车组

我国对动车组技术的探索和动车组的研制，最早可以追溯到1979年，根据当时的铁道部规划，研究开发了140 km/h速度级动力分散式电动车组。此后，我国先后研发了26款种类各异的动车组样车，牵引类别涵盖了内燃和电力，动力配置涵盖了动力集中和动力分散，速度等级涵盖了100 km/h、120 km/h、140 km/h、180 km/h和200 km/h等，其代表性动车组有"大白鲨""先锋号""春城号""新曙光号""中原之星""长白山"等。

(2)和谐号动车组

从2004年起，我国通过技术引进，并对技术加以消化吸收再创新，形成了和谐号CRH系列动车组。CRH(China Railways High-speed)中文意为"中国高速铁路"，是针对中国高速铁路系统建立的品牌名称。

和谐号动车组是我国铁路全面实施自主创新战略取得的重大成果，标志着我国铁路客运装备的技术水平达到了世界先进水平，中国也由此成为世界上少数几个能够自主研制时速380 km动车组的国家，主要包括CRH1、CHR2、CRH3和CRH5动车组，并在此基础上开发出CRH6、CRH380等动车组，如图1-4-9所示。

①CRH1动车组技术平台

CRH1动车组技术平台是由中车青岛四方机车车辆股份有限公司与加拿大庞巴迪公司的合资公司青岛四方阿尔斯通铁路运输设备有限公司研制生产的，目前有CRH1A、CRH1B、CRH1E、CRH380D、CRH1A-A等型号。

②CRH2动车组技术平台

CRH2动车组技术平台是由中车青岛四方机车车辆股份有限公司消化吸收日本川崎重工E2-1000系动车组技术研制生产的，目前有CRH2A、CRH2B、CRH2E、CRH2C、CRH380A、CRH380AL、CRH6A、CRH6F、CRH2G等型号。

CRH380A、CRH380AL型动车组是2010年在CRH2C型动车组基础上自主研制的高速动车组，最高运营速度350 km/h。其中，CRH380A型动车组编组为6M2T，牵引功率为9 360 kW，采用了通长铝合金型的车体和低气动阻力的流线型车头。CRH380AL型动车组为CRH380A型的长编组形式，采用14M2T动力配置，牵引功率为21 021 kW。CRH380A/AL统型动车组定员分别为556人和1 061人。

2013年研制了CRH6A和CRH6F型城际动车组，2015年研制了CRH2G型高寒动车组。CRH6A型城际动车组最高运营速度200 km/h，CRH6F型城际动车组最高运营速度160 km/h。CRH6A型城际动车组是为满足我国区域经济快速发展和城市群崛起对城际轨道交通的需求而研制的一种新型运输工具，作为高速铁路和城市轨道交通的纽带，具有运能大、起停速度快、乘降方便快速、疏通迅捷有效、乘坐舒适、安全可靠、节能环保的特点。城际铁路的推广普及对形成我国轨道交通层次架构，改变国人出行方式，提高旅客周转效率，具有重大意义。

③CRH3动车组技术平台

CRH3动车组技术平台是由中车唐山机车车辆有限公司和中车长春轨道客车股份有限公司消化吸收西门子Velaro-E动车组技术研制生产的，目前有CRH3C、CRH380B、CRH380BG、CRH380BL、CRH380CL、CRH3A等型号。

CRH380B 和 CRH380BG 型动车组以 CRH380BL 型动车组为基础各系统结构及功能基本保持不变，牵引功率为 9 200 kW。CRH380B 型动车组为 CRH380BL 型的短编型式；CRH380BG 型动车组为高寒型，针对哈大客专的高寒运用环境进行了适应性优化，在材料低温特性、密封防雪及防结冰、空调采暖、水系统防冰、转向架系统低温适应性等方面进行了改进，可适应 -40 ℃ ~ +40 ℃环境运营要求。

CRH380CL 型动车组是在 CRH3C 和 CRH380BL 型动车组基础上于 2011 年研发的高速动车组，为 16 辆编组（8M8T），采用了新头型以降低列车高速运行时的气动阻力，采用基于日立技术的牵引及网络控制系统，牵引功率为 19 200 kW；最高运营速度 350 km/h。

④CRH5 动车组技术平台

CRH5 动车组技术平台是由中车长春轨道客车股份有限公司消化吸收阿尔斯通 SM3 型动车组技术研制生产的，目前有 CRH5A、CRH5G、CRH5E 等型号。

(a) CRH1A型动车组（CRH1平台典型动车组）

(b) CRH380A型动车组（CRH2平台典型动车组）

(c) CRH380BG型高寒动车组（CRH3平台典型动车组）

(d) CRH5A型动车组（CRH5平台典型动车组）

图 1-4-9　和谐号动车组

三、复兴号动车组

自 2012 年开始，中国铁路总公司（现国铁集团）集合国内企业、高校、科研单位等优势力量，产学研用紧密结合、协同创新，开展了时速 350 km 中国标准动车组的研制工作。2017 年 6 月 25 日中国标准动车组被正式命名为“复兴号”，英文代号为 CR（China Railway），于 6 月 26 日在京沪高铁正式双向首发。

复兴号动车组是在充分吸收我国多年来动车组运用检修经验的基础上，以市场需求为目标、坚持问题导向、坚持自主创新、开展正向设计、全面提高自主化水平研制的具有完全自主知识产权的标准化、系列化、简统化动车组，达到国际领先水平，满足未来发展需求。按照国家创新驱动发展战略，2013 年起，我国研制了 CR400 平台和 CR300 平台复兴号动车组，2017 年以后，为满足我国智能高铁发展需求，研制了京张和京雄智能动车组。2022 年 4 月，由我国自主研发、世界领先新型复兴号高速综合检测列车上线运行。

复兴号列车目前有3个速度等级，分别为CR400、CR300和CR200，数字表示最高运营时速，其对应的最高持续运营速度分别为350 km/h、250 km/h和160 km/h，适应于高速铁路（高铁）、快速铁路（快铁）、城际铁路（城铁）。复兴号CR400最高速度400 km/h、标准速度350 km/h。

1. CR400平台动车组

CR400平台动车组为时速350 km的复兴号动车组有CR400AF（图1-4-10）和CR400BF（图1-4-11）两种技术平台，包括8辆编组（CR400AF、CR400BF）、16辆编组（CR400AF-A、CR400BF-A）、17辆编组（CR400AF-B、CR400BF-B）、8辆编组高寒型（CR400AF-G、CR400BF-G）等不同技术配置动车组。

图1-4-10　CR400AF型动车组

图1-4-11　CR400BF型动车组

2. CR300平台动车组

为满足不同速度等级线路使用需求，2018年在CR400平台动车组基础上研制了时速250 km的CR300平台动车组，如图1-4-12和图1-4-13所示。

图1-4-12　CR300AF型动车组

图1-4-13　CR300BF型动车组

3. 智能动车组

京张高铁复兴号智能型动车组（图1-4-14），CR400BF-C是复兴号动车组的家族产品，定位于复兴号的智能型，由中车长春轨道客车股份有限公司研制，力求在智能化、安全舒适、绿色环保、综合节能等方面实现新发展新突破。动车组采用了低阻力新型流线型车头，运行阻力较CR400BF型动车组减少约10%，能耗降低约7%。京张高铁复兴号智能型动车组由我国自主研发设计，有“鹰隼”“旗鱼”两种头型方案，包括“龙凤呈祥”与“瑞雪迎春”两种外观涂装方案。2019年底2列智能动车组在京张高铁投入运营。

京雄高铁复兴号智能型动车组（图1-4-15）CR400AF-C是复兴号动车组的家族产品，定位于复兴号的智能型，由中车青岛四方机车车辆股份有限公司研制。动车组聚焦智能、舒适、绿色及新形象，较CR400AF型动车组新增ATO、PHM、5G、以太网、抬头显示等系统，多场景提升智能行车、智能运维、智能服务水平；增设司机登乘门、优化商务及一等客室，提升噪声、空气质量、压力控制水平，设盲文标识，全面提升乘坐及环境舒适性；采用灰水回收、变频空调等节能技术，选用环保材料践行环保理念；开发新头型，新头型较 CR400AF 型动车组可降低气动阻力 2%。

图 1-4-14　京张高铁智能动车组

图 1-4-15　京雄高铁智能动车组

4. 新型复兴号高速综合检测列车

2022 年，由我国自主研发、世界领先新型复兴号高速综合检测列车上线运行，如图 1-4-16 所示。该车作为高速动车组新技术验证平台参与 CR450 动车组研制先期试验，4 月 12 日，在郑州至重庆高速铁路巴东至万州段成功实现隧道内单列速度 403 km/h、相对交会速度达 806 km/h；4 月 21 日，在济南至郑州高速铁路濮阳至郑州段成功实现明线上单列速度 435 km/h、相对交会速度达 870 km/h，创造了高铁动车组列车明线和隧道交会速度世界纪录。这标志着纳入国家“十四五”规划的“CR450 科技创新工程”全面展开，将为 CR450 动车组研制提供最重要技术支撑和引领，也将为速度 350 km/h 安全标准示范线建设提供最重要支持和保障。

图 1-4-16　复兴号高速综合检测列车在济南至郑州高铁交会试验

第五节　接触网

铁路电气化是中国铁路发展的目标。电气化铁路工程又称为“四电工程”，包括牵引供电、电力、信号、通信，其中以牵引供电系统中的接触网作为铁路电气化工程的主构架。

接触网是沿铁路线上空架设的向电力机车供电的特殊形式的输电线路，由接触悬挂、支持装置、定位装置、支柱与基础几部分组成，具体组成如图1-5-1所示。

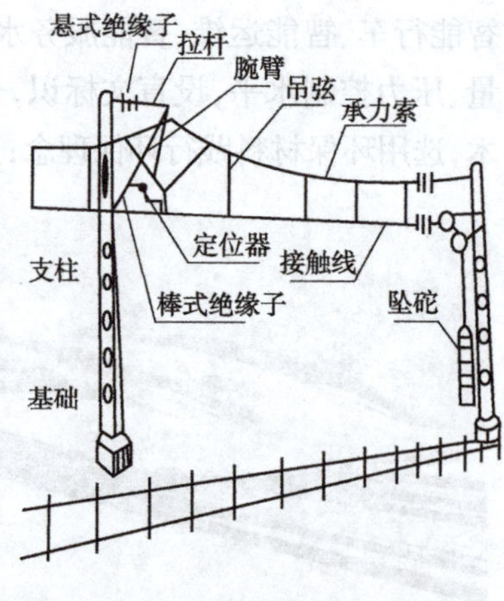

图1-5-1　接触网组成示意

接触悬挂包括接触线、吊弦、承力索，以及连接零件，还有锚段两侧的补偿装置，锚段中部的中心锚结。接触悬挂通过支持装置架设在支柱上，其功用是将从牵引变电所获得的电能输送给电力机车。

支持装置用以支持接触悬挂，并将其负荷传给支柱或其他建筑物。根据接触网所在区间、站场和大型建筑物而有所不同。支持装置包括腕臂、水平拉杆、悬式绝缘子串，棒式绝缘子及其他建筑物的特殊支持设备。

定位装置包括定位管、定位器、定位线夹，以及连接零件，其功用是固定接触线的水平位置，使接触线在受电弓滑板运行轨迹范围内，保证接触线与受电弓不脱离，并将接触线的水平负荷传给支柱。

支柱与基础用以承受接触悬挂、支持和定位装置的全部负荷，并将接触悬挂固定在规定的位置和高度上。我国接触网中采用预应力钢筋混凝土支柱和钢柱。基础是对钢柱而言的，即钢柱固定在下面的钢筋混凝土制成的基础上，由基础承受支柱传给的全部负荷，并保证支柱的稳定性。预应力钢筋混凝土支柱与基础制成一个整体，下端直接埋入地下。

一、接触网简介

（一）电压等级

牵引供电设备应保证不间断行车的可靠供电。牵引供电能力应与线路的运输能力相适应，满足规定的列车重量、列车密度和运行速度的要求。接触网标称电压值为25 kV，最高工作电压为27.5 kV，短时（5 min）最高工作电压为29 kV，最低工作电压普速铁路为19 kV，高速铁路为20 kV。

（二）接触悬挂类型

接触网的分类大多以接触悬挂的类型来区分。接触悬挂的分类是对接触网的每个锚段而言的。接触悬挂的种类较多，一般根据其结构的不同分成简单接触悬挂和链型接触悬挂两大类。

简单接触悬挂（以下简称简单悬挂）系由一根接触线直接固定在支柱支持装置上的悬挂形式。国内外对简单悬挂做了不少研究和改进，我国现采用的是带补偿装置的弹性简单悬挂。首先，在接触线下锚处装设了张力补偿装置，以调节张力和弛度的变化；其次，在悬挂点上加装8～16 m长的弹性吊索，通过弹性吊索悬挂接触线，这就减少了悬挂点处产生的硬点，改善了取流条件；另外跨距适当缩小，增大接触线的张力以改善弛度对取流的影响。

链型接触悬挂（以下简称链型悬挂）的接触线是通过吊弦悬挂在承力索上。承力索悬挂于支柱的支持装置上，使接触线在不增加支柱的情况下增加了悬挂点，利用调整吊弦长度，使接触线在整个跨距内对轨面的距离保持一致。链型悬挂减小了接触线在跨距中间的弛度，改善了弹性，增加了悬挂重量，提高了稳定性，可以满足电力机车高速运行取流的要求。

链型悬挂比简单悬挂得到了较好的性能，但也带来了结构复杂、造价高、施工和维修任务量大等许多问题。

链型悬挂分类方法较多，按悬挂链数的多少可分为单链型、双链型和多链型（又称三链型）。目前我国采用单链型悬挂。

链型悬挂根据线索的锚定方式（即线索两端下锚的方式），可分为无补偿链型悬挂、半补偿链型悬挂、全补偿链型悬挂。目前我国多采用全补偿链型悬挂。

按照悬挂点是否有弹性吊弦，可分为：简单链型悬挂和弹性链型悬挂，目前我国多采用弹性链型悬挂，尤其是在高速铁路上。

按照接触线、承力索在空间位置关系，可分为：直链型悬挂、半斜链型悬挂和斜链型悬挂。目前我国，普速铁路在直线区段多采用半斜链型悬挂，曲线区段采用直链型悬挂；高速铁路采用直链型悬挂。

（三）供电方式

接触网供电方式有单边、双边供电和越区供电。单边和双边供电为正常的供电方式。

（1）单边供电：供电臂只从一端的变电所取得电流的供电方式。

（2）双边供电：供电臂从两端相邻的变电所取得电流的供电方式。

（3）越区供电是一种非正常供电方式（也称事故供电方式）。

越区供电是当某一牵引变电所因故障不能正常供电时，故障变电所担负的供电臂，经分区所的开关设备同相邻的供电臂接通，由相邻牵引变电所进行临时供电。

复线区段的供电情况与上述类同，但牵引变电所馈出线有四条，分别向两侧上、下行接触网供电。牵引变电所同一侧上、下行可以并联供电，提高供电臂末端电压。越区供电时，通过分区所内的开关设备去实现。

（四）支柱及基础

支柱是接触网中最基本、应用最广泛的支撑设备，用来承受接触悬挂与支持设备的负荷。接触网支柱，按其使用材质分为预应力钢筋混凝土支柱和钢支柱两大类。

在部分隧道内、桥梁、车站站房和硬横梁下方，采用吊柱（又称倒立柱）的安装方式支撑接触悬挂。吊柱采用将底座焊接在圆形或四方形钢管上制成。

预应力钢筋混凝土支柱，简称为钢筋混凝土支柱，采用高强度的钢筋，在制造时预先使钢筋产生拉力，它具有比普通钢筋混凝土支柱在同等容量情况下节省钢材、强度大、支柱轻等优点。钢筋混凝土支柱本身是一个整体结构，不需另制基础。

钢柱大多以角钢焊成桁架结构，在限界小的两线间或高速铁路桥上，经常使用H型钢柱。钢柱具有支柱较轻、强度高、抗碰撞、安装运输方便等优点。根据安装使用地点不同，钢柱的型号规格及外形结构也不同。

支柱按其在接触网中的作用可分为中间支柱、转换支柱、中心支柱、锚柱、定位支柱、道岔支柱、软横跨支柱、硬横跨支柱及桥梁支柱等几种。

（五）侧面限界

接触网支柱的侧面限界是指在轨平面处支柱内缘至线路中心线的水平距离。它是为了确保行车的安全而设置的一个控制参数。

支柱侧面限界任何时候不得小于2 440 mm；曲线区段适当加宽；直线中间支柱一般取为2 500 mm；软横跨支柱一般取为3 000 mm；软横跨支柱位于站台时，为便于旅客行走，一般取为5 000 mm。有大型养路机械作业的路基区段，接触网支柱内侧距线路中心距离不小于3 100 mm。

（六）支持及定位装置

支持装置用以支持接触悬挂，并将其负荷传给支柱或其他建筑物。支持装置包括腕臂、水平拉杆、悬式绝缘子串、棒式绝缘子及其他建筑物的特殊支持设备。

定位装置包括定位管、定位器、定位线夹，以及连接零件，其作用是固定接触线的水平位置，使接触线在受电弓滑板运行轨迹范围内，保证接触线与受电弓不脱离，并将接触线的水平负荷传给支柱。

定位器有直管定位器、弯管定位器和带减振阻尼装置的多功能定位器。

（七）承力索

接触网承力索的作用是通过吊弦将接触线悬挂起来。承力索还可承载一定电流来减小牵引网阻抗，降低电压损耗和能耗。

承力索根据材质可分为铜合金承力索、钢承力索、铝包钢承力索等。

钢承力索需采取防腐措施。

（八）吊弦

在链型悬挂中，接触线通过吊弦悬挂在承力索上。按其使用位置是在跨距中、软横跨上或隧道内有不同的吊弦类型，吊弦是链型悬挂中的重要组成部件之一。

在链型悬挂中安设吊弦，使每个跨距中在不增加支柱的情况下，增加了对接触线的悬挂点，这样使接触线的弛度和弹性均得到改善，提高了接触线工作质量。另外，通过调节吊弦的长度，可以保证接触线对轨面的高度，使其符合技术要求。

普通环节吊弦以直径4 mm（一般称为8号铁线）的镀锌铁线制成。

目前的新建接触网通常采用不锈钢直吊弦、软钢索吊弦、软铜绞线吊弦，这些吊弦为整体吊弦，减小了检修工作量，提高了接触悬挂的工作特性。

（九）接触线

接触线也称为电车线，是接触网中重要的组成部分之一。电力机车运行中其受电弓滑板直接与接触线摩擦，并从接触线上获得电能。接触线截面积的选择应满足牵引供电计算的要求。

接触线一般制成两侧带沟槽的圆柱状，其沟槽便于安装线夹，并按技术要求悬吊固定接触线，同时又不影响受电弓滑板的滑行取流。接触线下面与受电弓滑板接触的部分呈圆弧状，称为接触线的工作面。

接触线为铜合金线，多为TCG-110和TCG-85两种型号，其字母T表示铜材，C表示电车线，G表示带沟槽形式，后面的数字表示该型铜接触线的截面积。近年来随着列车提速及载流量的增加，我国又研制成功MTHA-120和MTHA-150接触线并大量使用，即镁铜合金接触线。

我国早期研制和使用了钢铝接触线。钢铝接触线以铝和钢两种金属压接制成。以铝面作为导电部分，与受电弓滑板接触摩擦的是钢面，既保证了导电性能又提高了工作面的耐磨性，我国采用的钢铝接触线有 GLCA100/215 和 GLCB80/173 两种型号。钢铝接触线载流能力差，这种接触线目前已不再使用。

(十)导线高度

接触网导线高度是指悬挂定位点处接触线距轨面的垂直高度，《铁路电力牵引供电设计规范》(TB 10009—2016)规定如下：

最高高度：不大于 6 500 mm。

最低高度：

(1)客货共线铁路。

①站场和区间(含隧道)接触线距轨面的高度宜取一致，其最低高度不应小于 5 700 mm，编组站、区段站等配有调车组的线、站，正常情况不应小于 6 200 mm，困难时不应小于 5 700 mm。

②既有隧道内(包括按规定降低高度的隧道口外及跨线建筑物范围内)正常情况不应小于 5 700 mm，困难情况不应小于 5 650 mm，特殊情况不应小于 5 330 mm。

(2)双层集装箱运输线路不应小于 6 330 mm。

(3)仅开行动车组的线路不应小于 5 150 mm。

(4)接触线最低高度值在海拔 1 000 m 以上的区段，应按规定随空气绝缘间隙值的加大而相应增加。

《高速铁路设计规范》(TB 10621—2014)规定如下：

接触线悬挂点高度不宜小于 5 300 mm，最低点高度不宜小于 5 150 mm。

(十一)磨耗

在接触网运营中，为了保证接触线在一定张力的情况下不断线，要求每年至少要进行一次接触线磨耗测量，当接触网接触线磨耗到一定程度时应当补强或更换。若发现全锚段接触线平均磨耗超过该型接触线截面积的 25% 时，应当全部更换。平均磨耗未达到 25%，局部磨耗超过 30% 时可局部补强，当局部磨耗达到 40% 时应切除更换。

测量磨耗重点放在定位点、电连接、导线接头、中心锚结、电分相、电分段接头处，测量磨耗要利用游标卡尺去测量接触线的残存高度，然后对照该型号接触线磨耗换算表，即可查出该处接触线磨耗面积(磨掉的截面积)。

(十二)“之”字值和拉出值

定位器将接触线固定在正确的位置上称为定位，定位器的定位线夹与接触线固定处为定位点。定位点处接触线至受电弓中心的水平距离，在直线区段称为“之”字值，在曲线区段为“拉出值”，“之”字值和拉出值的作用是使受电弓滑板工作均匀，并防止发生脱弓和刮弓事故。

在直线区段受电弓中心与线路中心重合，接触线“之”字值沿线路中心对称布置，其标准一般为 ±300 mm。

在曲线区段，拉出值为 350 ~ 450 mm 之间，拉出值和曲线半径大小有关。

(十三)绝缘子

绝缘子用以悬挂导线并使之对接地体保持电气绝缘。

接触网上所用的绝缘子一般为瓷质的，即在瓷土中加入石英和长石烧制而成，表面涂有一层光滑的釉质。有特殊要求的地方可以采用复合材质的绝缘子。

接触网上使用的绝缘子按结构分成悬式和棒式绝缘子两类：按绝缘子表面长度（即泄漏距离）又可分成普通型和防污型两种。

（十四）中心锚结

在锚段的适当位置需固定接触悬挂，这种固定装置称为中心锚结。在两端装有补偿器的锚段里，必须加设中心锚结，其布置原则是尽量使中心锚结两端张力相等，直线区段中心锚结设在锚段中部，曲线区段、曲线半径相同的整个锚段仍设在锚段中部，当锚段处于直线和曲线共有区段且曲线半径不等时，应设在靠曲线多且半径小的一侧。

中心锚结按结构可分为：半补偿链型悬挂中心锚结，全补偿链型悬挂中心锚结，站场防窜中心锚结等。

（十五）线岔

列车在运行中，当运行到两条铁路交叉处，由一股道过渡到另一股道上运行时，要经过道岔设施达到转换。在电气化铁路区段的站场内两个股道交叉处，为了使电力机车受电弓由一股道顺利过渡到另一股道，在两条铁路交叉的上空相应有两支汇交的接触线，在两支汇交接触线的相交处用限制管连接并固定的装置称为线岔，又称等空转辙器或空中转换器。线岔的作用是在转辙的地方，当一组接触悬挂的接触线被受电弓抬高时，另一组悬挂的接触线也能同时被抬高，从而使它与另一接触线产生的高差 Δh 减小，而且高差随着受电弓靠近始触点而缩小，到达始触点时，高差基本消除而使受电弓顺利转换，以使接触线不产生刮弓现象。电力机车受电弓由一条股道上空的接触线平滑、安全地过渡到另一条股道上空的接触线上，从而使电力机车牵引的列车完成线路转换运行的目的。

接触网线岔分为交叉线岔和无交叉线岔两种结构。交叉线岔是由一根限制管、两个定位线夹和固定限制管的螺栓组成，其结构是用一根限制管将相交的两支接触线上下相互贴近，限制管的两端用定位线夹和螺栓固定在下面那根接触线上。如果是非正线相交，一般是交叉点距中心锚结或硬锚近者在下面；若是和正线相交，正线在下面。上面的接触线应能在限制管和下面接触线间活动。

高速铁路与正线相交的道岔通常采用 18 号道岔，道岔全长 $L = 69.00$ m，前端长度 $A = 31.729$ m，后端长度 $B = 37.271$ m。道岔侧股平面线选用圆曲线与直线相切的连接方式。接触悬挂采用无交叉线岔，共设两个道岔定位柱，一个转换柱，其原理类似于三跨锚段关节。道岔柱定位柱 A 设在道岔开口方向距理论岔心 25 m 左右，即两线间距 1 400 mm 处；道岔定位柱 B 设在道岔开口反方向距离理论岔心 15 m，即两线间距 150 mm 处。侧线接触线过道岔柱 A、道岔柱 B 后，由转化柱 C 抬高下锚。道岔定位柱 A、B 和转换柱 C 均采用双腕臂悬挂形式，即正线与侧线接触网单独悬挂，在温度变化时可纵向自由移动，互不干扰。在两导线间距 550 ~ 600 mm 处采用交叉吊弦悬挂，以保证正线通过或侧线驶入正线时在该点两支接触线等高。

（十六）锚段关节

为满足供电、机械方面的分段要求，将接触网分成若干一定长度且相互独立的分段，每一分段称为锚段。两个相邻锚段衔接部分称为锚段关节。

根据锚段关节所起的作用可分为非绝缘锚段关节和绝缘锚段关节；根据所含跨距数可分为三跨、四跨、五跨锚段关节；另外，在 BT 供电区段还有一种吸流变锚段关节。

非绝缘锚段关节只起机械分段作用。绝缘锚段关节既起电分段作用还起机械分段作用。

（十七）补偿装置

接触网补偿装置，又称张力自动补偿器，安装在锚段的两端，并且串接在接触线或承力索内，作用是补偿线索内的张力变化，使张力保持恒定。

接触网补偿装置有许多种类，有滑轮式、棘轮式、鼓轮式、液压式及弹簧式等。我国电气化铁路中使用最广泛的是滑轮式和棘轮式补偿装置，弹簧式补偿装置在少部分区段使用，鼓轮式补偿装置在京秦线部分区段使用，液压式补偿装置目前还在研制推广。

（十八）软横跨

软横跨由一对软横跨柱、横向承力索和上、下部固定绳组成。在车站，因股道多且线间距离小，不能设置腕臂柱时采用软横跨。横向承力索承受各支接触悬挂的重量，为使张力不致过大，其弛度值不小于两柱间距离的 1/10；上部固定绳作为固定各支接触悬挂的承力索使用；下部固定绳供安装定位器和定位各支接触悬挂的接触线使用。软横跨跨越股道数不宜超过 8 股，跨越股道过多时，将造成绳索受力过大，施工、调整也较困难，同时，还使下部固定绳产生弛度，有可能导致刮、碰受电弓。软横跨与硬横跨比较，造价略低；施工安装较为方便。因由绳索组成，稳定性较差，不利于高速行车区段使用。在股道较少的站场，软横跨柱逐渐由钢筋混凝土柱替代钢柱。

（十九）硬横跨

硬横跨由两个立柱和一组钢横梁组成，使用条件同软横跨。钢横梁及所有接触悬挂等重量的负荷，均竖直传给立柱，所以立柱受弯矩较软横跨柱小，因而立柱的容量较小。从安装形式看，立柱高度要求相对也低。硬横跨上各支接触悬挂相互干扰小，调整较方便，稳定性好，有利于高速行车。

（二十）分段绝缘器

分段绝缘器一般设在电气化铁路区段各车站的货物线及进行装卸作业的线路，机车整备线或有备用水鹤的线路，同一车站不同车场之间的分段，上下行之间分区、采用绝缘锚段关节有困难的车站及段管线等。为了保证工作人员作业方便及人身安全，将接触网在供电上分成两个独立的区段。

分段绝缘器安设在上述独立区段的两端，其结构既能保证供电的分段，又能使受电弓平滑地通过该设备。分段绝缘器大多应配合隔离开关使用，以便使分段绝缘器两端的接触线当开关闭合时都能带电；当隔离开关打开时，独立的区段中则没有电，便于在该独立区段中进行装卸或停电作业。

分段绝缘器的种类较多，随着接触网设备及材料的发展，曾经广泛使用的高铝陶瓷、玻璃钢、环氧树脂分段绝缘器等，因结构笨重或耐脏污、耐电弧性能差，也有的易老化开裂或泄漏距离不足等原因，现已逐渐淘汰。目前使用较多的是菱形分段绝缘器、消弧分段绝缘器等。

（二十一）分相绝缘装置

分相绝缘装置的作用是将接触网上不同相位的电隔离开，以免发生相间短路，并起机械连接作用,使接触网成为一个整体。分相绝缘装置分为器件式分相和关节式分相两种,包括分相绝缘构件和有关线路标志。分相绝缘装置设在两供电臂连接的地方,如牵引变电所、分区所等处。

器件式分相一般由三块相同的玻璃钢绝缘件组成,每块绝缘件长 1.8 m,宽 25 mm,高 60 mm,其底面制成斜槽,以增加表面距离。绝缘件之间的接触线无电,称为中性区,中性区的长度按照规定不小于 18 m。这一规定是考虑机车双弓升起时不至短接不同相位的接触线为限。为了不缩短中性区长度和避免接触线供电相间短路,确保分相绝缘器的功能,电力机车通过分相绝缘器时,只能断电滑行通过。因此,在分相绝缘器的两端,上行和下行方向均应设立“断”“合”标示牌,用以通知司机当机车通过分相绝缘器时,必须先断开机车的主断路器,通过分相绝缘器后,再重新合上主断路器。这是为了防止受电弓通过中性区时,拖带电弧烧损绝缘件和接触线或造成其他事故。

对于运营速度为 120 km/h 以上的电气化线路,其分相已不能用常规带有绝缘滑条式的电分相装置,因为器件式电分相装置动态特性差,在实际应用中会在电分相处形成一连串的硬点,不仅会造成接触线磨耗加剧,而且严重时,会形成火花甚至拉弧,烧损接触线,对于高速运行的受电弓也会造成危害和烧伤。

关节式分相是一种通过在绝缘关节之间设置相间中性段的接触网分相结构。分相一般由两个或三个绝缘关节组合形成,其结构可分为双断口、三断口两种类型,按照分相中性段长度与受电弓间距的关系又可分为短分相和长分相。根据采用锚段关节形式(三跨、四跨或五跨)的不同,理论上可组合成多种跨别,我国铁路工程中通常采用的有四跨、六跨、七跨、八跨、九跨、十二跨、十六跨等。如图 1-5-2 为七跨关节电分相平面示意。

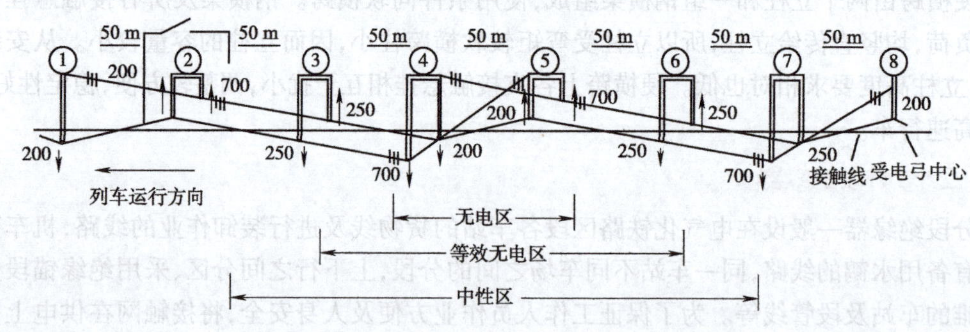

图 1-5-2　七跨关节电分相平面示意(单位:mm)

二、高速铁路接触网

(一)电气化铁路的高速时代

在电气化铁路运行速度日益提高的情况下,一般将速度达 200 km/h 或高于 200 km/h 的电气化铁路称为高速电气化铁路,将适用于高速电气化铁路运行的接触网称为高速电气化铁路接触网或高速接触网。

(1)高速电气化铁路必须具有的三大要素:

①具有高强度的铁路线路及轨道。

②具有能适应高速铁路速度性能的机车和车辆。

③具有能适应高速运行条件的接触网及与之相适配的受电弓。

(2)高速接触网对接触悬挂的要求:

①具有能够传递强大的牵引电流的能力。

②沿跨距内,接触线对轨面的高度相对保持一致,受电弓沿接触线的运行轨迹基本呈水平状态。

③在受电弓的抬升力作用下,甚至在双弓或冲击力作用下,接触悬挂不发生较大振幅的低频振动。

(二)高速接触网技术特征

1. 全补偿悬挂结构

为保证接触线和承力索的恒定张力,通常采用全补偿的链型悬挂结构,综合张力不宜超过40 kN。

2. 整体吊弦

在高速接触网接触悬挂中,吊弦是其中的主要环节,吊弦向整体式和轻型化发展,过去采用的环节吊弦逐步被淘汰。其吊弦间距一般以8~12 m为宜。

3. 设置附加预弛度

弹性链型接触悬挂尽管在支柱点处增加了弹性吊弦(索),但是在悬挂点处和跨中,其弹性仍然有一定的差异,使受电弓不能沿距轨面等高的水平线运行。为了克服这种弊病,在进行接触网设计时,使接触线根据跨距的大小,设置必要的预弛度,其目的是期望受电弓在高速运行时,其轨迹为距轨面等高的水平线,其值可取为跨距长度的1/500~1/1 000。

4. 锚段关节

在锚段关节处,有一个区段是受电弓同时接触两组悬挂,这时悬挂重量相对加大,在高速运行时,受电弓的抬升量就要减小。高速接触悬挂中,一般采用五跨锚段关节作为电分段的形式,这时的转换点(过渡区域段)在跨中,有效地避免了硬点的产生。

5. 轻型定位器

定位器是集中负载的汇集点,在高速运行时,该处就是一个集中的硬点。为了解决这个问题,一般采用铝合金的轻型定位器,加设限位装置和防风装置,以便在高速运行时,防止过多抬高和保持相对稳定。

6. 接触线坡度

在高速运行时,若接触线的坡度较大,在变坡点必然会引起火花或对受流的破坏,影响十分明显,高速接触网对坡度值要求较为严格,其值不应大于3.0‰,一般应控制在1.5‰以内。

7. 自动过电分相装置

高速电气化铁路接触网的电分相装置,是保证安全、可靠运行的一个关键性因素,日本采用了地面自动切换式过电分相装置,瑞士采用柱上切换式过电分相装置,德国、法国和英国均采用车上切换方式。采用车上切换方式的三个国家也不完全相同,德国、法国的地面传感系统采用轨道电路式，而英国的地面传感系统则采用电磁传感方式。

我国电气化铁路采用车载自动过分相方式，即只允许动车组使用断开主断路器的方式通过分相区。目前动车组过分相装置主要分为磁钢感应器式过分相装置（简称 GFX-3A）和列车自动运行保护系统过分相装置（简称 ATP）两种，ATP 过分相装置分 CTCS-2 和 CTCS-3 两种控制系统，在 CTCS-2 和 CTCS-3 两种控制系统中优先采用 CTCS-3 系统。正常运行时，动车组优先使用 ATP 自动过分相。但由于运行线路的不同或 ATP 系统故障，CTCS-2、CTCS-3 控制系统均无法使用时，列车会自动采取 GFX-3A 控制列车过分相区。当 ATP 和 GFX-3A 两者都无法正常工作时，可由司机对过分相装置进行隔离，通过手动方式控制列车过分相区。

（三）高速接触网受流的质量性能指标

在高速电气化铁路中，其接触悬挂向电力机车传递电能的过程，称为高速受流。

1. 接触悬挂的弹性和弹性不均匀度

接触悬挂的弹性，不仅是评价高速接触网受流质量的重要指标，而且是对高速受流质量产生重要影响的因素，高速铁路接触网的弹性一般在 0.5 mm/N 以下其表达式为

$$\eta(x)=\frac{\gamma(x)}{P}$$

式中　$\eta(x)$——接触悬挂某处的弹性，mm/N；

$\gamma(x)$——在受电弓抬升力作用下，接触线产生的抬高量，mm；

P——受电弓作用于接触线上的抬升力，N。

弹性或弹性系数仅表示点对点的接触悬挂的弹性性能，不具备悬挂的整体概念，因而对一个跨距或对一个锚段的悬挂而言，一般用弹性不均匀度表示，其表达式为

$$u=\frac{\eta_{\max}-\eta_{\min}}{\eta_{\max}+\eta_{\min}}$$

一般的，当运行速度越高时，要求弹性不均匀度越小。高速铁路双弓或多弓运行条件下，需满足弹性链型悬挂应不大于10%，简单链型悬挂应不大于36%的要求。

2. 弓线间的接触压力

接触线与受电弓一起组成一个阻尼很小的振动系统，随着运行速度的提高，受电弓会产生振动（垂直加速度），从而使接触线和受电弓之间的接触压力产生变化。接触网与受电弓间的接触压力特性包括了静态接触压力和动态接触压力。静态接触压力特性指受电弓在静止或上下均匀缓慢运动时表现出来的接触压力。电气化铁道接触网弓网静态压力一般在 70^{+20}_{-10} N，受电弓在有效工作高度范围内，静态压力的波动范围及受电弓上升、下降过程的静态压力变化越小越好。接触压力的大小及其波动宽度是评估接触网行驶特性和接触线磨耗特性的重要质量参数。

受电弓的动态压力是指受电弓在高速运行时，施加在接触网上的力。受电弓动态压力值越稳定，说明弓网间动态性能越匹配，该力波动变化越大越频繁，则弓网接触状态越差。受电弓接触网间的压力大小受弓网间静态压力、高速下的空气动力影响、弓网间摩擦和动态接触压力等的影响。表征弓线间动态接触压力的参数主要有接触压力的标准偏差、最大接触压力和

最小接触压力。

受电弓接触线间的平均接触压力 F_m 为

$$F_m = 70 + 0.00097\ v^2$$

高速接触网与受电弓之间的动态接触压力标准见表 1-5-1。

表 1-5-1　高速接触网动态接触压力标准

速度(km/h)	250 ~ 300	350
平均接触压力(N)	120 ~ 150	160 ~ 180
标准偏差(N)	≤23 ~ 36	≤48
最大接触压力(N)	250	350
最小接触压力(N)	0	0

标准偏差 $\sigma \leqslant 0.3 \times F_m$ (N)；最大值 $F_{max} = F_m + 3\sigma$ (N)；最小值 $F_{min} = F_m - 3\sigma$ (N)。

3. 离线率及持续时间

离线是指受电弓和接触线产生的机械性脱开。离线时受电弓失压，接触线和受电弓间产生电弧。同时，离线时电压波形产生畸变，会对无线电及通信线路造成干扰。离线是衡量高速受流的重要指标，这个指标可以从三个方面去考虑，即限定时间或限定距离的离线次数、离线时间及离线率。

（1）离线次数表明弓线间机械性脱开的频率。

（2）离线时间是表明每一次机械脱开的持续时间，按时间分，离线时间在 0.1 ~ 60 ms 为小离线，大于 100 ms 时为大离线。

（3）离线率是表示离线的综合指标，可用下式表示：

$$s = \frac{\sum t_i}{T} \times 100\%$$

式中，t_i，T 分别为弓线机械脱开的时间及运行检测的总时间。

4. 接触线抬升量与动态包络线

接触线在静态（低速）状态下，由于受电弓抬升力的作用产生抬高，这时抬升量称为静态抬升量。受电弓在高速运行时产生振动，由于接触线的振动形成的抬升量，称为振动抬升量。振动抬升量波峰值出现大于静态抬升量时，也会产生离线的情况。在正常情况下高速运行时，总是限制接触线的动态抬升量，一般情况平均抬升量限制在 100 ~ 150 mm 范围内，最大允许抬升量为 200 mm。

受电弓动态包络线是指列车在最高设计速度运行条件下，受电弓在最大抬升及摆动时可能达到的最大轮廓线。根据使用的受电弓弓头轮廓，我国规定接触网受电弓动态包络线应符合下列规定：160 km/h 及以下区段，受电弓动态抬升量 120 mm，左右摆动量 250 mm。160 ~ 200 km/h 区段，受电弓抬升量 120 mm，左右摆动量直线 250 mm，曲线 300 mm。200 km/h 及以上区段，受电弓动态抬升量 150 mm（线岔始触区为 200 mm），左右摆动量直线 250 mm，曲线 350 mm。

第六节　简统化接触网简介

一、研究概况

为解决系统参数(表1-6-1)不统一、安装零件多样(图1-6-1)、材质标准(表1-6-2)不一致、服役性能待提高(图1-6-2)等问题,打造完全自主品牌、提升简统化水平和服役性能,国铁集团组织开展了简统化接触网推广研究,列入科技研究开发计划课题。

表1-6-1　接触网系统参数

序号	线路名称	速度(km/h)	悬挂方式	导线规格(承力索+接触线)	张力配置	结构高度(mm)	拉出值(mm)
1	×××城际	350	简单链型	120 mm^2 +120 mm^2	21 kN +27 kN	1 600	250
2	×××高铁	350	弹性链型	120 mm^2 +150 mm^2	23 kN +28.5 kN	1 600	300
3	×××高铁	350	弹性链型	120 mm^2 +150 mm^2	20 kN +31.5 kN	1 600	250
4	×××高铁	350	简单链型	120 mm^2 +150 mm^2	23 kN +28.5 kN	950	300
5	×××高铁	350	弹性链型	120 mm^2 +150 mm^2	21 kN +30 kN	1 600	200

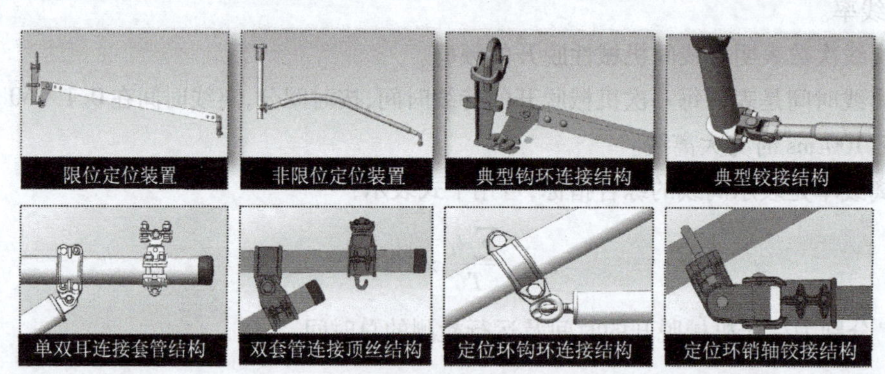

图1-6-1　安装零件多样

表1-6-2　零部件材质标准

	标准号	标准名称	涉及原材料
国外	EN 1652	铜和铜合金 一般用途的板材、薄板、带材和圆材	CuNi2Si 板带材
国外	EN 12163	铜和铜合金 一般用途棒材	CuNi2Si 棒材
国外	JIS H 5120	铜和铜合金铸件	CAC702 铸铝青铜
国外	JIS H 3250	铜及铜合金杆材和棒材	C6161 锻造铝青铜
国外	EN 1982	铜和铜合金铸锭和铸件	ZCuAl10Fe2 铸铝青铜
国内	GB/T 20078	铜和铜合金锻件	CuNi2Si 锻件
国内	GB/T 5231	加工铜及铜合金牌号和化学成分	QAl9-4 锻件

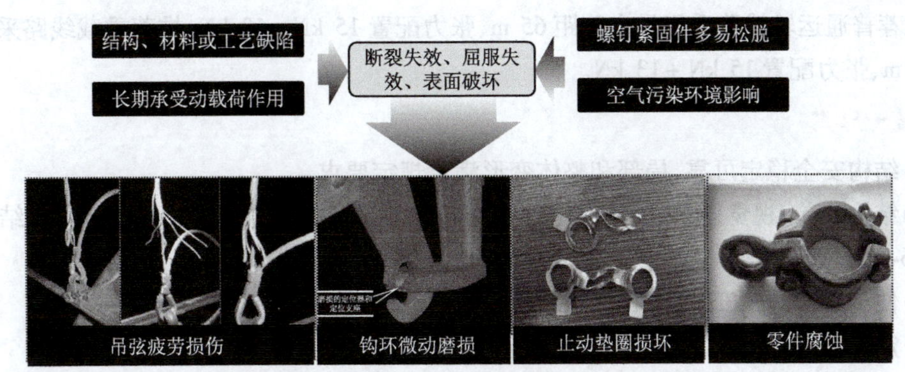

图 1-6-2 装备服役性能不高的因素及体现

二、研究内容

简统化接触网主要研究内容有以下方面：

(1)接触网故障及失效机理研究。

(2)统一接触网技术参数。

(3)统一接触网结构形式。

(4)统一零部件、线材、管件材质。

1. 失效机理研究

首次运用微动摩擦学理论，通过宏微观分析、数值模拟、静态试验、微动疲劳试验等，对整体吊弦进行了研究，揭示了损伤机理，为优化改进零部件缺陷指明了方向，得出结论如下：

(1)失效因素。整体吊弦的失效是材料本身特性、表面损伤、微动损伤、疲劳损伤等多重因素引起综合复杂问题。

(2)压接影响。三点齿形压接处有非常明显的过量压痕损伤特征，是加速失效的诱因。

(3)故障过程。吊弦断丝、断股是由于微动磨损和疲劳断裂共同造成的。微动磨损导致裂纹源萌生，长期疲劳使裂纹扩展，最终发生失稳导致断裂。

(4)改进措施。整体吊弦改进应从改进绞线强度及韧性，优化钳压管与吊弦线之间滑动指标和压接方式，优化心形环结构尺寸等。

2. 统一参数

(1)结合线路速度等级，综合考虑弓网受流性能、接触悬挂对稳定性的要求等因素，形成接触网系列标准。

(2)体现接触网系统参数合理的差异性。

(3)有利于减少零部件种类规格，采用通用化零部件，方便制造、施工与运营维护。

根据弓网动静态特性，结合工程运用经验、经济性及与相关规范衔接：设计速度 350 km/h 采用弹性链型悬挂，推荐采用最大跨距 65 m，张力配置 21 kN + 30 kN；设计速度 250 km/h 推荐采用弹性链型悬挂、最大跨距 65 m、张力配置 20 kN + 25 kN；设计速度 200 km/h 采用简单链型悬挂，推荐采用最大跨距 65 m、张力配置 15 kN + 15 kN；设计速度 160 km/h 采用简单链型悬挂，推荐采用最大跨距 65 m、张力配置 15 kN + 15 kN；设计速度 120 km/h 采用简单链型悬挂，推荐普通运输线路采用最大跨距65 m、张力配置15 kN＋13 kN，推荐重载线路采用最大跨距65 m、张力配置15 kN＋13 kN。

3. 统一形式

（1）结构安全稳定可靠，局部和整体变形满足规定要求。

（2）结构简单，视觉效果好，集成零部件结构和功能，减少零部件数量。简统化结构形式如图1-6-3所示。

（3）便于现场施工安装，下料、组装、调整灵活，安装精度较高。

（4）定位装置轻量化，稳定、静态和耐疲劳性能较好。

（5）定位器与受电弓外形及动态包络线匹配性好，抬升空间较大，保证空间安全距离。

（6）定位器与定位支座连接可靠，连接接触面积增大，减少磨损，提高电气连接性能。

（7）腕臂和定位装置本体采用通用型材，连接件采用稳定可靠的模锻工艺。简统化零部件如图1-6-4所示。

（8）环境适应性好，提高耐腐蚀性能，连接件具有较好的紧固性性能，减少运营维护工作量。

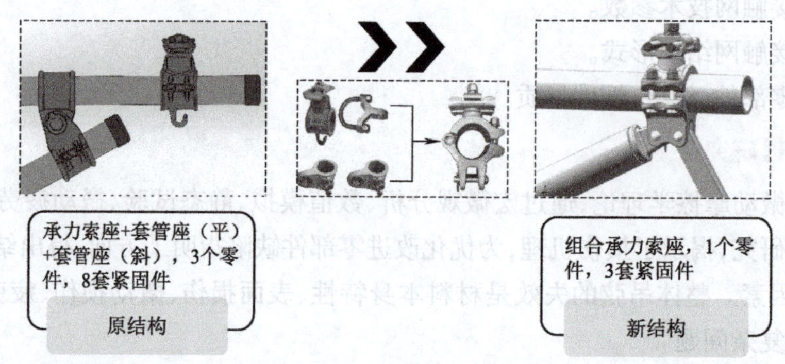

图1-6-3　简统化结构形式

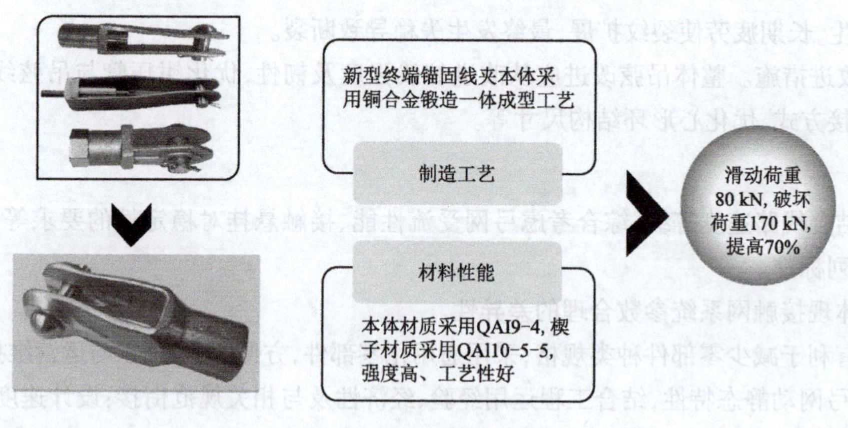

图1-6-4　简统化零部件

4. 统一材质

（1）铝合金管材和锻造件统一采用国家标准6082铝合金。

（2）钢管/钢质锻造件统一采用20号/Q355B合金钢；铜合金统一采用国家标准铝青铜。

通过首次建立接触悬挂静态弹性精确计算模型，实现静态弹性的准确评估，同时补充完善动态特性参数评价标准，形成了完备的接触网系统性能评估体系。

三、发展方向

1. 简统化

通过全范围的统型，实现了横向到边（接触悬挂到附加导线），纵向到底（避雷线到基础）的全系列中国标准接触网技术体系。

2. 标准化

已颁布《高速铁路简统化接触网装备暂行技术条件》（Q320412 ZTJ006—2019），《电气化铁路接触网零部件》（TB/T 2075—2020）等规范标准，简统化接触网通用参考图、简统化接触网零部件定额标准等将陆续发布。

3. 轻量化、一体化

（1）装备轻量化、整体化、免维护关键。

（2）先进复合材料在接触网领域的应用；以比重小、比强度和比模量大的优点，成为钢铁、有色金属之后第三大材料。

（3）国内外接触网系统不断创新探索研究利用复合材料制造支撑、定位装置，以及线索等。

（4）复合材料一次性成型，结构简化、减少组成零件和连接件、紧固件等，降低工艺消耗，提高结构使用性能，减轻质量，定位装置应用可提高弓网受流质量。

思考题

1. 什么是电气化铁路？它包含哪些部分？有什么优点？
2. 电气化铁路发展经历了哪几个阶段？今后的发展方向是什么？
3. 我国高速铁路的“八纵八横”包含哪些线路？
4. 牵引供电回路由哪些构成？
5. 牵引供电方式有哪些？
6. 接触网由哪些部分构成？
7. 高速接触网技术特征是什么？
8. 高速接触网受流的质量性能指标有哪些？

第二章 接触网运行管理

接触网是电气化铁路重要的行车设备。电气化铁路尤其是高速铁路的快速发展和运营品质的需求，对手铁路牵引供电系统接触网设备的安全运行提出了更高的要求。

接触网运行维修是通过对设备定期检测、分析诊断、质量评价和鉴定，并依据结果实施修理，恢复设备正常运行状态的循环管理过程。主要包括运行、检测、维修等管理工作。

供电段（基础设施段、综合段、维管段等，下同）应设置接触网运行、检测、维修管理机构，配齐相关机具和材料，建立健全技术资料，实行维修成本预算管理，制定设备抢修预案及相关管理制度，不断提高接触网运行管理水平。

维修是指在接触网系统实际运行状态出现不允许的偏差或发生故障时，对接触网系统进行必要修复，恢复正常功能，以及通过精确检测、调整修理，恢复设备标准状态的过程。普速接触网维修分为一级修（临时修）、二级修（综合修）两级修程。高速铁路接触网维修分为一级修（临时修）、二级修（综合修）、三级修（精测精修）三级修程。

达到或超出限界值的一级缺陷纳入一级修（临时修），由运行工区及时组织修理；达到或超出警示值且在限界值以内的二级缺陷纳入二级修（综合修），由维修车间（工区）按计划修理；达到一定条件的开展三级修（精测精修），恢复设备标准状态。

第一节　管理机构与维修体制

一、管理机构及职责

铁路运输组织工作高度集中，各个工作环节密切相连，因此，电气化铁路牵引供电设备的运行管理，也必须实行统一领导、分级管理的原则，充分发挥各级管理机构的作用。

国铁集团的供电专业管理机构在工电部，负责贯彻执行国家有关法律、法规和行业标准；负责全路接触网运营管理工作，确定运行维修方针、原则；制定、批准有关标准、规范和规章；统一指导、规划接触网维修方式和手段；监督、检查铁路局集团公司和供电段接触网运行维修情况。

铁路局集团公司的供电专业管理机构在供电部，负责贯彻执行上级有关规程、规范和标准；组织制定本局有关标准、制度和办法；制定供电段管理职责和范围；监督、检查、指导、协调全局接触网运营管理工作；审批局管新产品试运行和重要设备变更；定期开展设备运行质量评价,安排更新改造工程,增强供电能力,改善设备技术状态,适应运输发展需要。

供电段(综合维修段、高铁基础设施段、维管段,下同)负责贯彻执行上级有关规章、标准和制度;补充制定相关管理标准、工作标准;制定接触网作业指导书;制定生产计划并组织实施,定期检查、分析、鉴定设备运行状态,组织评比和考核;组织技术革新和职工培训,保证设备运行质量和安全可靠供电。

二、车间、工区设置原则、管辖范围

供电段下设供电车间(综合维修车间)、检测车间(检测队,综合分析室)和维修车间,其设置原则、管辖范围具体如下:

供电车间管辖运营里程高速铁路 200 km 左右、普速铁路 120 ~ 180 km,枢纽地区宜单独设置,有砟线路区段可适当缩短。供电车间下设运行工区(综合维修工区)。

高速铁路运行工区管辖运营里程宜为 60 km 左右,有砟线路区段、站间距较小的城际铁路、山区、高原和严寒地区可适当缩短;枢纽站、动车段(所)宜单独设置。

普速铁路运行工区管辖运营里程以 40 ~ 60 km 为宜,山区、隧道密集区段可适当缩小,单方向管辖距离不宜超过 30 km,枢纽及区段站可单独设置。

检测车间一般设置在供电段所在地。检测车间可按照 6C 系统的运用、维护和数据分析等职能设置检测工区。

维修车间承担的维修任务高速铁路以 1 200 ~ 1 500 延展条公里为宜,普速铁路以单线区段不超过 500 延展条公里、双线区段不超过 1 200 延展条公里为宜。接触网维修车间下设维修工区,一般设在维修车间所在地,根据管辖范围可在异地增设。

三、车间、工区职责

供电车间负责日常运行管理和应急处置,组织接触网一级修(临时修),跟踪验收维修质量。

检测车间负责供电段 6C 系统综合数据处理中心工作,以及供电段 6C 系统检测装置的维护、运用、管理和检测数据分析。

维修车间负责接触网二级修(综合修)工作,采用集中修方式组织实施。

运行工区负责接触网设备日常运行管理,主要是一级修(临时修)、巡视检查、单项检查、非常规检查、施工配合和应急处置等,对接触网悬挂状态检测监测装置(4C)检测数据全面分析,对二级修(综合修)结果进行质量验收。

检测工区负责 6C 装置的运用、维护,并对 6C 系统检测数据进行分析,为设备维修提供依据。

维修工区按照月度维修计划,负责接触网设备全面检查、二级修(综合修)和专项整治。

各接触网工区根据维修规则进行日常维修并建立必要的检修记录,保存必要的技术资料,如管内接触网平面图、设备装配图、零件图、安装曲线表等,以及设备发生事故的抢修和分析记录,积极为提高设备质量进行合理的技术改革。

各接触网工区应配备足够的工具和材料零件及交通工具。接触网设备的日常运行、检修和事故情况下的抢修必须服从供电调度员的统一指挥,供电调度员应由熟悉业务、有实践经验又有理论分析能力的人员担任。

接触网工应有熟练的检修技术并熟练掌握接触网维修规则及安全工作规则。

四、维修体制

（一）修程

一级修（临时修）是为了使设备状态保持在限界值以内，对导致接触网功能障碍的缺陷、故障立即投入、无事先计划的临时性维修。主要包括一级缺陷的临时性修理、危及接触网供电周边环境因素处理、导致接触网功能障碍的故障修复（必要时采取降弓、限速、封锁等处置措施）。

二级修（综合修）是为了使设备状态保持在警示值以内，对定期检测发现的缺陷有组织、有计划维修，以及设备全面维护保养。主要包括二级缺陷集中修理和设备全面维护保养（必要的防腐和注油等）。二级修（综合修）可结合全面检查进行，或根据缺陷情况有计划地安排。

三级修（精测精修）是指通过检测动态条件下的弓网作用参数，测量静态条件下的接触网几何位置，检验零部件质量状态，依据检测、检验分析结果，全面调整接触网静态几何参数、更换失效或接近预期寿命的零部件和设备、更换局部磨耗接近限值的接触线，恢复接触网标准状态。

普速铁路对运行年限达到寿命周期且评估后不能满足质量要求，或运行状态不能满足要求的设备、零部件应进行更换。部分设备寿命周期可参照表2-1-1。

表2-1-1　部分接触网设备寿命周期

序　号	设备名称	周　期	序　号	设备名称	周　期
1	分相绝缘器	5～8年	5	常动隔离开关	10～12年
2	分段绝缘器	5～8年	6	避雷器	10～12年
3	地面磁感应器	5～8年	7	滑轮补偿装置	10～12年
4	整体吊弦	10～12年	8	复合绝缘子	10～12年

普速铁路接触网整体设备寿命周期一般为20～25年。鉴于各条线、各地区接触网设备性能和运行条件不同，各铁路局集团公司应当根据线路运行速度、运行环境等实际情况，组织进行质量状态评估，达到质量要求的，可适当延长接触网设备的寿命周期。

某一区段接触网设备运行年限达到寿命周期且评估后不能满足质量要求，或供电能力、供电质量不能满足运能运量及线路等级要求时，对接触网整体设备进行更换。

一般情况下零部件（包括附加导线的金具）应随设备本体同时更新。特殊情况的零部件、支柱、吊柱等，经铁路局集团公司组织鉴定确认残余使用寿命期后可以不更换。

无论普速铁路还是高速铁路，供电段每年应对接触网线路周围2 km以内的所有污染源进行调查，确定污秽等级，明确绝缘部件监测监控及清扫维护要求。绝缘部件清扫周期如下：

（1）Ⅰ、Ⅱ级污秽等级区段：3年。

（2）Ⅲ级及以上污秽等级区段：1年。

（3）分段、分相绝缘器：6个月。

特殊处所应缩短周期，适时安排清扫。潮湿隧道的绝缘部件参照Ⅲ级及以上污秽等级管理。

(二)接触网等级化管理与差异化维修

接触网等级化管理是根据线路类别、等级和正线、站线等线路情况,结合接触网设备实际运行状态,在满足接触网维修规则周期基础上,对接触网运营设备进行等级划分的一种管理手段。

差异化维修是指依据接触网设备等级划分,针对不同的修程、周期、项目、范围、标准等要素进行组合,结合现场实际和设备特点进行的一种维修策略。

近年来,为优化接触网劳动生产组织,加强接触网设备运行质量控制,根据铁路运行规律和品质要求不同,将接触网线路分别按照高速铁路、普速干线铁路、普速低等级铁路(支线、专用线等)划分为三个等级。每个铁路局集团公司对接触网等级化管理和差异化维修的规定不尽相同,下面以中国铁路郑州局集团有限公司为例说明,其他铁路局集团公司略有差异。

1. 等级化管理

(1)高速铁路(含城际)接触网设备分三级管理。

一级设备:正线(含联络线、动车走行线等)接触网设备。

二级设备:站线接触网设备。

三级设备:动车所接触网设备。

(2)普速铁路接触网设备分三级管理。

一级设备:正线、联络线和动车组径路接触网设备。

二级设备:站线及机车走行线接触网设备。

三级设备:客整所、机务段、折返段,以及支线、专用线、专用铁路接触网设备。

2. 差异化维修

(1)修程

高速铁路接触网一、二级设备实行三级修程,三级设备实行两级修程。普速铁路接触网设备实行两级修程。

(2)检测(修)周期

①高速铁路静态检测:

周期为3个月的项目:一级设备接触线几何参数。

周期为6个月的项目:补偿装置。

周期为12个月的项目:其他等级设备接触线几何参数,27.5 kV电缆、开关、避雷器接地电阻,架空地线、避雷线集中接地电阻。

周期为36个月的项目:零散支柱接地电阻。

②普速铁路静态检测:

周期为6个月的项目:一级设备接触线几何参数,补偿装置。

周期为12个月的项目:其他等级设备接触线几何参数,27.5 kV电缆、开关、避雷器、架空地线接地电阻。

周期为36个月的项目:零散接触网支柱接地电阻。

③接触网全面检查:

一级设备:12个月。

二级设备:24 个月。

三级设备:36 个月。

④高速铁路附加悬挂及回流系统检查:

架空地线、回流线、吸上线、CPW 线、保护线及上下行过轨并联线、避雷线,回变电所、分区所的接地回流线。周期:12 个月。

供电线、AF 线。周期:36 个月。

⑤普速铁路附加悬挂检查:

桥梁及风口区段附加悬挂。周期:12 个月。

回流线、架空地线、AF 线、保护线、架空地线。周期:36 个月。

⑥绝缘清扫周期:

Ⅲ级及以上污秽等级区段:6 个月。

Ⅰ、Ⅱ级污秽等级区段:24 个月。

特殊处所应缩短周期,适时安排清扫。

线桥结合部、不受力定位、风口、隧道、重污区、客车径路分段、分相绝缘器等重点设备维修周期和标准由各段根据设备质量状态确定并不得超出上级相关要求。

高速铁路/普速铁路接触网运行维修规则中仅明确一项或无阈值标准的,按 A、B、C 问题分类,其中 A 类问题(影响供电、行车问题)应纳入一级修管理,立即组织处理;B 类问题(不影响供电、行车,但存在较大安全隐患的问题)应 20 天内完成处理;C 类问题(不影响供电、行车的一般安全隐患问题)纳入二级修管理,随全面检查一并进行。全面检查和设备单项检查检出缺陷和问题立即组织处理。

(三)集中修

接触网集中修是指集中一定规模的人员、机具,在同一天窗时间、同一作业计划内组织多个作业组进行的集中作业。

根据不同的组织形式,接触网集中修可分为铁路局集团公司组织的跨段集中修和供电段组织的跨车间集中修。跨段集中修是指在铁路局集团公司管内,跨段调配人员、机具,进行的集中检修作业;跨车间集中修是指在供电段管内,跨车间调配人员、机具,进行的集中检修作业。接触网专业一般不组织跨铁路局集团公司的集中修。

1. 集中修计划

接触网集中修计划分为年度轮廓计划、阶段计划和月度计划。年度轮廓计划由供电段结合接触网年度维修计划编制,经主管领导审核签字后,于每年 12 月初报铁路局集团公司供电部审核后,列入铁路局集团公司年度轮廓计划。阶段计划是根据国铁集团、铁路局集团公司公布的集中修阶段计划部署,由供电部统筹安排,各供电段细化补充后供电部公布具体实施方案。月度计划是根据铁路局集团公司施工管理部门下达的月度计划,以及各供电段编制的设备维修计划,以月度生产计划形式下发至集中修相关科室和作业相关车间。集中修期间检修区段设备管理单位应安排专人常驻铁路局集团公司调度所、施工办,按时参加每天施工办组织的集中修协调会,加强同工务、电务等专业施工单位的联系,协调施工(维修)计划兑现,避免施工冲突及干扰。

2. 集中修作业组织

集中修开展前，供电段提前两个月进行修前设备调查，根据接触网动态检测车1C、2C、4C缺陷、日常巡视及设备检修台账，建立设备缺陷问题库，结合集中修计划时间安排，将作业项目、数量进行梳理后报供电部；供电部根据设备管理单位上报的工作量，编制跨段集中修施工组织方案后下发至各段。集中修施工组织方案应包括以下内容：

(1)集中修施工概况。

(2)集中修规模及人员、机具情况。

(3)相关部门的职责及负责人员情况。

(4)集中修作业内容、项目及关键工艺标准和作业指导书。

(5)集中修施工安全卡控措施。

(6)接触网作业车运行安全管控措施、停放车站位置等。

(7)针对性的应急预案。

对于维修车间担任维修作业实施主体的集中修作业，由维修车间、供电车间联合作业，管理设备的车间和班组负责办理安全措施，原则上使用接触网检修车列(JJC)或接触网作业车进行作业。

第二节 接触网设备管理

接触网设备是电气化铁路的重要组成部分，与行车直接相关。为保证接触网运行安全可靠，接触网运行维修应坚持"预防为主、重检慎修"的方针，按照"定期检测、状态维修、寿命管理"的原则，遵循专业化、机械化、集约化维修方式，依靠铁路供电安全检测监测系统(6C系统)等手段，建立信息资源共享平台，实行"运行、检测、维修"分开和集中修组织模式，确保接触网运行品质和安全可靠性。

一、分工分界

接触网工区是接触网设备管理的最基层的组织，也是设备管理的直接单位，根据实际运营的经验，接触网工区的设备管辖范围不易过大或过小，管辖范围过大不利于设备的周期性检修与事故快速处理；管辖范围过小又造成人力、物力上的浪费，因此一般的接触网工区管辖范围应按照前述的原则进行分工分界。

接触网设备统计项目包括运营里程、正线公里、接触网延展公里、接触网换算公里。

运营里程指线路起点至终点之间的距离，为起、终点公里标之差。单位：公里。

正线公里指正线线路的延展长度之和。单位：公里。

接触网延展公里指接触网接触导线长度之和。单位：条公里。

接触网换算公里指将接触网不同设备按照系数换算为线条公里的数量总和。单位：换算条公里。

《高速铁路接触网运行维修规则》规定的各设备及部件的换算系数见表2-2-1。

表 2-2-1 各设备及部件的换算系数

序号	设备名称	单位	换算系数
1	正、站线接触网延展公里	条公里	1.00
2	隧道内(含桥梁)悬挂延展公里	条公里	0.30
3	附加导线延展公里(供电线、回流线、架空地线、避雷线)	条公里	0.20
	附加导线延展公里(正馈线、保护线)	条公里	0.40
	附加导线延展公里(双正馈线、保护线)	条公里	0.60
4	高压电缆	公里	0.80
5	限界门	处	0.15
6	线岔(交叉)	组	0.12
	线岔(无交叉)	组	0.25
7	隔离开关(手动)	台	0.12
	隔离开关(电动)	台	0.20
	隔离开关(负荷)	台	0.30
8	分段、分相绝缘器	台	0.12
9	避雷器	台	0.05
10	软(硬)横跨	组	0.13
11	中心锚结	组	0.10
12	锚段关节	组	0.25
13	补偿装置(含下锚拉线)	组	0.10
14	关节式分相	组	0.45
15	隔离开关远动控制系统	套	5.00

接触网工区设备分界的划分要充分考虑工区的分布情况，便于设备检修和事故抢修，以及交通工具的使用和管理。各接触网工区间分界一般以变电所供电臂为单元进行划分。每个工区管辖2~3个供电臂。分界点一般具体到点、线、面，做到一处不漏。

对于枢纽、编组、区段站等大型车站，需单独设置接触网工区的设备分界，一般以车站最后一个锚柱处为分界点。

二、设备履历

接触网设备履历不仅是对设备分布数量的统计，也是专业技术管理的基础，是铁路信息化的重要组成部分。主要有两大部分内容，一部分是工区概况，内容包括：占地面积、管辖里程、车站数量、电化营业里程、工作量、人数、专用线长度、工区情况等；一部分是设备明细，内容包括：设备名称、规格型号、生产厂家、线路类型、出厂日期、投运时间等。

接触网设备履历一般于年底进行汇总填报。每年填报都要耗费很大的人力和时间进行汇总上报。随着计算机网络技术的飞速发展，人类社会全面进入信息时代。计算机不仅方便了人们日常的信息交流，更可为企业管理所用，特别对点多、线长、面广的接触网来说，信息化建设可大大缩短管理距离，增强管理透明度，提高管理效率，并为建立标准、规范、科学、高效的管理体系提供技术支持。

目前,履历管理系统在全路范围内近三千台计算机联网运行,运用良好。履历管理系统的运用大大加强了牵引供电设备的基础管理,扩大了管理范围,提高了管理的时效性和效率,降低了管理成本。牵引供电设备的质量和运行安全得到有效控制。

履历管理系统主要实现了以下功能:

(1)实现班组—车间—供电段—供电调度—铁路局集团公司—国铁集团六级计算机网络互联互通;建立整套适应网络管理的应用软件。

(2)建立一套通用的 EMIS 信息分类、编码规范和标准代码库,支持各级数据库信息的一致性和规范性。

(3)建立全路范围的信息共享平台和基础管理数据库,实现数据网络共享。

(4)建立、预留与其他信息系统(如 TMIS、TDCS、OMIS 等)的软硬件接口,预期实现更大范围的互联互通、数据共享。

(5)建立国铁集团、铁路局集团公司两级网管及网络安全服务中心,实现网络安全的在线监控、统一管理。

(6)实现接触网、变电所、检修设备、专用车辆等设备履历填报的电子化、自动化、标准化、规范化。

(7)实现班组—车间—供电段—供电调度—铁路局集团公司—国铁集团的实时网络上报、自动汇总,实现设备履历的动态管理。

(8)实现在线设备的状态管理、智能分析。

(9)实现按年度、线别、行政单位和单项设备等的汇总、分析比较。

(10)预留与设备图纸、抢修辅助等子系统智能关联的数据接口。

(11)实现履历数据的长期保存、实时查询。

(12)设置严格的用户权限,实现系统指定数据的备份与恢复,保证数据安全、保密。

三、设备质量评价与鉴定

(一)质量评价

质量评价是通过对接触网动态几何参数、接触线平顺性参数、弓网受流性能参数等进行综合分析,掌握设备动态运行功能。

质量评价一般以正线公里为单元,根据每公里接触网扣分数进行评价。质量评价等级分为优良、合格、不合格三种。高速铁路和普速铁路接触网运行维修规则分别规定了相应的接触网动态检测评价标准。

总扣分 $t<10$ 为优良,$10\leqslant t<40$ 为合格,$t\geqslant 40$ 为不合格。

区段质量评价根据区段内每公里接触网评价结果确定,优良、合格、不合格公里数为相同质量等级公里数之和。优良率、合格率、不合格率分别按下列公式计算

$$\text{优良率}=\frac{\text{优良设备数量(正线公里)}}{\text{设备评价总数量(正线公里)}}\times 100\%$$

$$\text{不合格率}=\frac{\text{不合格设备数量(正线公里)}}{\text{设备评价总数量(正线公里)}}\times 100\%$$

$$\text{合格率}=1-\text{不合格率}$$

(二)质量鉴定

1. 质量鉴定方式

质量鉴定主要是通过静态方式对接触网几何参数、设备及零部件状态进行综合统计分析，掌握设备整体技术状态。

为全面掌握设备运行状态，供电段应于每年 10 月底前对设备进行一次整体质量鉴定并报铁路局集团公司。

质量鉴定可采用静态检测、接触网悬挂状态监测检测图像分析、人工检查的方式，按单项设备和整体设备分别进行。

接触悬挂、附加导线以条公里为单位，隔离(负荷)开关、避雷器等以台为单位，线岔、绝缘器、关节式分相等以组为单位，整体设备以换算条公里为单位。

质量鉴定以跨距为鉴定单元。若在被鉴定的跨距内有一处不合格，即视为该跨距不合格(在悬挂点及定位点处，跨距长度按相邻跨距的平均值计算)。

对一个锚段的接触线、承力索、附加导线等，当接头及补强数量达到或超出限界值后，该锚段即视为不合格设备。整根高压电缆有一项不合格的，即视该根电缆为不合格设备。

2. 质量鉴定等级

质量鉴定等级分为三种。

(1)优良：绝缘部件(含空气绝缘间隙)、接触线几何参数和主导电回路的设备状态未超过警示值者。

(2)合格：设备状态未超过限界值者。

(3)不合格：设备状态达到或超过限界值者。

优良率、合格率、不合格率分别按下列公式计算：

$$\text{优良率} = \frac{\text{优良设备数量(换算条公里)}}{\text{设备鉴定总数量(换算条公里)}} \times 100\%$$

$$\text{不合格率} = \frac{\text{不合格设备数量(换算条公里)}}{\text{设备鉴定总数量(换算条公里)}} \times 100\%$$

$$\text{合格率} = 1 - \text{不合格率}$$

质量鉴定结果应详细记录，并作为当年设备质量运行状态填入接触网设备履历。供电段要针对鉴定存在的问题进行分析总结，提出整改措施并组织实施。对鉴定不合格的设备按照责任进行考核。

3. 质量鉴定范围

质量鉴定范围应包括所有接触网设备。但下列设备可不作鉴定：

(1)已封存的设备。

(2)本年度新(改)建或已列入当年更新改造计划的设备。对本年度新(改)建或更新改造设备的质量状况，可按工程竣工验收质量评定结果统计。

质量鉴定发现缺陷在鉴定期间已处理的，可按处理后的质量状态进行评定。

第三节 技术资料及台账记录

一、供电段技术资料

供电段是铁路局集团公司下属的运输生产单位,更是电气化设备维修管理的责任主体单位。从另一方面讲它既是设备接收单位,也是设备管理单位,所以技术资料通常包含两部分:一部分是施工单位移交的资料,另一部分是管理资料。牵引供电设备管理单位技术主管科室(供电技术科、供电维修技术中心等)应有下列技术文件和资料。

(一)竣工资料

接触网设备开通前,资产管理单位(或建设单位)应组织设计、施工、供应商等相关单位,向供电段提供下列书面和电子版技术资料:

(1)接触网竣工工程数量表。

(2)接触网竣工图纸。主要包括供电分段示意图,车站、区间接触网平面布置图,供电线路平面布置图,接触网装配图,设备零件图及安装曲线,接触线磨耗换算表等。

(3)工程施工记录。主要包括隐蔽工程记录,锚栓拉拔试验记录,轨面标准线记录(主要包括支柱侧面限界、外轨超高等),不同电压等级附加导线、引线、接触悬挂等线索交叉时的最小间距及对地距离等。

(4)每根支柱装配图表(主要包括定位、支持装置、吊弦等)。

(5)各种线索、零部件、设备安装档案(主要包括生产厂家、批次、安装地点和安装时间等)。

(6)设备、零部件、金具、器材的技术规格、合格证、出厂试验记录和试验报告、安装维护手册(使用说明书),承力索、接触线、绝缘部件及接触网零部件等抽样检验报告,电缆相关资料(主要包括电缆及附件合格证、出厂试验报告、现场试验报告、电缆清册、电缆路径图等)。

(7)项目可行性研究、初步设计及其批复文件、施工设计(含变更设计)、图纸及审核意见资料。

(8)设备招标技术规格书、采购的产品供应合同,以及施工单位工程质量保证合同。

(9)上跨接触网电线路(主要包括上跨电线路名称、位置、电压等级、上跨线高度、产权单位及联系方式等)、跨越接触网的构筑物(主要包括构筑物名称、位置、最近的构筑物墩距线路中心的距离,接触网带电部分距构筑物最小距离、产权单位及联系方式等)有关资料。

(10)开通前最后一次接触网几何参数静态测量数据、波形图,动态检测波形图及检测报告。

(二)管理资料

在接触网投入运行时,牵引供电设备管理单位要建立起正常的生产秩序,制定各项制度并具体落实;备齐技术文件和资料;建立各项原始记录和报表,并按时填报,具体如下:

(1)国家铁路局、国铁集团、铁路局集团公司有关规章和制度。

（2）接触网设备有关标准（国标、铁标和企标）和作业指导书。

（3）接触网零部件技术条件、试验方法及图册。

（4）一杆一档管理台账和设备技术履历。

（5）与相关单位设备分界协议，管内车间、工区之间设备分界及各专业分工规定。

（6）供电 LKJ 数据和设备建筑限界资料，自动过分相地面磁感应装置，分相断电标、合电标的位置，关节式分相无电区、中性段长度，电力机车、动车组禁停标位置资料。

（7）竣工移交的技术资料。

（8）供电段有关制度、办法和措施。

二、接触网车间、工区技术资料

车间是供电段下属的一级生产组织，执行供电段行车安全、生产、各项规定和措施，是安全生产的落实主体；服从设备运行检修生产统一指挥，完成运行检修生产任务；保证运行检修标准，提高设备质量。

工区是最基本的生产组织，落实上级行车安全、生产、各项规定和措施。合理安排劳动力，按定额组织生产，按时完成运行检修生产任务；执行运行检修标准，保证设备安全可靠运行。

接触网车间、工区应根据设备情况装备有关的技术资料，以便作为接触网设备检修和事故抢修时的依据。接触网车间、工区应分别备有的技术资料见表 2-3-1。

表 2-3-1 接触网车间、工区备有的技术资料

序号	技术资料名称	供电车间	运行工区	检测车间	检测工区	维修车间	维修工区
1	供电分段示意图	√	√	√	√	√	√
2	管辖范围内的接触网平面布置图、装配图、安装曲线	√	√	√	√	√	√
3	接触网“一杆一档”	√	√	√	√	√	√
4	作业指导书	√	√	√	√	√	√
5	电分段、电分相结构图	√	√	√	√	√	√
6	上跨接触网电线路、构筑物有关资料	√	√	√	√	√	√
7	隔离（负荷）开关、避雷装置、绝缘器等设备安装调试、使用说明等	√	√			√	√
8	设备和工具试验记录	√	√		√	√	√
9	有机绝缘部件寿命管理记录	√	√				
10	接触网外部环境有关资料（防洪重点处所、周边污染源、危树等）	√	√	√	√		
11	接触线磨耗换算表	√	√	√	√	√	√
12	轨面标准线记录	√	√	√	√		
13	接触网隐蔽工程记录	√	√				
14	管内设备改造情况记录（包括时间、地点、改造内容、质量评定等）	√	√				
15	供电 LKJ 数据和设备建筑限界资料	√	√				

续上表

序号	技术资料名称	供电车间	运行工区	检测车间	检测工区	维修车间	维修工区
16	自动过分相地面磁感应器资料	√	√				
17	接触网几何参数静态测量数据、波形图	√	√	√	√	√	√
18	接触网设备履历	√	√	√	√	√	√
19	作业门、可调用视频资料的探头位置	√	√	√	√	√	√

三、台账(记录)的设置

台账(记录)一般分管理台账(记录)和技术(检修)台账(记录)。管理台账(记录)和技术台账(记录)的设置应根据工区的实际情况,以及所管辖接触网设备情况而定。

管理台账(记录)一般有“综合管理台账”“安全巡视检查指导登记本”“接触网工区值班日志”三种。

技术(检修)台账(记录)一般包含如下内容:

技术台账填写标准

(1)轨面标准线测量记录。

(2)接触线位置记录。

(3)接触网全面检查记录。

(4)锚段关节记录。

(5)滑轮补偿装置记录。

(6)棘轮补偿装置记录。

(7)交叉线岔记录。

(8)无交叉线岔记录。

(9)绝缘器记录。

(10)隔离(负荷)开关检测(修)记录。

(11)避雷装置检测(修)记录。

(12)接地装置检测(修)记录。

(13)接触线磨耗测量记录。

(14)有机绝缘部件寿命管理档案。

(15)设备缺陷通知单/反馈单。

(16)接触网设备及零部件更换记录。

(17)接触网工区值班日志。

(18)接触网巡视检查记录。

(19)牵引供电接触网质量鉴定统计表。

(20)越级变压器记录。

(21)绝缘设备部件清扫记录。

接触网工区在设备检修、巡视完毕时,要有检修作业组工作领导人或巡视人员认真整理现场记录,交给工区台账记录管理人员,管理人员应按记录格式认真填写,工长和车间主管人员要定期检查各项任务完成情况并签认。

第四节　设备检修管理信息系统简介

借助网络化和信息化管理平台，推进铁路工务、电务、供电设备数据标准化规范化建设，实现工务、电务、供电专业的设备和台账信息化管理，有力促进了管理规范化。各铁路局集团公司都投入了大量的资金和人力，与科技公司合作，开发出了适用于自己管理模式的生产平台。本节以推行较广的高速铁路基础设施段智慧高速铁路管理平台子系统为例说明。

一、概述

设备状态管理子系统实现了对高速铁路基础段管理工务、电务、供电三大专业相关的设备和台账的管理。

使用部门：维修技术中心、车间、班组。

登录账号：本系统属智慧高速铁路管理平台子系统，账号与双重预防及干部履职、综合分析平台、星级职工账号相同。

登录地址：访问段门户网页，进入应用中心，选择设备管理模块进入设备状态管理子系统。如图 2-4-1 所示。

图 2-4-1　设备管理子系统登录入口

二、设备数据管理功能

在正式使用系统前，需要事先确认系统中各专业的设备及台账种类、属性等是否齐全，如有缺失需及时和信息中心联系，以便及时完善相关设备及台账相关信息。

（一）设备数据管理模块菜单介绍

设备数据管理模块按照工务、电务、供电三大专业及子专业进行菜单划分，用户根据自己的专业选择对应的菜单，如图 2-4-2 所示。

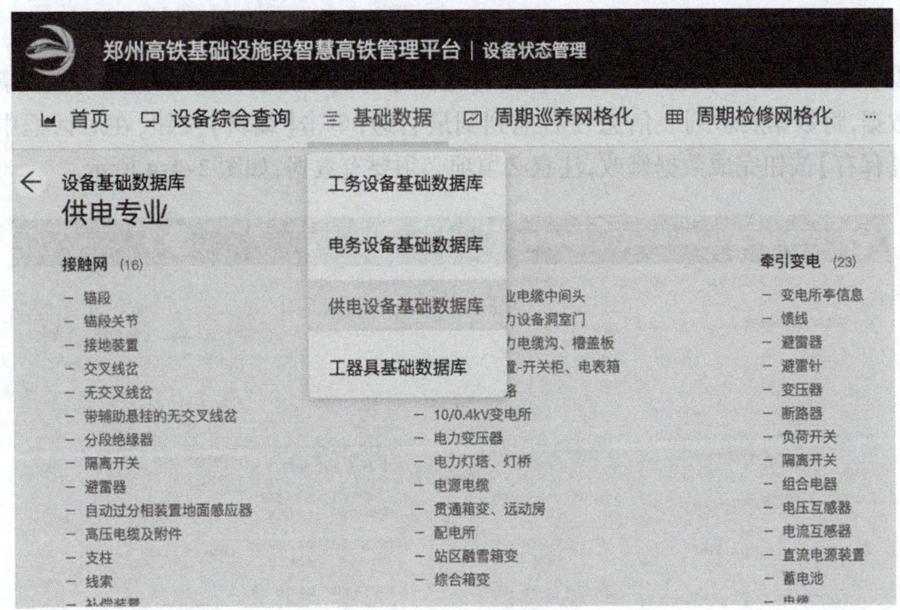

图 2-4-2　专业选择菜单

(1)工务专业对应的子专业有:线路、桥隧。

(2)电务专业对应的子专业有:信号、车载。

(3)供电专业对应的子专业有:接触网、变电、电力。

(二)新增、编辑、删除设备数据

如需对单个设备信息进行新增、修改或删除,可通过新增功能、编辑和删除功能完成对设备新增、修改和删除操作。

1. 新增设备数据

单击【新增】按钮,弹出2-4-3所示对话框,按照示例输入对应的设备数据,全部信息填写完成后,请单击右下角的【保存】按钮,完成一条设备数据的新增操作。注意,必填项必须要有对应的信息输入。

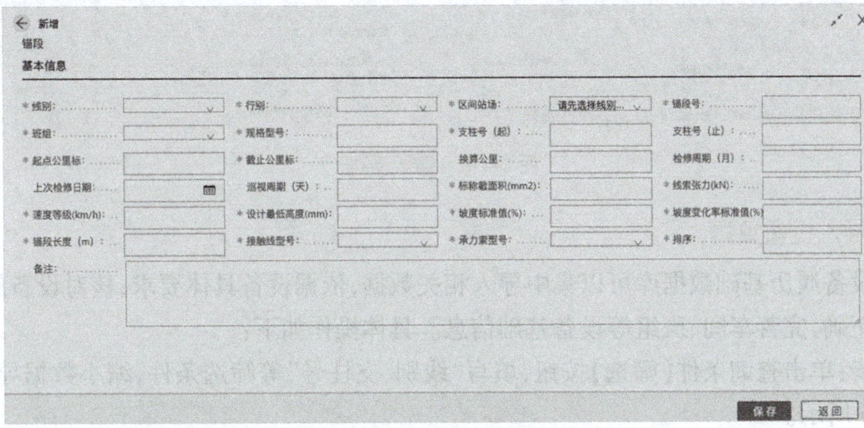

图 2-4-3　新增设备数据

2. 编辑数据

在设备数据管理菜单进入对应的专业，在左侧选择设备类型，输入筛选条件查找需要编辑的设备数据，将数据展示列表信息往右拖到到最右边，单击【编辑】按钮，在对话框中修改数据，单击【保存】按钮完成数据修改，注意必填项必须要有数据，如图 2-4-4 所示。

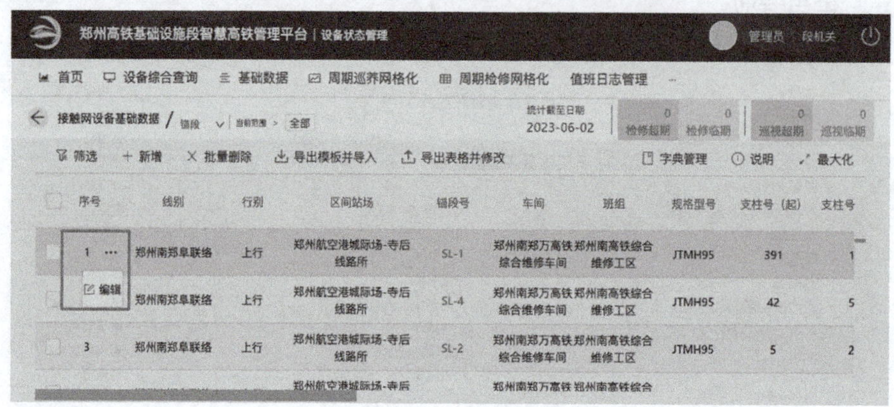

图 2-4-4　编辑数据

3. 删除操作

在设备数据管理菜单进入对应的专业，输入筛选条件查找需要删除的设备数据，勾选数据，单击【批量删除】按钮，删除对应的设备数据，如图 2-4-5 所示。

注意：删除后的数据无法恢复，请谨慎操作！

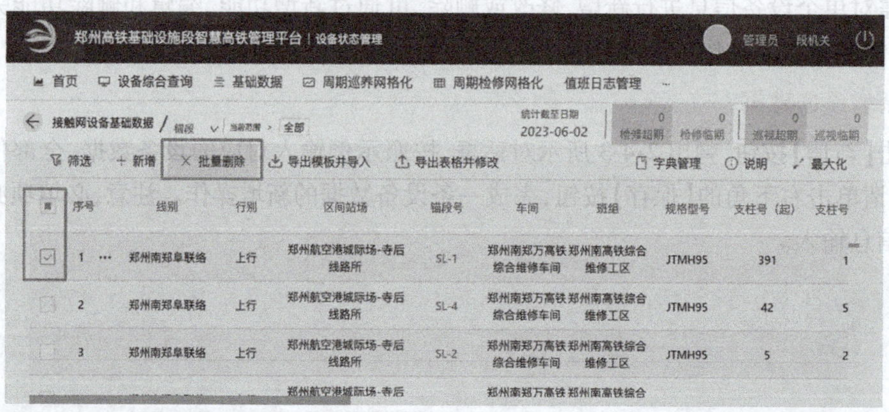

图 2-4-5　删除数据

（三）导入设备数据

通过设备履历基础数据库可以集中导入相关数据，依据设备具体要求，核对设备履历基础数据是否正确，完善车间、班组等设备基础信息。具体操作如下：

第一步：单击查询条件【筛选】按钮，填写“线别、支柱号”等筛选条件，缩小数据导出范围，如图 2-4-6 所示。

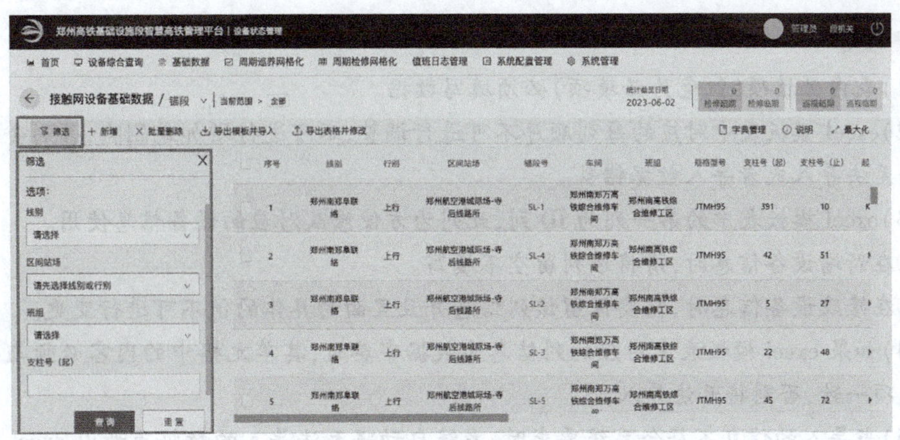

图 2-4-6　查询筛选数据

第二步：单击【导出模板并导入】、【下载 Excel 表】按钮，导出选中的设备类型对应的数据模板，如图 2-4-7(a)所示。

第三步：在导出的 excel 表中的录入设备所有的设备信息，必填项(红色为必填项)不能为空。

第四步：添加数据完毕后，单击【导出模板并导入】按钮，单击【上传 Excel 表】完成上传设备数据表，如图 2-4-7(b)所示。

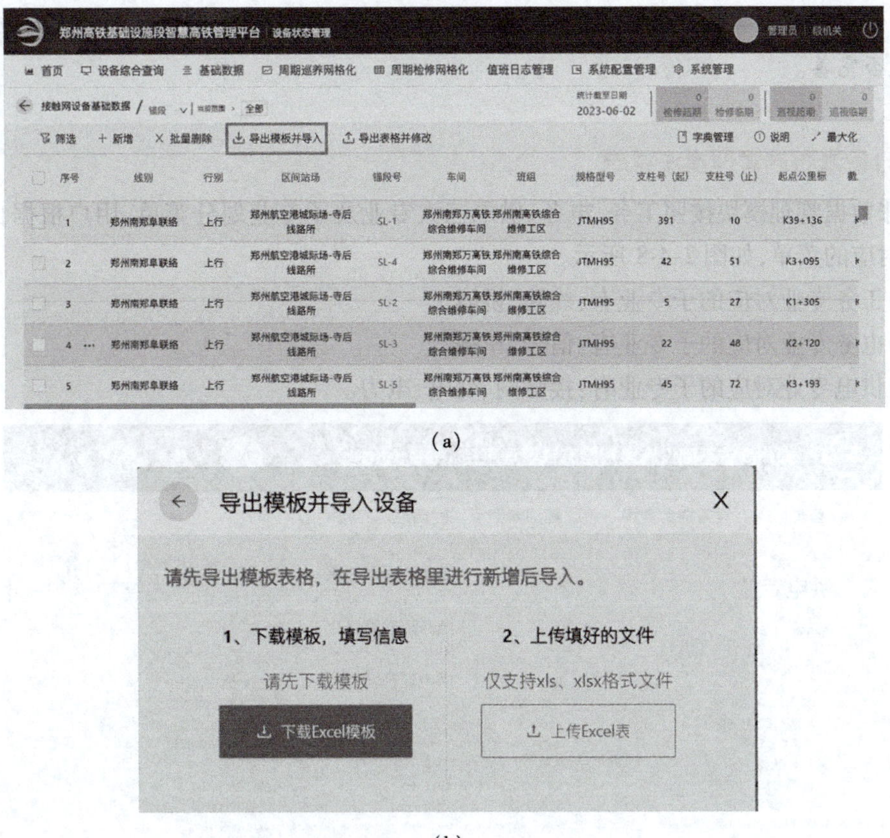

(a)

(b)

图 2-4-7　导入数据

注意事项

（1）表内必填项（红色为必填项）必须填写数据。

（2）excel 模板表中对应的每列顺序不可进行调整，不可进行增加或删除，否则会导致设备数据无法导入或者导入数据错乱。

（3）excel 模板表中的第一列为 ID 列，此列为方便修改对应的设备信息使用。

①在新增设备信息时，请将该列留空不填写。

②在修改设备信息时，需要保留该列信息并且里面的具体的值不可进行变更。

（4）如果 excel 模板表中对应的列信息为数据字典时，其单元格中的内容必须与字典表中的选项一致，否则将无法导入。

（5）当导入的信息不符合系统要求时，系统自动将无法导入的数据重新以 excel 表格的形式下载到本地，并在每一行的最后一列中注明无法导入的原因。用户根据注明原因重新修正数据，修正完成后再次导入系统中。

三、台账数据管理功能

注意

检修台账是设备检修记录，使用该台账数据管理功能前，请先确保检修台账对应的设备数据是否完善。

（一）台账数据管理模块菜单

台账数据管理模块按照工务、电务、供电三大专业及子专业划分菜单，用户根据自己的专业选择对应的菜单，如图 2-4-8 所示。

（1）工务专业对应的子专业有：线路、桥隧。

（2）电务专业对应的子专业有：信号、车载。

（3）供电专业对应的子专业有：接触网、变电、电力。

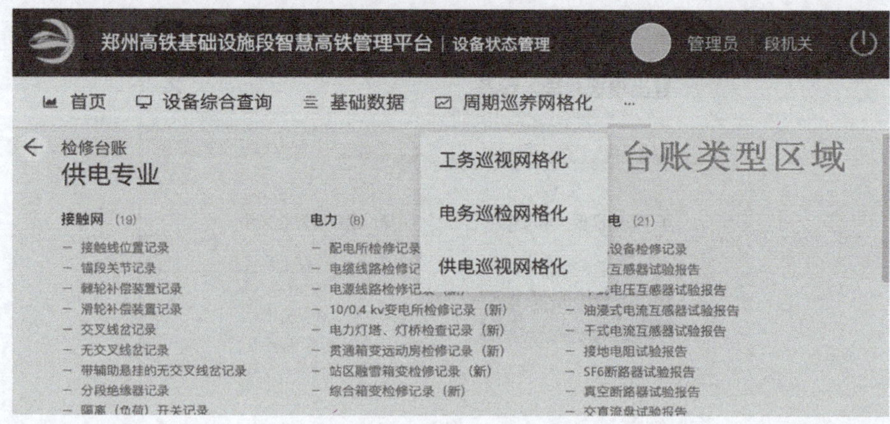

（a）

图 2-4-8　数据管理模块

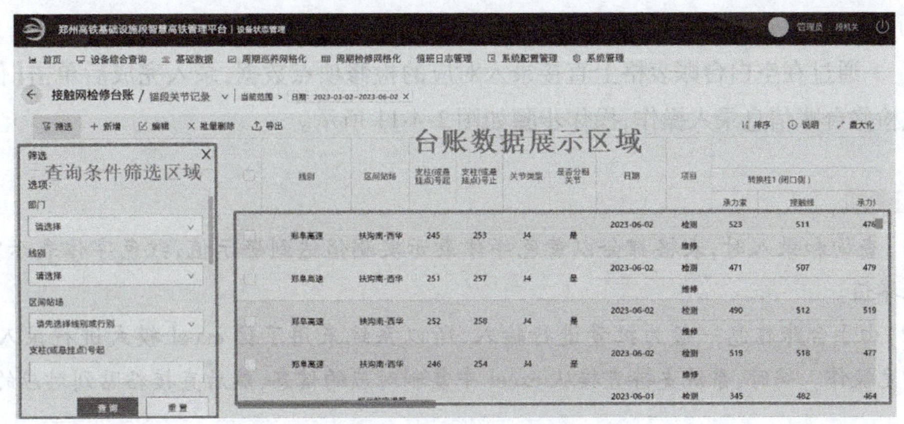

(b)

图 2-4-8 数据管理模块(续)

(二)查看检修台账

查看检修台账步骤如图 2-4-9 所示,具体如下。

步骤1 登录系统后,进入台账数据管理模块选择对应的专业。

步骤2 从台账类型展示区域选择台账类型,在筛选区域输入筛选条件,选择“线别”、“行别”、“区间站场”、“设备状态”(正常、警示、超限)及范围参数等查询条件,然后单击【查询】按钮。

步骤3 系统会根据查询条件在检修台账展示区域显示查询出的设备检修台账记录数据。

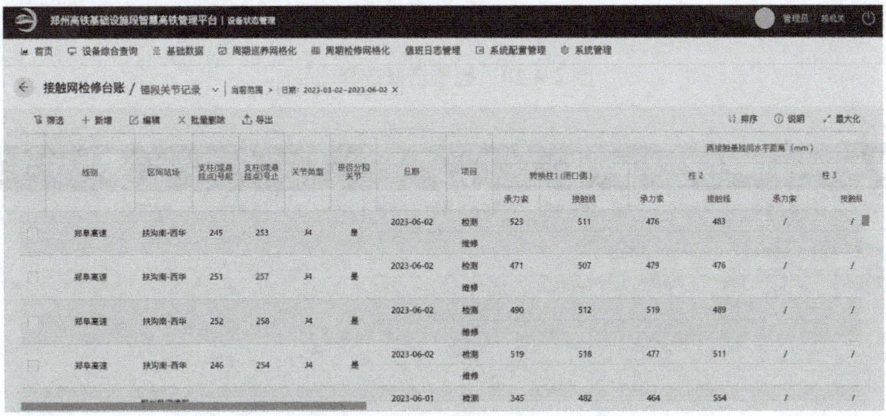

图 2-4-9 查看检修台账

(三)录入检修台账

检修台账选择流程如图 2-4-10 所示,录入检修台账步骤,具体如下。

步骤1 登录系统后,进入台账数据管理模块选择对应的专业。

步骤2 从台账类型展示区域选择台账类型,在筛选区域输入筛选条件,选择“线别”、“行别”、“区间站场”等位置范围参数,然后单击【录入】按钮,系统会根据台账类型和选择的范围参数显示对应的设备信息及空白检修台账。

步骤3 通过在空白台账表格上直接录入对应的检修项点数据，录入完成后单击【保存】按钮，完成检修台账信息录入操作，操作步骤如图 2-4-11 所示。

注意事项

（1）查询和录入时，表格都会以黄色字体表示实测值达到警示值，红色字体表示实测值达到限界值。

（2）由于台账信息一般为批量进行输入，所以系统采用了仿 excel 模式进行录入，支持 excel常见操作。同时，系统支持直接从 excel 中复制对应的信息，然后直接粘贴到对应的列中。

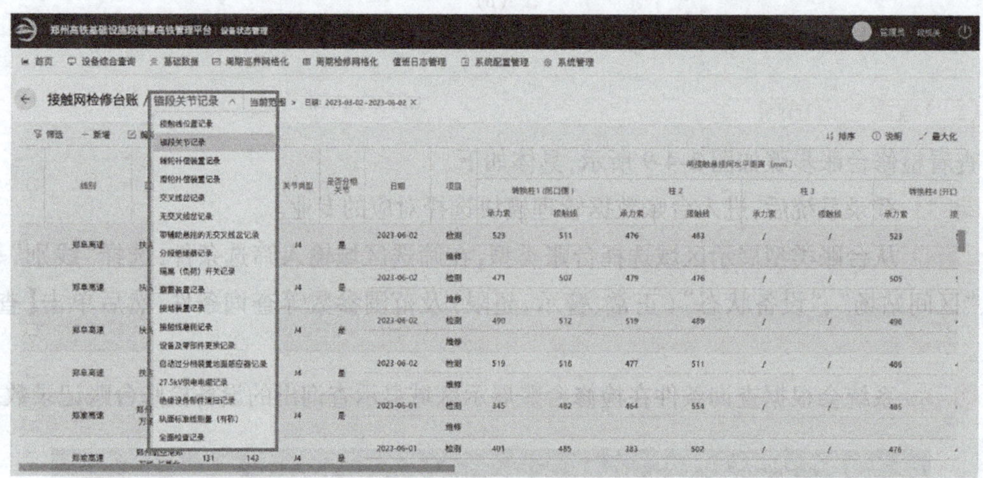

图 2-4-10　检修台账选择流程

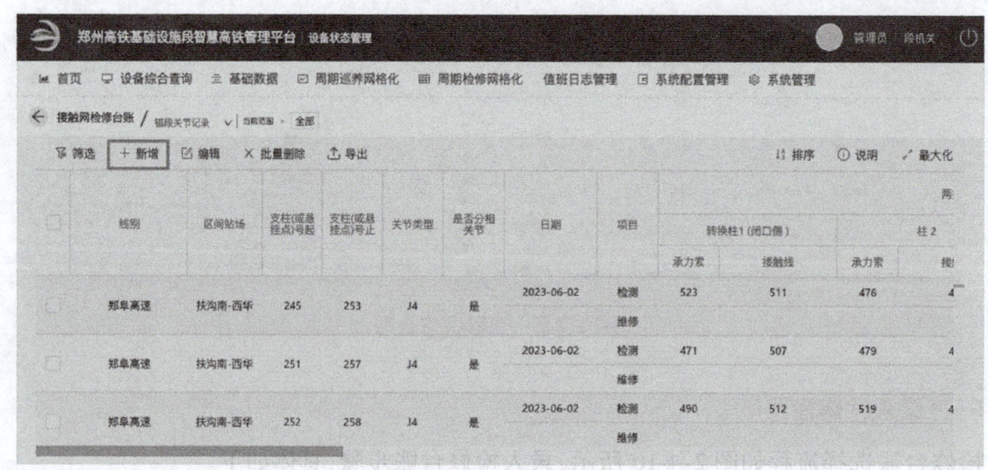

（a）

图 2-4-11　录入检修台账

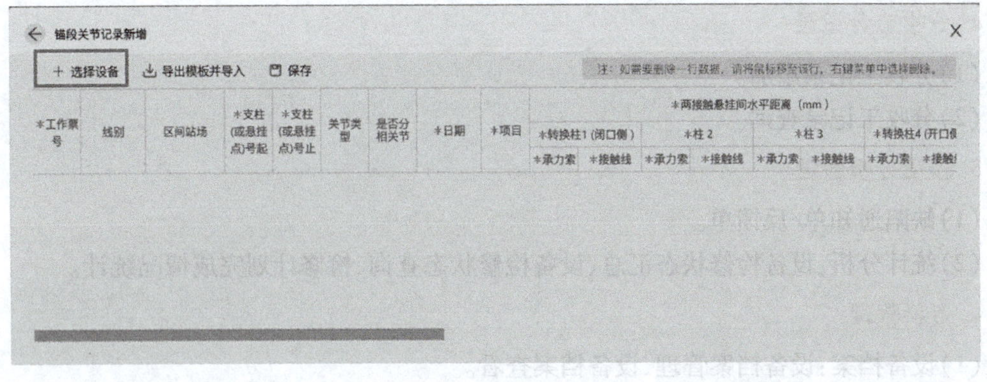

(b)

锚段关节记录新增

+ 选择设备　导出模板并导入　保存

注：如需要删除一行数据，请将鼠标移至该行，右键菜单中选择删除。

*工作票号	线别	区间站场	*支柱(或悬挂点)号起	*支柱(或悬挂点)号止	关节类型	是否分相关节	*日期	*项目	*两接触悬挂间水平距离（mm）
	郑州南郑阜联络	郑州航空港城际场-寺后线路所	SL005	SL010	F5	否		检测	
								维修	

(c)

图 2-4-11　录入检修台账(续)

四、系统基本架构

1. 计划管理

(1)年计划:年计划编辑、审核、查询。

(2)月计划:月计划编辑、审核、调整、兑现。

2. 维修记录(台账)管理

(1)台账填报。

(2)台账审核和归档:工长对台账的审核、车间主任对台账的归档。

(3)错误台账的标记功能。

(4)台账填写批注功能。

(5)台账查询。

(6)台账导出功能。

(7)台账打印。

3. 值班日志管理

(1)值班日志添加。

(2)值班日志审核。

(3)值班日志查询。

4. 分收工会记录

(1)分收工记录添加。

(2)分收工记录查询。

5. 质量分析管理

(1)缺陷通知单/反馈单。

(2)统计分析:设备检修状态汇总、设备检修状态查询、检修计划完成情况统计。

6. 资料管理

(1)设备档案:设备档案管理、设备档案查看。

(2)图纸管理:设备图纸管理、设备图纸查看。

(3)规章制度:规章制度编辑、规章制度查询。

7. 设备基础信息管理

(1)基础数据导入。

(2)设备查询、设备新增、设备修改、设备删除。

思考题

1. 国铁集团、铁路局集团公司、供电段的职能是什么?
2. 接触网设备数量有哪几种表示方法?分别代表什么含义?
3. 接触网设备履历管理系统实现了哪些功能?
4. 接触网工程竣工时,施工单位应交付那些资料?
5. 接触网工区一般应配备那些技术资料?应设置那些台账记录?

第三章 接触网检测管理

第一节 检测管理

在电气化铁路运输中，电力机车依靠其顶部升起的受电弓直接接触导线，通过滑动接触获取电能。在取得能量过程中，弓网关系密不可分，任何情况下接触网都应处于受电弓的有效工作范围以内，同时接触网的安装应满足规范要求，在接触网线路中运行的列车受电弓达到最大摆动幅度和最大抬升量时，其任何接触装置不得侵入受电弓的系统范围。另外，接触网系统普遍为露天设置，且无备用，其安全性和可靠性对电气化铁路的安全运营影响较大。

在日常管理中，通常采用检测手段掌握接触网设备运行状态，通过分析诊断发现缺陷，及时整治，恢复设备正常运行状态，保证供电畅通和行车安全。

检测是指利用仪器、设备或人工等方式，对接触网进行检查测量，掌握设备质量及运行状态的过程。包含监测、静态与动态检测、检查、零部件检验四部分。检测后必须进行分析诊断，并以此作为编制维修计划的依据。

一、监测

接触网监测是对接触网外观、零部件状态、主导电回路、绝缘状况、外部环境和弓网配合等运行状态进行监视测量的过程，分为移动视频监测和定点监测两种方式。

(1)移动视频监测是利用安装在检测车辆、机车或动车组上的监测设备对接触网进行外观检查。主要包括接触网安全巡检装置(2C)、车载接触网运行状态检测装置(3C)、接触网悬挂状态检测监测装置(4C)。

(2)定点监测是利用安装在接触网关键处所、特殊地点的监测设备，监测列车通过时接触网或受电弓状态，接触网设备绝缘状态、温度、位移变化，以及外部环境是否存在异常。主要包括受电弓滑板监测装置(5C)、接触网及供电设备地面监测装置(6C)。

二、静态与动态检测

1. 接触网静态检测

接触网静态检测是指利用运行检测车辆在接触网静止状态下进行非接触式测量，或人工使用仪器、工具测量接触网技术状态。

接触网线岔及自动过分相地面磁感应器的检测周期为6个月；接触线几何参数(接触线拉

出值、跨中偏移值、接触线高度、接触线坡度），绝缘锚段关节、关节式电分相，轨面标准线的检测周期为 12 个月；非绝缘锚段关节补偿装置测量周期为 36 个月；接地电阻的检测周期为 60 个月。对动态检测超限处所随时进行静态复核、确认。

2. 接触网动态检测

接触网动态检测是指利用弓网综合检测装置（1C）、车载接触网运行状态检测装置（3C）等手段，测量接触网技术状态及弓网接触取流状态。

三、检查

接触网检查分为巡视检查、全面检查、单项设备检查和非常规检查。

1. 巡视检查

巡视检查是对接触网外观、绝缘部件状态、外部环境及电力机车、动车组取流情况进行目视检查，分为步行巡视检查和登乘巡视检查。

（1）步行巡视检查。

普速铁路：对接触网安全巡检装置不易到达的专用线、联络线、支线、车站侧线、远离线路的供电线等处所，巡视周期 1 个月；对接触网安全巡检装置能够到达的线路，巡视周期 3 个月。

高速铁路：防护栏内区间一般不进行步行巡视。车站、动车所巡视周期 3 个月，隧道内巡视周期 12 个月，防护栏外巡视周期 3 个月。

注意事项

在巡视检查时，要注意以下现象：

①有无侵入限界、妨碍列车运行的障碍。

②各种线索（包括供电线、正馈线、加强线、回流线、保护线、架空地线、吸上线和软横跨线索等）、零部件、各种供电附属设施等有无烧损、松脱、偏移等情况。

③补偿装置有无损坏，动作是否灵活。

④绝缘部件（包括避雷器、电缆终端）有无破损和闪络。

⑤吸上线及各部地线的连接是否良好。

⑥支柱、拉线与基础有无破损、下陷、变形等异常。

⑦限界门、安全挡板或网栅、各种标识是否齐全、完整。

⑧自动过分相地面磁感应器有无缺损、破裂或丢失。

⑨有无因塌方、落石、山洪水害、施工作业及其他周边环境等危及接触网供电和行车安全的现象。

（2）登乘巡视检查。

在有需要时要进行登乘巡视检查。主要检查接触网状态及外部环境，有无侵入限界、妨碍列车运行的障碍，有无因异物、落石、山洪水害、施工作业及其他周边环境等危及接触网供电和行车安全的现象。绝缘部件有无闪络放电现象以及电力机车、动车组受电弓取流情况。

2. 全面检查和单项设备检查

全面检查、单项设备检查具有检查、测量和试验等多重职能。维修一般以对接触网设备全面检查为主,还对接触网分段(分相)绝缘器、隔离开关、避雷器、供电电缆等单项设备进行检查。针对无法或不易通过静态和动态检测、监测手段掌握设备及零部件运行状态的所有项目,利用天窗在接触网作业车作业平台、车梯或支柱上进行近距离检查,并进行必要的测量和试验等。全面检查是对所有设备进行检查;单项设备检查是对个别设备进行专项检查,并兼有维护保养职能。

3. 非常规检查

非常规检查是指在特殊情况下进行的状态检查,一般用于在接触网发生跳闸、故障或出现极端天气气候条件和灾害后,对相应接触网设备状态变化、损伤、损坏情况进行检查。非常规检查的范围和手段根据检查目的确定。

四、零部件检验

当接触网运行一定年限,或者通过一定的弓架次,为了评价接触网各部零件的质量状态,或者发生设备故障后,都要对接触网零部件进行检验。

零部件检验是指对拆卸送检的接触网零部件进行外观检查、补充特殊试验等,确认其质量状态的过程。零部件性能下降、状态劣化,判定即将或基本达到寿命时,应进行更换。

当接触网零部件接近预期寿命,或日常检查发现存在质量隐患、无法确认其能否在预期寿命周期内安全运行时,应对该类批零部件进行抽样质量检验。

对满足下列情况之一,应根据分析结果进行专项或抽样质量检验。

(1)发现同一处所或部位重复发生磨损、裂纹、腐蚀、烧损等异常现象时。

(2)特殊环境(大风、严寒、沿海、潮湿、隧道、周边有严重污染源等)区段检查发现接触网零部件状态劣化,表面腐蚀或磨损明显,需确认其是否能够继续安全使用时。

(3)检测发现接触网参数与初始参数对比变化较大,经分析确认其与连接的零部件性能关联性较大时。

(4)区段内接触网零部件脱落、裂损、烧伤等故障多发时。

(5)需要检验判断确认零部件运行状态或预期残余寿命时。

零部件检验应由获得国家计量认证和实验室认可的专业检验机构进行,并出具检验报告。零部件检验结果应纳入分析诊断和质量鉴定报告,作为接触网设备维修的依据。

第二节 6C 系统

随着电气化铁路的不断增长,尤其是高速铁路的迅猛发展,供电设备的重要性越来越突显,为动车组提供不间断供电对供电设备的维护保养提出了更高要求。点多、线长、零部件数量多、牵引负荷大的特点迫切需要建立一整套科学、高效、快速、精准的检测监测体系。

为适应电气化铁路的快速发展,建设数字化、智能化铁路牵引供电系统,全面掌握供电设备的状态,提高供电安全性、可靠性,我国构建了比较完善的电气化铁路供电安全检测监测系统(以下简称 6C 系统)。6C 系统充分应用了大数据、物联网、人工智能等先进技术,对电气化铁路的牵引供电系统进行全方位、全覆盖的综合检测监测,主要功能包括对接触网状态参数和弓网运行参数的实时检测,对接触网悬挂、腕臂结构、附加线索和零部件的检测,对受电弓滑板状态及接触网特殊断面和地点的供电设备实时监测，对接触网运行环境实时监测等，并能通过综合数据分析，指导供电设备的运行维修，评价供电设备的运行质量。

一、6C 系统总体组成

6C 系统包括弓网综合检测装置（1C）、接触网安全巡检装置（2C）、车载接触网运行状态检测装置（3C）、接触网悬挂状态检测监测装置（4C）、受电弓滑板监测装置（5C）、接触网及供电设备地面监测装置（6C）和 6C 系统综合数据处理中心。6C 系统组成如图 3-2-1 所示。

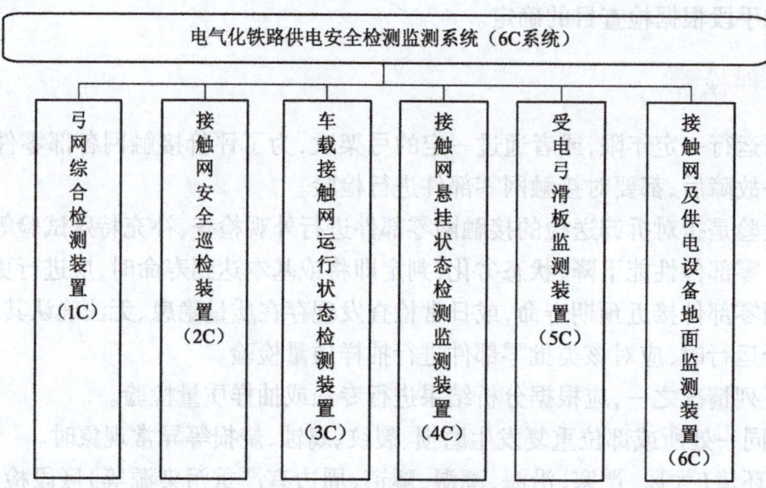

图 3-2-1　6C 系统组成框图

二、6C 系统主要功能

6C 系统的主要功能是对电气化铁路的牵引供电设备进行全方位、全覆盖的综合检测监测，主要包括对接触网状态参数和弓网运行参数的检测；在运营的动车组或电力机车上对接触网的技术状态和外部环境进行检测监测；在运营的动车组或电力机车上对接触网运行状态参数进行实时动态检测；对接触网的零部件实施成像检测及自动识别，测量接触网几何参数静态值；对受电弓滑板状态实时监测；对接触网特定位置、特殊地点供电设备的技术状态实时监测；对 6C 系统各装置检测监测采集的数据及相关基础数据集中汇集处理、综合分析展示。

6C 系统应具备的系统功能：

1. 检测监测功能

采用多种方式对接触网及供电设备关键参数及技术状态进行检测和监测。

2. 数据存储功能

对各类检测监测数据进行安全存储并定时自动备份，方便查询。

3. 数据通信功能

现场数据按要求传输到数据中心，通道安全，信息无泄漏，可被远程召唤。

4. 诊断预警功能

自动分析检测监测数据，及时发现判定接触网及供电设备异常状态并报警。

5. 综合分析功能

对检测数据进行历史对比分析、关联分析，挖掘设备状态变化规律，预测设备状态变化趋势，指导设备运行维修。

6. 数据展示功能

对检测监测数据的变化趋势、分布特征和装置运用状态等进行综合展示。

三、6C 系统功能分类

6C 系统各装置的安装位置、应用条件、检测对象、检测周期各不相同，功能独立，互不替代。检测数据从不同角度反映接触网及供电设备的状态，通过对数据的关联分析、历史对比、趋势分析、综合分析，指导接触网及供电设备的运行维修。6C 系统功能分类见表 3-2-1。

表 3-2-1 6C 系统功能分类

6C 系统	系统搭载平台	主要功能及用途	管理部门
弓网综合检测装置	车载	对接触网参数和弓网运行状态进行线路实速动态检测，判定缺陷等级，评价接触网质量，为接触网运行维修提供依据。 用于新建铁路联调联试和既有铁路动态检测	铁路基础设施检测中心、铁路局集团公司
接触网安全巡检装置	车载	对接触网状态及外部环境进行巡视检测。 用于接触网登乘巡视检查和非常规检查	铁路局集团公司、供电段
车载接触网运行状态检测装置	车载	对接触网及受电弓状态进行实时动态检测，监测预警异常状态。 用于接触网实时动态检测和巡视检查	铁路局集团公司、供电段
接触网悬挂状态检测监测装置	车载	对接触网的零部件实施成像检测及自动识别，测量接触网几何参数静态值。 用于接触网静态检测及全面检查	铁路局集团公司、供电段
受电弓滑板监测装置	地面	监测受电弓滑板技术状态。 及时发现受电弓滑板的异常状态，指导接触网维修	铁路局集团公司、供电段
接触网及供电设备地面监测装置	地面	实时监测接触网特殊断面和地点特定位置、特殊地点的供电设备技术状态。 及时发现接触网及供电设备的异常状态，指导接触网及供电设备维修	铁路局集团公司、供电段
6C 综合数据处理中心	地面	6C 系统各装置所采集数据及相关基础数据的集中汇集处理与综合分析展示平台	铁路基础设施检测中心、铁路局集团公司、供电段

第三节 6C 检测监测

一、弓网综合检测装置(1C)

(一)定义

弓网综合检测装置包括高速弓网综合检测装置(简称高速 1C 装置)和普速弓网综合检测

装置(简称普速 1C 装置)。高速 1C 装置是安装在高速综合检测列车上的固定检测设备,接触网的状态参数及弓网受流参数是通过高速综合检测列车时测量的;普速 1C 装置是安装在接触网检测车、检修作业车或其他专用轨道车辆上的固定检测设备,接触网的状态参数是通过检修车辆运行时测量的。测量结果用于指导接触网的运行维修。

(二)基本组成

1C 装置主要由检测传感设备、弓网视频监控设备、信号传输设备、电源设备、信号采集设备、数据处理、显示和存储设备等构成。

(三)检测周期

高速铁路:15 天;普速铁路:3 个月。

(四)检测项目

接触线动态拉出值、高度;硬点、一跨内接触线高差;弓网接触力、接触线抬升量、燃弧;接触网电压。

(五)检测实施

(1)高速综合检测列车上的 1C 装置由基础设施检测中心负责检测实施,铁路局集团公司接触网综合检测车上的 1C 装置由各铁路局集团公司供电检测主管部门负责检测实施。

(2)1C 装置检测运行时,各局集团公司需组织专业技术人员添乘检测列车。

①添乘人员携带供电专业相关技术资料配合检测工作,负责添乘区段的接触网检测数据初步确认与下载。

②在添乘过程中,添乘人员遇有接触网停电、网压不稳、打碰弓、接触网异常等紧急情况时,应立即通知相邻车站值班员或铁路局集团公司供电调度员,按规定进行处理。

二、接触网安全巡检装置(2C)

(一)定义

接触网安全巡检装置(简称 2C 装置)是临时安装在运营动车组或机车上的检测设备,对接触网的技术状态和外部环境进行检测,指导接触网的运行维修。

(二)基本组成

2C 装置主要由前端采集装置和后端分析软件组成。

(1)前端采集装置包括安装支架、高清成像、图像处理、显示操作、手持遥控、图像存储及电源管理等模块。

(2)后端分析软件安装于计算机上,统计分析接触网技术状态。

(三)配置标准

每个供电段(含维管段)运营里程每 150 km 1 台。

(四)巡检周期

10 天

(五)巡检项目

监测接触网设备有无明显脱、断、偏移及其他异常情况,有无鸟巢、危树等可能危及接触网供电的周边环境因素,有无侵入限界、妨碍机车车辆运行的障碍等。

(六)检测实施

(1)2C 装置配属在供电段,供电段指定专业部门、专业人员检测实施。

(2)2C 装置临时架设在运营的动车组(或机车)司机室内,取用动车组(或机车)车载220 V交流电(装置功率不大于100 W)作为工作电源。

(3)2C 装置运用实行周期监测与重点监测相结合原则。

周期监测:对管内接触网设备进行周期性巡视检查。

重点监测:根据季节性设备变化、周边环境、跳闸及故障信息、天气异常等情况安排的专门巡视检查。

(4)2C 装置使用纳入供电段日常巡检和检修计划。

(5)供电检测人员按规定携带相关证件进站、登乘动车组(或机车)司机室,设备安装前征得动车组(或机车)司机、随车机械师同意,设备运行时须有供电人员在现场监控。

(6)巡检中发现危及行车安全的问题时应立即通知相邻车站值班员或铁路局集团公司供电调度员,按规定进行处理,并采取相应措施,确保列车运行安全。

三、车载接触网运行状态检测装置(3C)

(一)定义

车载接触网运行状态检测装置包括动车组车载接触网运行状态检测装置(简称动车组3C装置)和电力机车车载接触网运行状态检测装置(简称电力机车3C装置),随着运营动车组或电力机车的运行,实现对电气化铁路接触网状态的全覆盖、全天候的动态检测。

(二)基本组成

3C 装置主要由测量、数据处理和数据传输等模块组成。

在地面指定位置设置数据接收、分析终端,一套终端可以对应多台车载装置。

(三)配置标准

按国铁集团有关规定配置,覆盖全路电气化线路。

(四)检测周期

实时。

(五)检测项目

接触网与受电弓运行状态;接触线动态拉出值、高度、接触线的相互位置;燃弧次数、燃弧时间、燃弧率;接触网温度。

(六)检测实施

在铁路局集团公司管内20%以上的动车组(电力机车)上加装3C装置,装置配属在供电段。每天应安排加装3C装置的动车组(电力机车)上线运行,实现对管内电气化铁路的全覆盖检测。

四、接触网悬挂状态检测监测装置(4C)

(一)定义

接触网悬挂状态检测监测装置(简称4C装置)安装在接触网检测车、作业车或其他专用轨道车辆上,对接触网的零部件实施成像检测及自动识别,测量接触网几何参数静态值,指导接触网的运行维修。

(二)基本组成

4C装置主要由几何参数测量、高清成像检测、数据分析处理等模块组成。

(三)配置标准

每个供电段(含维管段)至少应配置1套4C装置,对于新增电气化线路,按每400 km营业里程对应1套增配;铁路局集团公司接触网综合检测车可选配4C装置功能。

(四)检测周期

高速铁路:3个月;普速铁路:6个月。

(五)检测项目

监测接触网设备零部件有无烧伤、缺失、断裂、松动及其他异常情况。

(六)检测实施

(1)接触网悬挂状态检测监测装置配属在供电段,供电段指定专业部门、专业人员检测实施。

(2)4C装置运用实行周期检测与重点检测相结合的原则。

①周期检测:按周期对接触网的零部件实施成像检测,测量接触网几何参数静态值。

②重点检测:根据跳闸、故障、特殊天气气象条件等信息及专项工作安排的专门检测。

五、受电弓滑板监测装置(5C)

(一)定义

受电弓滑板监测装置(简称5C装置)安装在电气化铁路的局界、段界、联络线、动车组(电力机车)出入库区、车站等处,用于监测受电弓滑板的技术状态,及时发现受电弓滑板的异常状态,指导接触网的运行维修。

(二)基本组成

5C装置包括图像采集设备及电源、传输、显示、分析处理存储等模块。

(三)配置标准

局界口、段界口、机务段(动车段)出入库线等安装5C装置。

(四)监测周期

实时或定期。

(五)监测项目

监测受电弓有无异常状态。

(六)监测实施

受电弓滑板监测装置安装在电气化铁路的局界、段界、联络线、电力机车(动车组)出入库区、车站等处,用于监测受电弓滑板的技术状态。

六、接触网及供电设备地面监测装置(6C)

(一)定义

接触网及供电设备地面监测装置(简称6C装置)是安装在接触网的特定位置(如:定位点、锚段关节、线岔、隧道出入口、车站咽喉区、大风区段等位置)及变电所(含AT所、开闭所、分区所,下同)等处的设置固定式监测装置,监测接触网振动特性、线索温度、补偿位移、供电设备的绝缘状态等参数或特定位置的接触网技术状态,并将监测数据通过有线或无线方式实时传输,发现异常及时报警。

(二)基本组成

6C装置主要包括测量传感器、数据采集、数据传输、数据处理、电源等模块。

(三)配置标准

根据各供电段需要配备。

(四)监测周期

实时。

(五)监测项目

接触网振动特性、线索温度、补偿位移、供电设备的绝缘状态等参数或特定位置的接触网技术状态。

(六)监测实施

(1)在隧道出入口、接触网的线岔处、锚段关节处等位置监测接触线的振动。

(2)在隧道出入口、高架桥、大风区段、长大锚段、枢纽站场咽喉区等位置监测接触网承力索和接触线的张力,监测补偿装置位移。

(3)监测接触网绝缘子绝缘状态、电缆绝缘状态、线索温度、线夹温度等。

(4)监测接触网电分相、电分段、供电线上网点、隔离开关,以及动车所、站场咽喉区、隧道出入口、上跨线桥、大风区段等关键处所设备的实时运行状态。

(5)在变电所、AT所、分区所、开闭所内加装供电设备温度、绝缘状态监测装置。

第四节　6C分析诊断及处理

一、分析诊断

分析诊断是根据接触网检测结果,判断设备运行状态、判定缺陷等级,为维修提供依据。分析诊断包括即时分析诊断、定期分析诊断。

（一）即时分析诊断

检测监测设备报警或发生危及行车信息时，应立即进行即时分析诊断。

（1）当弓网综合检测装置（1C）、车载接触网运行状态检测装置（3C）、受电弓滑板监测装置（5C）和接触网及供电设备地面监测装置（6C）等设备出现报警、异常信息时，应立即分析原因并处理。

（2）当接触网安全巡检装置（2C）、接触网悬挂状态检测监测装置（4C）及静态检测发现严重缺陷、状态异常时，检测工区应立即分析设备缺陷对接触网产生的影响，报供电段技术主管部门安排处理。

（二）定期分析诊断

定期检测工作完成后，检测工区、运行工区应在表3-4-1时限内完成定期分析诊断。

表3-4-1　6C定期分析诊断时限表

装置名称	分析项点	分析主体	完成时限
1C	缺陷数据	检测工区	3日
	全面分析	检测工区	10日
2C	季节性、关键性问题	检测工区	1日
	全面分析	检测工区	3日
3C	缺陷数据	检测工区	3日
	全面分析	检测工区	10日
4C	季节性、关键性问题	检测工区	3日
	全面分析	运行工区	20日
5C、6C	全面分析	检测工区	1日

（三）设备状态界定

根据检测结果，对设备的运行状态用标准值、警示值和限界值三种量值来界定。

（1）标准状态是设备最佳运行状态，一般根据施工允许偏差确定。

标准状态是设备最佳运行状态，一般根据施工允许偏差确定。

（2）警示值为运行状态提示值，一般根据设备技术条件允许偏差来确定。

（3）限界值为运行状态安全临界值，一般根据计算或运行实践来确定。

（四）缺陷分级

根据设备运行状态值，设备缺陷分为两级。

（1）静态设备缺陷等级划分：

一级缺陷：达到或超出限界值；

二级缺陷：达到或超出警示值且在限界值以内。

（2）动态检测缺陷等级划分：高速铁路和普速铁路接触网动态缺陷诊断标准见表3-4-2和表3-4-3。

表 3-4-2　高速铁路接触网动态缺陷诊断标准

项目		一级缺陷	扣分标准	二级缺陷	扣分标准	统计步长
接触网几何参数	接触线拉出值 a(mm)	$a \geqslant 550$	40 分	$450 \leqslant a < 500$	1 分	跨
		$500 \leqslant a < 550$	5 分			
	接触线高度 H(mm)	1. $H \geqslant 6\ 650$ 2. $H <$ 该区段允许的最低值	40 分	1. 标准值 $+100 \leqslant H <$ 标准值 $+150$ 2. 标准 $-100 \leqslant H <$ 标准值 -50	1 分	跨
		1. $H \geqslant$ 标准值 $+150$ 2. $H <$ 标准值 -100	5 分			
接触线平顺性参数	硬点 A_v(m/s^2) 200~250 km/h	$A_v \geqslant 588$	5 分	$490 \leqslant A_v < 588$	1 分	跨
	硬点 A_v(m/s^2) 300~350 km/h	$A_v \geqslant 686$	5 分	$588 \leqslant Av < 686$	1 分	跨
	一跨内接触线高差 $2A$(mm)	$2A \geqslant 150$	5 分	$100 \leqslant 2A < 150$	1 分	跨
弓网受流参数	弓网接触力 F(N) 最大接触力 F_{max} 200~250 km/h	$F_{max} \geqslant 300$	5 分	$250 \leqslant F_{max} < 300$	1 分	跨
	弓网接触力 F(N) 最大接触力 F_{max} 300~350 km/h	$F_{max} \geqslant 350$	5 分	$300 \leqslant F_{max} < 350$	1 分	跨
	弓网接触力 F(N) 最小接触力 F_{min}	$F_{min} < 20$	5 分	$20 \leqslant F_{min} < 40$	1 分	跨
	燃弧 最大燃弧时间 T_{max}(ms)	$T_{max} \geqslant 100$	5 分	$50 \leqslant T_{max} < 100$	1 分	跨
	燃弧 燃弧率 μ	$\mu \geqslant 5\%$	5 分	$1\% \leqslant \mu < 5\%$	1 分	公里
	燃弧 燃弧次数 n(次)	$n \geqslant 6$	5 分	$4 \leqslant n < 6$	1 分	公里
	接触线抬升量 ΔH(mm)	$\Delta H \geqslant 120$	5 分	$80 \leqslant \Delta H < 120$	1 分	跨
网压	接触网电压 U(kV)	1. $U > 29$ 2. $U < 19$	5 分	—		公里

表 3-4-3　普速铁路接触网动态缺陷诊断标准

项目		一级缺陷	扣分标准	二级缺陷	扣分标准	统计步长
接触网几何参数	接触线拉出值 a(mm)	$a \geqslant 600$	40 分	$450 \leqslant a < 500$	1 分	跨
		$500 \leqslant a < 600$	5 分			
	接触线高度 H(mm)	1. $H \geqslant 6\ 650$ 2. $H <$ 该区段允许的最低值	40 分	1. 标准值 $+150 \leqslant H <$ 标准值 $+250$ 2. 标准值 $-150 \leqslant H <$ 标准值 -100	1 分	跨
		1. $H \geqslant$ 标准值 $+250$ 2. $H <$ 标准值 -150	5 分			
接触线平顺性参数	硬点 A_v(m/s^2)	$A_v \geqslant 490$	5 分	$392 \leqslant A_v < 490$	1 分	跨
	一跨内接触线高差 $2A$(mm)	$2A \geqslant 200$	5 分	$150 \leqslant 2A < 200$	1 分	跨
弓网受流参数	弓网接触力 F(N) 最大接触力 F_{max}	$F_{max} \geqslant 250$	5 分	$180 \leqslant F_{max} < 250$	1 分	跨
	弓网接触力 F(N) 最小接触力 F_{min}	$F_{min} < 20$	5 分	$20 \leqslant F_{min} < 40$	1 分	跨
	燃弧 最大燃弧时间 T_{max}(ms)	$T_{max} \geqslant 100$	5 分	$50 \leqslant T_{max} < 100$	1 分	跨
	燃弧 燃弧率 μ	$\mu \geqslant 5\%$	5 分	$1\% \leqslant \mu < 5\%$	1 分	公里
	燃弧 燃弧次数 n(次)	$n \geqslant 6$	5 分	$4 \leqslant n < 6$	1 分	公里
	接触线抬升量 ΔH(mm)	$\Delta H \geqslant 120$	5 分	$80 \leqslant \Delta H < 120$	1 分	跨
网压	接触网电压 U(kV)	1. $U > 29$ 2. $U < 19$	5 分	—		公里

二、弓网综合检测装置(1C)检测数据的分析诊断

(一)分析项点

接触网动态运行情况下接触网几何参数、接触线平顺性参数、弓网受流参数、网压的数值是否超限、接触网零部件安装状态。

(二)分析方法

1. 弓网综合检测数据波形曲线分析原则

(1)综合分析“线”,不孤立分析“点”。

(2)判别缺陷的根本原因,治标又治本。

(3)缺陷处理遵循“先大后小”的原则。

(4)专人复核,防止过度调整。

2. 缺陷判断方法

(1)单条波形图的分析

通过分析软件导入一组弓网综合检测数据,形成单条波形图,对单条波形图进行分析。

①对波形图的各项目的数据读取可以判断接触网动态导高、拉出值、高差、弓网接触力、硬点、燃弧值等参数是否超限。

图3-4-1表现的特征为:导高波形谷底在跨中;最低值(谷底点对应导高值)超标准值173 mm,超限。

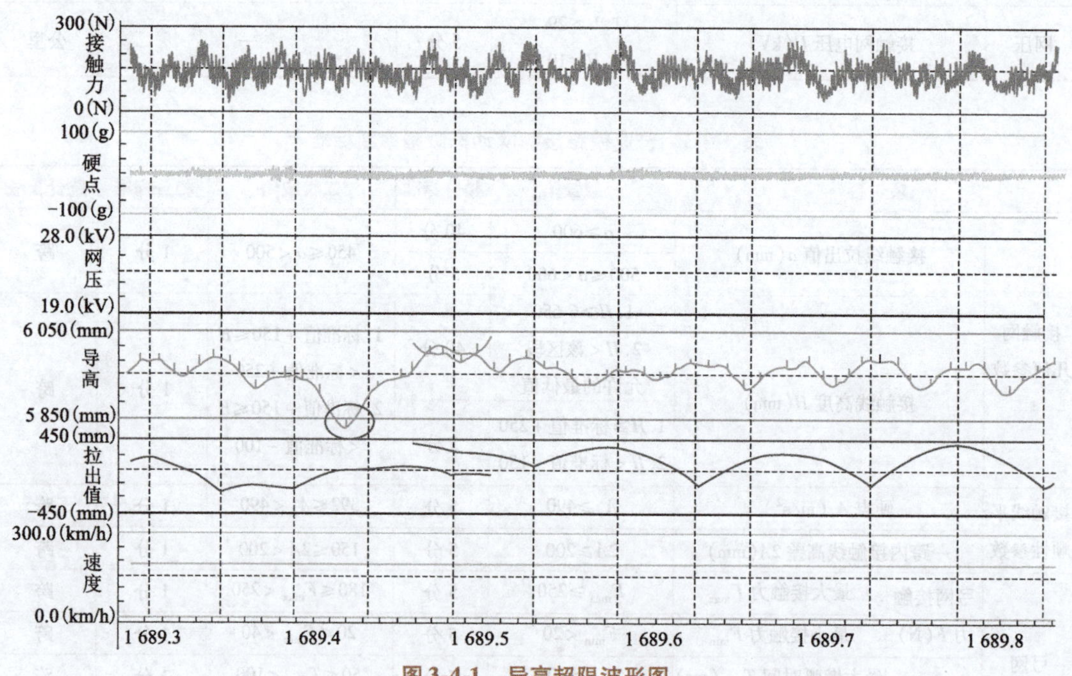

图3-4-1　导高超限波形图

②通过对波形图的曲线特征分析判断弹性吊索吊弦位置是否偏移、弹性吊索张力是否过大或过小、中心锚结绳是否过紧、关节内等高点是否偏离跨中等接触网零部件安装缺陷。

图3-4-2表现的特征为:弹性链型结构线路定位处曲线斜率大,定位点两侧一高一低,高差超限值。

缺陷分析:一是弹性吊索安装位置偏斜引起,定位点位置未居于弹性吊索中间;二是弹性

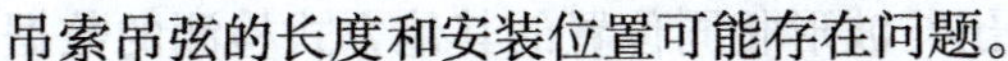

吊索吊弦的长度和安装位置可能存在问题。

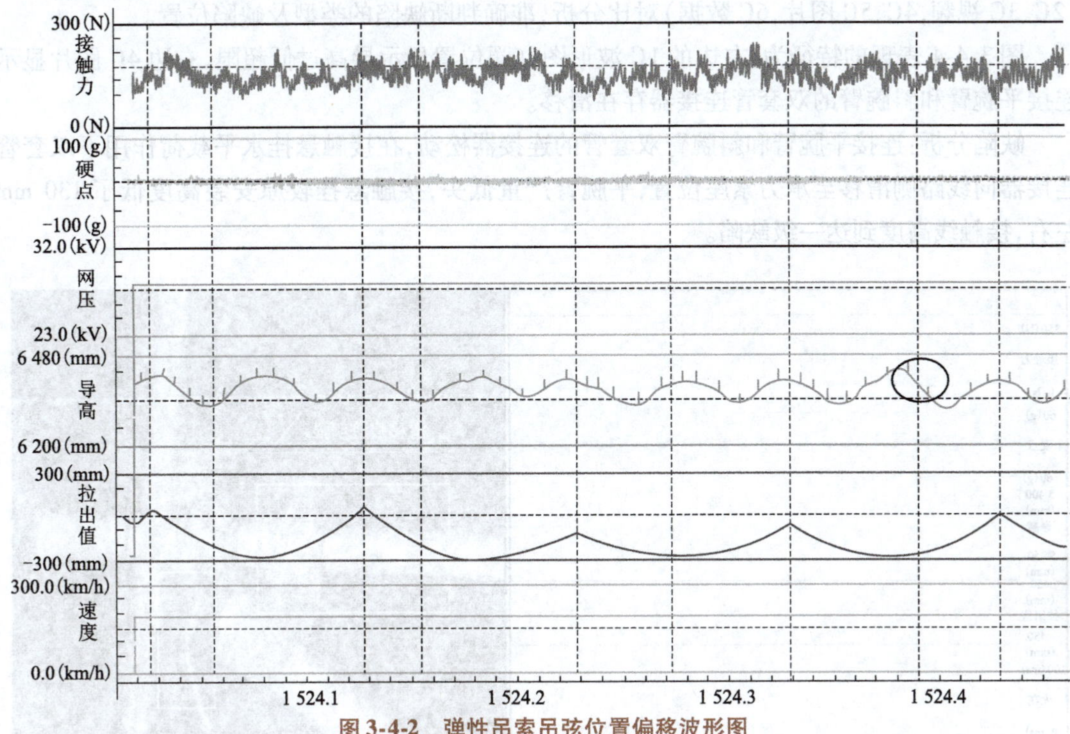

图 3-4-2　弹性吊索吊弦位置偏移波形图

(2)综合对比分析

①历史数据的纵向对比分析，即利用分析软件导入两条或多条波形数据，通过对两条或多条波形曲线的差异分析，判断缺陷的类型。

图 3-4-3 表现的特征为：红线位置处蓝色波形较灰色波形有一明显的降低点，导高由 5 344 mm降低至 5 325 mm。

缺陷分析：吊弦断脱后，接触线的导高降低，两曲线形成明显的差异。

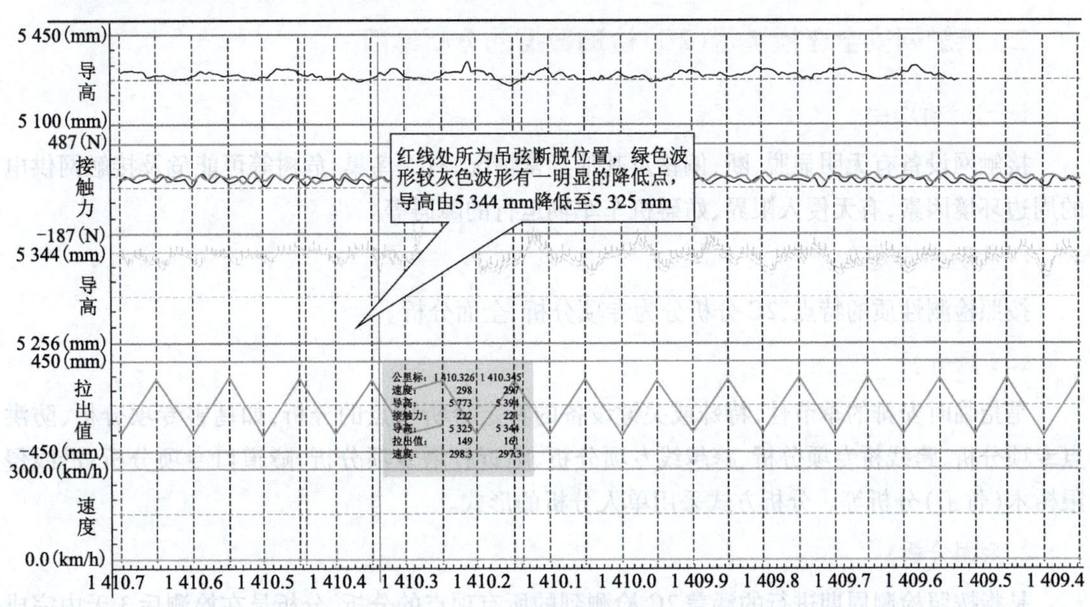

图 3-4-3　吊弦断脱对比波形曲线

②波形数据与其他数据的横向对比分析，即调出与波形相同位置的其他方式检测的数据（2C、3C 视频，4C、5C 图片，6C 数据）对比分析，准确判断缺陷的类型及缺陷位置。

图 3-4-4 表现的特征为：左边的 1C 波形图红圈位置显示导高过低超限，右边 4C 图片显示连接平腕臂和斜腕臂的双套管连接器存在滑移。

缺陷分析：连接平腕臂和斜腕臂双套管的连接器松动，在接触悬挂水平载荷作用下双套管连接器向线路侧滑移至承力索座位置，平腕臂严重低头，接触悬挂较原安装高度低了 130 mm 左右，接触线高度到达一级缺陷。

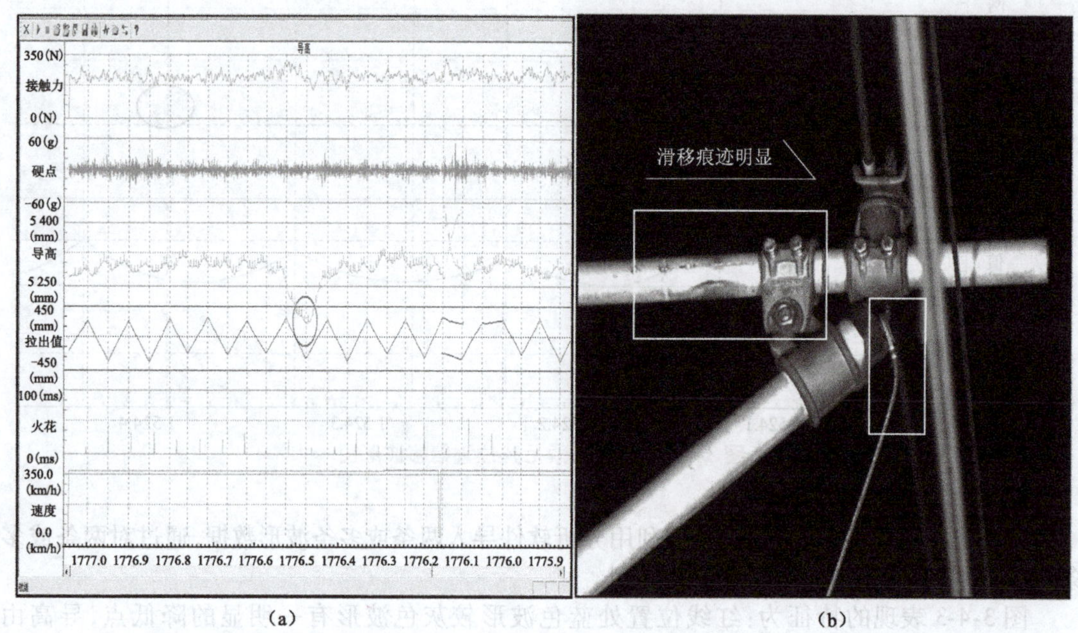

(a) (b)

图 3-4-4 1C 波形与 4C 图片对比分析图

三、接触网安全巡检装置（2C）检测数据的分析诊断

（一）分析项点

接触网设备有无明显脱、断、偏移及其他异常情况，有无鸟巢、危树等可能危及接触网供电的周边环境因素，有无侵入限界、妨碍机车车辆运行的障碍等。

（二）分析方法

按照检测性质的特点，2C 分析分为专项分析、全面分析。

1. 专项分析

是指临时安排的季节性、特殊或关键设备的特定分析项点的分析，如鸟害专项分析、防洪点专项分析、跨线桥专项分析、跨越线专项分析、临近杆塔专项分析、隧道口专项分析、沿线侵限树木（竹子）分析等。分析方式采用单人分析的形式。

2. 全面分析

是指按照检测周期进行的涵盖 2C 检测到的所有项点的分析，分析员在检测后 3 天内完成分析。分析方式采用多人分析的形式。

(1)将检测数据检测到区域主要分为 A、B、C 三大模块,3 人同时分析,每人负责 1 个区域,2C 检测数据分区如图 3-4-5 所示。

A 模块主要包括田野侧区域的外部环境(含树木竹子、建筑、横幅、土工布、塑料农膜、爬藤、临近的施工等)、附加悬挂、田野侧供电杆、异物。

B 模块主要包括腕臂支撑、软横跨(或硬横梁)、支柱或吊柱(含下锚补偿、鸟窝等)、避雷器、隔离开关及引线、跨线桥(含栅栏状态、横幅等)、跨越线、隧道口树木、异物。

C 模块主要包括接触悬挂(含吊弦、电连接、中锚绳等)、定位装置(含定位管、定位器、斜拉线或定位支撑、防风拉线等)、邻线支柱反面的状态、异物。

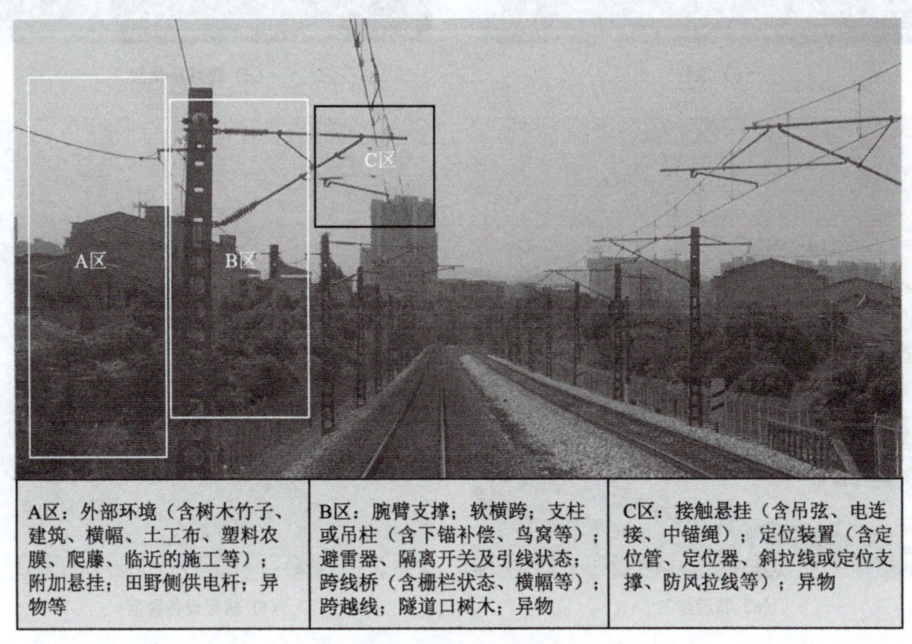

A区：外部环境（含树木竹子、建筑、横幅、土工布、塑料农膜、爬藤、临近的施工等）；附加悬挂；田野侧供电杆；异物等	B区：腕臂支撑；软横跨；支柱或吊柱（含下锚补偿、鸟窝等）；避雷器、隔离开关及引线状态；跨线桥（含栅栏状态、横幅等）；跨越线；隧道口树木；异物	C区：接触悬挂（含吊弦、电连接、中锚绳）；定位装置（含定位管、定位器、斜拉线或定位支撑、防风拉线等）；异物

图 3-4-5　2C 检测数据分区图

(2)典型 2C 缺陷特征如图 3-4-6 所示。

(a) 接触网设备松脱

(b) 鸟巢

图 3-4-6　典型 2C 缺陷特征

（c）危竹

（d）跨线桥横幅

（e）邻近施工

（f）轨旁设备脱落

图 3-4-6　典型 2C 缺陷特征（续）

四、车载接触网运行状态检测装置（3C）检测数据的分析诊断

（一）分析项点

接触网动态运行情况下接触网与受电弓运行状态、动态几何参数是否超限、受电弓及接触网设备温度是否超标、接触悬挂及定位支撑装置的设备有无明显脱、断、偏移及其他异常情况。

（二）分析方法

3C 分析方法主要有两种：远程实时报警数据分析和硬盘离线数据全面分析。

3C 分析发现主要缺陷类型有燃弧、温度超限、导高超限、硬点、拉出值超限及其他。其中燃弧问题，通过燃弧的位置不同大致可以分为：分段绝缘器燃弧、吊弦线夹燃弧、定位线夹燃弧、中锚线夹燃弧、接触线硬点燃弧 5 类；其他类包括异物、吊弦断脱等设备缺陷。

1. 远程实时报警数据分析

(1)3C 远程实时报警数据分析通过互联网进入特定网址或打开专用分析软件进入登录界面，然后输入账号密码进入分析界面，如图 3-4-7 所示。

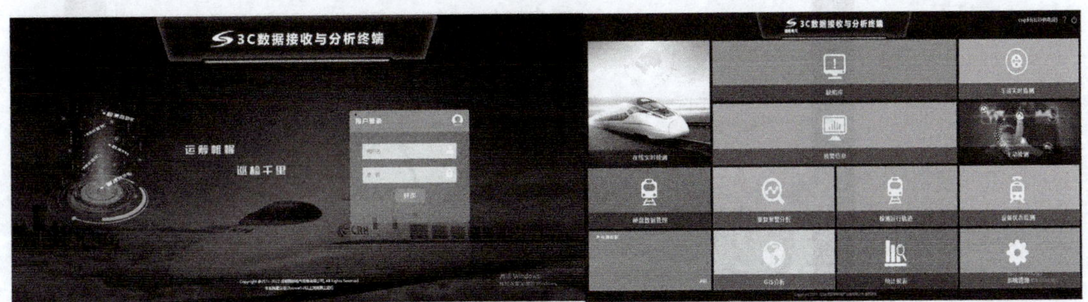

图 3-4-7　3C 数据分析终端登录分析界面

(2)单击“预警信息”，可以看到报警缺陷列表，单击需要分析的缺陷，就会显示缺陷的视频、数据及相关信息，通过对显示信息数据进行分析判断是否为缺陷(图 3-4-8)。

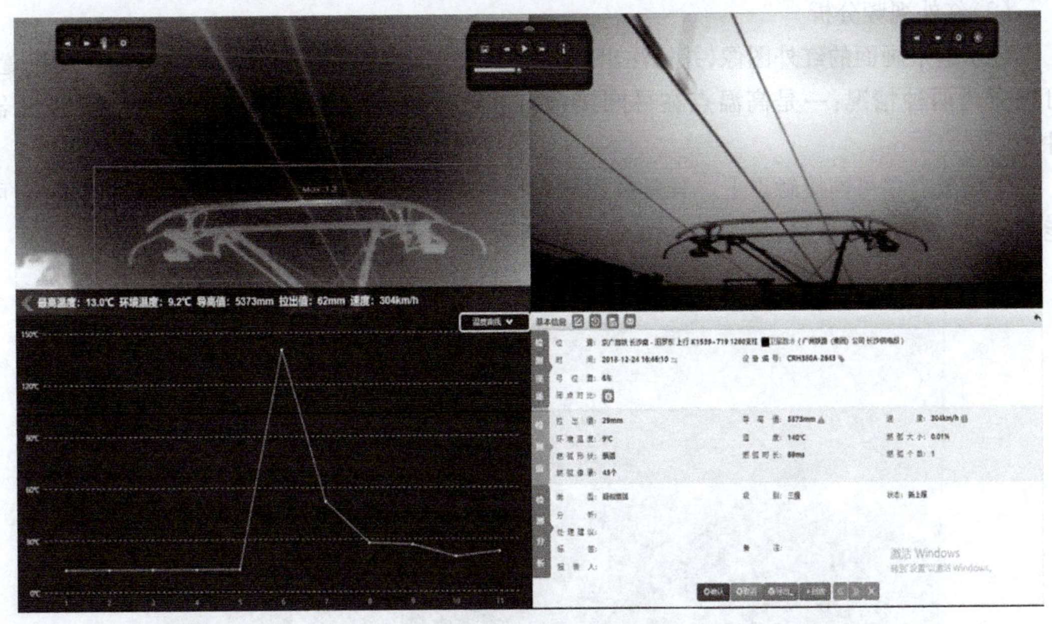

图 3-4-8　3C 报警缺陷界面

2. 硬盘离线数据全面分析

供电段安排人员去动车所(机务段)或添乘动车组(机车)拷贝 3C 离线全程数据，硬盘离线数据分析每月一遍，主要有可见光视频分析、红外视频分析和几何参数分析三项。

(1)可见光视频分析

可以观察到接触悬挂及定位支撑装置部分明显的松脱断现象、弓网运行情况，如图 3-4-9 所示。

图 3-4-9 可见光视频分析界面

(2)红外视频分析

显示整个画面的红外图像,并标注出图像中温度最高点的位置。按照高温点出现的位置,可以分为两种情况:一是高温点在弓网接触点上;二是高温点在弓网接触点外的其他元器件上。

①高温点在弓网接触点上。异常高温点在弓网接触点,且形成燃弧,燃弧形状不规则,可能是硬点、波浪弯等缺陷,如图 3-4-10 所示。

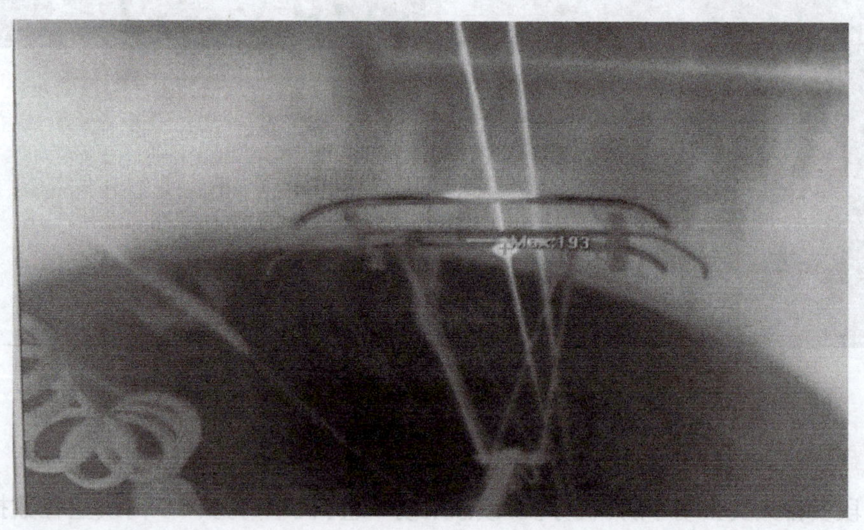

图 3-4-10 高温点在弓网接触点上

②异常高温点在弓网外的其他元器件上。由于接触网电流通过的路径不畅通,若长时间在该点出现高温,将会产生烧伤该元器件的事件,从而导致弓网事故,如图 3-4-11 所示。

图 3-4-11 高温点在弓网接触点外的其他元器件上

(3)几何参数分析:可以分析查看导高、拉出值曲线,根据其导高、拉出值的变化情况判断缺陷的真实性,如图 3-4-12 所示。

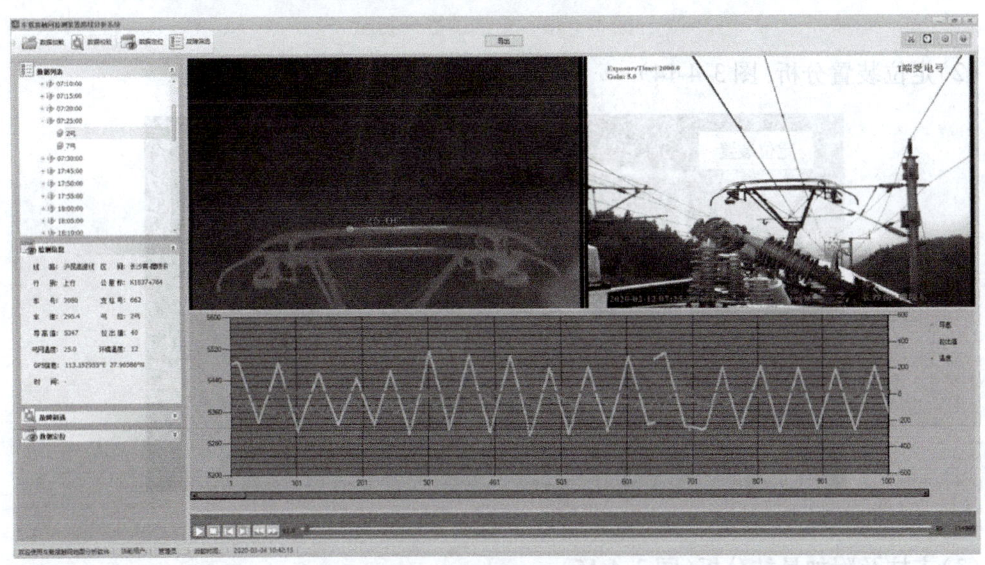

图 3-4-12 几何分析界面

五、接触网悬挂状态检测监测装置(4C)检测数据的分析诊断

(一)分析项点

监测接触网设备零部件有无烧伤、缺失、断裂、松动及其他异常情况。

(二)分析方法

1. 智能分析

4C 检测完成后,在检测数据智能化分析结果的基础上进行人工识别干预和确认,并出具分析报告。

2. 人工分析

根据4C检测的特性，对照接触网设备分区，将分析的内容划分为支持装置、定位装置、支柱及附加悬挂、棘轮（补偿装置）、接触网悬挂五大模块。按照图3-4-13～图3-4-17所示的标记的序号对接触网零部件的状态进行逐一分析。

（1）支持装置分析（图3-4-13）

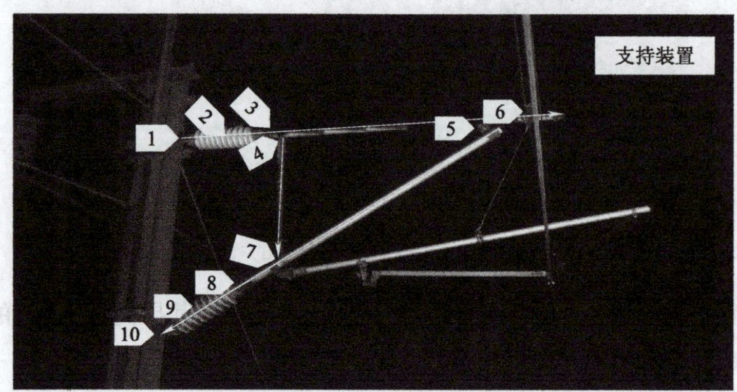

图3-4-13　支持装置分析图

（2）定位装置分析（图3-4-14）

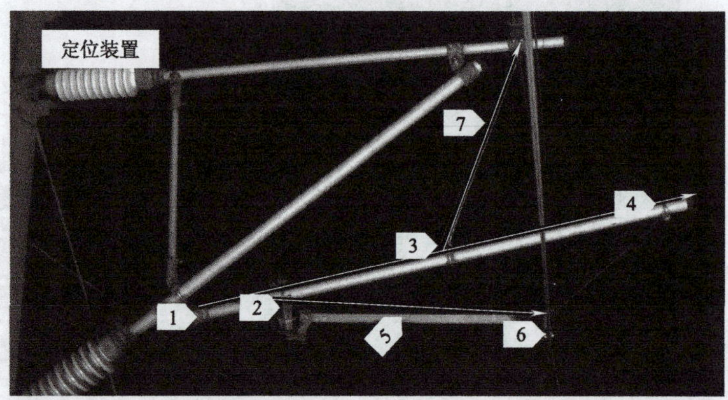

图3-4-14　定位装置分析图

（3）支柱及附加悬挂分析（图3-4-15）

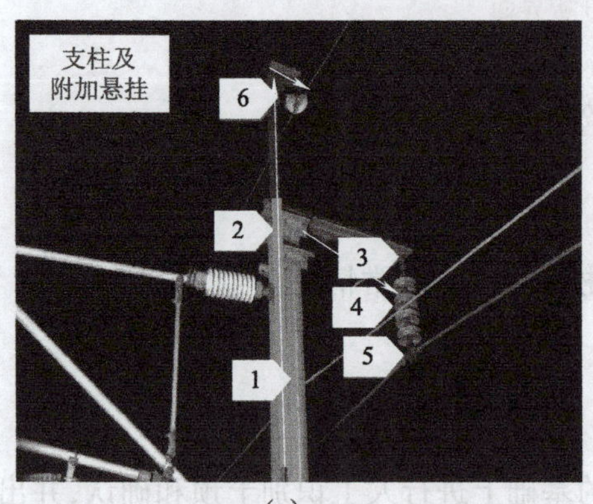

（a）

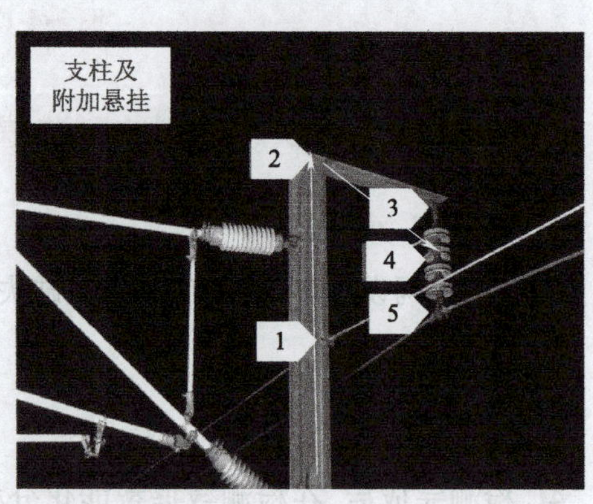

（b）

图3-4-15　支柱及附加悬挂分析图

(4)补偿装置分析(图 3-4-16)

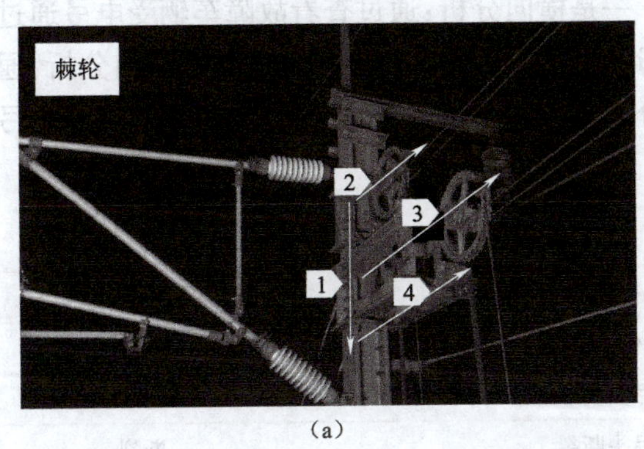

(a)

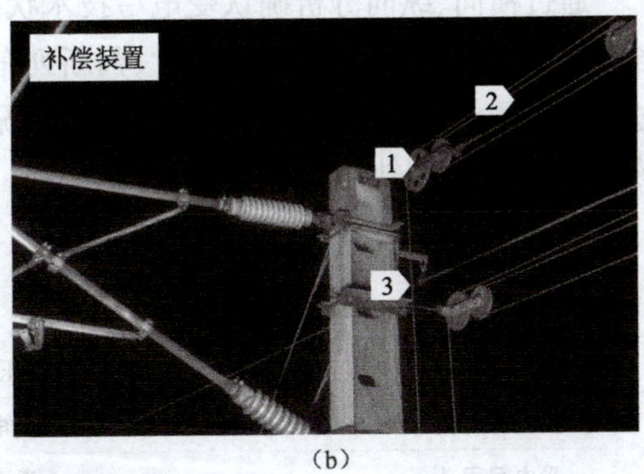

(b)

图 3-4-16　补偿装置分析图

(5)接触网悬挂分析(图 3-4-17)

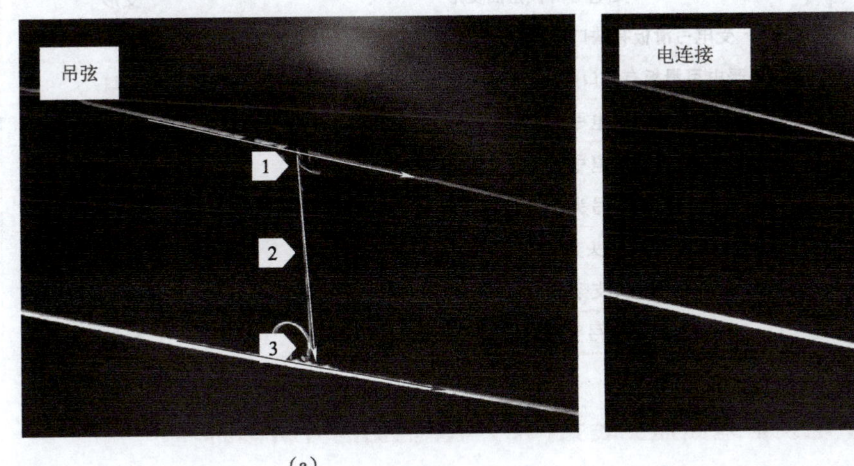

(a)　　(b)

图 3-4-17　接触网悬挂分析图

六、受电弓滑板监测装置(5C)检测数据的分析诊断

(一)分析项点

受电弓滑板上表面是否有纵向贯通性裂纹,受电弓滑板边缘处是否严重磕碰,受电弓滑板是否大面积掉块、脱落,受电弓是否扭曲变形、受电弓是否挂异物等。

(二)分析方法

由供电(维管段)段专人对 5C 装置监测数据进行及时分析,发现受电弓异常或遇有报警信息时,应立即将该车车号及异常信息上报铁路局集团公司供电调度员,由铁路局集团公司供电调度员通知机车或动车调度员并确认该车车次、行车径路,各工种调度员及时通知相关单位检查确认,并做好记录。

当分析人员接到铁路局集团公司供电调度员等有关人员反映的受电弓运行异常信息时,分析人员要掌握异常信息的具体内容,及时查看、分析相应径路的 5C 装置监测数据,并反馈相关信息。

通过横向、纵向分析确认受电弓技术状态。一是横向分析:通过查看故障车辆受电弓通过各监测点的情况,分析受电弓图片,判断列车在运行过程中受电弓的变化。二是纵向分析:通过查看监测点处所有列车受电弓通过的情况,分析受电弓图片,对比各列车通过监测点受电弓的变化。5C 典型缺陷见表 3-4-4。

表 3-4-4　5C 常见缺陷类型

部件名称	缺陷类别	缺陷类型
高压线缆部分	高压等电位线断裂	断裂
受电弓弓头	受电弓弓头变形	变形
受电弓弓头	受电弓弓头断裂	断裂
受电弓弓头	受电弓弓头缺口	缺口
受电弓滑板	受电弓滑板近限	缺口/断裂
受电弓滑板	受电弓滑板扭曲变形	变形
受电弓滑板	受电弓滑板有缺口(超滑板宽度的二分之一)	缺口
受电弓滑板	受电弓滑板有缺口(小于滑板宽度的二分之一)	缺口
受电弓滑板	受电弓滑板磨损严重	损坏
受电弓整体区域	受电弓区域异物附着	异物
受电弓支架	受电弓弓头支架或连接处断裂	断裂
受电弓支架	受电弓弓头支架/平衡杆明显变形	变形
受电弓支架	受电弓弓头支架/平衡杆疑似烧伤、腐蚀	烧伤
受电弓支架	受电弓弓头支架/平衡杆破损	损坏

七、接触网及供电设备地面监测装置(6C)检测数据的分析诊断

(一)分析项点

接触网振动幅值是否超标、线索线夹温度是否超标、补偿装置的 a/b 值是否超标、绝缘设备表面的附盐密度或泄漏电流是否超标、特定位置的接触网设备状态是否异常。

(二)分析方法

供电(维管)段设专人不间断接收报警信息,即时分析确认,必要时并通知相关单位处理。

八、分析诊断结果处理

(一) 6C 缺陷处置要求

达到或超出限界值的一级缺陷纳入一级修(临时修),由运行工区及时组织修理;达到或超出警示值且在限界值以内的二级缺陷纳入二级修(综合修),由维修工区按计划修理;达到一定条件的开展三级修(精测精修),恢复设备标准状态。

(二) 6C 缺陷处置流程

供电段 6C 分析诊断发现的所有缺陷均必须全部纳入 6C 系统综合数据处理中心管理,具

体流程如图 3-4-18 所示。

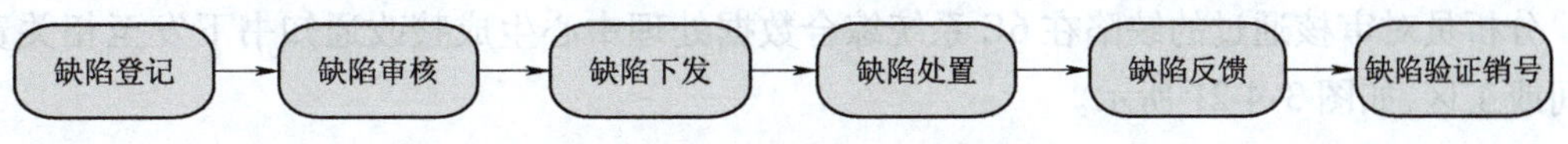

图 3-4-18　6C 缺陷处置流程

1. 缺陷登记

分析员分析诊断发现缺陷后录入 6C 系统综合数据处理中心(危及供电及行车安全的缺陷须立即报供电段技术主管部门安排处理),如图 3-4-19 所示。

图 3-4-19　6C 缺陷登记图

2. 缺陷审核

供电段技术主管部门主管工程师对分析员录入 6C 系统综合数据处理中心的缺陷进行审批,审核缺陷描述是否准确、缺陷等级是否合理等,如图 3-4-20 所示。

图 3-4-20　6C 缺陷审批图

3. 缺陷下发

分析员对审核通过的缺陷在6C系统综合数据处理中心生成整改通知书下发至相关责任车间或工区，如图3-4-21所示。

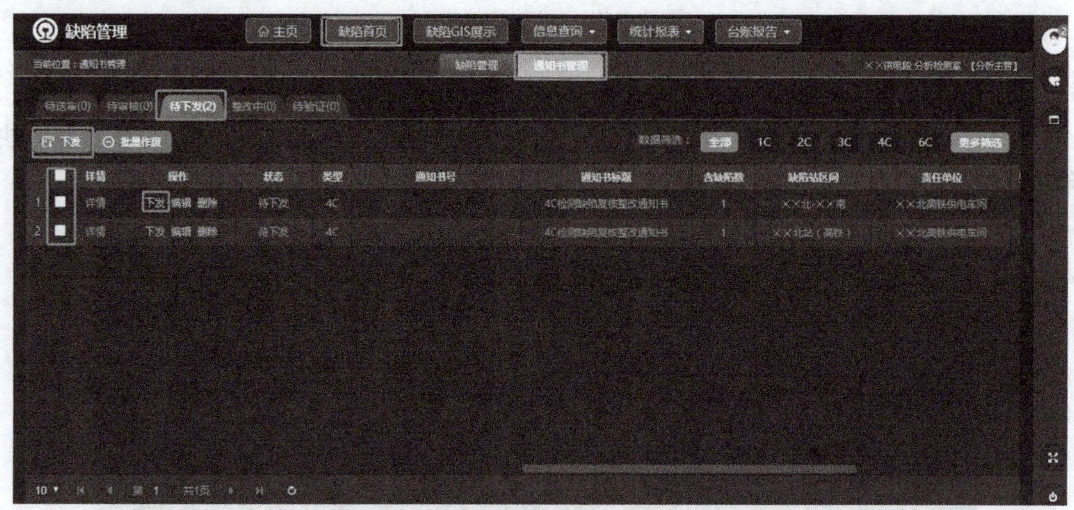

图3-4-21　6C缺陷下发图

4. 缺陷处理

责任车间或工区在6C系统综合数据处理中心签收缺陷后安排现场复核及整治，如图3-4-22所示。

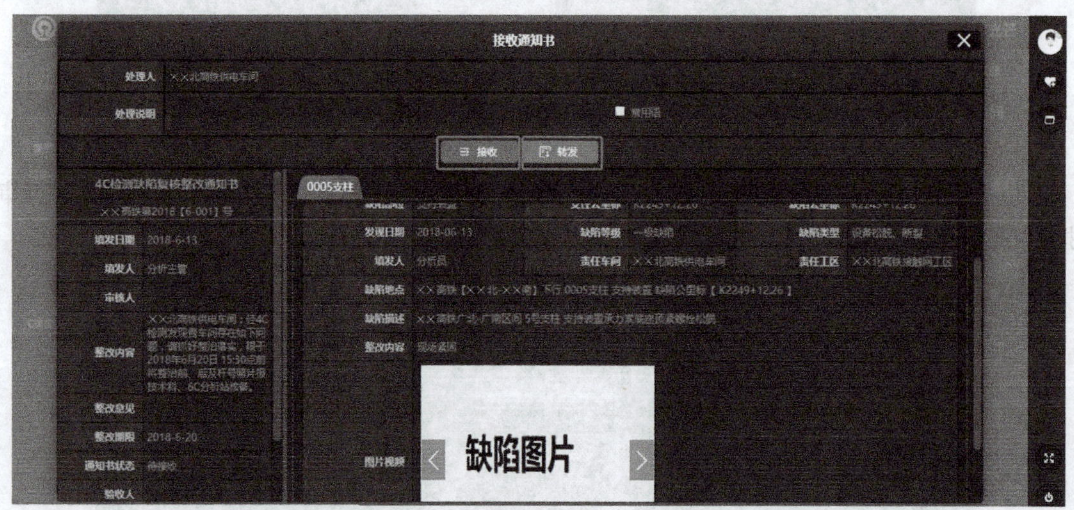

图3-4-22　6C缺陷签收图

5. 缺陷反馈

责任车间或工区处理完缺陷后在6C系统综合数据处理中心反馈处理情况，如图3-4-23所示。

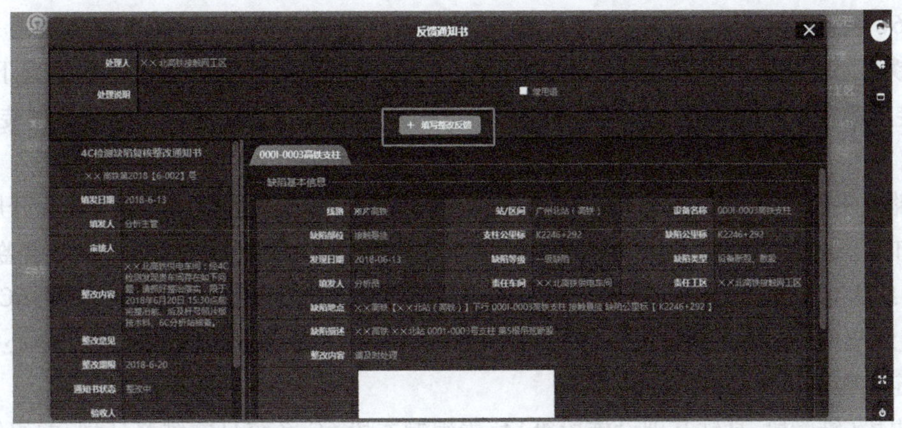

图 3-4-23　6C 缺陷反馈图

6. 缺陷验证销号

分析员利用缺陷处理完后一轮的 6C 检测数据验证缺陷是否处理到位，如图 3-4-24 所示。

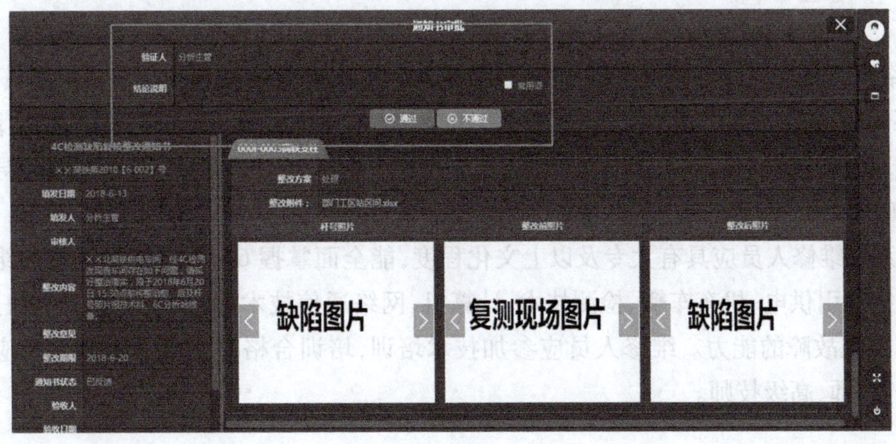

图 3-4-24　6C 缺陷验证销号图

(三)编制分析诊断报告

供电段每季度分线路结合 6C 数据进行综合分析，出具分析诊断报告，详细说明各线路的设备变化规律、典型缺陷情况、设备薄弱区段等；每年均应对每条线路出具年度分析报告，对设备的变化情况进行系统分析，实现对线路质量的综合评价，为指导检修提供技术支撑。

第五节　6C 系统维修管理

6C 系统维修管理工作实行国铁集团、铁路局集团公司、供电段(维管段、高铁基础设施段等)三级管理。

国铁集团负责组织制定 6C 系统维修管理办法，指导、监督全路 6C 系统维修管理工作，指导全路6C装置年度鉴定、评定、技术交流、人员培训等管理工作。

国铁集团铁路基础设施检测中心负责制定评定细则，在国铁集团工电部的指导下组织全路6C装置评定工作的实施，并承担评定人员相关技术培训，负责高速弓网综合检测装置(1C)的维修。

铁路局集团公司负责制定本局6C系统维修管理实施办法，指导供电(维管)段开展6C系统维修工作；制定本局6C系统的年度更新改造、维修计划，编制、提报6C系统年度鉴定及评定计划；组织对初装、更新改造后6C系统的功能和性能进行验收；负责配属铁路局6C系统的维修；组织全局6C系统维修人员的技术培训；配合国铁集团铁路基础设施检测中心完成6C装置评定工作。

供电段(维管段、高铁基础设施段等)负责编制本段6C系统日常维修计划，并组织实施；负责编制6C系统维修作业指导书；负责编制、提报6C系统年度更新改造、维修建议计划；参加6C系统初装、更新改造后的功能和性能验收；负责6C系统维修人员的配备、培训、考核和岗位资格管理；负责相关检测监测装置的维修。

一、机构与人员

铁路局集团公司供电检测所下设供电检测分析室，配备专业技术人员及维修人员，负责本局6C系统的技术管理工作和配属铁路局集团公司6C系统的维修管理工作。供电段(维管段、高铁基础设施段等)应设供电检测分析室，负责本段6C系统的技术管理工作，指导现场做好维修工作。

6C系统维修人员应具有大专及以上文化程度，能全面掌握6C系统技术性能与维修使用要求，掌握牵引供电、机车车辆、检测技术、计算机、网络通信技术等相关知识，具有快速判断、处理6C系统故障的能力。维修人员应参加技术培训，培训合格后上岗。维修人员应配备一定比例的技师、高级技师。

二、管理制度

6C系统配属单位应建立6C系统维修管理制度，制定维修流程，明确作业程序、作业标准、设备分界和管理责任，提报、审批年度维修计划；要合理安排维修费用，加强维修质量控制，按期完成维修任务，保证装置技术状态良好。

6C系统配属单位应制定维修作业指导书，作为维修人员现场作业、管理人员检查指导的基本依据。作业指导书应包含：作业项目、工作流程、质量标准、作业方法、安全风险点提示等主要内容。要加强作业指导书执行情况的写实检查，及时修订完善。

6C系统配属单位要建立检查考核办法，定期检查考核维修工作并通报情况。

三、维修管理

6C系统维修工作包括日常维护、状态检修、年度鉴定及评定。6C系统采取状态与寿命相结合的维护管理方式，原则上寿命为8年。达到寿命周期经鉴定合格的，可继续使用；经鉴定不合格，且无法经过检修恢复性能或检修成本过高的，进行报废处理。

(一)1C 装置

(1)1C 装置的质保期自验收合格起不少于 2 年,质保期内出现质量问题由供应商负责更换或维修,质保期相应延长。

(2)每年 11 月底前,铁路局集团公司供电检测所提出 1C 检测车高压设备的次年预防性试验需求,统筹安排实施。对于试验不合格的设备及时安排维护和更新。

(3)根据国铁集团工作安排,供电检测所配合完成铁路局集团公司 1C 装置年度评定,并对存在的问题进行整改。

(4)供电检测所应建立设备履历。装置硬件维护每季度不少于 1 次,软件维护每半年不少于 1 次,维护标准见表 3-5-1。

表 3-5-1　弓网综合检测装置(1C)维护标准

项　目	维护范围	标准与要求	周期
外观检查	装置各部件本体及安装状态检查	装置及各部件无缺失、无破损、无松动、无裂痕、无锈蚀	检测前
电源	正常启动关闭输出稳定	按照相关技术条件测试	检测前
紧固件	结构	无裂痕,无锈蚀	检测前
	紧固件	紧固	
传感器	压力传感器	无破损,固定孔完好,紧固螺钉紧固,减震垫不失效;传感器响应正常	检测前
	硬点传感器	无破损,固定孔完好,紧固螺钉紧固,减震垫不失效;传感器响应正常	
	接触线高度传感器	安装紧固,无破损,数值响应正常	
	网压、网流传感器	安装紧固,无破损	
	燃弧传感器	安装紧固,无破损,视窗清洁	
	速度编码器	安装紧固,无破损	
	其他传感器	安装紧固	
	信号线缆	线缆安装紧固,无破损	
成像系统	镜片	1. 清洁,无油污、灰尘、霉斑。 2. 镜头完整,无裂痕,无磕碰。 3. 镜头粘合良好,不影响透明度	检测前
	图像质量	1. 对焦精确,拍摄主体清晰。 2. 不丢帧。 3. 稳定性良好,振动条件下,图像无抖动	每半年
绝缘子	外观	外观无破损,清洁	检测前
存储介质	功能	存储介质检查无损坏	每季度
	存储容量	剩余存储容量不小于 250 GB	
	读取速度	存储及读取速度应不低于接口速度的 95%	

续上表

项　目	维护范围	标准与要求	周期
控制箱	各指示灯显示正常、后面板端子、插头及配线接触良好	控制逻辑正常	每半年
服务器	开关机正常	开机测试	每半年
软件	开机测试，功能检验	目视检查	每半年

(二) 2C 装置

(1)每年 10 月底前，配属单位根据 2C 装置状态提报次年更改计划，并提出项目建议书，经审核签字后报铁路局集团公司主管部门。

(2)2C 装置的质保期自验收合格起不少于 2 年，质保期内出现质量问题由供应商负责更换或维修，质保期相应延长。

(3)每年年底前，铁路局集团公司供电部组织完成 2C 装置年度评定，并对存在问题督促整改。

(4)建立设备履历，每年 10 月份对 2C 设备进行调查，提出更新计划。设备发生变化时，应实时更新，动态管理，并及时上报备案。

(5)每次使用前负责对硬件装置进行检查维护(维护标准见表 3-5-2)，软件维护每半年不少于 1 次，并建立维护记录。维护记录保存周期不少于 1 年。

表 3-5-2　接触网安全巡检装置(2C)日常维护标准

项　目	维护范围	标准与要求	周期
外观检查	装置各部件本体及安装状态检查	装置及各部件无缺失、无破损、无松动、无裂痕、无锈蚀	监测前
成像系统	镜片	1. 清洁，无油污、灰尘、霉斑。 2. 镜头完整，无裂痕，无磕碰。 3. 镜头粘合良好，不影响透明度	监测前
	图像质量	1. 对焦精确，拍摄主题清晰。 2. 不丢帧。 3. 稳定性良好，振动条件下，图像无抖动。 4. 成像质量高，图像无卡滞，无坏点	每半年
存储介质	功能	存储介质检查无损坏	每季度
	存储容量	剩余存储容量不小于 250 GB	
	读取速度	存储及读取速度不低于接口速度的 95%	
电源	外接电源	满足设备运行要求	监测前
	电池	满足产品说明书待机时间的 80%	
软件	软件功能	功能正常	每半年

(三) 3C 装置

(1)每年 10 月底前，配属单位根据 3C 装置状态提报次年更改计划，并提出项目建议书，报铁路局集团公司主管部门。

(2)3C 装置的质保期自验收合格起不少于 2 年,质保期内出现质量问题由供应商负责更换或维修,质保期相应延长。

(3)每年年底前,铁路局集团公司完成动车组 3C 装置年度评定,并对存在问题督促整改。

(4)建立设备履历。配置发生变化时,应实时更新,动态管理,修改备案。

(5)装置硬件维护每旬不少于 1 次,软件维护每半年不少于 1 次,并建立维护记录,维护记录保存周期不少于 1 年。维护标准见表 3-5-3。

(6)动车组 3C 装置的维修和检测信息的获取需结合动车组运用检修作业同步进行,纳入动车所一体化作业管理。

表 3-5-3　接触网运行状态检测装置(3C)日常维护标准

项　目	维护范围	标准与要求	周期
外观检查	装置各部件本体及安装状态检查	装置及各部件无缺失、无破损、无松动、无裂痕、无锈蚀	每旬
成像系统	镜片	1. 清洁,无油污、灰尘、霉斑。 2. 镜头完整,无裂痕,无磕碰。 3. 镜头粘合良好,不影响透明度	每旬
	图像质量	1. 对焦精确,拍摄主题清晰。 2. 不丢帧。 3. 稳定性良好,振动条件下,图像无抖动。 4. 成像质量高,图像无卡滞,无坏点	每半年
存储介质	功能	存储介质检查无损坏	每季度
	存储容量	剩余存储容量不小于 250 GB	
	读取速度	存储及读取速度不低于接口速度的 95%	
紧固件	结构	无裂痕	每季度
	功能	紧固	
数据传输	功能	无线数据传输准确无丢失	每季度
软件	软件功能	功能正常	每半年

(四) 4C 装置

(1)每年 10 月底前,配属单位根据 4C 装置状态提报次年更改计划,并提出项目建议书,经审核后报铁路局集团公司主管部门。

(2)4C 装置的质保期自验收合格起不少于 2 年,质保期内出现质量问题由供应商负责更换或维修,质保期相应延长。

(3)每年年底前,配属单位配合铁路局集团公司完成 4C 装置年度评定,并对存在问题进行整改。

(4)应建立设备履历。配置发生变化时,应实时更新,动态管理,并及时备案。

(5)装置硬件维护每季度不少于 1 次,软件维护每半年不少于 1 次,并建立维护记录。维护记录保存周期不少于 1 年,维护标准见表 3-5-4。

表 3-5-4　接触网悬挂状态检测监测装置(4C)日常维护标准

项　目	维护范围	标准与要求	周期
外观检查	装置各部件本体及安装状态检查	装置及各部件无缺失、无破损、无松动、无裂痕、无锈蚀	检测前
紧固件	结构	无裂痕	每季度
	紧固件	紧固	
成像系统	镜片	1 清洁,无油污、灰尘、霉斑。 2. 镜头完整,无裂痕,无磕碰。 3. 镜头粘合良好,不影响透明度	检测前
	图像质量	1. 对焦精确,拍摄主体清晰。 2. 不丢帧。 3. 稳定性良好,振动条件下,图像无抖动。 4. 成像质量高,图像无卡滞,无坏点	每半年
存储介质	功能	存储介质检查无损坏	每季度
	存储容量	剩余存储容量不小于 250 GB	
	读取速度	存储及读取速度应不低于接口速度的 95%	
触发装置	功能	准确触发,无干扰	每季度
软件	软件功能	功能正常	每半年

(五) 5C 装置

(1)每年 10 月底前,配属单位根据 5C 装置状态提报次年更改计划,并提出项目建议书,报铁路局集团公司主管业务部门。

(2)每年年底前,铁路局集团公司供电部组织完成 5C 装置年度评定配合,并对存在问题督促整改。

(3)应建立设备履历,配置发生变化时,应实时更新,动态管理,并及时备案。

(4)装置硬件维护每季度不少于 1 次,软件维护每半年不少于 1 次,并建立维护记录。维护记录保存周期不少于 1 年。维护标准见表 3-5-5。

(5)5C 装置应纳入日常巡视检查内容,检查内容包括:5C 装置各部件是否牢靠、紧固,机箱外各连接线是否完好,工作状态是否正常。其中柱顶、硬横梁等高空中的连接零部件状态需纳入全面检查处理。

(6)5C 系统数据无法打开浏览时,应首先排查网络通道是否异常,并对网络问题进行处理。确认 5C 装置故障无法上传监测记录时,应及时制订检修方案,及时安排人员到现场进行检查维修,尽快恢复系统运行。

(7)5C 装置周期性检修需按照计划落实,临时故障处理需提前 12 h 与车间联系,提出检修需求,车间提前做好相关准备工作,必要时制订或变更维修计划。

(8)5C 装置检修及故障处理涉及电源问题时,电力车间要安排人员按时进行配合,确保计划落实。

表 3-5-5 受电弓滑板监测装置(5C)日常维护标准

项 目	维护范围	标准与要求	周期
外观检查	装置各部件本体及安装状态检查	装置及各部件无缺失、无破损、无松动、无裂痕、无锈蚀	每季度
安装状态	紧固件	紧固,无锈蚀	每季度
传输通道	数据传输通道	访问调取数据通道通常	每季度
成像系统	镜片	1. 清洁,无油污、灰尘、霉斑。 2. 镜头完整,无裂痕,无磕碰。 3. 镜头粘合良好,不影响透明度	每季度
	图像质量	1. 对焦精确,拍摄主体清晰。 2. 不丢帧。 3. 稳定性良好,振动条件下,图像无抖动。 4. 成像质量高,图像无卡滞,无坏点	每半年
软件	软件功能	软件功能正常	每半年

(六) 6C 装置

(1)每年 11 月底前根据 6C 装置状态提报次年更改计划,并提出项目建议书,报铁路局集团公司。

(2)应建立设备履历。配置发生变化时,应实时更新,动态管理,并及时备案。

(3)装置硬件维护每季度不少于 1 次,软件维护每半年不少于 1 次,并建立维护记录。维护记录保存周期不少于 1 年。维护标准见表 3-5-6。

(4)6C 装置应纳入综合维修工区日常巡视检查内容,检查内容包括:6C 装置各部件是否牢靠、紧固,各连接线是否完好,工作状态是否正常。

(5)6C 装置故障无法上传监测记录时,应及制定维修计划,并在 3 日内安排人员现场检查维修,及时恢复系统运行。

表 3-5-6 接触网及供电设备地面监测装置(6C)日常维护标准

项 目	维护范围	标准与要求	周期
外观检查	装置各部件本体及安装状态检查	装置及各部件无缺失、无破损、无松动、无裂痕、无锈蚀	每季度
电源	正常启动关闭输出稳定	按照相关技术条件测试	每周
紧固件	结构	无裂痕、无锈蚀	每季度
紧固件		紧固	

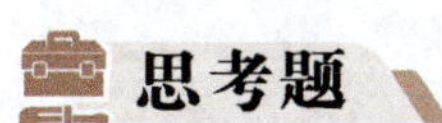

思考题

1. 接触网检测分为哪几部分?是如何规定的?

2.6C 系统包括哪几部分？

3.6C 系统的主要功能有哪些？

4.6C 数据的分析诊断是如何规定的？

5.6C 缺陷的处置要求是什么？处置流程是如何规定的？

6.6C 系统的维护管理分为哪几级？

第四章 接触网维修管理

接触网是电气化铁路的重要组成部分，接触网质量的优劣将直接影响行车安全和运输经济效益，做好接触网的维修是确保接触网质量的重要手段。

按照“运行、检测、维修”分开的管理思路，供电段均设置了维修车间，部分供电车间也设置了维修工区，负责管辖接触网设备的维护保养检修。

第一节 检修作业方式

一、接触网的检修作业方式

(1)接触网的检修作业分为三种：

①停电作业——在接触网停电设备上进行的作业。

②间接带电作业——借助绝缘工具间接在接触网带电设备上进行的作业。

③远离作业——在距接触网带电部分1 m以外的附近设备上进行的作业。

(2)在双线电化区段，接触网停电作业按停电天窗方式分为垂直天窗作业和V形天窗作业。

①垂直天窗作业——双线电化区段，上、下行接触网同时停电进行的接触网作业。

②V形天窗作业——双线电化区段，上、下行接触网一行停电进行的接触网作业。

二、V形天窗作业

(1)进行V形天窗作业应具备的条件

①上、下行接触网带电设备间的距离大于2 m，困难时不小于1.6 m。

②上、下行接触网带电设备距下、上行电力机车受电弓瞬时距离大于2 m，困难时不小于1.6 m。

③距上、下行或由不同馈线供电的设备间的分段绝缘器其主绝缘爬电距离不小于1.2 m。

④所有上、下行线间横向分段绝缘子串，爬电距离必须保证在1.2 m及以上，污染严重的区段要达到1.6 m。

⑤同一支柱上的设备由同一馈线供电。

不能采用V形天窗进行的停电检修作业，须在垂直天窗内进行。

(2)利用V形天窗停电作业时,应遵守的要求

①接触网停电作业前,必须撤除向邻线供电馈线的重合闸,相应所、亭可能向作业线路送电的开关应断开。

②作业人员作业前,工作领导人(监护人员)应向作业人员指明停、带电设备的范围,加强监护,并提醒作业人员保持与带电部分的安全距离,确保人员、机具不侵入邻线限界。

③为防止电力机车将电带入停电区段,有关车站应确认禁止电力机车通过的限制要求。

④利用V形天窗在断开导电线索前,应事先采取旁路措施。更换长度超过5 m的长大导体时,应先等电位后接触,拆除时应先脱离接触再撤除等电位。

⑤V形天窗检修吸上线、回流线(含架空地线与回流线并用区段)时不得开路,如必须进行断开回路的作业,则必须在断开前使用不小于25 mm^2 铜质短接线先行短接后,方可进行作业。

在变电所、分区所、AT所处进行吸上线检修时必须利用垂直天窗。

吸上线与扼流变中性点连接点的检修,不得进行拆卸,防止造成回流回路开路。确需拆卸处理时,必须采取旁路措施,必要时请电务部门配合。

⑥V形天窗更换火花间隙、检修支柱下部地线,可在不停电情况下进行,执行第三种工作票并做好行车防护,不得侵入限界;开路作业时要使用短接线先行短接后,方可进行作业。

雷、雨、雪、雾天气时,不得进行更换火花间隙和检修支柱地线的作业。

⑦检修隔离开关、电分段锚段关节、关节式分相和分段绝缘器等作业时,应用不小于25 mm^2的等位线先连接等位后再进行作业。

160 km/h以上区段且线间距小于6.5 m时,一般不进行车梯作业。必须进行车梯作业时,若邻线有160 km/h以上列车通过,车梯和人员必须提前下道避让。

(3)V形天窗停电作业接地线设置还应执行的要求

①两接地线间距大于1 000 m时,需增设接地线。

②一般情况下,接触悬挂和附加导线及同杆架设的其他供电线路均需停电并接地。但若只在接触悬挂部分作业,不侵入附加导线及同杆架设的其他供电线路的安全距离时,附加悬挂及同杆架设的其他供电线路可不接地。

③在电分段、软横跨等处作业,中性区及一旦断开开关有可能成为中性区的停电设备上均应接地线,但当中性区长度小于10 m时,在与接地设备等电位后可不接地线。

④接地线应可靠安装,不得侵入限界,并有防风摆措施。

第二节　工作票管理

在电气化铁路接触网上进行作业时,必须按规定开具工作票,同时还必须有列车调度员准许停电的调度命令和供电调度员批准的作业命令。

除遇有危及人身或设备安全的紧急情况,供电调度员发布的倒闸命令可以没有命令编号和批准时间外,接触网所有的作业命令,均必须有命令编号和批准时间。

工作票填写1式2份,1份由发票人保管,1份交给工作领导人。

事故抢修和遇有危及人身或设备安全的紧急情况,作业时可以不签发工作票,但必须有供电调度员批准的作业命令,并由抢修负责人布置安全、防护措施。

根据作业性质的不同,工作票分为三种:接触网第一种工作票,用于停电作业;接触网第二种工作票,用于间接带电作业;接触网第三种工作票,用于远离作业即距带电部分1 m及其以外的高空作业、较复杂的地面作业(如安装或更换火花间隙和地线、开挖支柱基坑)、未接触带电设备的测量及高速铁路防护栅栏内步行巡视等。

一、工作票一般要求

(1)工作票有效期不得超过3个工作日。作业结束后,工作领导人要将工作票和相应命令票交工区统一保管。在工作票有效期内没有执行的工作票,须在右上角盖“作废”印记交回工区保管。所有工作票保存时间不少于12个月。

(2)工作票签发人和工作领导人安全等级不低于四级。同一张工作票的签发人和工作领导人必须由两人分别担当。

(3)发票人一般应在作业6 h之前将工作票交给工作领导人,使之有足够的时间熟悉工作票中的内容并做好准备工作。工作领导人对工作票内容有不同意见时,应向发票人提出,经认真分析,确认无误后,签字确认。

每次作业,一名工作领导人同时只能接受一张工作票。一张工作票只能发给一名工作领导人。

(4)工作票中规定的作业组成员一般不应更换,若必须更换时,应由发票人签认,若发票人不在可由工作领导人签认。工作领导人更换时,必须由发票人签认。

当需变更作业种类、作业地点、作业内容、需停电的设备、封锁或限行条件等要素之一时,必须废除原工作票,签发新的工作票。

(5)工作领导人应提前组织作业组成员(含作业车司机)召开工前预备会,宣讲工作票并进行作业分工、安全预想,将本次作业任务和安全措施逐项分解落实到人,并进行针对性安全提示。作业组成员有疑问时应及时提出,工作领导人组织答疑并确认无误。

作业前,工作领导人应组织作业组成员列队点名,并确认作业安全用具准备充分、作业组人员身体及精神状态良好后,方准作业。(与旧版对比不用在作业前列队宣讲工作票)

作业完毕,工作领导人应组织召开收工会,对当日工作完成情况、存在的问题进行总结。

(6)更换火花间隙、检修支柱下部地线和避雷引下线等开路作业时,应使用短接线先行短接,设置短接线时不得影响轨道电路。

雷、雨、雪、雾天气时,不得进行更换火花间隙、检修支柱下部地线和避雷引下线等作业。

(7)对接触网巡视、较简单的地面作业(如支柱培土、清扫基础帽等)可以不开工作票,由工区负责人向工作领导人布置任务和安全防护措施,说明作业的时间、地点、内容,并记入值班日志中。

二、停电作业工作票要求

V形停电接触网检修作业使用的工作票右上角应加盖“上行”或“下行”印记。工作票中要有针对V形停电接触网检修作业的特殊性提出的安全措施。主要是：

(1)写明上行(下行)封锁及停电,下行(上行)未封锁及有电,人员机具和作业车平台旋转不得侵入下行(上行)限界的范围。

(2)防止误触有电设备的安全措施。

(3)防止感应电伤害的安全措施。

(4)防止穿越电流伤害的安全措施。

(5)防止电力机车将电带入作业区段的安全措施。

在设备较复杂的区段作业时,应附页画出作业区段简图,标明停电作业范围、接地线位置,并用红色标记带电设备。

三、工作票填写标准

工作票是进行接触网作业的书面依据,填写时要字迹清楚、正确,需填写的内容不得涂改和用铅笔书写。为了确保工作票填写正确,作业范围和作业内容齐全,安全措施完备,每个供电段都应制定工作票填写标准,检修作业时必须严格执行。工作票从过去的手工填写,到计算机制作打印,随着网络信息化的应用,大部分单位都应用了网络化工作票管理系统,相关内容可以自动填写,大大提高了工作票签发人的开票效率,但对填写内容仍要认真复核,确保准确无误。

填写工作票可参考如下标准,具体填写样例见表4-2-1～表4-2-7。

(一)第一种工作票填写标准

(1)"V"形停电作业时,工作票右上角加盖"上行"或"下行"印章。垂直停电作业不加盖印章。在工作票有效期内没有执行的工作票,须在右上角盖"作废"印记交回工区保管。所有工作票保存时间不少于12个月。

(2)"工区"栏:应填"×××"工区全称。

(3)"第××号"栏:分别按月及工作票签发顺序编号,如03-02,表明3月份的第二张停电作业工作票,相应的命令票编号为03-02,表明3月份的第二张停电作业工作票对应的停电作业命令票。

(4)"封锁范围"栏:应填写此次作业需封锁的线别、区间或站场名称、行别及公里标范围。区间或站场的界定以车务部门规定为准。只有封锁作业时才填写封锁范围,不封锁作业时该栏内划斜杠"/"。对一站一区及以上时,区间和站场分开表述,格式如"封锁××线××站—××西站间下行线+公里标及占用××西站下行X信号机至SⅠ信号机至XⅠ信号机间线路"。

(5)"作业范围"栏:应填写此次作业的线别、和图纸相符的区间或站场名称、行别、支柱号范围及对应的公里标范围。如在站场作业还应说明股道(道岔、信号机)编号。作业(地线)范围与封锁范围线别、行别、区间(站场)总体保持一致,且不得大于封锁范围。

(6)"作业内容"栏:填写实际作业内容,作业内容的名称应规范、具体,不得笼统填写"处理缺陷"等内容。

(7)"发票时间"栏:发票人一般应在作业前6 h将工作票交给工作领导人。工作票所有日期和时间应填写全称,不得简写,如"2022年03月05日",不得填写成"22-3-5"。

(8)“工作票有效期”栏:填写本张工作票具体使用日期,有效期不得超过3个工作日。

(9)“工作领导人”栏:填写工作领导人的姓名(全称)及相应的安全等级。

(10)“作业组成员姓名及安全等级”栏:填写所有作业组成员(包含轨道车、汽车司机、其他联合作业人员)姓名全称及相应的安全等级,要从左至右逐行填写,多余空格划斜杠。如果作业组人数较多一张无法填完时,应写在工作票的附页上,共计人数为含工作领导人在内的全体作业组成员。安全等级用1位阿拉伯数字准确填写,且必须与安全合格证的安全等级相符。

(11)“需停电的设备”栏:××变电所××号馈线,××站(区间)××号—××号间上、下行接触网设备停电,及供电臂名称、供电编号。

(12)“装设接地线的位置”栏:具体到××站(区间)××号柱(站线时具体××股道)。附加悬挂需要装设地线时,应明确附加悬挂线索的名称和支柱编号。接地线数量统一描述为“×组×根”,同一支柱号的接地线为1组接地线。所有接地线的支柱号应在“需停电的设备”范围内。接触网停电作业时应在作业地点的两端和与作业地点相连、可能来电的停电设备上装设接地线。

(13)“作业区防护措施”栏:填写作业组的行车防护措施。如:坐台防护地点;按规定填签运统-46;现场行车防护措施、防护距离等。

(14)“其他安全措施”栏:安全措施应有针对性,必须根据每次作业的具体地点、项目、机具、环境、季节、人员配置等情况认真制定。如:

①确认作业组成员身体及精神状态良好的措施。

②防止误触有电设备的安全措施。

③防止感应电伤害的安全措施。

④防止穿越电流伤害的安全措施。

⑤防止电力机车将电带入作业区段的安全措施。

⑥防止短接轨道电路的安全措施。

⑦防止列车碰撞的安全措施。

⑧正点消令的控制措施。

⑨V形接触网检修作业,写明上行(下行)封锁及停电,下行(上行)未封锁及有电有车,人员机具和作业车平台旋转不得侵入下行(上行)限界的范围。

(15)“变更作业组成员记录”栏:作业组成员原则上不准变更,特殊情况变更时,必须填写变更人员姓名全称和相应安全等级,并按规定签字。应由发票人签认,发票人不在时,可由工作领导人签认。

(16)“工作票结束时间”栏:填写工作票实际结束时间(作业组开完收工会的时间),且不得超过工作票有效期。

(17)“工作领导人、发票人(签字)”栏:应由发票人、工作领导人按照规定签字。

(18)工作票的签发应一式两份,按规定保管。

(19)停电范围要大于封锁范围,封锁范围要大于接地线范围,接地线范围要大于作业范围。安全等级必须和安全合格证上的安全等级相符。

(20)“接触网停电作业命令票”“接触网作业分工单”“安全预想及收工会记录”的编号,作业地点、作业内容等必须与工作票相符,其他各项应根据要求进行填写,没有相应内容的项目划“/”。

(21)“安全预想及收工会记录”的填写：班前预想栏填写作业中需要强调明确的安全措施（该安全措施是对工作票安全措施的补充）和作业组织措施。收工会记录栏作业完成情况要求填写任务来源和完成的具体情况，即具体到杆号、数量，所检调设备的具体技术参数。安全情况栏填写作业过程中的人身、工具、设备所出现的问题和存在问题的倾向。

(22)停电作业命令票由要令人在现场填写，如工作票作废，则其不得填写任何内容。

（二）第二种工作票填写标准

(1)“工区”栏：应填“××”工区全称。

(2)“第××号”栏：分别按月及工作票签发顺序编号，如03-01，表明3月份的第一张间接带电作业工作票，相应的命令票编号为03-01，表明3月份的第一张间接带电作业工作票对应的间接带电作业命令票。

(3)“作业地点”栏：应填写此次作业的线别、和图纸相符的区间或站场名称、行别、支柱号范围及对应的公里标范围。如在站场作业还应说明股道（道岔、信号机）编号。

(4)“作业内容”栏：填写实际作业内容，作业内容的名称应规范、具体。如“利用多功能故障处理器清除异物”“利用多功能故障处理器清除鸟窝”“利用绝缘杆带电测量”“利用除冰杆除冰”等。

(5)“发票时间”栏：发票人一般应在作业前6 h将工作票签发完毕。工作票所有日期和时间应填写全称，不得简写，如“2022年03月05日”，不得填写成“22-3-5”。

(6)“工作票有效期”栏：填写本张工作票具体使用日期，有效期不得超过3个工作日。

(7)“工作领导人”栏：填写工作领导人的姓名（全称）及相应的安全等级。

(8)“作业组成员姓名及安全等级”栏：填写所有作业组成员（包含汽车司机）姓名全称及相应的安全等级，要从左至右逐行填写，多余空格划斜杠“/”。如果作业组人数较多一张无法填完时，应写在工作票的附页上，共计人数为含工作领导人在内的全体作业组成员。

(9)“绝缘工具状态”栏：填写绝缘工具状态和绝缘工具有效绝缘电阻值，且有效绝缘电阻不低于“高速/普速铁路接触网安全工作规则”的规定值。

(10)“安全距离”栏：填写绝缘工具最小有效绝缘长度及最小空气绝缘间隙，且最小有效绝缘长度和最小空气间隙不小于“高速/普速铁路接触网安全工作规则”的规定值。

(11)“作业区防护措施”栏：填写作业组的行车防护措施。如：坐台防护地点，按规定填签运统-46，现场行车防护措施、防护距离等。

(12)“其他安全措施”栏：安全措施应有针对性，必须根据每次作业的具体地点、项目、机具、环境、季节、人员配置等情况认真制定。如：

①确认作业组成员身体及精神状态良好的措施。

②防止误触有电设备的安全措施。

③防止短接轨道电路的安全措施。

④防止列车碰撞的安全措施。

(13)“变更作业组成员记录”栏：作业组成员原则上不准变更，特殊情况变更时，必须填写变更人员姓名全称和相应安全等级，并按规定签字。应由发票人签认，发票人不在时，可由工作领导人签认。

(14)“工作票结束时间”栏：填写工作票实际结束时间（作业组开完收工会的时间），且不得超过工作票有效期。

(15)“工作领导人、发票人(签字)”栏:应由发票人、工作领导人按照规定亲自签字。

(16)工作票的签发应一式两份,按规定保管。

(三)第三种工作票填写标准

(1)“工区”栏:应填“××”工区全称。

(2)“第××号”栏:分别按月及工作票签发顺序编号,如03-01,表明3月份的第一张远离作业工作票。

(3)其他填写标准参照第一种工作票填写。

(4)接触网作业分工单及分工单附页填写标准:

①作业地点、作业内容等相关项目填写同工作票内容一致。

②第三种工作票不填写要令地点、要令人员、验电接地项目内容,根据是否需要座台防护,填写有关内容。

③联系方式填写作业组织过程中的联络关系、次序、工具等内容。

④备注栏填写车辆类型、司机及助手姓名(多辆车作业时应分别注明车号及人员姓名)和其他需要注明的问题(如撤出重合闸作业的重合闸的撤出、投入时间)。

⑤分工单附页主要适用于多组作业,“作业内容及安全措施”栏可填写与本组作业组织有关的所有内容。

表 4-2-1 接触网第一种工作票

<u>×××</u> 接触网工区　　　　　　　　　　　　　　　　　　　　　第03-02号

<table>
<tr><td>封锁范围</td><td colspan="3">×××线×××西—×××区间上行K×××+000~K×××+400 m</td><td rowspan="2">发票人</td><td rowspan="2">×××</td></tr>
<tr><td>作业范围</td><td colspan="3">×××线×××西—×××区间上行K×××+000~K×××+400 m,106号~120号</td></tr>
<tr><td>作业内容</td><td colspan="3">全面检查</td><td>发票日期</td><td>2022-03-05</td></tr>
<tr><td>工作票有效期</td><td colspan="5">自2022年03月06日××时××分至2022年03月06日××时××分止</td></tr>
<tr><td>工作领导人</td><td colspan="2">姓名:×××</td><td colspan="3">安全等级:4</td></tr>
<tr><td rowspan="6">作业组成员及其安全等级(安全等级填在括号内)</td><td>××× (4)</td><td>××× (3)</td><td>××× (3)</td><td></td><td></td></tr>
<tr><td>××× (4)</td><td>××× (3)</td><td>××× (3)</td><td></td><td></td></tr>
<tr><td>××× (4)</td><td>××× (3)</td><td></td><td></td><td></td></tr>
<tr><td>××× (4)</td><td>××× (3)</td><td></td><td></td><td></td></tr>
<tr><td>××× (4)</td><td>××× (3)</td><td></td><td></td><td></td></tr>
<tr><td>××× (3)</td><td>××× (3)</td><td></td><td colspan="2">共计15人</td></tr>
<tr><td>需停电的设备</td><td colspan="5">×××东变电所10号馈线,×××线×××西—×××区间上行102号~124号柱间所有接触网设备</td></tr>
<tr><td>装设接地线的位置</td><td colspan="5">×××线×××西—×××区间上行104号、122号接触网支柱及同杆回流线加挂地线,共计4组</td></tr>
<tr><td>作业区防护措施</td><td colspan="5">×××站驻站防护,严禁电力机车通过×××站、×××西站、×××站上下行渡线,作业组两端各设200 m行车防护</td></tr>
</table>

续上表

其他安全措施： 1. 所有作业组成员按规定佩戴好劳动保护用品，并检查工具材料是否齐全合格； 2. 接地线人员到达现场后进行确认，防止误挂地线，按规定进行验电接地及撤除地线； 3. 所有作业组成员应熟知作业地点、内容，上行停电，下行有电，人员机具不得侵入下行限界，作业人员正确使用等位线，防止感应电伤人； 4. 座台、防护人员及时将列车运行情况通报作业组，防止列车碰撞伤人； 5. 高空作业人员戴好安全帽，扎好安全带，辅助人员推车梯速度不得超过 5 km/h，并有防止车梯倾倒措施，并按规定传递工具材料； 6. 作业结束待人员机具撤至安全地带后方准消令，并不得晚消令			
变更作业组成员记录	×××(3)，×××(3)，共计 15 人	×××	×××
工作票结束时间	2022 年 03 月 06 日 ×× 时 ××分		
工作领导人(签字)	×××	发票人(签字)	×××

说明：本票用白色纸印绿色格和字。规格：A4。

表 4-2-2 接触网作业分工单

×××接触网工区　　　　第 03-02 号

作业地点		×××线×××西—×××区间上行 K×××+000 ~ K×××+400 m，106 号 ~ 120 号					工作领导人	×××
作业内容		全面检查						
要令地点		×××—×××区间×××号柱	要令人员	×××	座台地点	×××站运转室	座台人员	×××
验电接地	接地杆号		操作人	监护人	接地杆号		操作人	监护人
	104 号及回		×××	×××				
	122 号及回		×××	×××				
第一作业组	作业范围及内容		106 号 ~ 120 号，全面检查					
	高空作业人		×××　×××					
	辅助人员		×××(车梯长)　×××　×××　×××					
	监护人		×××	测量人	×××		记录人	×××
第二作业组	作业范围及内容							
	高空作业人							
	辅助人员							
	监护人			测量人			记录人	
联系方式	1. 联系工具：对讲机、信号旗(灯)、防护喇叭、哨子。 2. 开工联系程序：座台要令人—工作领导人—地线监护人—工作领导人—各作业组。 收工联系程序：与开工程序相反							
备注	轨道车(9506)　司机：×××　助手：××× 轨道车(9501)　司机：×××　助手：××× 汽车(26368)　司机：×××							

表 4-2-3　安全预想及收工会记录

×××接触网工区　　　　　　　　　　　　　　　　　　　　第 03-02 号

<table>
<tr><td>作业地点</td><td>×××线×××西—×××区间上行 K××× +000 ~ K××× +400 m,106 号 ~ 120 号</td><td>主持人</td><td>×××</td></tr>
<tr><td>作业内容</td><td colspan="3">全面检查</td></tr>
<tr><td>班前预想</td><td colspan="3">1. 座台要令人员按规定天窗时间或供电调度通知时间上台登记,并按规定认真填写登记内容;
2. 下行有电有车,人员机具严禁侵入下行限界;
3. 高空作业人员要扎好安全带,按规定接挂等位线,防止感应电伤人;
4. 地线连接牢固,按规定做好行车防护;
5. ×××负责作业用具的检查,状态符合规定,方准使用;
6. ×××负责车网联控</td></tr>
<tr><td>任务来源及完成情况</td><td colspan="3">任务来源:车间月度检修计划
1. 全面检查 556.9 m(×××锚段:100 号—120 号)
杆号　定位器型号　坡度(mm)
106 号　A2　1/3　修后 1/5
108 号　A2　1/5
110 号　A2　1/5　6 090 mm,修后 6 000 mm
2. 检测隔离开关 1 台(120 号):分闸角度 90°,分合闸止钉间隙 1/2,其余装置良好,电连接器状态良好其余完成情况填写样本:
1. 清扫维护(或检测)分段 1 组(×××号 ~ ×××号):清扫主绝缘板和承力索隔断瓷瓶
2. 检调线岔 2 组: ×××号:非支抬高:调前 180 mm,调后 80 mm;
×××号:交叉点:调前 430/730 mm,调后 360/730 mm;
$a_{工支}$:调前 430 mm,调后 380 mm,$a_{非支}$:调前 360 mm,调后 410 mm;
500 mm 处水平:侧线高 20 mm</td></tr>
<tr><td>安全情况</td><td colspan="3">1. 人身安全情况:有一作业组成员下轨道车快,险些摔倒。
2. 工具安全情况:到达作业现场后,一验电器状态不良,经检查电池电量低。
3. 设备安全情况:检修中发现 118 号非支导线吊弦线夹有裂纹,点内更换</td></tr>
</table>

表 4-2-4　接触网第二种工作票

×××北接触网工区　　　　　　　　　　　　　　　　　　　　第 03-01 号

<table>
<tr><td>作业地点</td><td colspan="3">×××线××—×××北区间下行 K××× + ××× ~ K××× + ×××</td><td>发票人</td><td>×××</td></tr>
<tr><td>作业内容</td><td colspan="3">测量导高　拉出值</td><td>发票日期</td><td>2022-03-05</td></tr>
<tr><td>工作票有效期</td><td colspan="5">自 2022 年 03 月 06 日 ××时 ××分至 2022 年 03 月 06 日 ××时 ××分止</td></tr>
<tr><td>工作领导人</td><td colspan="3">姓名: ×××</td><td colspan="2">安全等级:4</td></tr>
<tr><td rowspan="6">作业组成员及其安全等级</td><td>×××　(4)</td><td></td><td></td><td colspan="2"></td></tr>
<tr><td>×××　(4)</td><td></td><td></td><td colspan="2"></td></tr>
<tr><td>×××　(4)</td><td></td><td></td><td colspan="2"></td></tr>
<tr><td>×××　(4)</td><td></td><td></td><td colspan="2"></td></tr>
<tr><td>×××　(4)</td><td></td><td></td><td colspan="2"></td></tr>
<tr><td>×××　(3)</td><td></td><td></td><td colspan="2">共计 7 人</td></tr>
<tr><td>绝缘工具状态</td><td colspan="5">用 2 500 V 兆欧表分段测量测杆有效绝缘部分绝缘电阻 150 MΩ/2 cm,绝缘手套不超绝缘试验周期且完好无损</td></tr>
<tr><td>安全距离</td><td colspan="5">距带电体的距离不得小于 2 m</td></tr>
<tr><td>作业区防护措施</td><td colspan="5">作业组两端各设 800 m 行车防护,撤除×××—×××北区间下行, ×××北开闭所 221 号馈线重合闸</td></tr>
</table>

续上表

<table>
<tr><td colspan="4">其他安全措施：
1. 工作领导人分工明确，组员各负其责明确作业地点。
2. 作业前认真检查工具状态是否良好齐全。
3. 撤除 ××北开闭所 221 号馈线重合闸。
4. 座台、防护人员及时通知来往车辆情况。
5. 线路有车，人员时刻注意避让列车。
6. 人员乘坐汽车严禁坐车帮，车未停稳，严禁人员上、下。
7. 作业结束及时恢复 ××北开闭所 221 号馈线重合闸。
8. 开好预想会及收工会</td></tr>
<tr><td>变更作业组成员记录</td><td colspan="3"></td></tr>
<tr><td>工作票结束时间</td><td colspan="3">2022 年 03 月 06 日 ××时 ××分</td></tr>
<tr><td>工作领导人(签字)</td><td>×××</td><td>发票人(签字)</td><td>×××</td></tr>
</table>

说明：本票用白色纸印红色格和字。规格：A4。

表 4-2-5　接触网第三种工作票

××北接触网工区　　　　第 03-01 号

<table>
<tr><td>作业地点</td><td colspan="2">××线 ××—××北区间下行
K××× + ××× ~ K××× + ×××，315 号 ~319 号</td><td>发票人</td><td>×××</td></tr>
<tr><td>作业内容</td><td colspan="2">更换火花间隙</td><td>发票日期</td><td>2022-03-05</td></tr>
<tr><td>工作票有效期</td><td colspan="4">自 2022 年 03 月 06 日 ××时 ××分至 2022 年 03 月 06 日 ××时 ××分止</td></tr>
<tr><td>工作领导人</td><td colspan="4">姓名：×××　　　　安全等级：4</td></tr>
<tr><td rowspan="6">作业组成员
及其安全等级</td><td>×××　(4)</td><td></td><td></td><td></td></tr>
<tr><td>×××　(4)</td><td></td><td></td><td></td></tr>
<tr><td>×××　(4)</td><td></td><td></td><td></td></tr>
<tr><td>×××　(4)</td><td></td><td></td><td></td></tr>
<tr><td>×××　(4)</td><td></td><td></td><td></td></tr>
<tr><td>×××　(3)</td><td></td><td></td><td>共计 7 人</td></tr>
<tr><td colspan="5">安全措施：
1. 工作领导人分工明确，组员各负其责明确作业地点。
2. 作业前认真检查工具状态是否良好齐全。
3. 座台、防护人员及时通知来往车辆情况。
4. 线路有车，人员时刻注意避让列车。
5. 操作人员正确使用等位线。
6. 监护人员时刻注意操作人员作业情况。
7. 作业结束及时恢复 ××北开闭所 221 号馈线重合闸。
8. 开好预想会及收工会。
9. (其他作业必要时)撤除 ××北开闭所 221 号馈线重合闸</td></tr>
<tr><td>变更作业组成员记录</td><td colspan="4"></td></tr>
<tr><td>工作票结束时间</td><td colspan="4">2022 年 03 月 06 日 ××时 ××分</td></tr>
<tr><td>工作领导人(签字)</td><td>×××</td><td>发票人(签字)</td><td colspan="2">×××</td></tr>
</table>

说明：本票用白色纸印黑色格和字。规格：A4。

表 4-2-6 接触网停电作业命令票

×××北工区　　　　第 03-02 号

命令编号:66789	
批准时间:2022 年 ××月 ××日 ××时 ××分	
命令内容: ×××线 ×××西— ×××区间上行 K ××× +000 ~ K ××× +400 m,全面检查	
要求完成时间:2022 年 ××月 ××日 ××时 ××分	
发令人:×××	受令人:×××
消令时间:2022 年 ××月 ××日 ××时 ××分	
消令人:×××	供电调度员:×××

说明:本票用白色纸印绿色格和字。规格:半幅 A4。

表 4-2-7 接触网间接带电作业命令票

×××北工区　　　　第 03-01 号

命令编号:67581	
批准时间:2022 年 ××月 ××日 ××时 ××分	
命令内容:×××线 ×××— ×××北区间下行 K ××× + ××× ~K ××× + ×××,01 号—39 号柱间测量接触线导高、拉出值。请求撤除 ×××— ×××北区间下行,×××北开闭所 221 号馈线重合闸	
发令人:×××	受令人:×××
消令时间:2022 年 ××月 ××日 ××时 ××分	
消令人:×××	供电调度员:×××

说明:本票用白色纸印红色格和字。规格:半幅 A4。

第三节　维修天窗管理

一、概述

天窗是指列车运行图中不铺画列车运行线或调整、抽减列车运行线为施工和维修作业预留的时间,按用途分为施工天窗和维修天窗,各条线路天窗时间和位置在编制列车运行图时确定。施工维修时应按照列车运行图预留的天窗条件,满足安全生产、作业标准和质量要求进行安排。

根据列车运行图预留的天窗条件不同,天窗分为 V 形天窗、垂直天窗和重合天窗三种。

V 形天窗——影响上、下行正线一行的行车设备正常使用而安排的作业时间。

垂直天窗——需同时影响上、下行正线行车设备正常使用而安排的作业时间。

重合天窗——在复线或单线,对一个作业范围一个行别相邻两个供电臂按照不同的作业计划同时停电的方式。

在天窗时间内进行施工或维修的作业方式称天窗作业，简称天窗修。

1. 实行天窗修的目的和意义

推行天窗修的根本目的是在严格执行"行车不施工、施工不行车"原则的基础上，为作业人员提供更多的安全保障，尽可能地减少设备管理单位之间作业时的相互影响，同时最大限度地减少施工或维修作业对运输的影响。

(1)便于设备管理单位综合安排设备维护，合理调配人员、机具，根据设备检修需要，灵活采用集中修、状态修等检修方式，有利于修、养分开。

(2)在同一个天窗内，相关单位可以根据图定天窗的特点，改革、改进劳动组织和作业方法，提高维修手段，实现天窗的"一点多用、平行作业、综合利用"，有利于综合利用天窗，提高劳动生产率。

(3)设备管理单位可以根据天窗对各种作业综合考虑，统筹安排，将供电和工务、电务等其他单位间相互施工的影响降到最低限度。

2. 天窗时间

施工和维修作业时天窗时间按以下原则安排：

(1)高速铁路天窗时间原则上应不少于240 min。

①仅开行动车组列车的区段应安排垂直天窗，有普速列车运行的区段困难条件下可安排V形天窗。

②京广高速线和杭深线开行夕发朝至高速铁路动卧列车期间，天窗时间由铁路局集团公司根据列车运行图铺画情况按区间最大化安排，按开行日和非开行日分别公布。垂直天窗时间不满足240 min的区段，高速铁路动卧列车开行日垂直天窗时间应不少于180 min，非开行日区间垂直天窗时间应不少于300 min；枢纽等地段不满足天窗条件时在列车运行图文件中公布。

(2)普速铁路施工天窗：技术改造工程、线路大中修、桥隧涵大修、大型养路机械作业、接触网大修及改造时，应不少于180 min。

(3)普速铁路维修天窗：双线应不少于120 min，单线宜不少于120 min，能力紧张区段不满足天窗条件时在列车运行图文件中公布。

3. 天窗安排

高速铁路、繁忙干线和干线集中修、图定货物列车对数小于12对的普速铁路施工时可连续安排施工天窗；其余各线周六、周日不安排施工天窗。

高速铁路每日安排维修天窗。普速铁路在国铁集团组织集中修的区段集中修时间外，周一至周四安排维修天窗，周五、周六、周日不安排维修天窗；其他区段周一至周五安排维修天窗，周六、周日不安排维修天窗。

维修天窗在时间安排上应与施工天窗重叠套用，除春运、节假日及国铁集团调度命令停止外，原则上每月每区间应不少于20次(双线为单方向)，维修单位确不需要时，经主管业务部室主任或副主任批准，可不申请或减少天窗次数、时间，不计入天窗修考核。

春运、节假日停止天窗期间，可根据旅客列车开行方案和设备检修需求适当安排维修天窗，具体在春运文件和月度施工计划中明确。

电气化区段双线车站,不具备 V 形停电作业条件的接触网设备检修,每月应保证不少于 1 次垂直封锁停电天窗,每次不少于 40 min。电气化区段编组、区段站每个供电臂每月应保证 1 次不少于 60 min 封锁停电天窗。需要两个及以上供电臂同时停电作业的电分相等接触网设备检修,每半年应保证不少于 1 次,每次不少于 60 min 的封锁停电天窗。

各项施工、维修作业应采用平行作业的方式,综合利用天窗,提高天窗的利用率。

在线间距不足 6.5 m 地段施工维修而邻线行车时,邻线列车应限速 160 km/h 及以下,并按规定设置防护。施工单位在提报施工计划时,应提出邻线限速的条件。

二、组织分工

铁路局集团公司、供电段应成立天窗修管理领导小组,明确各自的职责,共同做好天窗修协调、组织、实施工作。

供电段设置天窗修管理办公室,其工作职责是:不断完善本段天窗修的各项管理办法,建立健全台账,协调解决综合天窗修实施过程中出现的问题,定期向有关领导汇报天窗修开展情况和上报有关资料;负责段天窗计划的编制和上报工作;迎接铁路局集团公司定期开展的检查评比工作;定期参加大站区天窗修协调总结会议,及时检查指导天窗修的组织实施过程,严格考核天窗修的兑现率和利用率,提出奖惩建议;定期对管内各单位天窗修工作进行全面检查评比,并结合日常检查情况通报检查评比结果。

维修(供电)车间认真落实段综合天窗修的组织实施和考核办法,协调解决本车间天窗修实施过程中存在的问题;负责车间的计划编制并按时上报(含垂直天窗和局交界口天窗计划);负责车间综合天窗修的统计、总结、分析和报表的上报工作,协助段调查天窗修实施过程中出现的各种问题;加强对工区的检查指导,协调管内各站区结合部的关系,按时参加站区月度天窗协调总结会并做好记录。

接触网维修(运行)工区指定专人负责天窗修工作,按时提报接触网天窗周、旬、月度计划,做好天窗统计分析和报表的上报工作。

同时,工长(安全员、驻站联络员)为站区天窗修协调小组成员。其职责是:每周、旬、月按时参加相关站区协调、总结会议。总结汇报天窗修工作情况,协调解决存在的问题[协调原则:重点病害、重伤设备处理优先于正常维修;施工与维修之间要保证施工优先于维修;维修天窗作业时,单位之间要做到:供电优先于工务,工务优先于电务(但电务垂直天窗作业时,电务优先于供电、工务部门)],同时向站区提供编制好的旬、月度计划,经站区协调小组组长签字后组织实施。

三、基本要求

(1)严格遵循“行车不施工,施工不行车”的原则,一切影响行车和行车设备稳定、使用和行车安全的检修、施工作业必须纳入天窗,必须按规定在车站办理登记、要点、销记手续,不准简化程序。

(2)工区每周、旬、月必须按时参加相关站区协调及总结会议。车间、段有关管理人员不定期参加或进行走访,了解有关情况,便于掌握工作中的实际问题,及时协调解决。

(3)每周、旬、月经站区协调小组组长签字后的作业计划一般不能变更,如确属特殊情况需要变更时，必须提前向站区协调组长提出申请，待协调组长与其他作业单位协调、同意后方能变更，避免与其他单位冲突造成本部门天窗无法兑现。若无法协调时，必须申报原计划，特殊情况申报临时天窗计划。

(4)根据天窗时间、条件的不同，有关班组要具备相应的作业条件。如：天窗较早或较晚的工区应具备夜间作业条件；轨道车不好出动或调头不方便的区段配备汽车作业等。

(5)各部门要把天窗修工作纳入本单位的月度安全分析会，通报兑现率和利用率，分析存在的问题，提出整改措施。

(6)正线、站线及到发线天窗检修均由调度员以调度命令形式下达，必须在行车设备检查登记本上进行登记，必须有供电调度命令，由车站值班员对作业单位签点。

(7)一个供电臂原则上每天只能申报一个作业计划，上、下行计划最好在同一方向，充分考虑实施作业的可能性。凡在一条供电臂上提报有“V”形作业计划，不能再在此条供电臂上申报垂直计划，在一条供电臂上申请垂直天窗计划的，不能再申报“V”形作业计划(特殊情况除外)。

处理各种突发性影响行车安全的设备缺陷，不受天窗有关时间、条件等限制。

(8)要高度重视重合、垂直停电天窗。因为重合、垂直停电天窗停电馈线多，涉及范围广，对运输影响较大，相应地停电时间和停电次数受到很大限制，因此，要统筹兼顾，周密、科学地编制设备检修计划，在有限的天窗资源内确保设备检修。

(9)相关部门(特别是结合部)要根据实际情况和设备状态综合考虑，合理编制和申报作业计划，尽量做好综合利用。如：供电车间和维修车间共同开展的设备检修，供电车间和检修车间结合部设备检修，供电专业与工务、电务专业共同开展的综合维修作业等。

四、组织实施

1. 施工(维修)登记

在车站和车务负责行车组织的动车段(所)登记的，施工(维修)负责人应确认已做好一切施工(维修)准备，于开始前40 min由施工(维修)负责人(驻站联络员)在“行车设备施工登记簿”内完成登记，按规定向车站或通过车站值班员向列车调度员申请施工(维修)。

在调度所登记的，施工(维修)负责人应确认已做好一切施工(维修)准备，于开始前40 min由施工(维修)负责人(驻调度所联络员)在“行车设备施工登记簿”内完成登记，列车调度员签认。

在机务段、车辆段、非车务负责行车组织的动车段(所)登记的，施工(维修)负责人应确认已做好一切施工(维修)准备，于开始前40 min由施工(维修)负责人(驻站联络员)在“行车设备施工登记簿”内完成登记，机务段、车辆段、动车段(所)签认。

2. 作业过程

各单位要加强作业组织，大型施工提前到达作业现场，做好准备工作，组织好人力、物力，积极采取先进的装备、工艺流程、作业办法，确保在批准的天窗点内完成所规定的作业内容，坚决不准延点。实际作业时间超过批准的作业时间按施工延时处理。

作业过程中所有作业组要严格执行作业标准，遇有特殊情况不能按时消令时，工作领导人应及时通知要令人员提前 15 min 向供电调度员申请续点，并说明续点的原因及所需要的时间。经供电调度员与行调联系同意后方可延长作业时间，否则不准晚消令。

所有作业组在每次停电作业过程中，若天窗兑现时间小于申请时间时，不得晚消令；若天窗兑现时间大于申请时间时，待工作票内容确认全部完成后，方可提前消令。

工区处理故障和事故抢修所需的临时停电申请由设备所在单位随时向供电调度、生产调度提出（不受图定天窗点限制），供电调度应及时同行调联系安排，同时，相关工区必须严格按规定办理登记、要点、销记手续，不准简化程序。作业完毕销记时要注明行车条件。生产调度要协同供电调度联系要点并做好记录，同时向段领导汇报。

纳入月度施工计划的施工项目，涉及同区间两个及以上单位运用综合天窗时，由主体施工单位（工务大型施工时，工务为主体施工单位；供电利用综合天窗施工检修时，供电为主体施工单位）的施工负责人担当施工总负责人，全面负责协调各施工单位的施工组织，掌握施工进度，确定作业联系方式。施工单位负责人必须由车间主任及以上干部担当。每次大型施工前，主体施工单位必须召集维修、施工单位共同制定天窗综合运用方案。

在批准的维修时间内，各有关维修施工单位必须在主体单位施工时间结束前，完成各自维修作业，并将设备恢复到正常行车条件。维修施工完毕，维修施工单位按规定分别向车站办理销记手续。主体施工单位必须确认所有检修施工单位都销记后，方可办理销记。

作业车进入区间应严格遵照《铁路技术管理规程》（简称《技规》）和《行车组织规则》的规定。当两个单位的作业车由一端车站进入同一区间作业时，作业车由车站开往区间及由区间返回车站均应连挂在一起合并运行，行车安全由本务机车负责。作业车运行及其在区间移动时由主体施工单位统一指挥。主体施工单位施工负责人应划分各单位作业车的作业范围及分界点（有车辆作业时，两单位作业安全隔离区不小于 2 km），规定作业车在区间分离、连挂时间、地点及联系方式，同时各施工单位必须严格按规定分别设置防护。

3. 施工（维修）销记

在车站、调度所和车务负责行车组织的动车段（所）登记的，作业完成后，经施工、设备管理单位检查达到放行列车条件，由施工（维修）负责人（驻站、驻调度所联络员）、设备管理单位检查人（设备管理单位指定人员）办理开通登记（施工销记），车站（列车调度员）签认后，按规定开通。

在机务段、车辆段、非车务负责行车组织的动车段（所）登记的，作业完成后，经施工、设备管理单位检查达到开通条件，由施工（维修）负责人（驻站联络员）、设备管理单位检查人（设备管理单位指定人员）办理开通登记（施工销记），机务段、车辆段、动车段（所）签认后，按规定开通。

五、作业项目

（一）天窗作业项目

1. 施工天窗作业项目

（1）整锚段更换接触线、承力索、附加线索，更换接触网支柱（吊柱）、隧道内接触网预埋件整治等施工。

（2）在线间距不足 6.5 m 地段（两线间已有站台、栅栏等设施的除外）一线作业邻线行车时，线路允许速度120 km/h以上区段使用接触网车梯、梯子的作业。

（3）相关设备变化引起的接触网设备较大改造。

2. 维修天窗作业项目

（1）高速铁路维修项目与普速铁路大致相同，主要有以下项目：

①更换接触网支撑装置、补偿装置。

②更换接触网隔离开关、电缆及电缆头等设备。

③接触网检修车列进行的接触网维修作业。

④三辆及以上接触网作业车进行的接触网维修作业。

⑤两个及以上接触网工区进行的联合作业。

⑥更换接触网零部件。

⑦接触网检查检测作业。

⑧接触网悬挂、分相、分段、线岔等检查调整。

⑨接触网吸上线、回流线，上部地线、附加悬挂检查维护。

⑩接触网绝缘部件清扫维护。

⑪6C设备、隔离开关检修。

⑫在天窗内可以完成的其他作业项目。

（2）以下项目必须在垂直天窗内进行作业：

①检调及更换上、下行渡线分段绝缘器。

②检调上、下行渡线线岔。

③检调上、下行软横跨。

④清扫或更换上、下行间分段绝缘子。

⑤检调、更换上、下行联络隔离开关及引线。

⑥其他需要垂直天窗的作业。

（二）天窗点外作业项目

普速铁路下列维修作业可在天窗点外进行，但严禁利用速度160 km/h及以上的列车与前一趟列车之间的间隔时间作业。其他维修项目必须纳入天窗，严禁利用列车间隔时间作业。

（1）接触网步行巡视、静态测量、测温等设备检查作业。

（2）接触网打冰，处理鸟窝、异物。

（3）在道床坡脚以外栅栏以内的标志安装及整修、基础整修、接地装置整修、支柱（拉线）基坑开挖、危树修枝等不影响设备正常运行的作业。

第四节　接触网生产组织

一、生产组织模式

1. 工区组织生产模式

接触网工区是接触网管理的最基层单位，主要担负着管内接触网设备的维护、保养和抢修任务。接触网工区通常远离都市，远离车间及上级段，因此，既要受上级组织指挥，又要有一定的独立作战能力。根据管辖设备的数量，每个供电车间分设 1 个接触网维修工区和 2 至 3 个运行工区，维修工区通常有 30 人左右，运行工区通常有 15 人左右，工长为工区负责人，为了更好地对人员和设备进行管理，除工长外通常设有“五大员”，即安全员、技术员（业务辅导员）、工具员、材料员、考勤员（定额员），实行分工合作，逐级负责管理，使工区日常管理工作有序地开展下去。

接触网维修（运行）工区根据段、车间下达的年度、月度检测（维修）计划，安排并实施每日的接触网检测、维修生产任务，车间负责对工作票的审批，生产任务的指导、统计和生产过程的监督，不参与具体生产组织。

2. 车间组织生产模式

按照车间组织生产和集中修组织模式的相关要求，各供电段都在进行车间组织生产模式的探索和实施，主要有以下几种组织方式：

（1）维修车间组织生产

维修车间负责设备集中修的施工组织。根据段技术部门下达的年度、月度维修计划，制订每日集中修施工方案，组织进行现场设备调查，召开工前预想会、图示分工会和收工会，指导班组提报周作业计划，并由车间主任、副主任分别担任工作领导人，采取 JJC 检修车列 + 接触网作业车的模式，对相关区段的接触网设备进行综合修。

维修车间开展集中修期间，相关供电车间负责协调配合维修车间完成综合修工作，相关接触网运行工区成立验收组全程进行安全和质量验收。供电车间结合班组日常巡视发现的缺陷以及 6C 问题库，每次作业前一日将次日作业区段问题库交维修车间施工负责人，下发缺陷整治通知单。作业中对维修车间检修质量进行把关，线路开通前完成当日检修区段的设备质量、缺陷整改验收。作业结束后接收维修车间填写的设备缺陷复核通知书，对设备缺陷进行销号。

（2）供电车间组织生产

为充分利用天窗时间，提高作业效率，由供电车间充分调配管内各班组生产力量，抽调骨干力量，利用接触网作业车、梯车，组织多个作业组对车间管内接触网设备进行集中整治。车间负责集中修期间维修计划的提报、协调工作，保证天窗兑现充足；车间主任（副主任）担任工作领导人，设备管辖班组负责工作票签发、地线接挂、驻站防护及现场行车防护等，通过“大兵团”作战对管内设备进行全面检查和综合修，以解决天窗时间较短，天窗利用率低、设备失修严重的问题。

3. 跨段集中修模式

近年来，为解决部分区段接触网设备多、生产人员少、天窗时间不足等检修困难，各铁路局集团公司相继推行了跨段集中修，即利用每年国铁集团组织的大点集中修期间，工务在整修线路或者隧道时，天窗时间往往有 180 min 以上，甚至可以达到 270 min，铁路局集团公司供电部牵头组织，管内各供电段分别组织一个集中修组，利用接触网检修车列 + 多平台作业车 + 接触网作业车，对困难区段进行集中整治，极大提高了生产效率。如在瓦日线工务专业开展隧道病害集中整治期间，每天的天窗时间有 210 min 至 270 min，郑州局集团公司供电部组织管内 3 个供电段，支援安阳综合段对瓦日线接触网设备集中整治,共投入200余人,利用3台接触网检修车列和10余台多平台作业车(接触网作业车),40天共检修设备270余营业公里,占该段年度生产任务的80%。西安局集团公司、武汉局集团公司等多个集团公司也相继开展了跨段集中修。

二、接触网维修作业标准化流程

(一)作业联系标准用语及程序

接触网检修作业时的作业联系标准用语及程序规定了接触网检修作业的联系用语、信号显示和联系方法。

1. 联系用语标准

(1)作业时间

作业时间以北京时间为标准计时,实行昼夜24小时制。

(2)作业地点

作业地点要记述详细,清楚表示××线、××区间(或站场)、××支柱至××支柱。如在站场、区间结合部作业时清楚表示××线、××区间(站场)××支柱至××站场(区间)××支柱(V形天窗区段,还应标明"上行""下行"或"上下行")。如在站场还应必须说明股道号及道岔号。

(3)区间

区间可以用下行方向的简略称呼两端相邻站名称的第一个字:如"首白区间",即为首阳山—白马寺区间。对简称不能准确表述的区间应称呼两端站名全称:如"洛阳—洛阳西区间"。

(4)站场

站场、编组场的名称应用全称,不能简化。如:洛阳东站、济源站、洛阳北下行场。

站场、区间的范围原则上以接触网平面图为准。

(5)方向

应用"上行方向""下行方向",如:陇海线"郑州方向""西安方向";焦柳线"月山方向"和"关林方向",侯月线"侯马方向"和"月山方向",宁西线"南阳方向"和"西安方向",禁止使用自然方向称呼和"前方"和"后方"等或作业地点的前方站和后方站的全称。

(6)姓名

姓名要用全称,不可以"老张、小李、你、我、领导人、防护人"等称呼。

(7)对话

呼唤应答,应采用复诵方式,不应采用"是""好了"之类措辞含糊的答语,一次通话只能针对一个人或一次操作。

(8)工具和材料的名称

工具、材料应以规程、规范、材料目录记载的正式名称称呼。

2. 行车防护标准

(1)在封锁地段作业时按有关规定设置行车防护,作业组作业地点应封锁、指定人员防护。

(2)向列车显示手信号时,人员应站在列车运行方向的左侧、面向列车、站于限界之外,保证足够的显示距离。

(3)停车手信号的显示,执行《铁路技术管理规程》规定。

停车信号:要求列车停车。

昼间——面迎列车驰来方向站在股道(站台)右侧安全限界外,右臂下垂,左臂平侧伸,手持展开的红色信号旗。

夜间——面迎列车驰来方向站在股道(站台)右侧安全限界外,左臂下垂,右臂侧举,手持红色灯光与肩平。

昼间无红色信号旗时,面迎列车驰来方向,站在股道(站台)右侧安全限界外,两臂高举头上向两侧急剧摇动。

夜间无红色灯光时,面迎列车驶来方向,站在股道(站台)右侧安全限界外,用白色灯光上下急剧摇动。

(4)降弓信号:突然发现接触网故障,需要机车临时降弓通过时,显示人员应站在故障点的列车驰来方向,距故障点200~300 m(快速列车)、50~150 m(其他)处,面向来车方向,站在股道(站台)右侧安全限界外。

昼间:左臂垂直高举,右臂前伸并左右水平重复摇动。

夜间:白色灯光上下左右重复摇动。

(5)升弓信号:显示人员应站在故障点的列车驰去方向,距故障点约20 m处,面向来车方向,站在股道(站台)右侧安全限界外。

昼间:左臂垂直高举,右臂前伸并上下重复摇动。

夜间:白色灯光做圆形运动。

3. 注意事项

(1)联系对话:联系用语要符合本联系用语标准的要求。

(2)使用电话和无线电话时应注意:

①在作业前,应认真检查电话和无线电话的性能,确认其性能良好。

②在作业中,驻站联络员与现场防护员应每隔3~5 min联系一次,确保通信畅通。如驻站联络员发现通信联系中断或不可靠时,应立即告知车站值班员,车站值班员通知来往列车司机加强瞭望,必要时采取降速或停车措施,确保作业人员安全;现场防护员发现联系不畅时,应立即通知作业组停止作业,将作业人员、器材和工具撤出现场,到安全限界之外,再尽快采取措施,建立新的联系,必要时及时拦停列车。

(二)接触网停电检修作业标准化程序

接触网设备虽然千差万别,维修方式更是多种多样,似乎没有规律可循。但是,停电检修是接触网的最主要检修方式,而每次停电检修都有固定的模式,必须严格按照规定的程序进行操作,才能确保生产任务的顺利完成,同时确保设备和人身的绝对安全。

1. 停电作业计划的提报

(1)高速铁路维修计划实行日计划,编制程序如下:

①设备管理单位于维修作业前3日向铁路局集团公司主管业务部室提报计划申请,铁路局集团公司主管业务部室根据设备管理单位的提报,与其他主管业务部室沟通协调后编制本

专业维修计划，于维修作业前2日9:00前报铁路局集团公司施工办，施工办负责审核维修日计划。

②施工办于维修作业前1日12:00前将维修日计划下达相关车务段（直属站），传（交）主管业务部室和相关计划调度台、列车调度台、供电调度台。主管业务部室负责通知维修单位、配合单位，车务段（直属站）负责通知相关车站。

（2）普速铁路维修计划实行周计划。维修日期、天窗时间由施工办在月度施工计划文件中公布，具体维修计划由设备管理单位向有关车务段（直属站）提报，由车务段（直属站）组织审核、编制后，报施工办安排实施。设备管理单位提报维修计划时，应注明作业项目、地点、维修负责人、配合单位、影响范围等。

2. 工作票的签发

（1）工作票一般在工作前一天签发，发票人根据下达的维修日计划填写后将工作票交给工作领导人，工作领导人确认并签字后生效。

（2）工作票签发一式两份，一份发票人保存，一份交工作领导人使用，作业完毕后两份工作票全部交工区专人保管不少于12个月（整月保存）。

（3）工作票签发实行一天一票制度，工作票签发时应按照要求填发。

3. 工作票的审核和接收

（1）工作领导人在作业前一天接收并审查工作票的作业项目、停电范围、作业地点、地线位置、时间、作业成员符合规定，并与图纸校对正确无误。

（2）工作票是在接触网上进行作业的书面依据，要字迹清楚、正确，不得涂改和用铅笔书写。

（3）工作领导人检查、确认作业现场所采取的安全措施是正确的和完备的。

（4）一个工作领导人在同一时间只能执行一张工作票。

4. 宣读工作票

（1）工区组织作业组成员列队宣读工作票并布置相关安全措施，在确保路程用时的前提下作业组必须携带作业工作票按“天窗修”要求的时间到达作业地点。

（2）作业组全体成员要着工作服（驻站防护员着装整齐），戴安全帽，穿劳保鞋，个人工具佩戴齐全，列队听读。

（3）工作领导人宣读工作票人员姓名时，该人员均应答到确认。

（4）安全措施逐条分解布置。

（5）工作领导人抽查作业组成员对各自任务和有关安全措施是否明确。

5. 乘车

（1）接触网作业车或汽车司机对车辆进行全部检查，保证状态良好，提前发动车辆。

（2）司机必须等工具材料、人员全部上车后方可鸣笛动车。

（3）作业组成员必须站、坐在安全可靠的位置，不准坐车帮，不准坐轨道车非操纵端的司机座位，不准在车辆上打闹，大声喧哗。

（4）监护人员始终监护好自己的监护对象，被监护人不准擅自远离监护人。

（5）车辆未停稳，作业组成员不准上下车辆；不得在两线间上下作业车。

(6)工作领导人应检查停电前的准备工作(包括建立通信联系,防护人员及接地线到达岗位,工具材料的到位情况、作业环境观察和完成的安全措施)。

(7)工作领导人未宣布开工前,作业人员不准上道和登杆。

6. 申请、接受停电作业命令

(1)驻站联络员负责驻站防护和填写“行车设备检查登记簿”(运统-46);要令人员向供电调度员申请停电,受令人向供电调度员通报所属工区及姓名,说明要求停电的范围和作业内容,需停电的时间,回答供电调度员提出的疑问。

驻站联络员标准用语(运统-46 填写完毕,车站值班员签认后,驻站联络员立即通知工作领导人):“×××(工作领导人),我是×××(驻站联络员),运统-46 已填签,值班员已签认。”

工作领导人:“×××(驻站联络员),运统-46 已填签,值班员已签认,×××(工作领导人)明白。”

①要令人标准用语:

a. 要令人员到达要令地点后,要立即与供电调度员取得联系。

要令人:“××站,我是××工区要令人×××,现已到达××站。”

b. 按照命令票内容向供电调度员申请停电命令。

c. 利用接触网隔离(负荷)开关倒闸作业进行接触网停电作业时标准用语:

要令人标准用语:“××工区,我是要令人×××,要求停电范围:×××(作业范围)接触网停电。”

供电调度员标准用语:“×××(供电调度)明白。”

②行车防护人员标准用语:

a. 当作业组到达现场后,行车防护人员向工作领导人通报防护到位后,才可开始进行作业准备工作。

防护人:“×××,我是×××,××#行车防护已经到位。”

工作领导人:“×××,××#行车防护已经到位,×××明白。”

工作领导人确认所有接地线装设完毕和行车防护全部到位后,向作业组发布开工命令。

b. 当有列车通过时,驻站联络员要及时向工作领导人通报。

驻站联络员:“×××,我是×××,×(上、下)行有列车通过(站场×道通过或停车),注意作业安全。”

工作领导人:“×××,×行有列车通过(站场×道通过或停车),×××明白。”

c. 两端行车防护人员当看见列车时,要立即向工作领导人通报:

防护人:“×××,我是×××,×行列车已开过来,注意作业安全(立即下道避车)。”

工作领导人:“×××,×行有列车通过,×××明白。”

当作业地点有车通过及临线有特快列车通过时,工作领导人宣布停止作业,下道避车。

(2)受令人接受供电调度员下达的停电作业命令,并填写停电作业命令票。

(3)受令人向供电调度员复述停电作业命令,确认无误后,请求供电调度员给予命令编号,填入停电作业命令票。

(4)受令人接受供电调度员下达的停电命令后,立即向作业组工作领导人传递。由工作领导人向验电接地监护人传递。

(5)受令人向工作领导人传递命令和工作领导人复诵命令时，必须使用标准用语：

受令人："×××(工作领导人)、×××(作业范围)已经停电，停电时间为××时××分至××时××分，命令编号×××××。"

工作领导人："×××(要令人)、×××(作业范围)已经停电，停电时间为××时××分至××时××分，命令编号×××××，×××(工作领导人)明白。"

7. 验电接地

(1)接地线人员停电前，监护人监护操作人检查地线状态，先接好接地端，做好验电、接地准备(地线不得侵入限界)，确认良好后并向工作领导人汇报。接地线监护人员："×××，我是×××，现在××#接地线已经准备完毕，验电器状态良好。"

工作领导人："×××，现在××号接地线已经准备完毕，验电器状态良好，×××明白。"

(2)接到工作领导人的通知后，进行验电，确认该设备停电，并向工作领导人汇报。

"×××，我是×××，现在××号验电无电。"

(3)工作领导人收到至少两处验电无电汇报后，通知接地线监护人接挂地线。

(4)监护人要认真监护操作的全过程及安全带扎系的正确性，避免接地线影响行车信号。监护人监护操作人按规定接挂地线。

(5)接地线安设完毕，应尽快通知工作领导人。

(6)接地作业标准用语。

①工作领导人通知接地线监护人接挂地线时用语：

工作领导人："×××(接地线监护人)，我是×××、×××(作业范围)已停电，××柱现在可以接挂地线。"

接地线监护人："×××(工作领导人)，×××(作业范围)已经停电，××柱现在可以接挂地线，×××明白。"

②接地线监护人通知接地线人员开始接挂地线。

③地线接好后，监护人通知工作领导人用语。

接地线监护人："×××(工作领导人)，我是×××，××号地线已接挂完毕。"工作领导人："×××(接地线监护人)，××号地线已接挂完毕，×××(工作领导人)明白。"

8. 检修作业

(1)工作领导人确认地线全部接好，行车防护已设置妥善后，立即组织开始检修作业。

(2)工作领导人将停电起止时间传到每一个作业组监护人。安全监护人员或工作领导人在作业过程中，要认真检查安全措施的贯彻，监护作业人员的操作，发现影响安全的情况立即采取措施。

(3)作业组成员完成作业任务，工作领导人和质量检查人检查验收作业质量符合标准，确认设备状态良好。

(4)检修作业标准用语：

①工作领导人确认作业区两端地线全部接好后要及时通知检修人员开始作业。

工作领导人："我是×××，×××(小组负责人)，地线已接好，可以开工作业了。"

②利用车梯进行接触网作业时，指定一人为车梯负责人。作业中车梯上作业人员要与车梯负责人进行呼唤应答。

检修人员："×××（车梯负责人）、车梯向××××方向推动"。车梯负责人："车梯向××××方向推动。"

③作业结束：

作业结束前工作领导人与检修人员要检查确认作业现场情况，确认人员、工具、器械、材料全部撤离到安全限界之外，具备送电、行车条件。工作领导人通知接地线人员撤除接地线，防护人员撤除行车防护。

9. 地线撤除

(1)接地线监护人接到工作领导人撤除接地线的命令后，应监护地线操作人迅速将接地线挂钩从停电设备上取下，再撤除接地线的接地端。

(2)完成撤接地线工作后，立即通知工作领导人。

(3)撤除接地线标准用语：

工作领导人："×××（接地线监护人），我是×××，现在作业完毕，可以撤除××号支柱接地线了。"接地线监护人："可以撤除××号支柱接地线了，×××（接地线监护人）明白。"

接地线监护人："×××（接地线人），现在撤除××号支柱接地线"。接地线人："×××（接地线人）明白。"

接地线人："×××（接地线监护人），××号支柱接地线已撤除。"接地线监护人："明白。"

接地线监护人："×××（工作领导人），我是×××，××号支柱接地线已全部撤除。"工作领导人："×××（接地线监护人）、××号支柱接地线已全部撤除，×××（工作领导人）明白。"

10. 消除停电命令

(1)受令人获知作业结束，全部接地线撤除完毕后，应及时向供电调度员请求消除停电作业命令。

(2)供电调度员给予消除停电命令的时间，填入停电作业命令票，停电作业即全部结束。

(3)消除停电命令标准用语：

①工作领导人："×××（要令人）、我是×××（工作领导人），现在全部作业已结束，可以消除×××××号停电作业命令了。"要令人："×××，现在作业完毕，可以消令，×××（要令人）明白。"

②当要令人员接到工作领导人消令的命令后，向供电调度员消令。

要令人：我是××工区要令人×××，现在×××命令完成，人员、料具、全部撤至安全地带，具备送电行车条件，请求消令。

③认真确认供电调度员消令内容，按要求填写命令票，并通知工作领导人作业命令已消除。

要令人："×××（工作领导人）、我是×××，×××××号停电作业命令已消除，消令时间为××时××分。"工作领导人："×××××号停电作业命令已消除，消令时间为××时××分，×××（工作领导人）明白。"

④工作领导人待人员机具撤至安全地带后通知驻站联络员在“运统-46”上销记和撤除座台防护。

工作领导人：“×××（驻站联络员），××××××号停电作业命令已消除，消令时间为××时××分，待人员机具撤至安全地带，可以销记、撤除驻站防护。”驻站联络员：“×××××号停电作业命令已消除，待人员机具撤至安全地带，可以销记、撤除驻站防护，×××（驻站联络员）明白。”

当驻站联络员和要令人为同一人时，上述③④内容可合并执行。

驻站联络员（要令人）：“×××（工作领导人），我是×××，××××××号停电作业命令已消除，消令时间为××时××分”。工作领导人：“××××××号停电作业命令已消除，消令时间为××时××分，×××(工作领导人）明白，待人员机具撤至安全地带，可以销记、撤除驻站防护。”驻站联络员：“待人员机具撤至安全地带，可以销记、撤除驻站防护，×××(驻站联络员）明白。”

⑤驻站联络员在“运统-46”上销记，经车站值班员签认后，撤除驻站防护，离开行车室。

11. 返回

工作领导人、监护人召集作业组成员乘车返回工区，中途任何人不准离开作业组。

12. 收工会

(1)作业组成员到达工区后，由工作领导人召开收工会。

(2)工作领导人，各监护人按照停电作业标准逐项对照，对作业情况进行评定并填写记录。

(3)有关人员填写本次作业的收工记录和有关台账。

13. 其他

(1)安全距离：在进行停电作业时，作业人员（包括所持机具、材料、零部件等）与周围带电设备的距离不得小于：110 kV为1 500 mm；27.5 kV为1 000 mm；10 kV及以下为700 mm。

(2)装设接地线时，人体不得触及接地线，接好的接地线不得侵入邻线建筑接近限界，连接或拆除接地线时，操作人要借助于绝缘杆，绝缘杆要保持清洁、干燥。接地线要用截面积不小于25 mm^2 的裸铜软绞线做成，并不得有断股、散股和接头。

(3)在停电作业的接触网附近有平行带电的电线路或接触网时，为防止感应危险电压，除按上述规定装设接地线外，还要根据需要增设接地线。

(4)验电和装设拆除每组接地线必须由2人及以上进行，1人监护，1人操作（地线操作人可根据实际情况增加）。

(5)验电和装设及拆除地线，1人监护1人操作；条件允许时，1人可监护2组及以上地线，但必须保证操作人同在监护人监护范围内（横向4股道，纵向2跨距）并不得同时操作。

以上是一次接触网停电作业全过程，作业流程控制程序如图4-4-1所示。接触网检修作业是最常见的一种高空网上作业。要严格执行“普速铁路/高速铁路接触网安全工作规则”有关规定。在作业中，要真正做到“自控、互控、他控”，严格按照检修工艺标准，确保设备质量和人身安全。

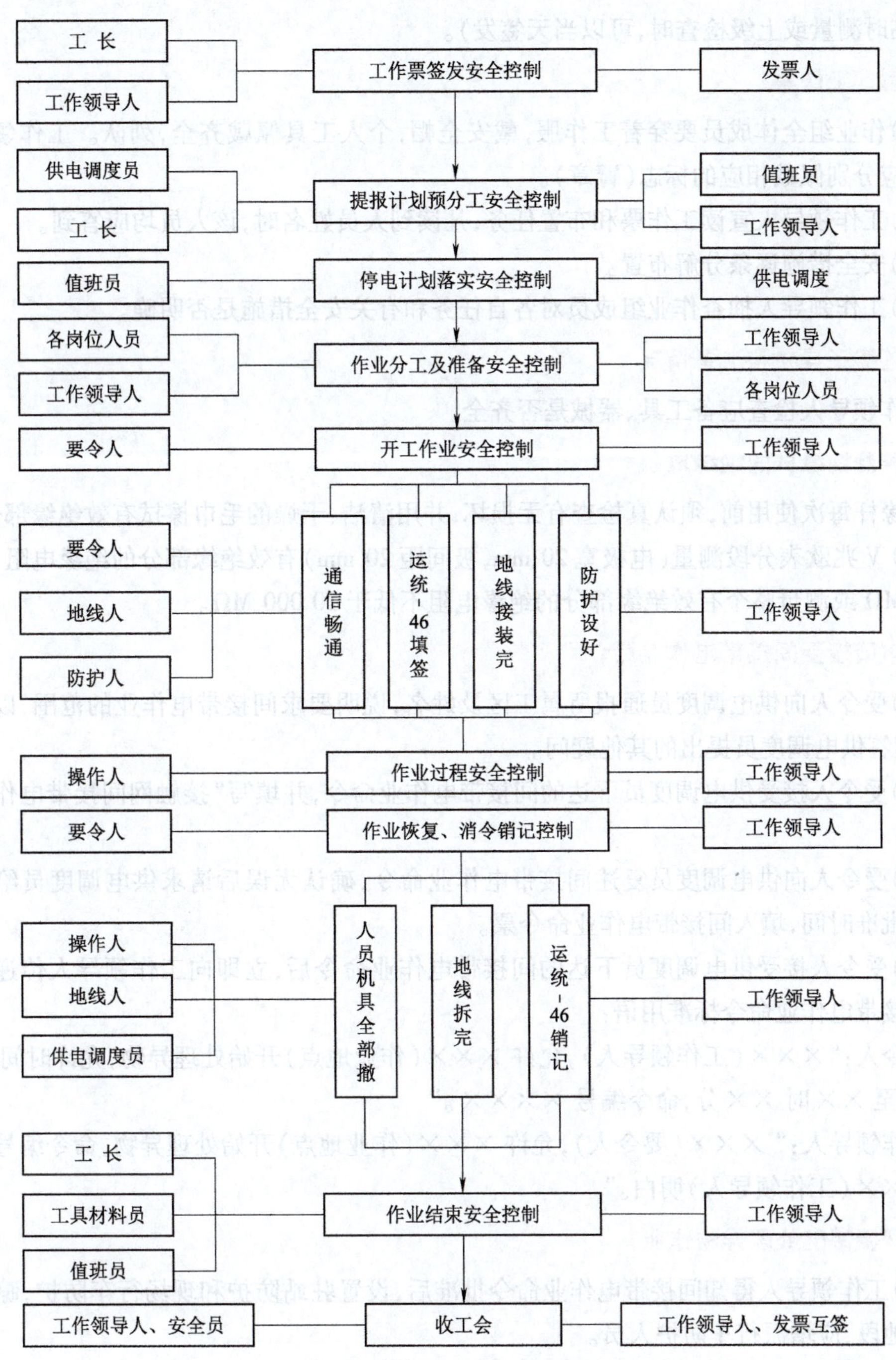

图 4-4-1　接触网作业流程控制程序框图

(三)接触网带电处理异物作业标准化程序

当在接触网冬季隧道、桥涵打冰及处理鸟窝、异物时,可以不停电,利用绝缘杆进行间接带电作业。

1. 工作票签发

间接带电处理异物开第二种工作票,工作票一般应在工作前 1 天签发并交给工作领导人

（如需临时测量或上级检查时，可以当天签发）。

2. 宣读工作票

(1)作业组全体成员要穿着工作服，戴安全帽，个人工具佩戴齐全，列队。工作领导人和安全员应分别佩戴相应的标志(臂章)。

(2)工作领导人宣读工作票和布置任务，凡读到人员姓名时，该人员均应答到。

(3)安全措施逐条分解布置。

(4)工作领导人抽查作业组成员对各自任务和有关安全措施是否明确。

3. 落实工具材料准备情况

工作领导人检查应备工具、器械是否齐全。

4. 摇测绝缘杆的绝缘电阻

绝缘杆每次使用前，须认真检查有无损坏，并用清洁、干燥的毛巾擦拭有效绝缘部分，而后用2 500 V兆欧表分段测量(电极宽20 mm，极间距20 mm)有效绝缘部分的绝缘电阻，不得低于100 MΩ或测量整个有效绝缘部分的绝缘电阻不低于10 000 MΩ。

5. 申请接受间接带电作业命令

(1)受令人向供电调度员通报所属工区及姓名，说明要求间接带电作业的范围，以及所需时间，回答供电调度员提出的其他疑问。

(2)受令人接受供电调度员下达的间接带电作业命令，并填写“接触网间接带电作业命令票”。

(3)受令人向供电调度员复述间接带电作业命令，确认无误后请求供电调度员给予命令编号和批准时间，填入间接带电作业命令票。

(4)受令人接受供电调度员下达的间接带电作业命令后，立即向工作领导人传递。申请接受间接带电作业命令标准用语：

要令人：“×××(工作领导人)，允许×××(作业地点)开始处理异物，允许时间××时××分至××时××分，命令编号××××。”

工作领导人：“×××(要令人)，允许×××(作业地点)开始处理异物，命令编号××××，×××(工作领导人)明白。”

6. 间接带电处理异物作业

(1)工作领导人得知间接带电作业命令批准后，设置驻站防护和现场行车防护，瞭望条件不良的地段，应增派行车防护人员。

(2)桥隧内进行间接带电作业，必须设专人负责行车防护，以便在列车到达之前有足够的时间使作业组人员及工具撤到安全地点。

(3)举起绝缘杆时，手扶点距杆端应保持2 m以上的有效绝缘距离，作业过程中也必须保持该距离。

(4)转移作业地点时，应防止杆身着地。

(5)如绝缘部分脏污，应用干净的抹布擦拭后再继续进行作业。

(6)桥隧内进行间接带电处理异物作业，对绝缘测杆应采取保护措施，防止受潮。

(7)作业过程中人员及绝缘杆不得侵入邻线限界，及时避让列车。

(8)处理过的异物不得侵入邻线限界，并不得遗留在线路上。

(9)作业完成后，人员、工具全都撤离到安全限界之外后，工作领导人通知驻站防护和现场防护人员撤除行车防护。

(10)工作领导人确认撤除行车防护后，通知要令人消除间接带电作业命令。

7. 消除间接带电作业命令

(1)受令人接到工作领导人通知后，应及时向供电调度员请求消除间接带电作业命令。

(2)供电调度员给予消除作业命令的时间，双方均记入记录中，间接带电作业即全部结束。

消除间接带电作业命令标准用语：

工作领导人："×××(要令人)，×××(作业地点)处理异物结束，可以消除间接带电作业命令。"

要令人："×××(工作领导人)，×××(作业地点)处理异物结束，可以消除间接带电作业命令，×××(要令人)明白。"

(四)接触网远离作业标准化程序

远离作业即距带电部分 1 m 及其以外的高空作业、较复杂的地面作业(如安装或更换火花间隙和地线、开挖支柱基坑)、未接触带电设备的测量及高速铁路防护栅栏内步行巡视等。距带电部分 1 m 以内的作业必须停电进行。

1. 工作票

(1)远离作业使用接触网第三种工作票(对较简单的地面作业可以不开工作票如支柱培土、清扫基础帽等，由有关负责人向工作领导人布置任务，说明作业的时间、内容、安全措施，并记入值班日志中)。

(2)远离作业安全措施应有防止误触有电设备的安全措施，应有行车防护措施，应有防止作业影响设备正常运行的措施。

(3)工作票一般应在工作前 1 天由发票人交给工作领导人，临时性处理设备缺陷可以当天签发工作票。

(4)工作票的保管、编号、发票人和工作领导人签字时效，宜读可比照第一种工作票要求。

2. 作业防护

凡铁路封闭区段进入防护栏或未封闭区段需侵入距轨枕头部 2 m 及以内的作业均需按要求设置驻站防护和现场，防护人员安全等级不低于二级。

3. 作业

作业开始前，工作领导人检查工具材料状态合格后开始作业。

在作业过程中，工作领导人要认真检查安全措施的执行。监护作业人员的操作，发现影响安全的情况立即采取措施，必要时立即停止作业。

4. 作业完成撤离作业现场

(1)作业组完成作业任务，工作领导人和质量检查人员确认作业质量符合标准后，工作领导人通知作业组人员撤离作业现场。

(2)现场防护员随作业组撤离作业现场，驻站联络员消除“运统-46”登记，离开行车室。

(五)接触网倒闸作业标准化程序

1. 接触网倒闸作业命令程序

(1)在申请倒闸命令时，先由操作人向供电调度员提出申请，供电调度员审查后，发布倒闸命令。

(2)受令人接受供电调度员发布的倒闸作业命令后，应填写“隔离(负荷)开关倒闸命令票”，并进行复诵，有疑问时，应问清楚。

(3)供电调度员确认无误后，给予命令编号和批准时间(无命令编号和批准时间的命令无效)。发令人要将命令内容填入“倒闸操作命令记录”中，受令人要填写“隔离(负荷)开关倒闸命令票”。

(4)操作人将填好的“倒闸作业命令票”交监护人核对无误后迅速进行倒闸，监护人时刻在场监护。

(5)确认倒闸后开关状态良好并加锁。

(6)操作人要立即填写“隔离(负荷)开关倒闸完成报告单”，并向供电调度员汇报。

(7)供电调度员给予该通知单完成时间和编号，并记入“倒闸操作命令记录”至此倒闸作业方告结束。

2. 接触网倒闸作业安全注意事项

(1)凡接触网进行隔离开关、负荷开关倒闸时，必须有供电调度员的命令；对车站、机务段或路外厂、矿等单位有权操作的隔离开关，在向供电调度员申请倒闸命令之前，要令人需向该站、段、厂、矿等单位主管负责人办理倒闸手续。

(2)接触网倒闸作业应由二人进行，一人监护，一人操作，其安全等级均不得低于三级。

(3)倒闸作业人员必须戴安全帽，操作人操作时必须穿绝缘靴、戴绝缘手套，操作前绝缘手套应作漏气检查。

(4)隔离开关倒闸作业前，应确认开关编号，检查开关状态是否良好。

(5)操作时应准确迅速，一次开闭到底，避免冲击，中途不得停顿。

(6)操作后应确认技术状态，并对传动机构加锁，钥匙放固定地点，专人保管。

(7)隔离开关不能带负荷进行倒闸作业，允许开、合不超过10 km(延长公里)线路的空载电流。

(8)对带接地刀闸的隔离开关，应经常处于闭合状态。因工作需要断开时，当工作完毕后须及时闭合。

(9)遇有危及人身或设备安全的紧急情况，可不经供电调度员批准，先行断开断路器或有条件断开的负荷开关、隔离开关，并立即报告供电调度员；但再闭合时必须有供电调度员的命令。

(10)隔离开关的传动机构必须加锁，不得用铁线扭拧代替，钥匙存放工区值班室，专人保管并有标签注明对应开关。

第五节 接触网安全管理

一、高空作业安全

(1)凡在距离地(桥)面2 m及以上的处所进行的作业均称为高空作业。高空作业必须设有专人监护,其监护要求如下:

①间接带电作业时,每个作业地点均要设有专人监护,其安全等级不低于四级。

②停电作业时,每个监护人的监护范围不超过2个跨距,在同一组硬(软)横跨上作业时不超过4条股道,在相邻线路同时作业时,要分别派监护人各自监护;当停电成批清扫绝缘子时,可视具体情况设置监护人员。监护人员的安全等级不低于三级。

③作业人员及所携带的物件、作业工器具等与接触网带电部分距离小于3m的远离作业,每个作业地点均要设有专人监护,其安全等级不低于四级。

(2)高空作业使用的小型工具、材料应放置在工具材料袋(箱)内。作业中应使用专门的用具传递工具、零部件和材料,不得抛掷传递。

(3)高空作业人员作业时必须将安全带系在安全牢靠的地方。进行高空作业时,人员不宜位于线索受力方向的反侧,并采取防止线索滑脱的措施。在曲线区段调整接触网悬挂时,要有防止线索滑移的后备保护措施。

(4)冰、雪、霜、雨等天气条件下,接触网作业用的车梯、梯子、接触网作业车的爬梯和平台应有防滑措施。

二、攀杆和登梯作业安全

(1)攀登工具应在出库前检查状态良好,安全用具完好合格。攀登支柱前要检查支柱状态,观察支柱上有无其他设备,选好攀登方向和条件。

(2)攀登支柱时要手把牢靠,脚踏稳准,尽量避开设备并与带电设备保持规定的安全距离。用脚扣攀登时,要卡牢系紧,严防滑落。

(3)接触网作业用的车梯和梯子必须符合下列要求:

①结实、轻便、稳固。

②车梯的车轮采取可靠的绝缘措施。

③按规定进行试验。

(4)使用车梯进行作业时,应指定车梯负责人,工作台上的人员不得超过两名。所有的零件、工具等均不得放置在工作台的台面上。作业中推动车梯应服从工作台上人员的指挥。当车梯工作台面上有人时,推动车梯的速度不得超过5 km/h,并不得发生冲击和急剧起、停。工作台上人员和车梯负责人应呼唤应答,配合妥当。

(5)车梯负责人和推车梯人员,应时刻注意和保持车梯的稳定状态。当车梯在曲线上或遇大风时,对车梯要采取防止倾倒的措施;当外轨超高≥125 mm或风力5级以上时,未采取固定措施禁止登车梯作业。车梯在大坡道上时,应采取防止滑移的措施;当车梯放在道床、路肩上或作业人员的重心超出工作台范围作业时，作业人员应将安全带系在接触网上；车梯在地面上推动时，工作台上不得有人停留。

（6）当用梯子作业时，作业人员应先检查梯子是否牢靠；要有专人扶梯，梯子支挂点稳固，严防滑移；梯子上只准有1人作业。

三、接触网作业车作业安全

（1）接触网作业车出车前，司机应认真检查车辆和行车安全装备、防护备品齐全良好，并与作业人员检查通信工具，确保联络畅通。接触网作业车司机应执行作业前的待乘休息制度，充分休息，确保精神状态良好。作业前司机应掌握作业范围和内容并进行安全预想，作业和运行过程中应注意力集中。

（2）接触网作业车分解作业，须提前明确每台车的作业范围，以及作业完毕后停留车列和运行连挂车辆的位置，工作领导人和司机应熟悉和掌握。接触网作业车进入封锁区间前，司机应认真核对调度命令，确认信号，按规定联控。司机和工作领导人要根据调度命令及作业地点，拟定区间返回的时刻，并严格执行。

（3）使用接触网作业车作业时，应指定作业平台操作负责人，作业平台不得超载。工作领导人必须确认地线接好后，方可允许作业人员登上接触网作业车的作业平台。作业车平台应设置随车等位线，在完成作业平台和工作对象设备等位措施后，方可触及和进行作业。

（4）人员上、下作业平台应征得作业平台操作负责人的同意。接触网作业车移动或作业平台升降、转向时，严禁人员上、下。V形作业时，所有人员禁止从未封锁线路侧上、下作业车辆。作业平台应具有平台转向限位装置，作业前应将限位装置打至正确位置，作业平台严禁向未封锁的线路侧旋转。当邻线有列车通过时，应停止作业。

（5）接触网作业车作业平台防护门关闭时应有闭锁装置。作业中须锁闭好作业平台的防护门，作业完毕后及时放下防护栏杆。外轨超高≥125 mm区段人员需在作业平台上作业时，作业平台应具有自动调平装置并开启调平功能。作业人员的重心超出作业平台防护栏范围作业时，须将安全带系在牢固可靠的部位。

（6）司机（或在平台上操纵车辆移动的人员）须精力集中，密切配合，在移动车辆前应注意作业车及作业平台周围的环境、设备、人员和机具等情况，与附近的设备保持规定的安全距离。作业平台上的所有人员在车辆移动中应注意防止接触网设备碰刮伤人。

（7）作业平台上有人作业时，作业车移动的速度不得超过10 km/h，且不得急剧起、停车。作业中作业车的移动应听从作业平台操作负责人的指挥。平台操作负责人与司机之间的信息传递应及时、准确、清楚，并呼唤应答。

（8）现场作业结束及作业车返回驻地后，司机应对车辆状态及随车备品进行检查，发现部件缺失等应及时查找，必要时对作业车运行的区段申请采取相应行车限制措施。

四、作业人员岗位职责

（一）工作票签发人

1. 岗位职责

（1）签发工作票时，保证所安排的作业项目是必要和可能的；所采取的安全措施是正确和完备的;所配备的工作领导人和作业组成员的人数和条件符合规定。

(2)同一张工作票的签发人和工作领导人必须由两人分别担当。

(3)工作票中,更换工作票中规定的作业组成员时,应由发票人签认。

(4)当变更作业方式、内容、地点时,必须废除原工作票,签发新的工作票。

(5)天窗作业前一天将工作票交给工作领导人。

2. 工作流程

(1)根据任务来源及作业计划,确定次日作业内容和作业范围。

(2)根据次日当班情况及人员安全等级,配备工作领导人和作业组成员。

(3)根据次日天气、作业环境、行车条件等,制定相应安全措施。

(4)签发工作票并检查有无错别字、漏项,确定无误后,作业前一天交给工作领导人,督促工作领导人签字确认。

(5)根据作业组成员变更情况,填写人员变更记录。

3. 安全风险提示

(1)填写出错。

(2)安全措施遗漏或缺乏针对性。

4. 风险防控措施

(1)核对作业地点、作业时间、作业内容。

(2)核对停电范围和停电单元,核对行车限制卡。

(3)核对装设地线位置。

(4)根据作业区段、内容、方式、环境等进行预想、布置。

(二)工作领导人

1. 岗位职责

(1)确认作业内容、地点、时间、作业组成员等均符合工作票提出的要求。

(2)确认作业采取的安全措施正确而完备。

(3)时刻在场监督作业组成员的作业安全。

(4)检查落实工具、材料准备,与安全员(安全监护人)共同检查作业组成员着装、工具、劳保用品齐全合格。

2. 工作流程

(1)提前一天接受工作票,对作业内容和安全措施进行审核,对工作票内容有不同意见时,要向发票人提出,经认真分析,确认无误后,签字确认。

(2)根据工作票,召开工前预想会,确定作业人员分工,落实相应安全措施。

(3)大型施工作业要对技术方案进行交底,组织作业人员学习。

(4)列队点名,宣讲工作票,分配作业任务,布置作业安全措施,对各个关键点进行抽问。

(5)组织作业人员到达作业现场。

(6)指定驻站联络员申请作业命令,依据作业命令执行工作票内容。

（7）作业结束，确认作业人员、机具已撤离至安全位置后，通知撤除地线及防护，消除作业命令。

（8）召开收工会，进行总结分析。

3. 安全风险提示

（1）随意更改工作内容、作业地点等。

（2）线路未封锁或防护未设好就通知人员上道。

（3）未确认停电及地线是否接好就通知人员上网作业。

（4）未确认达到开通条件通知消令。

4. 风险防控措施

（1）认真按作业计划和方案执行。

（2）防护措施做好后方可进行作业。

（3）人员机具撤离后，方可通知消令。

（三）驻站（所）联络员

1. 岗位职责

（1）明确本次作业任务、停电作业的地点范围及内容、需停电的设备、装设接地线的位置、封锁范围。

（2）熟悉有关行车防护知识，驻站联络员还应熟悉运转室的有关设备显示。

（3）熟悉有关防护及通信工具的使用方法及各种防护信号的显示方法，每次出工前应检查通信工具是否良好。

（4）及时、准确、清晰地传递行车信息和信号。

（5）认真负责、坚持呼唤应答和复诵制度。

（6）不得影响其他线路上列车的正常运行。

2. 工作流程

（1）参加安全预想会、分工会，接受分工单，掌握作业内容及作业范围。

（2）检查通信工具状态良好。按规定时间到达车站，办理“运统-46”登记。

（3）根据作业票内容，办理作业线路行车命令、停电命令。

（4）复诵命令内容、命令编号、发令时间、要求完成时间和批准时间无误后，向工作领导人传达供电调度员的指令。

（5）时刻观察行车监控设备，监控作业区行车情况，防止车站错办、误办行车进路。

（6）时刻与工作领导人保持联系畅通，预告本线与邻线来车情况。

（7）作业命令结束前15 min时，通知工作领导人。

（8）作业结束，根据作业票内容，消除作业线路行车命令、停电命令。

（9）参加收工会。

3. 安全风险提示

（1）未核对天窗计划或“运统-46”填写不正确。

(2)未接到工作领导人的通知臆测消令。

(3)预约消令。

4. 风险防控措施

(1)核对作业范围,核对作业时间。核对停电单元,核对行车限制条件。

(2)没命令,不消令,不解除封锁。有命令,要复诵,要确认。

(3)每隔 3 ~5 min 与工作领导人和现场防护员通信联系。

(四)现场防护员

1. 岗位职责

(1)及时、准确、清晰地传递行车信息和信号。

(2)认真负责、坚持呼唤应答和复诵制度。

(3)保证作业区行车安全受控。

2. 工作流程

(1)参加安全预想会、分工会,接受分工单,掌握作业内容及作业范围。

(2)到达作业地点,接到工作领导人通知,根据工作票内容设置防护灯或防护红牌。面向来车方向,时刻观察本线及邻线行车情况。

(3)集中精力、坚守岗位,邻线有车通过时,及时通知工作领导人。

(4)防护人员不得随意拦车,但出现以下情况之一时,应果断拦车。事后向工作领导人和供电调度员汇报。

①作业组无法及时撤离时。

②设备危及行车安全时。

(5)作业结束,各小组人员撤离后,方可撤除防护,并参加收工会。

3. 安全风险提示

(1)未注意来车情况。

(2)未按要求设置行车防护。

(3)未携带防护用具及通信工具。

4. 风险防控措施

(1)邻线来车或本线来车及时传达给工作领导人。

(2)天窗作业,本线来车及时拦停。

(3)每隔 3 ~5 min 与驻站联络员和工作领导人通信联系。

(五)验电接地操作人

1. 岗位职责

(1)要服从地线监护人的指挥,遵章守纪。对不安全和有疑问的命令,要及时果断地提出,坚持安全作业。

(2)明确本次作业任务、封锁范围、作业内容、需停电的设备、装设地线的位置、数量。

(3)接地线应可靠安装,不得侵入限界,要有防风摆措施。

(4)所有作业必须在地线监护人的监护下进行,严谨臆测操作。

2. 工作流程

(1)参加安全预想会、分工会,接受分工单,掌握作业内容作业范围。

(2)出工前检查确认所带地线、工具状态良好。对接触式或感应式声光验电器进行自检,声、光等信号显示正常。

(3)接到验电接地监护人地面准备工作命令,用钢丝刷对接地点钢轨进行除锈处理,把接地靴固定在钢轨上。

(4)接到验电接地监护人验电接地命令,进行验电、接地工作。验电前,先在同等电压等级有电设备确认声、光信号显示正常,然后方可在停电设备上验电。验明无电后,立即接挂地线。接地线要连接牢固,接触良好,接挂完毕,立即通知监护人。

(5)接到监护人撤除接地线命令,进行撤除地线操作。先拆除与停电设备相连端,再拆除接地端,操作完成后,立即通知监护人。

(6)工具材料入库。

(7)参加收工会。

3. 安全风险提示

(1)验电器、接地线状态不良。

(2)未验电就接地,接挂位置错误。

(3)装设、拆除接地线时程序错误。

4. 风险防控措施

(1)出工前,先检查,状态良,方使用。

(2)先验电,确认停电后方能接地。

(3)接地线时,先接钢轨侧,再接接触网侧。

(4)拆地线时,先拆接触网侧,再拆钢轨侧。

(六)验电接地监护人

1. 岗位职责

(1)要服从工作领导人的指挥,遵章守纪。对不安全和有疑问的命令,要及时果断地提出,坚持安全作业。

(2)与工作领导人时刻保持联络,接收工作领导人作业命令。

(3)认真监护地线接挂和拆除操作全过程。

2. 工作流程

(1)参加安全预想会、分工会,接受分工单,掌握作业内容及作业范围。

(2)出工前,检查所携带防护用品及通信工具状态良好。

(3)到达现场后确认接地线位置,封锁范围,接地行别、杆号与工作票相符。

(4)接到工作领导人地面准备工作命令,监护地线操作人员进行地面准备工作。

(5)接到工作领导人验电接地命令,监护地线操作人员进行验电、接地工作。操作完成后，立即通知工作领导人。

(6)接到工作领导人拆除接地线命令，监护地线操作人员进行拆除地线操作。操作完成后，立即通知工作领导人。

(7)工具材料入库。

(8)参加收工会。

3. 安全风险提示

(1)验电器、接地线状态不良。

(2)未验电就接地，接挂位置错误。

(3)装设、拆除接地线时程序错误。

4. 风险防控措施

(1)操作前，听命令，接到命令要复诵确认，没接到命令，不执行。

(2)对线别，核杆号，无错误，方作业。

(七)作业平台操作人

1. 岗位职责

(1)作业平台操作人熟练掌握作业车平台操作及应急处置技能。

(2)操作前，确认作业人员、机具安全，具备操作条件。

(3)平稳操作，确保作业人员及设备安全。

2. 工作流程

(1)参加安全预想会、分工会，接受分工单，掌握作业内容、作业范围及线路状况。

(2)出库前，检查确认作业平台状态。

(3)接到工作领导人作业命令后，登上平台，打开操作箱，将平台限位开关置于指定区域。确认人员、机具到位后，锁闭平台操作门。

(4)根据作业需要，开关平台照明，升降转动平台。

(5)作业完毕，平台复位。

(6)参加收工会。

3. 安全风险提示

(1)未掌握平台禁转动区段。

(2)未试验平台。

(3)未锁定工作区域。

4. 风险防控措施

(1)了解作业方案，掌握超高、坡度大的区段。超高 120 mm 以上向曲内旋转时要安装抓轨器，未设抓轨器禁止向曲内转平台。

(2)出车前，与司机共同试验确认。作业时，锁定区域，取出钥匙。

(3)严禁操作作业平台向未封锁线路侧旋转。

(4)监控作业平台上人数不超过5人,平台远端不准超过2人;严禁使用作业平台顶举或斜拉固定设备设施。

(5)平台每次使用后及时复位,并关闭电源。

(6)监督作业平台上不得摆放、遗漏任何检修工具、材料及废弃零部件。

(八)高空作业监护人

1. 岗位职责

(1)要服从工作领导人的指挥,遵章守纪。对不安全和有疑问的命令,要及时果断地提出,坚持安全作业。

(2)与工作领导人时刻保持联络,接收工作领导人作业命令。

(3)认真监护高空人员作业全过程。

2. 工作流程

(1)参加安全预想会、分工会,接受分工单,掌握作业内容及作业范围。

(2)出工前,检查确认自身及被监护人所携带工具状态良好。

(3)接到工作领导人开始作业命令,监护高空操作人员按工作票指定作业内容进行作业。

(4)接到工作领导人结束作业命令,监护高空操作人员停止作业,并撤至安全地带,完成后,应立即通知工作领导人。

(5)工具材料入库。

(6)参加收工会。

3. 安全风险提示

(1)未对本小组上道或下道工具材料进行清点。

(2)未及时制止作业人员违章作业行为。

(3)未按照要求监护作业执行。

4. 风险防控措施

(1)上下道前,人料具,要清点,做登记。数量消耗、出入要相符。

(2)提醒高空作业人员正确使用安全带和作业机具。

(3)提醒不得侵入有电设备的安全限界。

(4)提醒不得超范围作业。

(5)竖车梯前,先确认,没停电,不竖立。

(九)高空作业操作人

1. 岗位职责

(1)要服从工作领导人的指挥,遵章守纪。对不安全和有疑问的命令,要及时果断地提出,坚持安全作业。

(2)根据普速/高速铁路接触网“安全工作规则”及作业内容要求,进行接触网高空作业。

2. 工作流程

(1)参加安全预想会、分工会,接受分工单,掌握作业内容及作业范围。

(2)出工前,检查确认自身所携带工具、材料状态良好。

(3)接到高空作业监护人传达的开始作业命令后,按工作票作业内容进行作业。

(4)接到高空作业监护人传达的结束作业命令,停止作业,清理工具材料,并撤至安全地带。

(5)工具材料入库。

(6)参加收工会。

3. 安全风险提示

(1)误触有电设备。

(2)高空滑落、坠落。

(3)上下接触网作业车、作业平台不当造成伤害。

(4)作业中发生刮、撞、碰、拉等。

4. 风险防控措施

(1)未确认,不上网。作业时,不侵限。

(2)安全带,作业前,要检查,作业时,要打好。

(3)车没停稳,禁上下,上下车,面向车。

(4)作业车移动前,站位置要安全,安全带要取下,安全帽要戴好,移动时要蹲下。

(十)地面辅助人员

1. 岗位职责

(1)要服从工作领导人的指挥,遵章守纪。对不安全和有疑问的命令,要及时果断地提出,坚持安全作业。

(2)协助高空人员,做好地面辅助工作。

(3)清理作业现场的工具、材料。

2. 工作流程

(1)参加安全预想会、分工会,接受分工单,掌握作业内容及作业范围。

(2)出工前,检查确认携带工具材料状态良好。

(3)根据高空作业需求,配合做好地面辅助工作。

(4)作业完毕,清理工具材料,并撤至安全地带。

(5)工具材料入库。

(6)参加收工会。

3. 安全风险提示

(1)重物击打。

(2)不听指挥,擅自操作。

(3)车辆伤害。

4. 风险防控措施

(1)作业时,听指挥,不误动,不乱动。

(2)未封锁时,不侵入安全限界。

（十一）巡视人员

1. 岗位职责

(1)根据作业内容,进行巡视(步行巡视、添乘巡视、2C 巡视等)。

(2)如实记录反馈巡视情况。

(3)发现危及行车和供电的紧急情况,应妥善处置、及时报告生产调度员。

(4)根据巡视情况,填写相关记录。

2. 工作流程

(1)有无侵入限界、妨碍列车运行的障碍。

(2)各种线索(包括供电线、正馈线、加强线、回流线、保护线、架空地线、吸上线和软横跨线索等)、零部件、各种供电附属设施等有无烧损、松脱、偏移等情况。

(3)补偿装置有无损坏,动作是否灵活。

(4)绝缘部件(包括避雷器、电缆终端)有无破损和闪络。

(5)吸上线及各部地线的连接是否良好。

(6)支柱、拉线与基础有无破损、下陷、变形等异常。

(7)限界门、安全挡板或网栅、各种标识是否齐全、完整。

(8)自动过分相地面磁感应器有无缺损、破裂或丢失。

(9)有无因塌方、落石、山洪水害、施工作业及其他周边环境等危及接触网供电和行车安全的现象。

3. 安全风险提示

步行巡视必须设驻站防护,严禁利用速度 160 km/h 及以上的列车与前一趟列车之间的间隔时间作业。

4. 风险防控措施

巡视人员应熟练掌握升(降)弓、停车手信号显示规定,联系用语标准。

（十二）工区值班人员

1. 岗位职责

(1)随时接听值班室来电,接收传达生产指令和上级文电。

(2)核对作业计划。

(3)按要求填写值班日志。

(4)向上级反馈生产信息。

(5)巡查工区生产场所安保情况。

(6)完成工班长临时交办的其他工作。

2. 操作流程

(1)与交班人对接,了解安全及生产情况。

(2)检查值班备品、办理交接手续并在值班日志上签认。

(3)掌握当日工作安排,完成交办工作,巡查工区生产场所安保情况。

(4)核对次日生产计划,收集、反馈当日生产信息,填写相关记录。

(5)与接班人对接,办理交接班手续。

3. 安全风险提示

(1)擅自离岗,私自替班。

(2)电话联系不畅通,不能及时转达电话信息。

4. 风险防控措施

(1)严格执行各项纪律。

(2)保持充足睡眠。

(3)当班不巡查工区生产场所。

第六节 物资管理

一、物资管理基本要求

(一)申请计划提报程序

接触网维修用料以季度计划为主、月度临时计划为补充的计划提报方式,各用料部门应根据材料消耗规律充分考虑下一季度的用料,同一种材料在没有临时性任务情况下每季度内不得再次提报,材料计划经技术部门审核后报材料部门。

月度维修临时计划的提报:各车间在接到段下达临时性任务后,经核对车间库存材料不足时,可提报月度计划。

工程改造、大修用料计划的提报:由施工部门根据工程需要填写“物资申请计划”,经主管部门审核后,提报材料计划。

(二)物资入库管理

为杜绝不合格物资入库,提高设备质量,施行分级验收制度,分别在收料时进行验收,各级验收人员做好验收凭证,妥善保存。入库物资主要包括机械受力设备、电气设备、运输设备及配件、油品(润滑油、燃油、变压器油等)、测量工具、一般物资及杂品等,其验收方法如下:

1. 机械受力设备的验收

(1)管库员负责对物资的品名、型号、规格尺寸和外观质量状况验收,还应检查其是否有厂标;数量大时,应由部门负责人组织人员共同验收。

(2)计划采购员负责按合同对物资的品名、到货日期、产品单价等方面的验收。

(3)需做拉力试验的物资由管库员按规定要求抽样,贴上标志,进行试验。

(4)产品的材质、机械性能检验由材料部门和验收部门共同参加。

2. 电气设备的验收

(1)管库员负责对物资的品名、型号、规格尺寸和外观质量状况验收。

(2)计划采购员负责按合同对物资的品名、到货日期、产品单价等方面的验收。

(3)产品的材质、电气性能检验由材料部门和验收部门共同参加。

3. 零小材料(汽车配件、轨道车配件)的验收

(1)现场自购零小材料由使用人负责对配件的品名、型号、规格尺寸和外观质量状况验收,并查验其标识(厂名、厂址)、合格证。

(2)运输管理部门管库员负责对购入的配件品名、型号、规格尺寸和外观质量状况验收,并查验其标识(厂名、厂址)、合格证。

(3)有采购合同的物资,采购人负责按合同对配件的品名、到货日期、产品单价等进行验收。

4. 仪器、仪表、测量工具以及绝缘受力工具的验收

(1)管库员负责对产品的品名、型号和外观质量状况验收。

(2)有采购合同的物资,计划采购员负责按合同对物资的品名、到货日期、产品单价等进行验收。

(3)产品的性能检验,由材料部门和主管部门共同检验。

(4)由管库员组织把需检验物资送到检验部门,检验完毕后检验人应及时把受检物资送回仓库,并在“物资入库验收结算记录表”上签字。

(三)物资储存管理

保管物资应合理堆放、定期保养。库存物资的技术证件(合格证、说明书、装箱单)保存完好。认真执行物资自点和定期盘点制度;月自点率不低于15%,年末进行一次全面的清点并认真填写“库存物资自点记录”。做到账、卡、物相符,发生账、卡、物不符,应查明原因并及时进行处理。

二、维修料储备

接触网维修料根据管辖设备所具有的零部件和设备维护所需要的辅助材料确定,定额数量根据本单位规定的领料周期,应满足一个周期内设备检修的需要。

定额应根据实际生产情况定期修订,修订的主要内容是根据管辖设备的运行特点、运行环境、设计施工的薄弱环节确定合理的定额数量,根据管辖设备更新改造情况补充项目。

维修料定额一般有管内使用的线材、支撑定位装置、各种绝缘子、各种机械连接零件、电气连接零件、支柱及下锚装置、分段、分相、开关、黄油、去污粉、测温材料、油漆等材料。

三、抢修料储备

接触网抢修料要充分考虑事故抢修的快捷要求,确定快速抢通的材料或临时简易替代材料,事后再行按设备标准恢复。定额数量根据本单位全体职工在岗所能形成的生产力的最大工作能力确定。

抢修料定额一般有管内使用的线材、支撑定位装置、各种绝缘子、各种机械连接零件、简易连接材料、电气连接零件、抢修支柱及下锚装置、分段、分相、开关等材料。普速和高速铁路接触网抢修材料储备定额见表4-6-1和表4-6-2。

表 4-6-1　普速铁路接触网抢修材料储备定额

序号	材料名称	规格及型号	单位	数量			备注
				供电段	抢修基地	工区	
一、支柱							
1	轻型支柱	G5/9.5	套		2	2	含锚钎、岔枕
2	支柱		根	30	4		视管内情况增减
二、定位支撑装置							
1	常用的定位支撑结构		套	30	4	6	包括平、斜腕臂及连接、悬吊零部件、底座、定位线夹
2	非常用的腕臂固定底座	各种	套	各 10		各 1	视管内情况定
	……						
三、下锚及补偿装置							
1	补偿滑轮	各种变比	套	各 2		各 1	视管内情况增减
2	坠砣		块	50		20	视管内情况增减
	……						

表 4-6-2　高速铁路接触网抢修材料储备定额

序号	材料名称	规格	单位	数量				备注
				供电段	供电车间	工区	值守点	
一、支柱								
1	支柱		根	各 10	各 2	0	0	根据管内支柱类型确定
二、定位支撑装置								
1	常用的定位支撑结构		套	各 10	各 4	各 6	常用定位器 2 套	包括平、斜腕臂及连接、悬吊零部件、底座、定位器(含线夹)
2	非常用的腕臂固定底座	各种	套	各 10	0	各 1	0	根据管内情况确定
	……							
三、接触悬挂								
1	可调式整体吊弦	各种变比	套	100	40	20	5	
2	弹性吊索		套	100	20	10	0	
	……							

第七节　工具管理

一、工具管理基本要求

对工具实行分级管理制度，主要包括以下内容。

1. 工具的配发和建账

根据各工种、各部门个人工具及公用工具定额进行工具的发放、管理及旧工具的回收工作。分级建立工具管理台账，各单位材料管理人员负责本单位公用工具的建账管理。

所有工具（含公用工具、个人工具）均按定额进行发放。定额中没有或超出定额数量的工具，一般情况下不予发放。若大型施工或实际工作中确实需要定额中没有的工具，由使用部门报主管业务部门批准后领取，并由领用车间、班组与定额内公用工具分开建账、分架管理。

2. 工具的保管、保养、编号管理

个人工具由领用人保管和使用，使用时要爱护工具，不得超出工具自身功能使用，要经常对工具进行检查保养，当出现丢失或损坏时，要及时进行更换或补发，不得影响生产。

公用工具由工具管理员管理。要定期进行检查保养，发现问题及时进行整改，无法修复的工具及时进行更换，发电机等抢险工具要定期进行发动、试验，时刻保持良好状态。

各种公用工具均应编号管理，使用中无编号的绝缘、受力工具禁止试验。各部门工具库应建立检查登记本，对各级检查的问题、整改、整修情况进行登记。工具管理员每周进行一次检查。

3. 工具的损坏、丢失、更换补发

公用工具损坏、丢失、更换补发要填写“物品遗失损坏评定单”，注明损坏或丢失原因和该工具的领用时间。损坏工具更换时要交旧领新。责任损坏、丢失的，按规定进行赔偿。

新领的耐压、受力工具经试验不合格的，凭试验报告单到供电段主管部门进行更换，由供电段主管部门与供应商联系更换。

4. 抢修机具

新建和改造电气化铁路，应结合线路运行要求和接触网设备特点，将抢修机构设置及人员、交通、通信工具、机具、材料配置纳入工程设计。开通前，人员、机具、材料应配置到位。高速铁路应急值守房屋应按有关规定配置到位。

供电段应设置抢修基地，配备接触网抢修车列。每组接触网抢修车列由放线车、轨道吊车各1台，平板车、综合检修作业车各2台组成。抢修列车的抢修半径一般为200运营公里。综合检修作业车应具有邻线或桥支柱下部等全方位的作业功能，以适应邻线有货物列车滞留时其上部接触网抢修的需要。提速干线的放线车应具备恒张力放线的功能。

接触网工区应配置2台接触网作业车、1台平板车、1辆电力抢险工程车（以保证当接触网作业车无法及时到达故障现场时，人员、机具能先行到达）。铁路枢纽接触网工区的作业车应有1台为带高空作业吊篮的高空作业车；负责铁路大型客站接触网维护的工区还应配置高空作业汽车。

供电段、接触网工区、应急值守点及抢修基地（抢修列车）应配齐抢修材料、工具、备品、通信和防护用具等，并随时注意补充。供电车间抢修用工具、材料原则上存放于所在班组料库。普速铁路和高速铁路接触网抢修工具储备定额见表4-7-1和表4-7-2。

抢修用料应尽量组装成套，并与日常维修用料分别造册登记，分架存放。对较小的零部件（如线夹等）应集中装箱存放在固定地点。

接触网工区值班员应有材料库的钥匙，交接班时交接并清点抢修用料具，以便随时取出抢

修用料具。用后抢修人员应负责将料、具及时放回原处。消耗的材料、零部件列出清单,交给值班员和材料员各一份,并共同确认。对抢修用料具,接触网工区工长每旬检查一次,车间主任每月检查一次,供电段材料、安全科(室)应组织抽查。

表 4-7-1 普速铁路接触网抢修工具储备定额

序号	工具名称	规 格	单位	数量		备 注
				抢修基地	工区	
1	梯子和挂梯	7~12 m	个	各1	各1	
2	车梯		个		2	
3	滑轮组		套	3	3	
4	手扳葫芦	3.0 t	套	2	2	
5	手扳葫芦	1.5 t	套	2	2	
6	断线钳	铜线、钢绞线	把	各2	各2	液压或充电式
7	紧线器		套	每种4	每种4	含钢丝套
8	接触线紧线紧固夹具		套	2	2	
9	导线正弯器	五轮	个	1	2	
10	接触网激光测量仪		套	1	2	
	……					

表 4-7-2 高速铁路接触网抢修工具储备定额

序号	工具名称	规 格	单位	数量			备 注
				抢修基地	工区	值守点	
1	接地线		根	8	4	2	
2	验电器	25 kV	个	4	2	2	
3	绝缘手套		副	4	4	2	
4	绝缘靴		双	4	4	2	
5	安全帽		个	20	10	4	
6	安全带		副	20	10	4	
7	充电电筒		个	30	20	4	
8	个人工具五件套		套	30	10	4	
9	数码照相机		个	2	1	1	
10	望远镜	≥10倍	个	2	1	1	
	……						

二、受力工具和绝缘工具

各种受力工具和绝缘工具应有合格证,进行编号、登记、整理,并按规定试验和正确使用,与试验记录对应的受力工具和绝缘用具上应有对应一致的编号标记(试验标准见表 4-7-3 和表 4-7-4)。禁止使用试验不合格或超过试验周期的工具。

表 4-7-3 常用工具机械试验标准

序号	名称	试验周期（月）	额定负荷（kg）	试验负荷（kg）	试验时间（min）	合格标准
1	车梯： 1. 工作台 2. 工作台栏杆 3. 每一级梯蹬	12	200 100 100	300 200 200	5 5 5	无裂损和永久变形
2	梯子：每一级梯蹬	12	100	200	5	无裂损和永久变形
3	绳子（尼龙、棕、麻绳） 钢丝绳	12	P_H	$2P_H$	10	无破损和断股
4	安全带	12	100	225	5	无破损
5	金属工具	12	P_H	$2.5P_H$	10	无破损和永久变形
6	非金属工具	12	P_H	$2P_H$	10	
7	起重工具	12	P_H	$1.2P_H$	10	
8	脚扣	12	100	120	5	无破损和永久变形

注：P_H为额定负荷。

表 4-7-4 常用绝缘工具电气试验标准

序号	名称	试验周期（月）	使用电压（kV）	试验电压（kV）	试验时间（min）	合格标准
1	绝缘车梯	6	25	120	5	无发热、击穿和变形
2	绝缘硬挂梯	6	25	120	5	
3	绝缘棒、杆	6	25	120	5	
4	绝缘挡板	6	25	80	5	
5	绝缘绳、线	6	25	105/0.5 m	5	
6	验电器	6	25	105	5	
7	绝缘手套	6	辅助	8	1	
8	绝缘靴	6	辅助	15	1	
9	接地用的绝缘杆	6	25	90	5	
10	专用除冰杆	12（入冬前）	25	120	5	

绝缘工具的反光标识应粘贴在明显且不影响绝缘性能的部位。绝缘工具应具有良好的绝缘性、绝缘稳定性和足够的机械强度，轻便灵活，便于搬运。绝缘工具应按下列要求进行试验：

（1）新购、制作（或大修）后，在第一次投入使用前进行机械和电气强度试验。绝缘工具的电气强度试验一般在机械强度试验合格后进行。机械强度试验应在组装状态下进行。

（2）使用中的绝缘工具要定期进行试验。

（3）绝缘工具的机、电性能发生损伤或对其怀疑时，应中断使用并及时进行相应的试验。

绝缘工具材质的电气强度不得小于 3 kV/cm，间接带电作业的绝缘杆等其有效长度大于 1 000 mm。绝缘工具每次使用前，须认真检查有无损坏，并用清洁干燥的抹布擦拭有效绝缘部分后，再用 2 500 V 兆欧表分段测量(电极宽 2 cm，极间距 2 cm)有效绝缘部分的绝缘电阻，不得低于 100 MΩ，或测量整个有效绝缘部分的绝缘电阻不低于 10 000 MΩ。

绝缘工具应存放在室内，室内要保持清洁、干燥、通风良好，并采取防潮措施。绝缘工具在运输和使用中要经常保持清洁干燥，切勿损伤。使用管材制作的绝缘工具，其管口要密封。

三、牵引及受力工具的使用

接触网作业最常使用的工具有线材夹持工具(各种紧线器)，施力工具(手扳葫芦、链条葫芦等)、固定受力工具(钢丝套等)。

1. 线材夹持工具

用于紧固线索、保持线索受力、受力线索卸载时夹持线索的固定部位，可以方便地连接施力工具。要求工具不能造成线材受伤，不能影响线材的电气及机械性能。

常用的电气化铁路专用紧线器如图 4-7-1 所示。

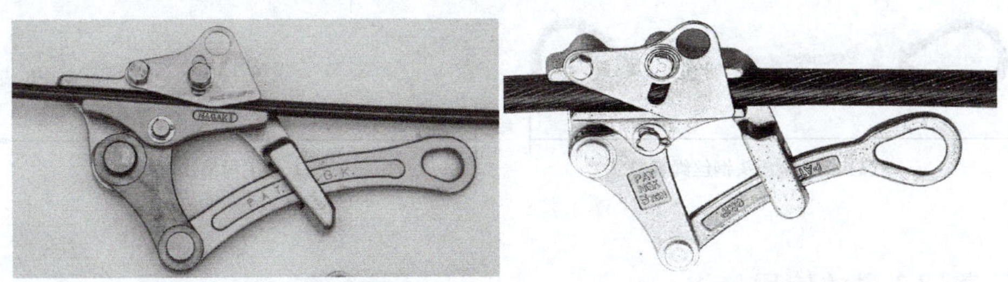

(a) 电车线专用紧线器　　(b) 承力索专用紧线器

图 4-7-1　铁路专用紧线器

作用：专为铁路特别设计，主要用于电气化线路导线紧固。

特点：轻型合金钢制造，安全可靠，不伤导线；特别设计安全挡片，不跑线。

规格：1.5 t、2 t、3 t、4 t 等多种规格。

2. 施力工具

施力工具：作业过程中可以通过调节整个连接的长度，给作业对象加力、卸力并能够在任何力的时候停留闭所受力状态。

(1)手扳葫芦(图 4-7-2)

图 4-7-2　手扳葫芦

作用：用于紧线。

特点：特制的合金钢重量轻、坚固耐用；正反两个方向，可松可紧，手柄可 360°转动，可带张力调整弧垂。

规格:2 t、3 t、4 t 等多种规格。

(2)链条葫芦(图 4-7-3)

作用:用于紧固。

特点:特制的铝合金材料,重量轻、适合高空作业;高强度的合金钢链条,坚固耐用;专门设计的防逆棘轮,提高本身的安全性能;一次性铸造成型的挂钩,强度高、坚固耐用。

规格:0.75 t、1.5 t、3 t、4 t、6 t 等多种规格。

图 4-7-3　链条葫芦

3. 固定受力工具

用于固定施力工具的工具,主要根据设备的实际情况,能够快捷可靠地固定施力工具的一端进行。主要的固定受力工具为钢丝绳套,如图 4-7-4 所示。

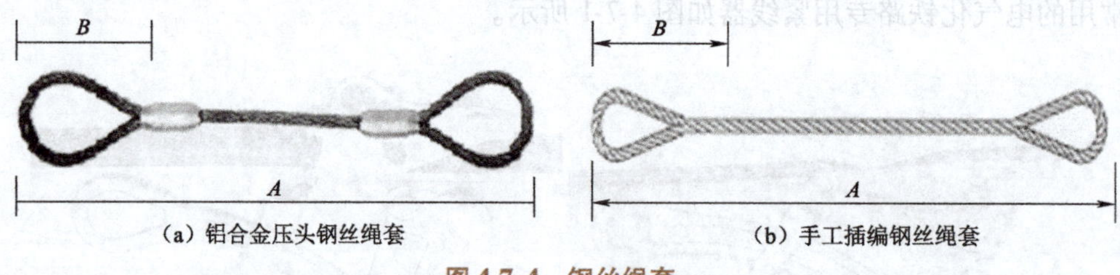

(a) 铝合金压头钢丝绳套　　(b) 手工插编钢丝绳套

图 4-7-4　钢丝绳套

四、剪切工具的使用

剪切工具用于作业中对线材的剪切,不同的剪切工具,用于不同材质、不同线径线材的剪切。对切口要求严格的应使用专用剪切工具,如接触网电车线的对接接头,应使用电车线专用剪切钳。主要的剪切工具有机械式剪切工具(图 4-7-5)和液压切割工具(图 4-7-6)。

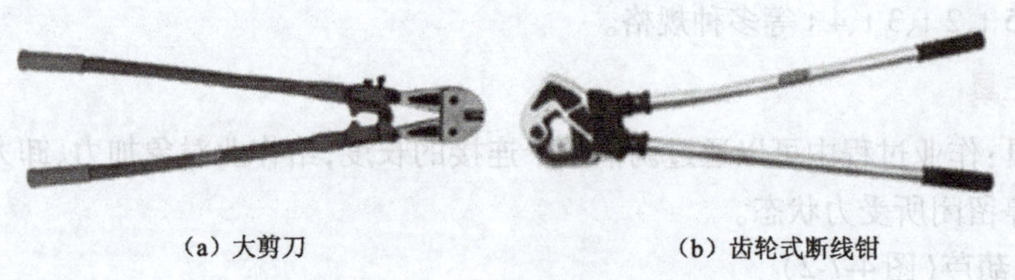
(a) 大剪刀　　(b) 齿轮式断线钳

图 4-7-5　机械式剪切工具

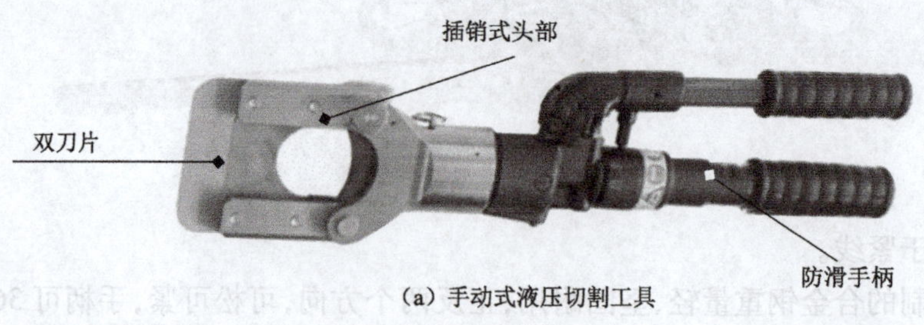

(a) 手动式液压切割工具

图 4-7-6　液压切割工具

(b)电动式液压切割工具

图 4-7-6 液压切割工具(续)

五、测量工具的使用

测量工具主要用来测量接触网的几何参数,早期使用的检测工具主要有道尺、测杆和水平尺。

道尺用来测量轨距和钢轨的超高;测杆用来测量导线高度,定位悬挂点的垂直投影位置;水平尺用来定位参照点的水平位置线。

随着检测水平的不断提高,目前检测接触网参数主要使用接触网激光测量仪。利用激光测距技术和微机技术高效精确地测量各种几何参数。

数字化激光接触网检测仪由数据采集、数据分析、数据网络传输三部分构成,使得数据管理在接触网工区、供电段、铁路局之间实现无缝连接,形成一个有机整体,其实物如图 4-7-7 所示。数据采集部分采用激光测距技术和光栅测角技术、传感信息融合技术、视频成像技术等。基于 B/S 架构的网络化数据分析软件能实现数据的智能化分析和数据共享,为铁路部门搭建接触网参数数字化管理平台,电气化铁路接触网架设及“状态修”提供完美的解决方案。

图 4-7-7 数字化激光接触网检测仪

该系统主要技术指标：

(1)导高：范围3 000～12 000 mm，精度±3 mm。

(2)拉出值：范围±5 000 mm，精度±4 mm。

(3)线岔中心：精度±4 mm。

(4)500 mm处高差：精度±3 mm。

(5)轨距：范围1 410～1 470 mm，精度±0.3 mm。

(6)水平(超高)：范围±200 mm，精度±0.5 mm。

(7)红线：精度±4 mm。

(8)侧面限界：精度±5 mm。

(9)承力索与接触线高差：精度±4 mm。

(10)跨铁道输电线与接触线的距离：精度±4 mm。

(11)锚段关节：精度±4 mm。

(12)定位器坡度：1∶n(n精确到0.1)。

(13)非支：精度±3 mm。

六、专用工具的使用

导线校直器又称导线正弯器，是用来消除导线机械弯曲使导线平顺的工具，有机械臂式、三轮式、五轮式等多种，目前使用较多、效果较好的是五轮式正弯器。

1. 五轮式导线正弯器(图4-7-8)

用途：接触线的校直，保证了受电弓高速平稳运行。

技术参数：适用于85 mm^2、110 mm^2、120 mm^2、150 mm^2电车线。

特点：能够轻易地校直电车线；重量轻、操作简便；五轮设计精良，垂直于一条直线。

图4-7-8　五轮式导线正弯器

2. 导线局部校直器(图4-7-9)

用途：接触网的局部校直，保证了受电弓与接触网的摩擦。

技术参数：适用于85 mm^2、110 mm^2、120 mm^2、150 mm^2电车线。

特点:能够轻易地校直电车线的死弯;重量轻、操作简便;模具有多种规格。

特别提示:分体式液压工具需配液压泵使用;根据电车线的规格选择不同型号的校直压模。

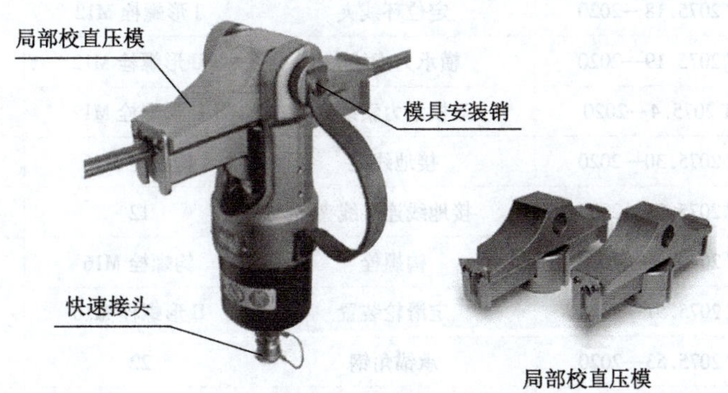

图 4-7-9　导线局部校直器

3. 扭矩扳手(图 4-7-10)

用途:用于螺栓的精确紧固,可以设定扭矩。

技术参数:扭矩:8 ~ 330 N · m;长度:305 ~ 560 mm。

特点:材质优异,经久耐用;可预先设定扭矩,达到预设扭矩后即空转,保证每次工作质量准确一致;预设方法简便快捷,手柄上有指针式读数指示;可用于拧紧,也可用于拧松,轻移转换按钮,即可控制正转或反转。

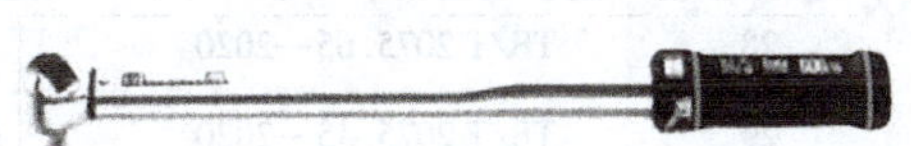
图 4-7-10　扭矩扳手

接触网连接螺栓紧固力矩标准见表 4-7-5。

表 4-7-5　接触网连接螺栓紧固力矩标准

序号	标准代号	名称	螺栓直径(mm)	螺栓紧固力矩(N · m)
1	TB/T 2075.5—2020	定位线夹	10	25
2	TB/T 2075.6—2020	铝定位线夹	10	25
3	TB/T 2075.7—2020	吊弦线夹	10	25
4	TB/T 2075.8—2020	铝吊弦线夹	10	25
5	TB/T 2075.9—2020	中心锚结线夹	12	44
6	TB/T 2075.11—2020	接触线电连接线夹	12	44
7	TB/T 2075.11—2020	电连接线夹	12	44
8	TB/T 2075.10—2020	支持器	12	44
9	TB/T 2075.11—2020	长支持器	12	44
10	TB/T 2075.12—2020	定位环	U 形螺栓 M12	44
11	TB/T 2075.13—2020	长定位环	U 形螺栓 M12	44
12	TB/T 2075.14—2020	套管双耳	U 形螺栓 M16	70
13	TB/T 2075.15—2020	套管绞环	16	70
14	TB/T 2075.16—2020	杵座鞍子	U 形螺栓 M10	25

续上表

序号	标准代号	名称	螺栓直径(mm)	螺栓紧固力矩(N·m)
15	TB/T 2075.17—2020	钩头鞍子	U形螺栓 M10	25
16	TB/T 2075.18—2020	定位环线夹	J形螺栓 M12	44
17	TB/T 2075.19—2020	横承力索线夹	U形螺栓 M12	44
18	TB/T 2075.4—2020	双横承力索线夹	U形螺栓 M12	44
19	TB/T 2075.30—2020	接地线夹	钩螺栓 M16	59
20	TB/T 2075.31—2020	接地线连接线夹	12	25
21	TB/T 2075.41—2020	钩螺栓	钩螺栓 M16	59
22	TB/T 2075.51—2020	定滑轮装置	U形螺栓 M16	59
23	TB/T 2075.53—2020	承锚角钢	22	98
24	TB/T 2075.54—2020	线锚角钢	22	98
25	TB/T 2075.23—2020	压管	M10/M12	25/44
26	TB/T 2075.59—2020	底座槽钢	U形螺栓 M16	59
27	TB/T 2075.62—2020	特型拉杆底座	U形螺栓 M16	59
28	TB/T 2075.65—2020	特型钢锚角钢	22	98
29	TB/T 2075.45—2020	软横跨固定底座	16	70
30	TB/T 2075.68—2020	长定位立柱	U形螺栓 M16	70
31		整体吊弦	10	25
32		螺栓式可调吊弦	10	25

4. 电车线校面器

电车线校面器是用来校正导线面、消除导线扭曲的工具，如图4-7-11(a)所示。

5. 电车线紧固夹具(图4-7-11)

在新线与新线、旧线与新线安装对接连接头时使用电车线紧固夹具能够阻止电车线的旋转，形成一个稳固的操作空间，使安装接头轻松方便。通常安装一个导线接头大约需要25 min，而使用电车线紧固夹具做一个导线连接头只需要3 min。

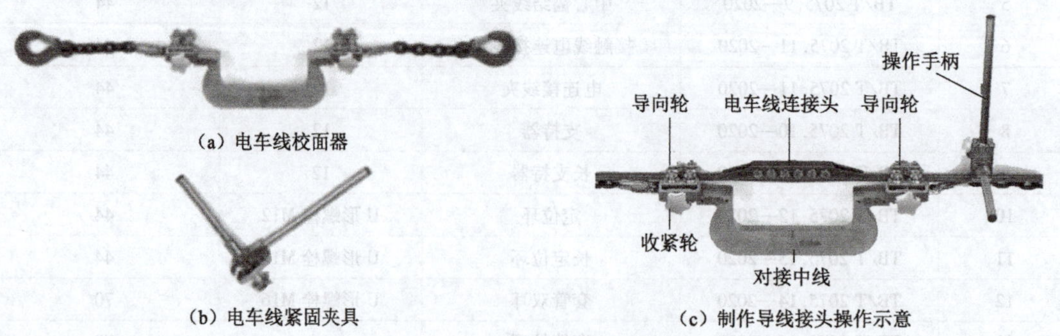

(a) 电车线校面器
(b) 电车线紧固夹具
(c) 制作导线接头操作示意

图4-7-11 电车线校面器及紧固夹具

第八节 计量器具

一、计量器具管理基本要求

计量器具管理应贯彻执行《中华人民共和国计量法》及其实施细则,管理的目的是确保计量单位制的统一和量值准确可靠,提供准确、可靠的数据。

计量器具(含计量标准器)的管理包括计量器具的申请、选型、发放、使用与管理、检定、维修、报废等工作。

1. 计量器具的申领管理

(1)计量器具的申请。根据生产需要,各部门向供电段主管部门提报计量器具申请计划。申请计划的内容应包括:计量器具名称、型号规格、测量范围、精度等级、生产厂家、数量、用途及配置处所,并注明新领或更新。

(2)计量器具的发放。供电段主管部门根据各单位配备标准、计划安排,以及安全生产的实际需要进行发放。领用单位应填写"计量器具领用记录"后领取。

各单位计量器具的发放由单位计量管理人员负责,并纳入本单位计量器具台账管理。

2. 计量器具周期检定管理

计量器具必须按规定周期进行周期检定(以下简称周检),经检定不合格的计量器具、超检定周期或无有效检定合格标志的计量器具不得使用。

根据供电段制定计量器具的检定周期,各部门在每年 12 月份向主管部门提报下一年度计量器具周期检定计划。

主管部门对提报的周检计划审核、平衡后,统一编制下一年度计量器具周期检定计划。并于每月 30 日前下达次月各车间月度周检送修计划。

3. 计量器具运用管理

(1)计量器具的台账管理。应分级建立计量器具管理台账,计量器具管理台账应纳入微机管理,台账填写项目要齐全,应能真实反映计量器具现场的实际状况,实现账物相符。新增、更换、检定计量器具后,由所管辖的单位负责在一个月内,对计量器具管理台账进行相应的建立、撤换、填写日期。

(2)计量器具的使用、维护、保养。计量(测量)人员必须懂得计量器具的计量原理,严格按照计量器具使用说明书的规定定期检查或测试状态,并能按有关技术要求正确使用在检定有效期内的各种计量器具。使用中的计量器具,如发生故障或有疑问时,应及时送交有关检定部门进行修理、检定,不得擅自拆封。计量器具、设备在使用后,要认真擦拭保养,正确摆放,妥善保管,不得与其他工具备件混放在一起。由个人保管的计量器具不得私自转让和互换。

4. 计量器具检定管理

(1)计量检定工作按上级部门的有关规定进行。新表检定应按当月生产计划按时完成。管内所有的计量器具原则上必须在供电段指定部门检定,段内无检定能力需送地方计量检定部门或上级计量单位进行检定。对未经检定、超期、检定不合格的计量器具，严禁在生产、经营中使用。

(2)计量器具的降级、限用。经检修后仍达不到原精度等级的计量器具可降级使用，但必须在检定证书或合格标签上注明更改后的精度等级。对存在不合格或不使用未检部分挡位而其他挡位合格的计量器具，采用限用标签，告知使用者该计量器具测量数据的可靠范围。

(3)计量器具的封存。凡长期不用(一个检定周期以上)的计量器具，由使用单位提出申请，报主管部门审批办理封存手续。封存的计量器具重新启用，应报主管部门批准，经检定合格后方可投入使用。

(4)计量器具的报废。对检定不合格的计量器具且确认无法修复或无修复价值时，填写“检定报废通知单”，报主管部门审核，经批准后方可报废。正常使用破损、淘汰、报废的计量器具凭“检定报废通知单”领取新表。非正常损坏、报废或丢失的计量器具凭“检定报废通知单”和责任鉴定，赔偿后领取新表。

计量检定印、证、记录的管理。计量检定印、证、记录包括：检定证书、检定报废通知单、检定合格证(标签)、铅封、印、检定记录。计量器具经检定合格的，由检定员按照计量检定规程的规定，出具检定证书、加盖检定合格印记或粘贴检定合格证(标签)。计量器具经检定不合格的，由检定员出具检定报废通知单，注销原检定合格印记。计量检定证书、检定报废通知单必须字迹清楚、数据无误，有检定、核验、主管人员签字，并加盖计量检定专用章。检定合格证(标签)由检定人和核验人签字或签写检定员代码。

二、兆欧表的使用

兆欧表也称绝缘电阻表，是电工常用的一种测量仪表，主要用来检查电气设备、家用电器或电气线路对地及相间的绝缘电阻，以保证这些设备、电器和线路工作在正常状态，避免发生触电伤亡及设备损坏等事故。在测量绝缘电阻时，本身就是高压电源，不同于其他测电阻仪表，常用的兆欧表如图 4-8-1 所示。

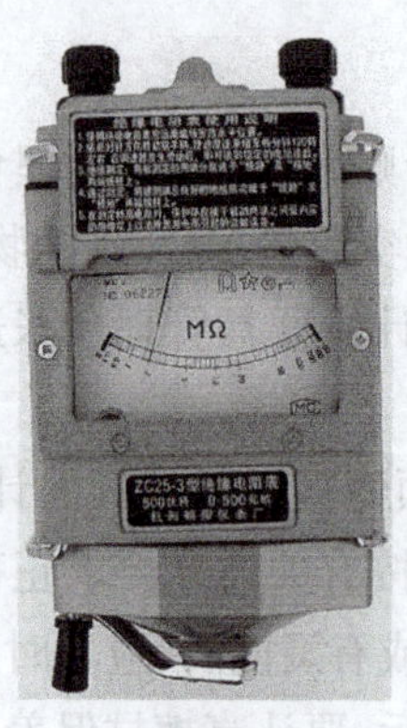

(a) 指针式

(b) 数字式

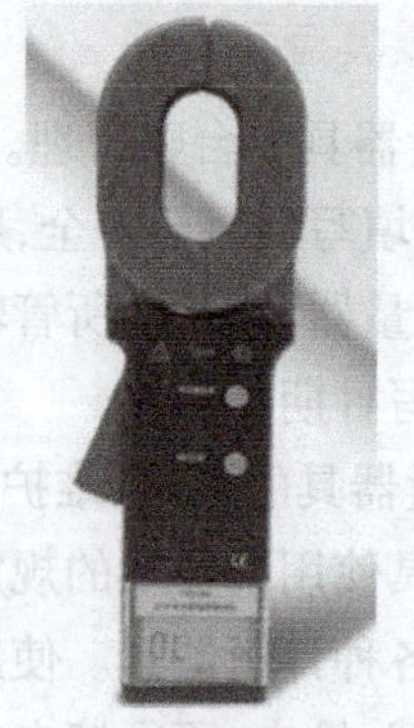
(c) 卡钳式

图 4-8-1　兆欧表

(1)指针式兆欧表测量绝缘电阻的方法如下：

①测量前，应将兆欧表保持水平位置，左手按住表身，右手摇动兆欧表摇柄，转速约

120 r/min,指针应指向无穷大(∞),否则说明兆欧表有故障。

②测量前,应切断被测电器及回路的电源,并对相关元件进行临时接地放电,以保证人身与兆欧表的安全和测量结果准确。

③测量时必须正确接线。兆欧表共有3个接线端(L、E、G)。测量回路对地电阻时,L端与回路的裸露导体连接,E端连接接地线或金属外壳;测量回路的绝缘电阻时,回路的首端与尾端分别与L、E连接;测量电缆的绝缘电阻时,为防止电缆表面泄漏电流对测量精度产生影响,应将电缆的屏蔽层接至G端。

④兆欧表接线柱引出的测量软线绝缘应良好,两根导线之间和导线与地之间应保持适当距离,以免影响测量精度。

⑤摇动兆欧表时,不能用手接触兆欧表的接线柱和被测回路,以防触电。

⑥摇动兆欧表后,各接线柱之间不能短接,以免损坏。

(2)数字式兆欧表工作原理为由机内电池作为电源经AC/DC变换产生的直流高压由E极输出,经被测试品到达L极,从而产生一个从E到L极的电流,经过I/V变换完成运算直接将被测的绝缘电阻值由显示屏显示出来。

(3)卡钳式兆欧表也叫钳形接地电阻仪,测量接地电阻的基本原理是测量回路电阻。钳表的钳口部分由电压线圈及电流线圈组成,电压线圈提供激励信号,并在被测回路上感应一个电势E,在电势E的作用下将在被测回路产生电流I。钳表对E及I进行测量,并通过内部计算即可得到被测电阻R。

三、钳流表的使用

钳形电流表俗称钳表、卡表,通常用于电气设备、电力线路的交流电流和直流电流的测量。它的最大便利之处是无须断开被测电路,就能够实现对被测导体中电流的测量,所以特别适合于不便于断开线路或不允许停电的测量场合,而且该表计结构简单、携带方便。

钳形电流表按结构和工作原理的不同,分为整流系和电磁系两类;从测量结果的显示形式的不同来划分,又分为指针式和数字式两类,如图4-8-2所示。整流系钳形电流表只能用于交流电流的测量,而电磁系钳形电流表则既可测量交流电流,也可以测量直流电流。常用的整流系钳形电流表主要由电流互感器、整流电路、磁电系电流表、量程转换开关及测量电路组成。电流互感器的铁芯为钳形结构,它分为固定部分和活动部分且置于电流互感器的前端,其中的活动部分与扳手联动,当握紧扳手时,电流互感器的铁芯便可以张开,这样被测电流通过的导线不必切断就可以穿过铁芯的缺口,然后放松扳手使铁芯闭合,这时通过电流的导线相当于电流互感器的一次线圈,则二次线圈中便将出现感应电流,和二次线圈相连的电流表指针就发生偏转,从而指示出被测电流的数值。量程转换开关及切换电路可实现钳形电流表的多量程电流测量。

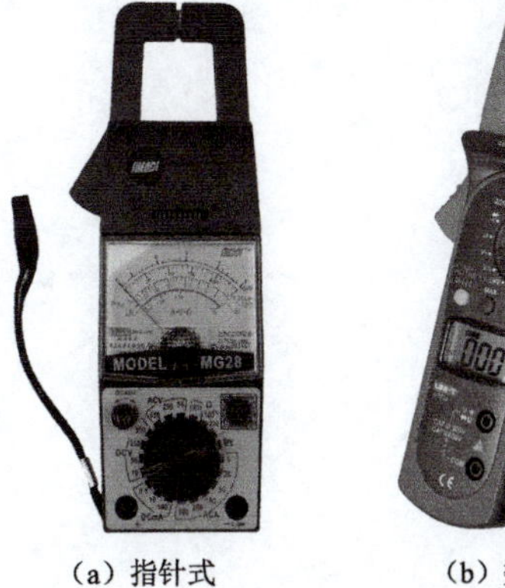

(a) 指针式　(b) 数字式

图4-8-2　钳形电流表

思考题

1. 接触网检修作业有哪几种方式？
2. 利用V形天窗停电作业应具备哪些条件？应遵守哪些要求？
3. 接触网工作票有哪几种？分别有什么作用？
4. 对接触网工作票的管理有什么要求？
5. 什么是天窗？天窗分为哪几种？
6. 实行天窗修的目的和意义是什么？
7. 哪些接触网作业项目可以纳入天窗修？
8. 对照标准练习停车信号和升降弓信号。
9. 叙述停电检修作业标准化程序。
10. 物资入库应如何验收？
11. 工具保管保养有哪些要求？
12. 兆欧表使用有哪些要求？

第五章 接触网检修作业

接触网担负着将从牵引变电所获得的电能直接输送给电力机车使用的重要任务。因此接触网的质量和工作状态将直接影响着电气化铁路的运输能力。

由于接触网是露天设置,没有备用,经常受雨、雪、冰、风等恶劣气候条件的影响,线路上的负荷又是随着电力机车的运行而沿接触线移动和变化的,一旦损坏将中断行车,给铁路运输生产带来损失。因此,对接触网提出以下要求:

(1)在高速运行和恶劣的气候条件下,能保证电力机车正常取流,要求接触网在机械结构上具有稳定性和足够的弹性。

(2)接触网设备及零件要有互换性,应具有足够的耐磨性和抗腐蚀能力并尽量延长设备的使用年限。

(3)要求接触网对地绝缘好,安全可靠。

(4)设备结构尽量简单,便于施工,有利于运营及维修。在事故情况下,便于抢修和迅速恢复送电。

(5)尽可能地降低成本,特别要注意节约有色金属及钢材。

(6)在日常维护时,坚持按标准化程序作业,严格按照设备的技术标准检修。

总的来说,要求接触网无论在任何条件下,都能保证良好地供给电力机车电能,保证电力机车在线路上安全,高速运行,并在符合上述要求的情况下,尽可能地节省投资、结构合理、维修简便、便于新技术的应用。

第一节　接触线检修作业

一、作业目的

通过对接触线张力和弛度的检查,确保接触线的弹性和平顺性;通过对拉出值和导高的测量检修,确保接触线与受电弓的有效结合。

二、作业准备

(1)人员:高处作业2人(不含安全措施人员)。

(2)工具:车梯(或检修作业车)、接触网激光测试仪(或测杆、线坠、道尺、钢卷尺)、滑轮组、大绳、手锤、钢丝套、校正扳手、正弯器、安全用具、防护用具、通信工具。

（3）材料：定位线夹、吊弦线夹、吊弦、开口销、ϕ4.0 mm镀锌铁线、夹环、黄油、接触线接头线夹（简单悬挂区段还应携带弹性吊索线夹、悬吊滑轮、钢线卡子）。

三、作业程序

（1）检查接触线张力和弛度是否符合标准，否则进行调整。

（2）检查接触线“之”字值、拉出值是否符合标准，否则进行调整。

（3）检查接触线定位点处有无脱槽，螺栓是否紧固，否则进行调整、紧固。

（4）检查接触线高度、坡度是否符合标准，并进行调整。对于环节吊弦及可调式吊弦，可松开回头，将导线置于合适位置（否则使用滑轮），重新制作回头。对于简单悬挂，可通过调整悬吊滑轮或吊索线夹位置进行导高、坡度及弛度的调整；对于不可调整体吊弦，应视具体情况在允许范围内调整吊弦位置或予以更换。

（5）检查接触线偏角是否符合标准，否则进行调整。

（6）检查接触线有无偏磨、硬弯、扭曲、烧伤、磨耗，并进行调整、整弯、正面、补强。

（7）检查接触线接头状态是否良好，底部是否平滑，否则进行打磨处理，紧固各部螺栓并涂油，否则进行重新安装或更换线夹。

（8）接触线接头的制作程序：

①在需做接头的接触线两侧适当位置擦拭干净表面油污。

②安装紧线器，用手扳葫芦连接。

③紧手扳葫芦，使两紧线器中间段接触线卸载，并留出适当长度。

④用钢锯或断（剪）线钳截断，保证两接头面对齐。

⑤安装接触线接头线夹并检查接头状态，确认安装牢固可靠。

⑥慢慢卸载手扳葫芦，使导线受力后再次紧固各部螺栓。

⑦拆除手板葫芦及紧线工具。

⑧检查接头底部是否平滑并予以打磨。

⑨螺栓涂油（不锈钢螺栓不用涂油）。

（9）调整“之”字值、拉出值程序：

①卸载定位器（否则使用大绳或滑轮组）。

②调整定位环或软定位尾线，调整时要注意兼顾定位坡度、定位偏移及导高。

③否则调整定位管位置（简单悬挂可调整弹性吊索或弹性吊索滑轮）。

④拉出值一次调整到位，避免重复工作。

⑤定位偏移值由当时气温和安装曲线确定。

⑥在曲线处要同时保证跨中拉出值也符合要求。

四、检修标准

（一）普速铁路

1. 接触线拉出值（含最大风偏时跨中偏移值）

标准值：设计值。

标准状态：标准值 ±30 mm。

警示值：400 mm。

限界值：450 mm。

2. 接触线高度

标准值：设计值。

标准状态：标准值 ±30 mm。

警示值：标准值 ±100 mm。

限界值：标准值 ±200 mm；上限 6 500 mm，下限为任何情况不低于该区段允许的最低值。

3. 接触线坡度（工作支）

标准值：设计值。

标准状态：同标准值。

警示值：160 km/h 区段 3.3‰；120 km/h 区段 4‰。

限界值：160 km/h 区段 4‰；120 km/h 区段 5‰。

在变坡区段的始末跨，接触线坡度变化不宜大于变坡区段最大坡度之半。

4. 接触线偏角（水平面内改变方向）

标准值：设计值。

标准状态：标准值 ±1°且≤4°。

警示值：正线 8°；站线 10°。

限界值：同警示值。

5. 接触线局部磨耗、变形及损伤

（1）接触线磨耗及损伤

①接触线磨耗和损伤后不能满足该线通过的最大电流时，若系局部磨耗和损伤，可以加电气补强线，若系普遍磨耗和损伤则应更换。

②接触线磨耗和损伤后不能满足规定的机械强度安全系数时，若系局部磨耗和损伤，可以加补强线或切除损坏部分重新接续，若系普遍磨耗和损伤则应更换。

③接触线接头、补强处过渡平滑。该处接触线高度不应低于相邻吊弦点，允许高于相邻吊弦点 0 ~ 10 mm，必要时加装吊弦。

标准值：无损伤。

标准状态：无损伤。

警示值：磨损面积 15%。

限界值：磨损面积 20%。

（2）接触线扭面角度

标准值：0°。

标准状态：5°。

警示值：15°。

限界值：20°。

（3）接触线与平直度检测尺之间的间隙不大于 0.2 mm/m

6. 接触线接头和补强的总数量

一个锚段内接触线接头、补强的总数量应符合以下规定(不包括分段、分相及下锚接头)，接头距悬挂点应不小于2 m,同一跨距内不允许有两处接头。

标准值:0处。

标准状态:同标准值。

警示值:2处。

限界值:4处。

(二)高速铁路

接触线应采用铜合金材质、容许载流量符合运能需要。

1. 接触线拉出值(含最大风偏时跨中偏移值)

标准值:设计值。

标准状态:标准值±30 mm。

警示值:400 mm。

限界值:450 mm。

2. 接触线高度

标准值:设计值。

标准状态:标准值±30 mm。

警示值:标准值±60 mm。

限界值:标准值±100 mm且小于6 500 mm。

3. 接触线坡度(工作支接触线相邻悬挂点高度变化)

标准值:$v \leqslant 250$ km/h时,坡度≤1‰,$v > 250$ km/h时,坡度为0。

标准状态:$v \leqslant 250$ km/h时,坡度≤1‰,$v > 250$ km/h时,坡度≤0.5‰。

警示值:$v \leqslant 250$ km/h时,坡度≤1‰,$v > 250$ km/h时,坡度≤0.5‰。

限界值:$v \leqslant 250$ km/h时,坡度≤1.5‰,$v > 250$ km/h时,坡度≤1‰。

4. 接触线偏角(水平面内改变方向)

标准值:设计值。

标准状态:标准值±1°且≤4°。

警示值:6°。

限界值:8°。

5. 接触线局部磨耗、变形及损伤

(1)接触线允许最大局部磨耗面积。

接触线局部磨耗达到或超出限界值,立即进行更换;达到或超出警示值,进行重点监控,纳入三级修(精测精修)更换。

(2)检查接触线与检测尺之间的间隙,其间隙不得大于0.1 mm/m。

(3) 接触线扭面角度。

标准值:0°。

标准状态:5°。

警示值:15°。

限界值:20°。

6. 接触线接头

正线接触线不允许有接头。侧线一个锚段内接触线接头的总数量应符合以下规定(不包括分段、分相及下锚接头)。

标准值:0 处。

标准状态:0 处。

警示值:1 处。

限界值:2 处。

注意事项

1. 调整导高、坡度、弛度

(1) 吊弦与吊索的调整参照相应检修工艺。

(2) 保证定位坡度和结构高度。

(3) 严禁施工人员踩线、顶线、挂线。

(4) 导线高度变化均匀,避免导线呈波浪状。

(5) 调整前要准确计算,尽量一次调整到位。

2. 调整"之"字值、拉出值

(1) 车梯上操作人员注意站在导线曲线外侧,防止接触线滑脱伤人。

(2) 严禁操作人员踩线、顶线、挂线。

(3) 检修过程中要严格检查受力部件状态及定位线夹线受力面方向。

(4) 在调整拉出值及跨中偏移值时,要以设计超高为准进行调整,若设计超高与实测超高相差较大时,要在保证行车安全的同时及时与有关部门联系。

3. 更换作业

更换作业中防止导线扭面。

4. 接触线和接头型号

采用不同型号的接触线或不同型号的接头线夹接头时,应符合各自说明书的有关技术要求。

第二节 承力索检修作业

一、作业目的

通过对承力索的检修,使其张力和弛度符合规定,位置符合标准,各部连接符合要求。

二、作业准备

(1)人员:高处作业2人(不含安全措施人员)。

(2)工具:车梯(或检修作业车)、线坠、钢卷尺、钢丝套、滑轮、手锤、大绳、安全用具、防护用具、通信工具,制作接头时需带楔型紧线器、羊角紧线器、手扳葫芦、钢锯、断线钳。

(3)材料:绑扎线、钢线卡子、铜(铝)包带、防腐油等,制作接头时须带承力索接头线夹。

三、作业程序

(1)检查承力索悬挂点处有无脱槽,钩头鞍子内垫片是否完整,螺栓是否紧固,并采取相应措施进行整治。

(2)检查承力索有无断股、散股、锈蚀、烧伤,并采取相应措施进行整治。

(3)检查承力索位置是否符合标准,否则进行调整。

(4)检查承力索弛度是否符合标准,否则进行调整。

(5)检查承力索接头是否符合标准,否则进行换线;制作承力索接头的程序如下:

①在需做接头的承力索两侧适当位置将承力索表面油污擦拭干净后安装紧线器,用手扳葫芦连接。

②紧手扳葫芦,使两紧线器中间段承力索卸载,并留出适当长度。

③用细绑线在需切断处两边缠2~4圈,然后切断。

④制作承力索接头。

⑤安装连接部件。

⑥检查接头状态,确认安装牢固可靠后,卸载手扳葫芦拆除工具。

(6)用承力索终端线夹时。

①将需要装设终端线夹的承力索位置处用小绑线绑扎,防止断头散股。

②用钢锯或断线钳距绑扎外侧10 mm处将承力索截断(保证承力索断头不散股)。

③将承力索断头自空心螺栓的端孔内插入,如因绑扎的原因不易插入可用手锤轻轻敲击空心螺栓的广口部位,但应注意不得破坏螺纹,直至承力索头部自空心螺栓的广口部位外露5 mm为止。

④将插入空心螺栓的承力索绞线的外层剥开,将楔子尖头向前,使承力索内芯插入楔子的空心中,外层绞线包住楔子,楔子的插入深度应为外露于绞线2 mm为限。

⑤将本体与空心螺栓相连接,在连接的过程中,靠螺纹及本体将绞线、楔子越旋越紧。

⑥承力索终端线夹在承载后,要及时检查线夹的受力情况,如有松动、抽脱要及时查明原因,否则应更换新线夹。

四、检修标准

(一)普速铁路

1. 承力索的张力、弛度

承力索的张力和弛度符合安装曲线,允许偏差15%。

2. 承力索位置

标准值：直线区段，半斜链型悬挂承力索位于线路中心的正上方，直链型悬挂承力索位于接触线正上方。曲线区段，承力索与接触线之间的连线垂直于轨面连线，承力索不得偏向曲线外侧。

标准状态：标准值 ±50 mm。

警示值：标准值 ±150 mm。

限界值：标准值 ±200 mm。

3. 承力索磨耗及损伤

(1)承力索损伤后不能满足该线通过的最大电流时，若系局部损伤，可以加电气补强线，若系普遍损伤则应更换。

(2)承力索损伤后不能满足规定的机械强度安全系数时，若系局部损伤，可以加补强线或切除损坏部分重新接续，若系普遍损伤则应更换。

(3)承力索用钢芯铝绞线或铝包钢绞线时，其钢芯若断股，须切断重新接续并用电连接沟通。

(4)承力索在悬吊滑轮处应转动灵活、无卡滞，悬吊滑轮与线索相匹配。

(5)承力索在承力索座、悬吊滑轮等处悬吊固定时，应加装与承力索材质匹配的预绞丝护线条。

标准值：无损伤。

标准状态：无损伤。

警示值：无散股、损伤 3 股。

限界值：断股。

4. 承力索接头、断股补强的总数量

一个锚段内，承力索接头和断股补强的总数量应符合以下规定（不包括分段、分相及下锚接头）。

标准值：0 处。

标准状态：0 处。

警示值：3 处。

限界值：4 处。

承力索的接头距悬挂点应不小于 2 m，同一跨距内不允许有两处接头。

(二)高速铁路

承力索应采用铜合金材质，容许载流量符合运能需要。

1. 承力索位置

标准值：直链型悬挂，位于接触线正上方。

标准状态：标准值 ±50 mm。

警示值：标准值 ±150 mm。

限界值：标准值 ±200 mm。

2. 承力索磨耗及损伤

(1)承力索损伤后不能满足该线通过的最大电流时,若系局部损伤,可以加电气补强线,若系普遍损伤则应更换。

(2)承力索损伤后不能满足规定的机械强度安全系数时,可以加补强线或切除损坏部分重新接续,若系普遍磨损伤则应更换。

(3)承力索在悬吊滑轮处应转动灵活、无卡滞,悬吊滑轮与线索相匹配。

(4)承力索在承力索座、悬吊滑轮等处悬吊固定时,应加装与承力索材质匹配的预绞丝护线条。

标准值:无损伤。

标准状态:无损伤。

警示值:无散股、损伤3股。

限界值:断股。

3. 承力索接头、断股补强的总数量

一个锚段内,承力索接头和断股补强的总数量应符合以下规定(不包括分段、分相及下锚接头)。

标准值:0处。

标准状态:0处。

警示值:2处。

限界值:4处。

承力索的接头距悬挂点应不小于2 m,同一跨距内不允许有两处接头。

注意事项

1. 认真检查受力工具、材料状态良好。
2. 作业过程中严防工具、材料滑脱。
3. 应注意吊弦及腕臂偏移。
4. 认真检查补偿器状态。

第三节　吊弦与吊索检修作业

一、作业目的

通过对吊弦的检修,确保其长度和偏移符合要求,间距布置合理,无锈蚀和烧伤,吊弦线夹无裂纹和开焊现象。通过对吊索的检修,使其保持运行状态,满足悬吊要求。

二、作业准备

(1)人员:高处作业2人(不含安全措施人员)。

(2)工具:车梯、接触网激光测试仪(或测杆、线坠、道尺、钢卷尺)、校正扳手、滑轮、大绳、温度计、安全用具、防护用具、通信工具。

(3)材料:吊弦线夹、ϕ4.0 mm 铁线、钢线卡子、整体吊弦,简单悬挂带弹性吊索、悬吊滑轮、夹环、黄油等。

三、作业程序

(1)检查吊弦长度是否符合要求,否则进行调整。

(2)检查吊弦偏移是否符合要求,否则进行调整。

(3)检查吊弦布置间距,数量是否符合要求,否则进行调整。

(4)检查吊弦高差是否符合要求,否则进行调整。

(5)检查弹性吊弦辅助绳和简单悬挂吊索是否符合要求,否则进行调整。

(6)检查吊弦线夹、吊索线夹是否安装正确、紧固,无偏斜打碰弓危险。吊弦环节是否卡滞、吊弦是否锈蚀、磨耗、烧伤、断股、散股,否则予以更换。

(7)吊索钢线卡子应紧固不得松动。

(8)滑动吊弦应检查绝缘轮是否入槽、裂纹老化及烧伤,焊接部位是否有开焊现象,否则进行更换。

四、检修标准

(一)普速铁路

1. 吊弦偏移

标准值:在无偏移温度时处于铅垂状态。当温度变化且承力索、接触线采用不同材质时,吊弦顺线路方向偏移符合安装曲线要求。

标准状态:同标准值。

警示值:不大于吊弦长度的1/4。

限界值:不大于吊弦长度的1/3。

2. 吊弦状态

吊弦的长度要能适应在极限温度范围内接触线的伸缩和弛度的变化,否则应采用滑动吊弦。

(1)环节吊弦:至少应由两节组成,每节的长度以不超过600 mm为宜。吊弦回头应均匀迂回,长度为150~180 mm。吊弦环直径应为其线径的5~10倍。吊弦磨耗的面积不得超过原面积的50%。

(2)整体吊弦:预制长度应与计算长度相等,偏差应不大于±2 mm,外观无断股、烧伤或其他不良状态。

吊弦线夹在直线处应保持铅垂状态,曲线处应垂直于接触线工作面。曲线处接触线吊弦线夹螺栓应穿向曲线外侧。

3. 吊弦间距

标准值:设计值。

标准状态:标准值±100 mm。

警示值:12 m。

限界值:15 m。

4. 两相邻吊弦点接触线高差

标准值:0。

标准状态:10 mm。

警示值:30 mm。

限界值:50 mm。

5. 整体吊弦损伤

标准值:无损伤。

标准状态:无损伤。

警示值:断3根单丝。

限界值:断7根单丝。

6. 弹性吊弦辅助绳、简单悬挂吊索

弹性吊弦辅助绳和简单悬挂吊索的技术状态应符合下列要求:

(1)辅助绳和吊索须用绞线制成并保持一定的张力。

(2)在无偏移温度时两端的长度应相等,允许相差不超过400 mm。

(3)辅助绳和吊索不得有断股和接头。

(4)弹性吊弦辅助绳两端与承力索的连接符合设计规定。

(5)与接触线连接的吊索线夹在直线区段应保持铅垂状态,曲线区段应与接触线的倾斜度一致。吊索线夹夹持位置正确,各部零部件齐全、紧固、无裂纹。

(二)高速铁路

1. 吊弦偏移

接触线与承力索同材质时,顺线路方向吊弦偏移达到以下技术标准(交叉吊弦除外)。

标准值:0。

标准状态:20 mm。

警示值:50 mm。

限界值:100 mm。

2. 吊弦状态

吊弦的长度要能适应在极限温度范围内接触线的伸缩和弛度的变化,否则应采用滑动吊弦。吊弦预制长度应与计算长度相等,偏差应不大于±1.5 mm。

3. 吊弦线夹状态

吊弦线夹在直线处应保持铅垂状态,曲线处应垂直于接触线工作面。曲线处接触线吊弦线夹螺栓应穿向曲线外侧。

4. 载流环

吊弦载流环应固定在吊弦线夹螺栓的外侧,接触线吊弦线夹处载流环应与列车前进方向一

致,线鼻子与接触线夹角保持30°~45°。承力索吊弦线夹处载流环应与列车前进方向相反。

5. 吊弦位置

标准值:设计值。

标准状态:标准值±50 mm。

警示值:标准值±100 mm。

限界值:标准值±200 mm。

6. 两相邻吊弦点接触线高差

标准值:0。

标准状态:10 mm。

警示值:10 mm。

限界值:15 mm。

定位点两侧第1吊弦处(弹性链型悬挂时为弹性吊索外第1吊弦)接触线高度应相等。相对于定位点处接触线高度±10 mm,且不得出现V形。

7. 吊弦损伤

标准值:无损伤。

标准状态:无损伤。

警示值:断3根单丝。

限界值:断7根单丝。

注意事项

1. 装卸吊弦、吊索时应注意防止其滑脱弹起伤人。
2. 装卸吊弦时应防止人为损伤吊弦、吊索本体。
3. 确认承力索,接触线的吊弦线夹类型安装正确。
4. 要注意保持相邻悬挂点(定位点)间导线坡度符合规定。
5. 不锈钢绝缘吊弦区段要注意对电连接认真检查。

第四节 软(硬)横跨检修作业

一、作业目的

通过对软横跨的检修,使其各条线索的长度和位置符合规定,各部连接牢固,无烧伤和断裂,机械强度符合标准。通过对硬横跨的检修,确保其安装高度和水平状态符合规定,螺栓紧固力矩正确,吊柱安装标准,无锈蚀和变形。

二、作业准备

(1)人员:高处作业2~6人(不含安全措施人员)。

（2）工具：车梯、硬挂梯、滑轮组、钢卷尺、活动扳手、管钳、钢丝套、安全用具、防护用具、通信工具，更换时还须携带楔型紧线器（羊角紧线器）、手扳葫芦。

（3）材料：横向承力索线夹，双横承力索线夹、定位环线夹、悬吊滑轮、细绑线、杵座（耳环）楔形线夹、开式螺旋扣、ϕ4.0 mm 铁线、角形垫块、球形垫块、黄油等。

三、作业程序

1. 软横跨

（1）检查横向承力索，上、下部固定绳的位置是否符合标准；双横承力索两条线的张力是否相等，V 形连接板是否垂直于横向承力索。否则调整。

（2）检查横向承力索的弛度，最短吊弦的长度是否符合标准，否则调整。

（3）检查上、下部固定绳水平是否符合标准，否则调整。

（4）检查横向承力索和上、下部固定绳是否有接头、断股和补强，否则更换。

（5）检查横向承力索和定位索机械强度安全系数是否符合标准，否则更换。

（6）各固定线夹、定位环线夹、V 形线夹是否裂纹、烧伤、锈蚀，否则更换。

2. 硬横跨

（1）检查硬横梁的安装高度是否符合标准，否则调整。

（2）检查硬横梁呈水平状态是否符合标准，否则调整。

（3）检查螺栓紧固力矩是否符合标准，否则紧固。

（4）检查硬横梁是否锈蚀，否则除锈涂漆。

（5）检查吊柱安装是否符合标准，否则调整。

四、检修标准

1. 软横跨

（1）软横跨横向承力索（双横承力索为其中心线）和上、下部固定绳应布置在同一个铅垂面内。双横承力索两条线的张力应相等，V 形连接板应垂直于横向承力索。

（2）横向承力索的弛度应符合规定，最短吊弦的长度为400 mm，允许误差$^{+50}_{-100}$ mm。上、下部固定绳应呈水平状态，允许有平缓的负弛度，5 股道及以下者负弛度不超过 100 mm，5 股道以上者不超过 200 mm。

（3）横向承力索和上、下部固定绳不得有接头、断股和补强，横向承力索机械强度安全系数应不小于 4.0，定位索机械强度安全系数应不小于 3.0。

（4）下部定位索距工作支接触线的距离不得小于 250 mm。

2. 硬横跨

（1）硬横梁的安装高度应符合设计要求，允许误差不超过 +50 mm。

（2）硬横梁呈水平状态，各段之间及其与支柱应连接牢固，螺栓紧固力矩应符合设计要求。

（3）硬横梁锈蚀面积超过 20% 时应除锈涂漆。

（4）吊柱在安装后应处于竖直状态，限界满足要求。

注意事项

1. 作业时认真检查受力工具、材料状态良好。
2. 作业时要严防滑脱。
3. 硬挂梯挂在横承力索上时要上端固定,下端有人扶,只准1人上梯作业。
4. 在承力索悬吊滑轮处应增加保护措施。

第五节　绝缘锚段关节及关节式分相检修作业

一、作业目的

通过检修,使关节各悬挂的间距符合标准,分相的无电区、中性区长度符合规定,地面传感器的纵向距离符合要求,状态良好。

二、作业准备

(1)人员:2~5人(不含安全措施人员)。

(2)工具:车梯、滑轮组、接触网激光测试仪(或线坠、水平尺、道尺、钢卷尺)、钢丝套、校正扳手、正弯器、力矩扳手、安全用具、防护用具、通信工具,更换零部件时带手扳葫芦、紧线器。

(3)材料:整体可调吊弦、ϕ4.0 mm铁线、细绑线、钢绞线(铜承区段用铜绞线)、钢线卡子、砂纸、电力膏、黄油、更换零部件时视情况携带材料。

三、作业程序

(1)检查转换柱处两悬挂的垂直距离、水平距离是否符合标准,否则进行调整。

(2)检查中心柱处两悬挂的垂直距离、水平距离是否符合标准,否则进行调整。

(3)检查中心柱处接触线等高点接触线高度是否符合标准,否则进行调整。

(4)检查两接触悬挂接触线工作支过渡处接触线是否符合要求,否则进行调整。

(5)检查锚支接触线在其垂直投影与线路钢轨交叉处是否符合要求,否则进行调整。

(6)检查锚支、工作支定位管转动是否灵活,定位管偏移是否符合要求,锚支分段绝缘子串至锚支定位卡子间的距离是否符合要求,否则进行调整。

(7)检查中性区长度是否符合设计要求,否则进行调整。

(8)检查地面传感器的纵向距离是否符合设计要求、状态是否良好,否则进行调整。

(9)检查标志是否完整无损、安装牢固、字迹清晰、位置正确,否则进行调整、除锈刷漆或更换。

四、检修标准

(一)普速铁路

1. 七跨关节式分相

(1)转换柱处两悬挂的垂直距离为500±50 mm。

(2)中心柱处两接触线水平距离为450 +50 mm。

(3)中心柱与交叉下锚方向的转换柱在跨中非支抬高不得小于220 mm。

(4)中心柱处接触线等高点不应低于相邻吊弦点,允许高于相邻吊弦点0~10 mm。

(5)两内转换柱间交叉下锚侧交叉点1 500~2 000 mm范围内各安装一组电连接。

(6)下锚支承力索和非工作支接触线在转换柱靠中心柱一侧加分段绝缘子,并用电连接将两组悬挂连接起来,两组电连接装在离外转换柱靠下锚侧10 m处。

(7)地感器位于钢轨外侧,中心距钢轨中心300 ±20 mm。

(8)地感器主要技术参数:年衰减量<8‰,工作温度≤80°C。

(9)地感器磁感应强度:

①出厂检测必须大于40高斯(1T =10 000高斯);

②最低有效值36高斯(1T =10 000高斯)。

2. 六跨关节式分相

(1)六跨关节式分相装置:由两个四跨绝缘关节重合两跨组成,其中居中的双转换柱有三套腕臂。中心柱处改变传统的两只接触线等高布置,将等高点转移到距离支柱10 m处。

(2)绝缘锚段关节带电部分的空气绝缘间隙应符合设计规定(不小于450 mm),允许偏差0~50 mm。

(3)锚段关节转换跨内两接触线等高处接触线高度应符合设计要求,允许偏差应不大于10 mm。

(4)锚段关节式电分相无电区、中性段的长度应符合设计要求,允许偏差为±500 mm。

(5)腕臂随温度变化顺线路的偏移量应符合设计要求,允许偏差±20 mm。锚段关节转换柱处、中心柱处两接触线的垂直和水平间距为450~500 mm,允许偏差±20 mm。

(6)中心柱下锚支接触线应按设计要求抬高40 mm,施工允许偏差为±10 mm,转换柱接触线非工作支应按设计要求抬高500 mm,施工允许偏差为±10 mm。

(7)下锚支承力索和非工作支接触线在转换柱靠中间柱一侧加绝缘子串,并用电连接将两组悬挂连接起来,两组电连接装在离外转换柱靠下锚侧10 m处。

(8)中性区的长度为两有电接触线下锚支靠有电侧第一串绝缘子间的距离,中性段长度不大于190 m,保证双弓运行通过时,不发生相间短路。

(二)高速铁路

六跨关节式分相:

1. 转换柱处两悬挂垂直距离、水平距离

标准值:设计值。

标准状态:标准值±20 mm。

警示值:标准值±30 mm。

限界值:标准值±50 mm。

2. 中心柱处两悬挂垂直距离、水平距离

(1)接触线(承力索)垂直距离。

标准值:等高(设计值)。

标准状态:20 mm(标准值±20 mm)。

警示值:20 mm(标准值±30 mm)。

限界值:30 mm(标准值±50 mm)。

(2)接触线(承力索)水平距离:同转换柱。

(3)中心柱处接触线等高点处接触线高度不应低于相邻工作支吊弦点,允许高于相邻吊弦点0~10 mm。

3. 接触线工作支

两接触悬挂接触线工作支过渡处调整符合运行要求。

4. 绝缘子串与悬挂点的距离

转换柱处绝缘子串与悬挂点的距离符合设计要求,允许偏差±50 mm。承力索、接触线两绝缘子串上下应对齐,允许偏差±100 mm。

5. 带电体各部分空气绝缘间隙

任何情况下,两接触悬挂及定位支撑装置带电体各部分应满足空气绝缘间隙要求。锚段关节内的定位支撑、吊弦载流环、斜拉线等不得减小空气绝缘间隙。

注意事项

1. 检修过程中注意工作支导线拉出值、导高、定位坡度及承力索技术参数的检调。
2. 如出现电气烧伤、磨损等现象,应认真查找原因并及时处理。
3. 关节式分相处于曲线区段时,应注意保证跨中拉出值。
4. 关节式分相检修,中性线必须加挂接地线,断口处须加装短封线。

第六节 非绝缘锚段关节检修作业

一、作业目的

通过检修,使关节各线索的水平间距和垂直间距均符合规定,各部连接牢固,定位管转动灵活,偏移符合规定。

二、作业准备

(1)人员:2~5人(不含安全措施人员)。

(2)工具:车梯、滑轮组、接触网激光测试仪(或测杆、线坠、道尺、钢卷尺)、水平尺、铁丝套、校正扳手、正弯器、安全用具、防护用具、通信工具,更换零件时带手扳葫芦、紧线器。

(3)材料:吊弦线夹、ϕ4.0 mm铁线、吊弦、黄油等,更换零件时带锚支定位滑轮、锚支定位卡子、定位管支持器、绝缘子、定位线夹、定位器夹环、电连接线及线夹。

三、作业程序

(1)检查两悬挂各部分(包括零部件)之间的距离是否符合标准,否则进行调整。

(2)检查转换柱处两悬挂的水平距离是否符合标准,否则进行调整。

(3)检查转换柱处两悬挂的垂直距离是否符合标准,否则进行调整。

(4)检查中心柱处接触线水平距离是否符合标准,否则进行调整。

(5)检查锚支接触线在其垂直投影与线路钢轨交叉处是否符合要求,否则进行调整。

(6)检查锚支、工作支定位管转动是否灵活,定位管偏移是否符合要求,锚支分段绝缘子串至锚支定位卡子间的距离是否符合要求,否则进行调整。

四、检修标准

1. 悬挂各部分之间的距离

设计极限温度下,两悬挂各部分(包括零部件)之间的距离应保持50 mm以上。

2. 转换柱处两接触线水平距离

标准值:设计值。
标准状态:标准值±20 mm。
警示值:标准值±50 mm。
限界值:标准值±100 mm。

3. 转换柱处两接触线垂直距离

标准值:设计值。
标准状态:标准值±20 mm。
警示值:标准值±30 mm。
限界值:标准值±50 mm。

4. 中心柱处两接触线水平距离、距轨面距离

中心柱处两接触线水平距离同转换柱处;中心柱处两接触线距轨面等高,允许偏差±20 mm。两接触悬挂接触线工作支过渡处接触线调整符合运行要求。

5. 锚支接触线在其垂直投影与其线路钢轨交叉处距离

锚支接触线在其垂直投影与线路钢轨交叉处,应高于工作支接触线300 mm以上,并均匀抬高至下锚处。

注意事项

1. 锚段关节处于曲线区段时,应注意保证跨中拉出值。
2. 如发现电气烧伤、磨损,应认真查找原因,及时处理。
3. 检修过程中注意工作支导线拉出值,导高、定位坡度及承力索技术参数的检调。

第七节　中心锚结检修作业

一、作业目的

通过检修,使中心锚结绳弛度、位置符合要求,锚结绳无断股、散股、接头,两边受力平衡,

无松弛。

二、作业准备

(1)人员:高处作业2人(不含安全措施人员)。

(2)工具:车梯、滑轮组、线坠、校正扳手、单滑轮、大绳、钢卷尺、安全用具、防护用具。

(3)材料:钢线卡子,ϕ4.0 mm 铁线、细绑线、黄油等,更换时带中心锚结线夹、中心锚结绳。

三、作业程序

(1)检查中心锚结绳弛度、位置、中心锚结绳与承力索、悬挂点固定线夹的设置和间距符合设计要求,否则进行调整。

(2)检查锚结绳是否有断股、散股、接头等,否则进行更换,更换时利用滑轮组将承力索与接触线拉紧使两线靠近后拆除旧锚结绳予以更换。

(3)检查中心锚结线夹处接触线高度,当高度低于要求时,利用滑轮组将承力索与接触线紧起,使锚结绳松弛后拆除锚结绳与承力索的绑线,松动跨中侧钢线卡子,用扳手撬开两钢线卡子间锚结绳,使之成垂弯,紧固内侧钢线卡子,松开外侧钢线卡子,使锚结绳向外窜动,然后紧固外侧钢线卡子,反复进行上述程序直至符合要求。当高度高于要求时,上述程序相反,使锚结绳向内窜动,直至符合要求。

(4)检查锚结绳两边受力是否相等,有无松弛情况,有则参照第(2)条对相应辅助绳进行调整。

(5)检查中心锚结线夹状态是否良好,钢线卡子安装是否牢固、正确,锚结绳露头绑扎是否符合要求,否则进行调整、紧固。

(6)对 GJ 系列锚结绳及各部螺栓进行涂油防腐。

四、检修标准

(一)普速铁路

中心锚结按其作用分为防断和防窜两种。中心锚结设置可防止整个锚段向一侧窜动或接触悬挂断线时缩小事故范围。

1. 防断式中心锚结

防断式中心锚结的技术状态应符合下列要求:

(1)承力索中心锚结绳:

①中心锚结绳范围内承力索不得有接头和补强。

②中心锚结绳、固定线夹应与承力索材质匹配,其设置位置符合设计要求,承力索中心锚结线夹辅助绳外露长度不小于 50 mm。

③中心锚结绳弛度应等于或略高于该处承力索弛度,承力索中心锚结绳在其垂直投影与线路钢轨交叉处,应高于接触线 300 mm 以上。

④中心锚结绳的张力符合设计要求。

(2)接触线中心锚结绳：

①中心锚结所在的跨距内接触线不得有接头和补强。

②中心锚结绳范围内不得安装吊弦和电连接。两端距相邻的吊弦或电连接距离不得小于500 mm。

③中心锚结绳处于受力状态，不得触及弹性吊索，不得改变相邻吊弦受力和接触线高度。

④中心锚结绳两端与承力索固定线夹的设置和间距符合设计要求。接触线侧锚结绳压接后回头外露长度不小于20 mm。

(3)中心锚结线夹：

①中心锚结线夹应安装牢固，在直线上应保持铅垂状态，在曲线上应与接触线的倾斜度一致。

②中心锚结线夹处的接触线高度比两侧吊弦点高出0～20 mm。

(4)铜、铝承力索区段，接触线中心锚结绳与承力索用2个承力索中锚线夹连接；钢承力索区段，接触线中心锚结绳与承力索各用4个正反交替的钢线卡子固定，钢线卡子间距100 mm；绳头伸出线夹100～150 mm。

(5)铜、铝承力索区段，承力索中心锚结绳在悬挂点两侧各用1个承力索中锚线夹固定；钢承力索区段，承力索中心锚结绳在悬挂点两侧各用一正一反2个钢线卡子固定，钢线卡子间距100 mm。

(6)防断型中心锚结装置应满足接触悬挂锚段中接触线及承力索分别或同时断线时，未断线的半个锚段仍保持规定的安装状态；中心锚结线夹处应注意导线入槽。

2. 防窜式中心锚结

防窜式中心锚结的技术状态应符合下列要求：

(1)中心锚结绳范围内承力索不得有接头和补强。

(2)中心锚结范围内不得安装电连接器；接触线中心锚结绳范围内不得安装吊弦。

(3)中心锚结绳不应松弛，两边长度和张力力求相等。

(4)承力索中心锚结绳的弛度应等于或略高于该处承力索的弛度。

(5)铜、铝承力索区段，接触线中心锚结绳与承力索用2个承力索中锚线夹连接；钢承力索区段，接触线中心锚结绳与承力索各用4个正反交替的钢线卡子固定，钢线卡子间距100 mm；绳头伸出线夹100～150 mm。

(6)铜、铝承力索区段，承力索中心锚结绳在悬挂点两侧各用1个承力索中锚线夹固定；钢承力索区段，承力索中心锚结绳在悬挂点两侧各用一正一反2个钢线卡子固定，钢线卡子间距100 mm。

(7)中心锚结线夹应安装牢固，直线上应保持铅垂状态；曲线上与接触线的倾斜度一致。

(8)中心锚结处的接触线高度比两侧吊弦点高出0～20 mm。

(9)防窜型中心锚结装置应满足在接触线及承力索最大张力差的作用下，防止整个锚段向一侧窜动的要求。

(二)高速铁路

中心锚结按其作用分为防断和防窜两种形式，设置位置满足其两边接触悬挂的补偿条件基本相等。

1. 防断中心锚结

(1)正线、站线、联络线一般采用防断中心锚结。中心锚结安装位置、形式、采用的线材及连接件规格、型号应符合设计要求。

(2)承力索中心锚结绳。

①中心锚结绳范围内承力索不得有接头和补强。

②中心锚结绳、固定线夹应与承力索材质匹配,其设置位置符合设计要求。承力索中心锚结线夹辅助绳外露长度不小于50 mm。

③中心锚结绳弛度应等于或略高于该处承力索弛度,承力索中心锚结绳在其垂直投影与线路钢轨交叉处,应高于接触线300 mm以上。

④中心锚结绳的张力符合设计要求。

(3)接触线中心锚结绳。

①中心锚结所在的跨距内接触线不得有接头和补强。

②中心锚结绳范围内不得安装吊弦和电连接。两端距相邻的吊弦或电连接距离不得小于500 mm。

③中心锚结线夹两边锚结绳的长度和张力力求相等。中心锚结绳处于受力状态,不得触及弹性吊索,不得改变相邻吊弦受力和接触线高度。

④中心锚结绳两端与承力索固定线夹的设置和间距符合设计要求。接触线侧锚结绳压接后回头外露长度不小于20 mm。

(4)中心锚结线夹。

①接触线中心锚结线夹应安装牢固。在直线上保持铅垂状态,在曲线上与接触线的倾斜度一致。

②中心锚结线夹处接触线高度与相邻吊弦接触线高度应相等,允许偏差0~10 mm。

2. 防窜式中心锚结

(1)防窜绳两端固定线夹的设置位置符合设计要求。

(2)接触线中心锚结绳与防断式相同。

注意事项

1. 检修时注意防止锚结绳抽脱伤人。

2. 保持大绳放松时要缓慢,确认锚结绳紧固后方可完全松开。

3. 注意接触线坡度符合标准。

4. 中心锚结线夹处应注意导线入槽。

第八节 线岔检修作业

一、作业目的

通过检修,使线岔处接触线位置符合规定,交叉点位置正确,始触区符合要求。

二、作业准备

(1)人员:2~5人(不含安全措施人员)。

(2)工具:车梯、接触网激光测试仪(或测杆、线坠、道尺、钢卷尺)、水平尺、滑轮组、校正扳手、整弯器、单滑轮、大绳、安全用具、通信工具。

(3)材料:定位线夹、吊弦线夹、平头螺栓、平垫片、防松垫片、ϕ4.0 mm铁线、黄油等,更换零件时带限制管、电连接线及电连接线夹。

三、作业程序

(1)检查线岔处两接触线位置是否符合要求,否则进行调整。

(2)检查道岔定位支柱的位置是否符合要求,以确定下一步调整方式。

(3)检查交叉点位置是否符合要求,否则进行调整。

(4)检查两接触线相距500 mm、800 mm处的高差交是否符合要求,否则进行调整。

(5)检查限制管长度是否符合设计要求,安装牢固,锈蚀,否则进行紧固、除锈刷漆;两线活动间隙是否符合要求,否则进行调整。

(6)检查始触区位置是否符合要求,否则进行调整。

(7)检查道岔定位器支座是否符合要求,否则使定位器加长,并采用特殊弯形定位器。

(8)检查线岔定位拉出值是否符合要求,否则进行调整。

(9)160 km/h以上区段检查交叉吊弦安装是否符合要求,在始触区范围内,两支接触线是否位于受电弓中心同一侧,否则进行调整。

(10)检查线岔开口方向上道岔定位后的第一个悬挂点设置位置是否符合要求,否则进行调整。

(11)检查两支承力索间隙是否符合要求,否则进行调整。

(12)单开道岔的线岔调整。

两导线交叉点投影位置不合格情况可分为三种:

①两导线交叉点的垂直投影在两内轨相距630~1 085 mm内,但不在两内轨夹角的角平分线上,可将定位点拉出值向同一方向调整直至符合要求,注意定位点拉出值不得超出规定。

②两导线交叉点垂直投影超出630~1 085 mm,但处在角平分线上,可将定位拉出值反向等距调整,注意拉出值不得超出规定。如大于1 085 mm,可增大两线夹角,如小于630 mm可减小两线夹角。

③两导线交叉点垂直投影既不在630~1 085 mm范围内又不在角平分线上,将限制管松开,将线坠拉在下方接触线并位于630~1 085 mm内,调整拉出值,直至符合要求,将限制管在合适位置安装牢固。

(13)交叉渡线道岔(菱形道岔)(图5-8-1)的线岔调整:

①找出各单开线岔接触线交叉点范围。

②调整正线(Ⅰ、Ⅱ)接触线拉出值,使接触线通过A、B、C、D点处于标准位置。

③调整渡线(Ⅲ、Ⅳ)接触线拉出值,使接触线通过A、B、C、D点,从而满足四组单开道岔的线岔接触线交叉投影点的要求。

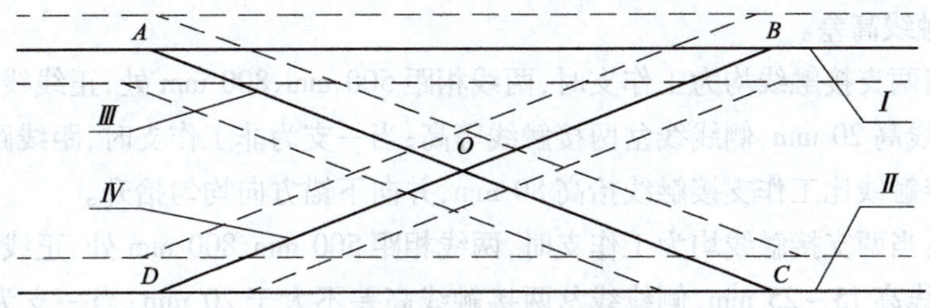

图5-8-1 交叉渡线道岔

④调整拉出值时，同时应兼顾两渡线交叉点 O 位于菱形交叉中心上方。

(14)复式交分道岔处线岔的调整可参照以上程序调整。

(15)对无交分线岔的调整：

无交分线岔要做到机车受电弓沿正线高速行驶通过线岔时，不与渡线接触线接触，而不受渡线接触悬挂的影响。机车从正线驶入渡线时（或从渡线驶入正线），要使受电弓平稳过渡，不出现钻弓和打弓现象，且接触良好。

①测量两只承力索垂直间隙不应小于60 mm，水平间距符合设计要求，不符时调整。

②测量线岔区处侧线接触线与正线接触线的高差、拉出值符合设计要求，不符时调整。

③测量定位管支撑、弹性吊索、吊弦和悬挂等与非支接触线间隙不应小于100 mm，不符时调整。

④测量正线接触线距侧线线路中心，侧线接触线距正线线路中心水平投影600～1 050 mm范围始触区内除吊弦线夹外不得有任何线夹类金具，不符时调整。

⑤检查始触区前是否安装有交叉吊弦，安装位置是否在550～600 mm处（到对侧线路中心距离），不符时安装或调整。

四、检修标准

（一）普速铁路

由正线与侧线组成的交叉线岔，正线接触线位于侧线接触线的下方；由侧线和侧线组成的交叉线岔，距中心锚结较近的接触线位于下方。

1. 单开、对称（双开）道岔的交叉线岔

(1)道岔定位支柱位置应符合设计。

(2)线岔交叉点两侧定位点拉出值满足设计要求，并应保证两接触线交叉点位于规定范围内，任何情况下线岔定位拉出值不大于450 mm。

(3)交叉点位置。

标准值：横向距两线路任一线路中心不大于350 mm，纵向距道岔定位大于2.5 m。

标准状态：交叉点位于道岔导曲线两内轨距735～1 050 mm范围的横向中间位置。允许偏差±50 mm。

警示值：同标准状态。

限界值：交叉点位于道岔导曲线两内轨距630～1 085 mm范围的横向中间位置。允许偏差±50 mm。

（4）两接触线高差。

标准值：当两支接触线均为工作支时，两线相距500 mm、800 mm处，正线线岔的侧线接触线比正线接触线高20 mm，侧线线岔两接触线等高；当一支为非工作支时，距线路中心800 mm处，非工作支接触线比工作支接触线抬高80 mm，并向下锚方向均匀抬升。

标准状态：当两支接触线均为工作支时，两线相距500 mm、800 mm处，正线线岔侧线接触线比正线接触线高15～25 mm，侧线线岔两接触线高差不大于20 mm；当一支为非工作支时，其距线路中心800 mm处，非工作支接触线比工作支接触线抬高60～90 mm，并向下锚方向均匀抬升。

警示值：同标准状态。

限界值：当两支接触线均为工作支时，两线相距500 mm、800 mm处，正线线岔侧线接触线比正线接触线高10～30 mm，侧线线岔两接触线高差不大于30 mm；当一支为非工作支时，其距线路中心800 mm处，非工作支接触线比工作支接触线抬高50～100 mm，并向下锚方向均匀抬升。

（5）限制管。

限制管长度符合设计要求，安装牢固，并使两接触线有一定的活动间隙，保证接触线自由伸缩。

（6）始触区。

线岔两工作支中，任一工作支的垂直投影距另一股道线路中心600～1 050 mm的范围内，不得安装任何线夹。

（7）道岔定位器支座、软横跨定位立柱不得侵入本线及邻线受电弓动态包络线。

（8）道岔开口方向、道岔定位后的第一个悬挂点设在线间距大于等于1 220 mm处，并应保证两线接触悬挂的任一接触线分别与相邻线路中心的距离不小于1 220 mm。

（9）当非工作支下锚偏角大于10°时，非工作支应延长一跨并适当抬高后下锚。

（10）两支承力索交叉处，垂直间距不应小于60 mm。

2. 复式交分和交叉渡线道岔的交叉线岔

（1）复式交分道岔两接触线相交于中轴支距中点；交叉渡线道岔两接触线相交于两渡线中心线交点处。

标准值：0。

标准状态：±50 mm。

警示值：±100 mm。

限界值：±150 mm。

（2）两接触线高差、限制管和始触区等，同单开道岔的线岔要求。

3. 无交叉线岔

（1）岔心两端的定位柱距岔心距离符合设计规定。

（2）岔区腕臂顺线路偏移应符合设计要求，允许偏差±20 mm。

（3）两承力索垂直间距不应小于60 mm。

（4）道岔柱处接触线高度应符合设计要求，两接触线之间的距离、任一接触线距离另一线路中心的距离应符合设计要求。任何情况下工作支拉出值不大于450 mm。

(5)正线接触线距侧线线路中心,侧线接触线距正线线路中心水平投影600～1 050 mm范围为始触区。始触区不得安装除吊弦线夹以外的任何线夹类金具。

(6)对于38号及以上道岔,在正线接触线距侧线线路中心、侧线接触线距正线线路中心水平投影大于850 mm处,各增设一根吊弦,接触线吊弦线夹螺栓从两接触线间向外穿。

(7)对于带辅助悬挂的无交叉线岔,三支接触线的拉出值、定位点的抬升符合设计要求;电力机车(动车组)在不同径路运行时受电弓的动态包络线应符合要求。

4. 交叉吊弦

(1)交叉吊弦应安装在正线接触线距侧线线路中心线、侧线接触线距正线线路中心线水平投影550～600 mm的范围内,两交叉吊弦间距一般为2 m。交叉吊弦与其他吊弦间距(始触区反侧)不大于6～8 m。

(2)交叉吊弦的安装顺序应保证在受电弓从道岔开口方向进入时,先经过侧线承力索与正线接触线间的吊弦。

(3)交叉吊弦的承力索端采用滑动吊弦线夹时,绝缘垫块应安装正确,保证滑动灵活;交叉吊弦接触线端的吊弦线夹螺栓及载流环应朝向远离另一支接触线的方向,线夹倾斜角最大不得超过15°。

5. 线岔的编号

线岔的编号应以其所在的道岔编号命名。

(二)高速铁路

1. 单开和对称(双开)交叉线岔

(1)由正线与侧线组成的交叉线岔,正线接触线位于侧线接触线的下方;由侧线和侧线组成的线岔,距中心锚结较近的接触线位于下方。

(2)道岔定位支柱位置应符合设计。

(3)线岔交叉点两侧定位点拉出值满足设计要求,并应保证两接触线交叉点位于规定范围内,任何情况下线岔定位拉出值不大于450 mm。

(4)交叉点位置。

标准值:横向距两线路任一线路中心不大于350 mm,纵向距道岔定位柱大于2.5 m。

标准状态:交叉点位于道岔导曲线两内轨距735～1 050 mm范围内的横向中间位置,允许偏差±50 mm。

警示值:同标准状态。

限界值:交叉点位于道岔导曲线两内轨距630～1 085 mm范围外的横向中间位置,允许偏差±50 mm。

(5)两接触线相距500 mm处的高差。

标准值:当两支均为工作支时,正线线岔的侧线接触线比正线接触线高20 mm,侧线线岔两接触线等高。当一支为非工作支时,非工作支接触线比工作支接触线高80～100 mm,并按设计要求延长一跨抬高350～500 mm后下锚。

标准状态:当两支均为工作支时,正线线岔侧线接触线比正线接触线高10～30 mm;侧线线岔两接触线高差不大于30 mm。当一支为非工作支时，非工作支接触线比工作支接触线抬高50～100 mm，并延长一跨抬高350～500 mm后下锚。

警示值：同标准状态。

限界值：同警示值。

(6)限制管长度符合设计要求，安装牢固，并使两接触线有一定的活动间隙，保证接触线自由伸缩。

(7)始触区。线岔两工作支中，任一工作支的垂直投影距另一股道线路中心600～1 050 mm的区域内不得安装除吊弦线夹（必需时）外的其他线夹。在始触区至接触线交叉点处，正线和侧线接触线应位于受电弓中心的同一侧。

(8)道岔定位器支座、软横跨定位立柱不得侵入本线及邻线受电弓动态包络线。

(9)道岔开口方向、道岔定位后的第一个悬挂点设在线间距大于等于1 220 mm处，并应保证两线接触悬挂的任一接触线分别与相邻线路中心距离不小于1 220 mm。

(10)当非工作支下锚偏角大于8°时，非工作支应延长一跨并适当抬高后下锚。

(11)两支承力索垂直间距不应小于60 mm。

(12)岔区腕臂顺线路偏移量符合设计要求，允许偏差±20 mm。

2. 复式交分和交叉渡线线岔

(1)复式交分道岔两接触线相交于中轴支距中点；交叉渡线道岔两接触线相交于两渡线中心线交点处。

标准值：0。

标准状态：50 mm。

警示值：100 mm。

限界值：150 mm。

(2)两接触线高差、限制管和始触区等，同单开道岔的线岔要求。

3. 无交叉线岔

(1)岔心两端的定位柱距岔心距离符合设计规定。

(2)岔区腕臂顺线路偏移应符合设计要求，允许偏差±20 mm。

(3)两承力索垂直间距不应小于60 mm。

(4)道岔柱处接触线高度应符合设计要求，任何情况下拉出值不大于450 mm。

(5)正线接触线距侧线线路中心，侧线接触线距正线线路中心水平投影600～1 050 mm范围为始触区。始触区不允许安装除吊弦线夹以外的任何线夹类金具。

(6)交叉吊弦。

①交叉吊弦应安装在正线接触线距侧线线路中心线，侧线接触线距正线线路中心线水平投影550～600 mm的范围内，两交叉吊弦间距一般为2 m。交叉吊弦与其他吊弦间距（始触区反侧）不大于6～8 m。

②交叉吊弦的安装顺序应保证在受电弓从道岔开口方向进入时，先经过侧线承力索与正线接触线间的吊弦。

③交叉吊弦的承力索端采用滑动吊弦线夹时，绝缘垫块应安装正确，保证滑动灵活；交叉

吊弦接触线端的吊弦线夹螺栓及载流环应朝向远离另一支接触线的方向，线夹倾斜角最大不得超过15°。

(7)对于38号及以上道岔，在正线接触线距侧线线路中心、侧线接触线距正线线路中心水平投影大于850 mm处，各增设一根吊弦。接触线吊弦线夹螺栓从两接触线间向外穿。

(8)带辅助悬挂的无交叉线岔。

①在开口方向第一根道岔柱处，侧线定位点距离正线(直股)线路中心大于1 250 mm。

②第二根道岔柱处侧线抬高80~120 mm。

③在线路中心间距为720 mm处，正线与侧线接触线间距应小于1 200 mm。

④300 km/h以上线路的线岔，第二根道岔柱侧线定位点距离正线(直股)的线路中心应在1 250~1 350 mm间。

4. 线岔的编号

线岔的编号应以其所在道岔编号命名。

注意事项

1. 使用车梯作业时应注意道岔开合位置，防止掉道，搬运车梯时不得短接轨道电路。
2. 车梯上作业人员不得站在导线受力方向，防止滑脱伤人。
3. 注意检调时兼顾相关线岔技术参数及跨中偏移值。
4. 加强对车辆的防护工作。
5. 各部线夹不得存在偏斜导致打碰弓现象。

第九节　电连接器检修作业

一、作业目的

通过检修，使电连接器安装位置和截面符合要求，无断股、松股和烧伤，弹性适中，确保主导电回路畅通。

二、作业准备

(1)人员：高处作业2人(不含安全措施人员)。

(2)工具：车梯、砂纸、钢刷、锉刀、安全用具、棉纱、防护用具、通信工具，更换时还须携带液压钳。

(3)材料：绑扎线、接地线连接线夹、并沟线夹、异径并沟线夹、导电膏、钢线卡子、黄油、刮刀等，更换时还须携带电连接线夹、电连接线、接地跳线、固定板、跳线卡箍。

三、作业程序

(1)检查电连接器及跳线的安装位置和截面是否符合要求，不合格应予更换。

(2)检查电连接线,跳线是否有断股、松股、烧伤,弹簧圈及线夹压接处是否符合要求,螺栓紧固并涂油,否则整理、绑扎、补强,更换。

(3)检查电连接线的预留量是否满足承力索、接触线伸缩的要求,否则更换。

(4)检查电连接线夹材质和规格与被连接线索是否相适应,否则更换。

(5)检查电连接线夹是否接触牢固良好,否则打开检查:

①卸下接触线电连接线夹及承力索电连接线夹。

②用钢丝刷和砂纸清扫接触线、承力索与线夹的接触面。

③检查电连接线夹是否有烧伤、裂纹,若线夹上有烧铸时留下的凸块时,可先用刮刀刮去后,再打磨除去污垢和氧化物,若有裂纹则更换。

④检查被夹持接触线及承力索部位,是否有氧化、烧伤、断股,若有更换线夹的夹持位置,避开断股、烧伤和氧化物,并将损伤部分进行绑扎或补强。

⑤检查电连接线是否有氧化、烧伤、断股,否则整理、绑扎、补强或更换。

⑥用钢丝刷和砂纸清扫接触线、承力索与线夹的接触面并涂导电膏。

⑦安装电连接器。

(6)检查测温片是否牢固,变色,否则更换。

(7)检查各部螺栓是否紧固、涂油。

四、检修标准

(一)普速铁路

(1)电连接线夹的材质和规格必须与被连接线索相适应。

(2)电连接线夹与承力索、电连接线之间的连接必须牢固,线夹内无杂物并涂导电介质。

(3)电连接线夹无裂纹、变形。

(4)检查电连接线夹螺栓紧固力矩是否符合标准。

(5)测温片位置必须位于巡视便于发现的位置,发现异常时及时更换。

(6)各种材质的电连接线夹最高允许使用温度不得超过以下规定:铜质为95℃,铝合金为90℃,铝质为80℃,钢质及可锻铸铁为125℃。

(二)高速铁路

在锚段关节、线岔和车站电力机车、动车组经常起动处的股道之间等处所,应装设电连接。

(1)电连接位置和数量符合设计要求,安装位置允许偏差±500 mm。

(2)电连接线符合以下要求:

①承力索、接触线间距≤1 000 mm时采用“C”形连接的方式;间距>1 000 mm时采用“S”形连接。其裕度满足接触线、承力索因温度变化伸缩的要求。

②电连接线均要用多股软铜线做成,其额定载流量不小于被连接的接触悬挂、供电线的额定载流量,且不得有接头、压伤和断股现象,电连接线端头外露10~20 mm。

③对于压接式电连接线夹,电连接线不应有压伤和断股现象。

(3)电连接线夹符合以下要求:

①电连接线夹的材质和规格须与被连接线索相适应,优先采用压接形式。

②电连接线夹与接触线、承力索、供电线之间连接牢固,线夹内无杂物。

③承力索、接触线电连接线夹压接后应端正,符合压接标准。接触线电连接线夹在直线处应处于铅垂状态,在曲线处应与接触线的倾斜度一致。

④工作支接触线电连接线夹处接触线高度与最近相邻吊弦点高度相等,允许偏差0~5 mm。

⑤压接式接触线电连接线夹与线槽契合的U形螺纹卡子应平行压接于线槽内,不得跳出接触线线槽。U形螺纹卡子应保证卡子插入后,另一端露头1~3 mm。

(4)电连接线夹与线索接触面均应涂电力复合脂。

(5)极限温度条件下,交叉跨越线索间距不足200 mm的处所应加装等位线。等位线及其连接线夹应与被连接线索材质匹配,截面积不小于10 mm^2。

注意事项

1. 发现电连接有烧伤时要认真查明原因,及时进行处理。

2. 在距离较近,可能存在电压差的线索之间,应加设等位线。

3. 检查锚段关节内定位钩、软定位及相邻吊弦及股道电连接附近软横跨固定绳、直吊弦、斜拉线及非电气连接部件,发现烧伤应立即更换。

第十节　定位装置检修作业

一、作业目的

通过检修,使定位装置的结构和安装状态符合规定,各部连接牢固,无松动和裂纹,定位器坡度及偏移符合规定。

二、作业准备

(1)人员:高处作业2~5人(不含安全措施人员)。

(2)工具:车梯、滑轮组、线坠、水平尺、钢卷尺、手锤、钢丝套、校正扳手、安全用具、防护用具、通信工具。

(3)材料:定位器、定位管、定位线夹、吊弦线夹、定位环、支持器、开口销、管帽、ϕ4.0 mm铁丝、螺帽、垫片、黄油等。

三、作业程序

(1)定位装置的结构及安装状态是否符合规定,否则进行调整。

(2)检查定位装置安装是否正确,定位器、定位线夹、支持器、定位环是否有裂纹,否则调整或更换。

(3)检查定位器坡度是否符合规定,否则进行调整。

(4)检查定位器偏移是否符合规定,否则进行调整。

(5)检查软定位器的定位拉线是否符合规定,否则进行调整。

(6)检查定位管及定位肩架是否符合规定,否则进行调整。

(7)检查定位环位置是否符合规定,否则进行调整。

(8)检查风口地段防风措施是否符合规定,否则进行调整、安装。

(9)检查各部件及螺栓紧固、受力是否良好,是否有脱扣、锈蚀、弹垫、平垫,否则进行更换、加装、涂油、除锈刷漆。

四、检修标准

(一)普速铁路

定位装置结构及安装状态应保证接触线工作面平行于轨面连线,定位点处接触线的弹性符合规定。当电力机车(动车组)受电弓通过和温度变化时,接触线能上下、左右自由移动。

1. 定位器

(1)定位器应处于受拉状态(拉力≥80 N),定位器静态角度(定位器与轨面连线之间的夹角)标准如下:

标准值:9°。

标准状态:8°~11°。

警示值:7°~14°。

限界值:6°~17°。

对于非限位、弓形等定位器,安装应符合设计要求。

(2)定位器偏移。

定位器应与腕臂顺线路偏移的方向、角度相一致。

标准值:平均温度时垂直于线路中心线,温度变化时沿接触线纵向偏移与接触线在该点的伸缩量相一致。

标准状态:标准值±偏移量的10%。

警示值:标准值±偏移量的20%。

限界值:极限温度时,偏移值不得大于定位器(管)长度的1/3。

(3)定位器限位间隙应符合设计要求,允许偏差±1 mm,且应满足受电弓最大动态抬升量的限位要求,在1.5倍最大动态抬升量时限位间隙为0。非限位定位器根部与接触线高差符合设计要求,允许偏差±10 mm。

(4)转换支柱处两定位器能分别随温度变化自由转动,不得卡滞;非工作支和工作支定位器、管之间的间隙不小于50 mm。

2. 定位管

(1)正、反定位管状态均应符合设计要求,应与腕臂在同一垂面内。

(2)定位管端部余长为50~150 mm,定位管管口封堵良好。

(3)定位管吊线应顺直受力,与弹性吊索间隙大于50 mm。采用"V"形吊线时,两侧吊线的长度张力应相等。固定吊线的定位环、支撑管卡子、吊线固定钩距定位器定位环应保持100~150 mm的距离。吊线固定钩开口方向符合规定。

(4)定位管支撑及两端支撑管卡子与腕臂在同一垂面内,定位管支撑与定位管之间夹角为30°~60°。

3. 其他

(1)防风拉线固定环面向下锚侧安装,距定位器端头水平距离为600 mm,允许误差$^{+50}_{-100}$ mm。防风拉线长环在定位管端,短环在定位器端。长环端回头250 mm,短环端回头100 mm,防风拉线固定环应位于长环中间位置

(2)定位环应垂直线路方向安装。定位管上定位环的安装位置距定位管根部不小于40 mm。

(3)定位装置各部件之间应连接可靠,定位钩与定位环的铰接状态良好。

(4)定位器支座处电气连接线安装符合设计要求,且不应与定位支座限位止钉相互摩擦,铜铝双面垫片安装正确。

(5)定位线夹或锚支定位卡子受力面符合要求,有环夹板远离定位钩和定位支座侧,U形销向上弯折60°。

(6)软定位器的定位拉线调整端在定位器侧,固定端在腕臂侧。

(7)正定位的定位管宜采用防风支撑管安装方式,当采用不锈钢丝时,用2股ϕ3.5 mm的不锈钢丝制成。

(8)定位环应沿线路方向垂直安装,受力面正确。定位管上定位环的安装位置距定位管根部不小于40 mm(软定位器上的定位环距端部的长度以40 mm为宜)。定位装置各部件之间应连接可靠,定位钩与定位环的铰接状态良好,转动灵活,无卡滞,且无放电和烧伤痕迹等电腐蚀现象。

(9)软定位器的尾子线使用CC型调整螺栓时,螺纹露头不小于20 mm,并有防转动的开口销或用ϕ1.6 mm不锈钢丝穿孔与调整螺栓本体绑扎2圈。

(二)高速铁路

定位装置结构及安装状态应保证接触线工作面平行于轨面连线,定位点处接触线的弹性符合规定。当电力机车、动车组受电弓通过和温度变化时,接触线能上下、左右自由移动。

1. 定位器

(1)定位器应与腕臂顺线路偏移的方向、角度相一致。

(2)定位器限位间隙应符合设计要求,允许偏差为±1 mm,且应满足受电弓最大动态抬升量的限位要求,在1.5倍最大动态抬升量时限位间隙为0。非限位定位器根部与接触线高差符合设计要求,允许偏差为±10 mm。

(3)定位器应处于受拉状态(拉力≥80 N),定位器静态角度(定位器与轨面连线之间的夹角)标准如下。对于非限位、弓形等定位器,安装应符合设计要求。

标准值:8°。

标准状态:6°~10°。

警示值:6°~13°。

限界值:4°~15°;

(4)定位器偏移。

标准值:平均温度时垂直于线路中心线,温度变化时沿接触线纵向偏移与接触线在该点的

伸缩量相一致。

标准状态:标准值±偏移量的10%。

警示值:同标准状态。

限界值:极限温度时,偏移值不得大于定位器(管)长度的1/3。

(5)转换支柱处两定位器能分别随温度变化自由转动,不得卡滞;非工作支和工作支定位器、管之间的间隙不小于50 mm。

2. 定位管

(1)正、反定位管状态均应符合设计要求。定位管应与腕臂在同一垂面内。

(2)定位管端部余长为50～150 mm。吊钩定位环距接触线悬挂点一般为400 mm。吊钩定位环开口,正定位时朝支柱侧,反定位时朝远离支柱侧。

3. 其他

(1)防风拉线环的U形螺栓穿向补偿下锚方向(以中心锚结为界),防风拉线长环在定位管端,短环在定位器端。

(2)防风拉线固定环距定位器端头水平距离为600 mm,允许误差$^{+50}_{-100}$ mm。面向下锚侧安装,防风拉线与水平方向呈45°。防风拉线短环端回头100 mm;长环端回头250 mm,防风拉线固定环应位于长环中间位置。

(3)定位管吊线应顺直受力,与弹性吊索间隙大于50 mm。

(4)定位环应垂直线路方向安装,避免与旋转平双耳出现剪切力。

(5)定位管水平或抬头时应安装管帽,低头时不宜安装管帽。

(6)定位器支座处电气连接线安装符合设计要求,且不应与定位支座限位止钉相互摩擦,铜铝双面垫片安装正确,铝面与定位器和底座接触,铜面与电气连接线鼻子接触。

(7)定位线夹安装正确,与接触线接触面应涂导电介质。定位线夹或锚支定位卡子受力面符合要求,有环夹板远离定位钩和定位支座侧。U形销向上弯折60°。

注意事项

1. 车梯上操作人员注意站在导线曲线外侧,防止滑脱伤人。

2. 检修过程中要严格检查受力状态,注意定位线夹受力面及定位钩、定位器管是否有裂纹缺陷。

3. 定位器应始终处于受拉状态。

第十一节　支撑装置检修作业

一、作业目的

通过检修,使支撑装置各部安装符合规定,结构高度和腕臂偏移符合要求,拉杆(压管)或水平腕臂符合要求,各部件和螺栓连接牢固,无锈蚀和变形。

二、作业准备

(1)人员:高处作业2人(不含安全措施人员)。

(2)工具:车梯、滑轮组、单滑轮、水平尺、钢刷、钢丝套、油刷、手锤、安全用具、大绳、防护用具、通信工具,更换时还需携带杉木杆。

(3)材料:管帽、套管绞环、钩头鞍子、调节板、定位环、黄油、防锈漆等,更换时还需携带腕臂、水平拉杆、棒式绝缘子、悬式绝缘子。

三、作业程序

(1)检查腕臂底座、拉杆底座、压管底座是否符合要求,否则进行调整。

(2)检查结构高度是否符合要求,否则进行调整。

(3)检查腕臂位置是否符合要求,否则进行调整。

(4)检查腕臂偏移是否符合要求,否则进行调整。

(5)检查拉杆(压管)或水平腕臂是否符合要求,否则进行调整。

(6)检查桥梁、隧道内埋入杆件是否符合要求,否则进行调整。

(7)检查各部件及螺栓是否牢固、锈蚀,否则紧固、除锈刷漆。

四、检修标准

(一)普速铁路

1. 结构高度

标准值:设计值。

标准状态:标准值 ±50 mm。

警示值:标准值 ±200 mm。

限界值:(以跨距中最短吊弦长度为依据界定)最短吊弦长度不小于300 mm。

2. 腕臂支撑装置

(1)腕臂支撑装置底座

①腕臂、拉杆、压管底座应与支柱密贴,呈水平状态,两端高差不大于10 mm。安装高度符合设计要求,允许偏差 ±50 mm。

②多线路腕臂底座及连接件安装高度应满足最高轨面至横梁下缘的设计高度,允许偏差 ±50 mm。

③双腕臂底座间距应满足要求,极限温度时,两支悬挂及零部件间距不得小于60 mm,腕臂底座端头应封堵。

(2)腕臂

①腕臂不得明显弯曲且无永久性变形,端部非受力部分长度为100 ~200 mm,管口封堵良好。

②腕臂各部件组装正确,应与腕臂在同一垂直面内,铰接处要转动灵活,各部件间距离符合设计要求。

③腕臂的安装位置应满足承力索悬挂点(或支撑点)距轨面的距离(即导线高度加结构高

度)，悬挂点距线路中心的水平距离符合设计要求。

④腕臂偏移

标准值：符合安装曲线要求。

标准状态：标准值 ±50 mm。

警示值：标准值 ±100 mm。

限界值：任何情况下不得超过腕臂垂直投影长度的1/3。

⑤双线路腕臂应保持水平状态，其允许仰高不超过100 mm，无永久性变形。定位立柱应保持铅垂状态。

⑥棒式绝缘子排水孔朝下。承力索座内的承力索置于受力方向指向轴心的槽内。

(3)拉杆(压管)

①拉杆(压管)的安装位置要满足承力索的悬挂需要，安装偏差与腕臂相同。

②拉杆(压管)应呈水平状态，允许悬挂点侧仰高不超过100 mm。

③拉杆(压管)须处于受拉(受压)状态。

3. 隧道悬挂装置

(1)隧道悬挂装置应满足隧道及线路所规定的限界要求，任何情况下不得短接绝缘部件的有效绝缘距离，绝缘间隙符合要求。

(2)各零部件连接可靠，运转灵活，防腐性能满足要求。

(3)承力索固定零部件与其材质相匹配，满足承力索随温度变化伸缩要求。

(4)隧道水平悬挂安装后其整体弛度不应超过30 mm。

(二)高速铁路

1. 支持装置

(1)腕臂底座应与支柱密贴，呈水平状态，两端高差不大于10 mm。安装高度符合设计要求，允许偏差 ±50 mm。多线路腕臂底座及连接件安装高度应满足最高轨面至横梁下缘的设计高度，允许偏差 ±50 mm。

双腕臂底座间距应满足要求。极限温度时，两支悬挂及零部件间距不得小于60 mm。

(2)腕臂

①腕臂不得明显弯曲且无永久性变形。平腕臂端部余长为200 mm，平腕臂绝缘子端头距套管单耳100 mm，承力索座距双套筒连接器一般为300 mm，接触线悬挂点距吊钩定位环一般为400 mm。防风拉线环距定位器头水平距离600 mm，允许偏差 $^{+50}_{-100}$ mm。

②双线路腕臂应保持水平状态，其允许仰高不超过100 mm，无永久性变形。定位立柱应保持铅垂状态。

③平腕臂安装位置满足承力索悬挂点(或支撑点)距线路中心的水平距离规定，距轨面距离(即导线高度加结构高度)满足下述要求。

标准值：设计值。

标准状态：标准值 ±50 mm。

警示值：标准值 ±200 mm。

限界值：(以跨距中最短吊弦长度为依据界定)最短吊弦长度不小于300 mm。

④腕臂偏移。

标准值：符合安装曲线要求。

标准状态：标准值±50 mm。

警示值：标准值±100 mm。

限界值：任何情况下不得超过腕臂垂直投影长度的1/3。

⑤平腕臂抬头时和斜腕臂应安装管帽，水平或低头时不宜安装管帽。

(3)支持装置各部件组装正确。腕臂上的各部件应与腕臂在同一垂直面内，铰接处转动灵活。

①定位管吊线钩开口，正定位时朝远离支柱侧，反定位时朝支柱侧。

②腕臂棒式绝缘子排水孔朝下。

③承力索座内的承力索置于受力方向指向轴心的槽内。

(4)定位管吊线两端均装设心形环，线鼻子采用压接方法固定。

注意事项

1. 各种工具材料使用前检查其状态良好，使用可靠。

2. 检修时认真做好各项记录。

3. 安装更换支持装置时，应避免上、下层同时作业，上、下工作人员应分别位于支柱的两侧，杆上作业，必须系安全带，安全带使用前应作检查。

第十二节 补偿装置检修作业

一、作业目的

通过检修，使补偿装置的 a 值、b 值符合安装曲线要求，补偿滑轮状态良好，转动灵活，无破损、裂纹或缺油，补偿绳无断股、散股、损伤及互磨，限界器、制动装置良好，各部螺栓紧固，无锈蚀。

二、作业准备

(1)人员：2～4人(不含安全措施人员)。

(2)工具：手扳葫芦、羊角紧线器、楔型紧线器、钢丝套、温度计、手锤、曲线安装图、安全用具、防护用具、通讯用具，更换补偿绳时还须携带滑轮组、单滑轮、断线钳、吊绳。

(3)材料：双耳楔型线夹、钢线卡子、绑扎线、ϕ4.0 mm 铁线、润滑脂等，更换时还须携带补偿绳线材、补偿坠砣、滑轮。

三、作业程序

(1)根据当时气温，检查 a 值、b 值是否符合安装曲线要求，否则进行调整。

(2)检查坠砣有无破损，摆放是否符合标准，重量(包括坠砣杆的重量)是否符合张力要求，编号是否完整，否则进行更换、增加或减少坠砣并重新编号。

(3)检查补偿滑轮状态是否良好，有无破损、裂纹、缺油，否则进行更换、注油。

(4)用手托动坠砣检查偿滑轮转动是否灵活，有无卡滞现象，否则进行调整。

(5)补检查定滑轮槽和动滑轮槽状态是否良好，两补偿滑轮工作间距是否标准，否则进行调整。

(6)检查补偿绳有无断股、散股、损伤及是否摩擦其他部件、线索，否则进行绑扎、补强、调整或更换。

(7)检查限界器、制动装置是否良好。

(8)检查各部螺栓是否紧固，铁件是否锈蚀，否则紧固各部螺栓、除锈刷漆。

(9)调整 b 值作业程序：

①在补偿绳上安装羊角(或楔形)紧线器，坠砣杆上分别安装羊角紧线器(或坠砣杆环口下方扎一钢丝套)。

②将手扳葫芦连接在紧线器与钢丝套之间。

③紧手扳葫芦，将线紧起。

④取下连接销钉，按 b 值的要求重新制作补偿绳回头。

⑤安装连接销钉，检查状态。

⑥慢慢卸载手扳葫芦，检查受补偿绳力状态。

⑦拆除手扳葫芦及紧线工具。

(10)更换补偿绳的作业程序：

①在下锚杵环杆和坠砣杆上分别安装羊角紧线器，同时在支柱上(或下锚角钢上方)挂滑轮。

②将手板葫芦钩挂在坠砣杆上的羊角紧线器上，葫芦绳通过滑轮钩挂在杵环上的羊角紧线器上，收紧手扳葫芦至补偿绳不受力为止。

③拆除旧补偿绳、安装预制好的新补偿绳。

④松开手扳葫芦，使补偿绳受力，观察受力情况无误后，拆除所有工具、复查 b 值。

(11)处理承锚补偿绳摩擦双环杆或拉线的作业程序如下：

①在下锚杵环杆和坠砣杆上分别安装羊角紧线器，同时在支柱上(下锚角钢上方)挂滑轮。

②将手扳葫芦钩挂在坠砣杆上的羊角紧线器上，葫芦绳通过滑轮钩挂在杵环杆上的羊角紧线器上，收紧手扳葫芦至补偿绳不受力为止。

③调整承锚角钢或线锚角钢活动孔的位置，使承锚补偿绳不摩擦双环杆和拉线。

④松开手扳葫芦，使补偿绳受力，观察受力情况无误后，拆除所有工具。

(12)处理补偿器卡滞的作业程序如下：

①由于坠砣抱箍卡住限制器而使补偿器动作卡滞的，调整限制器的位置，使坠砣抱箍能在限制器中灵活移动，补偿器动作卡滞的现象即可消除。

②由于补偿滑轮转动不灵活，而使补偿动作卡滞的，清除补偿滑轮轴承里的污垢，重新加注润滑脂。

四、检修标准

1. *a* 值、*b* 值

标准值:设计值。

标准状态:标准值 ±100 mm。

警示值:标准值 ±200 mm。

限界值:任何情况下不小于 200 mm。

2. 坠砣及坠砣限制架

(1)坠砣宜采用铁质或高密度复合坠砣。

(2)坠砣块应完整,自上而下编号且叠码整齐,其缺口相互错开 180°。坠砣串的重量(包括坠砣杆的重量)符合规定,整串重量偏差小于 2%。

(3)限制架的安装位置应满足坠砣升降变化要求。山谷口、高路堤(一般指高出自然地面 5 m)、高架桥等“风口”地段,宜采用防风型坠砣限制架。

3. 补偿绳

(1)补偿绳不得有散股、断股、接头现象,且不得扭绞、与其他部件、线索相摩擦。

(2)优先采用柔韧性好、抗疲劳强的补偿绳。

4. 滑轮补偿装置

(1)滑轮补偿装置安装正确,本体无裂纹、变形,转动灵活无卡滞(人力用手托动坠砣能上下自由移动)。

(2)对需要加注润滑油的补偿滑轮,应按产品规定的期限加注润滑油,没有规定者至少 3 年一次。

(3)下锚角钢安装水平。定滑轮应保持铅垂状态,动滑轮偏转角度不得大于 45°。

(4)同一补偿装置的两补偿滑轮的间距,任何情况下不小于 500 mm。

(5)优先采用大直径滑轮补偿装置。

5. 棘轮补偿装置

(1)采用不防断式中心锚结或下锚位于桥梁上时,宜选用棘轮补偿装置。

(2)棘轮补偿装置安装正确,棘轮本体无裂纹、变形,转动灵活无卡滞(人力用手托动坠砣能上下自由移动)。

(3)对需要加注润滑油的棘轮补偿滑轮,应按产品规定的期限加注润滑油,没有规定者至少 3 年一次。

(4)制动装置作用良好,制动卡块到大轮轮齿间的距离符合设计要求。

(5)平衡轮与棘轮的间距不小于 500 mm。

(6)棘轮大小轮转动灵活,轮槽上下偏斜不得大于 5 mm。

6. 弹簧补偿装置

(1)弹簧补偿装置刻度牌与环境温度相对应,补偿绳伸缩长度符合设计要求。

(2)弹簧补偿器本体安装牢固,位置符合设计要求。本体无裂纹、变形,与下锚方向在同一直线上。

(3)补偿绳位于渐开线轮槽正中，不得偏磨，不得有松股、断股和接头。

(4)弹簧补偿装置各零部件安装正确。

7. 液压等其他结构形式补偿装置

液压等其他结构形式补偿装置，其技术状态符合设计要求。

8. 拉线

(1)接触悬挂、附加导线下锚拉线基础宜采用钢筋混凝土浇筑基础，外形尺寸和位置应符合设计要求。拉线应位于下锚支导线的延长线上，在任何情况下不得侵入限界；与地面夹角一般为45°，最大不得超过60°。

(2)拉线应绷紧，在同一支柱上的各拉线应受力均衡；锚板拉杆与拉线应成一条直线。

(3)拉线应采取防腐措施且不得有断股、松股、接头及严重锈蚀。

(4)UT型楔形线夹螺纹外露长度不小于20 mm且不大于螺纹全长的1/2。

(5)拉线及下锚零部件不得与回流线、保护线、地线间形成环流通路。

(6)基础周围5 m范围内不得取土，1 m范围内应保持清洁，不得有积水和杂物。

(7)对道口两侧、经常有机动车辆运行的场所，以及装卸货物站台上等易被碰撞的拉线，应采取防护措施。

9. 其他

(1)承力索和接触线下锚绝缘子应对应整齐，允许误差±100 mm。

(2)坠砣杆处补偿绳回头在双耳楔形线夹端面以上统一进行绑扎或盘圈。

注意事项

1. 作业前认真检查受力工具、材料是否良好。
2. 带电处理时要严格保证安全距离，安全带系于可靠部位。
3. 操作过程中不得用力过猛，紧线器要采取必要的防滑措施。
4. 调整a、b值时要严格按照安装曲线进行。
5. 要认真检查坠砣杆底部焊接部位及其他零部件焊接部位有无开焊、裂纹现象。
6. 注意来往列车，所携工具、材料不得侵入限界。
7. 坠砣串下严禁站人。

第十三节　分相绝缘器检修作业

一、作业目的

通过检修，使器件式分相主绝缘及绝缘子完好、清洁、无烧伤、无放电痕迹，坡度和位置符合规定，与接触线连接牢固，过度平滑，线夹无裂纹、烧伤及腐蚀等现象。

二、作业准备

(1)人员：高处作业2人(不含安全措施人员)。

(2)工具:车梯、平锉、钢丝套、滑轮组、校正扳手、水平尺、钢卷尺、游标卡尺、扭矩扳手、小管钳、砂纸、安全用具、防护用具、通信工具,更换时还须携带手扳葫芦,蛙型紧线器、楔型紧线器(羊角紧线器)、木槌、断线钳、撼弯器。

(3)材料:丙酮、棉纱、可调吊索、吊弦线夹、ϕ4.0 mm 铁线,细绑线、黄油等,更换时还须携带分相绝缘器、绝缘棒。

三、作业程序

(1)检查分相绝缘器的主绝缘是否完好、清洁、烧伤,否则进行清洗、严重磨损更换。

(2)检查承力索分段绝缘子是否完好、清洁、放电,否则进行清扫或更换。

(3)检查分相绝缘器坡度是否符合要求,否则进行调整。

(4)检查分相绝缘器位置是否与线路中心吻合,否则进行调整。

(5)检查分相绝缘器与接触线连接是否牢固,过渡是否平滑,线夹有无裂纹、烧伤、腐蚀等现象,否则进行紧固、打磨、更换。

(6)检查中性区长度及标志是否符合规定,否则进行调整。

(7)更换分相绝缘器的程序:

①在需更换的分相绝缘器两端导线上打上紧线器,利用手扳葫芦使分相卸载。

②拆除需更换部分,安装新部件,并紧固各螺栓。

③缓慢放松手扳葫芦使分相受力后再次紧固各部螺栓,确认其牢固可靠,再拆手扳葫芦和紧线器。

四、检修标准

(1)分相绝缘器通过速度不得超过 120 km/h。

(2)分相绝缘器主绝缘应完好,其表面放电痕迹应不超过有效绝缘长度的 20%。主绝缘严重磨损应及时更换。

(3)分相绝缘器应位于受电弓中心,一般情况下偏差不超过 100 mm。双线区段,在列车运行方向为 1‰的上升坡度;单线区段,为 50 ± 10 mm 的负弛度;滑道底面应平行于轨面连线。

(4)分相绝缘器导线接头处过渡平滑。承力索分段绝缘子应采用重量较轻的有机复合绝缘子。

(5)中性区长度符合《铁路技术管理规程》规定。

(6)优先采用过渡平滑、耐弧性能好的分相绝缘器。

注意事项

1. 作业过程中要防止分相抽脱。
2. 作业过程中注意防止损伤主绝缘。
3. 检调后,观察 2 ~ 3 趟列车,确保机车平滑过渡。

第十四节　分段绝缘器检修作业

一、作业目的

通过检修，使分段绝缘器的技术参数、标准符合规定，导线接头过渡平滑，位置符合规定，主绝缘及各部零件无脏污、烧伤、磨损、裂纹和老化现象。

二、作业准备

(1)人员：高处作业 2 人(不含安全措施人员)。

(2)工具：车梯、钢丝套、滑轮组、平锉、水平尺、线坠、钢锯、木槌、断线钳、大绳、扭矩扳手、砂纸、安全用具、防护工具、通信工具，更换时还须携带分段专用工具、蛙型紧线器、楔型(羊角)紧线器，手扳葫芦、摵弯器、校正扳手。

(3)材料：螺栓、酒精(丙酮)、黄油、细绑线、吊弦，更换时还须携带承力索终端线夹、承力索绝缘件、分段绝缘器、绝缘子、接头线夹、吊索。

三、作业程序

(1)检查分段绝缘器的主绝缘及各部零件是否脏污、烧伤、磨损、裂纹和老化现象，否则清扫、更换。

(2)检查分段绝缘器位置是否在线路中心，否则调整。

(3)检查滑道是否与轨面平行，否则调整。

(4)检查分段绝缘器相对于两侧的吊弦点弛度是否符合标准，否则调整。

(5)检查分段绝缘器导线接头是否平滑，否则调整、打磨。

(6)检查分段绝缘器的技术参数、标准是否符合产品说明书，否则调整。

(7)更换分段绝缘器的步骤：

①在分段绝缘器两边导线上打上紧线器，用手扳葫芦使分段绝缘器卸载。

②拆下旧分段绝缘器，安装新分段绝缘器。

③将各部螺栓紧固，将手扳葫芦缓慢放松同时紧固分段绝缘器接头处螺栓，确认安全可靠，不会滑脱后，再将紧线器及手扳葫芦拆除。

四、检修标准

(1)分段绝缘器通过速度不得超过 120 km/h。空气绝缘间隙不小于 300 mm。

(2)分段绝缘器主绝缘应完好，其表面放电痕迹应不超过有效绝缘长度的 20%。主绝缘严重磨损应及时更换。

(3)分段绝缘器应位于受电弓中心，一般情况下偏差不超过 100 mm。相对于两侧吊弦点有 5～15 mm 的负弛度。滑道底面应平行于轨面，最大偏差不超过 10 mm。

(4)分段绝缘器导线接头、导流滑道端头处过渡平滑。承力索分段绝缘子应采用重量较轻的有机复合绝缘子。

(5)分段绝缘器不应长时间处于对地耐压状态。雨、雪、雾、霾、冻雨等恶劣天气下,起电分段作用的隔离开关严禁处于分闸状态。隔离开关应在作业开始前 30 min 内断开,在作业间歇时间大于 30 min 时应闭合,继续作业时再断开,作业结束后应及时闭合。

(6)分段绝缘器安装位置符合规定,距离定位点不得小于 2 m。

注意事项

1. 作业过程中应严格防止抽脱。

2. 要注意避免损伤分段绝缘器,作业过程中绝缘元件必须避免碰撞和脏污、安装时不得踩踏绝缘器。

3. 分段绝缘器不应长时间处于对地耐压状态,尤其是雾雨雪等恶劣天气时更应尽量缩短其对地耐压时间,即当作业结束后应尽快合上隔离开关恢复正常运行。

第十五节 隔离开关检修作业

一、作业目的

通过检修,使隔离开关动作可靠、灵活,触头平整、光洁、无损伤,操作机构完好无损、加锁,转动灵活,操作平稳正确,无卡阻和冲击,各部连接线牢固接触良好、无破损和烧伤,满足距接地体的距离。

二、作业准备

(1)人员:高处作业 2 人(不含安全措施人员)。

(2)工具:钢卷尺、塞尺、开关钥匙、吊绳、砂纸、钢丝刷、锉刀、安全用具、防护用具、通信工具等。

(3)材料:防锈漆、工业凡士林、黄油、机油、棉纱、开关附属配件等。

三、作业程序

(1)检查隔离开关动作是否可靠、灵活,否则进行调整。

(2)检查隔离开关触头是否平整、光洁、损伤,否则进行打磨并涂导电介质,严重时进行更换。

(3)检查隔离开关分、合闸角度是否符合产品的技术要求,否则进行调整。

(4)检查隔离开关操作机构应完好无损、加锁,转动部分是否缺油,操作是否平稳正确无卡阻和冲击,否则注润滑油、调整或更换。

(5)检查引线及连接线应是否牢固接触良好、破损和烧伤、满足距接地体的距离,否则打磨、紧固、绑扎、更换。

(6)检查支持绝缘子是否清洁无破损和放电痕迹,否则清扫、更换。

(7)检查各部螺栓,铁件是否紧固、锈蚀,否则紧固、涂油。

四、检修标准

1. 隔离开关

(1)隔离(负荷)开关应动作可靠、转动灵活,转动部分应注以适合当地气候的润滑油。分闸角度及合闸状态应符合产品技术要求,止钉间隙符合规定。

(2)隔离(负荷)开关触头接触面应平整、光洁无损伤,并涂以导电介质。触头间接触紧密,接触压力均匀,用0.05 mm×10 mm的塞尺检查,线接触为0 mm,面接触不大于4 mm。

(3)引线和连接线的截面与开关额定电流及所连接接触网当量截面相适应,引线连接良好且不得有接头。引线及连接线应连接牢固接触良好,无破损和烧伤。当接触悬挂受温度变化偏移时,引线的长度应保证有一定的活动余量并不得侵入限界,引线摆动到极限位置对接地体的距离不小于350 mm。

(4)支持绝缘子应清洁无破损和放电痕迹,瓷釉剥落面积不超过300 mm^2。

(5)新安装的隔离(负荷)开关在投入运行前应做《电气装置安装工程　电气设备交接试验标准》(GB 50150)进行交接试验,试验合格后方可投入运行。

(6)负荷开关的技术状态应符合产品技术要求。

2. 隔离开关操作机构

(1)隔离开关操作机构应完好无损并加锁。操作时平稳正确无卡阻和冲击,联锁、限位器作用良好可靠。操作机构箱应密封良好,箱体及托架等无锈蚀并可靠接地。

(2)具有远动操作功能的隔离开关,应能保证当地位及远动位的正常操作。

(3)电动隔离开关操作机构的分合闸电机、接触器等部件状态良好,接线紧固,限位开关位置正确,操作灵活可靠。

(4)驱动装置的电机转向正确,机械系统润滑良好,分、合闸指示器与开关实际位置相符合。驱动装置的电机和传动器的滑动离合器应符合技术要求。

注意事项

1. 上、下作业人员呼唤应答,配合得当,防止误伤。
2. 防止误操作损伤开关。
3. 手动操作时要准确迅速,一次开闭到底,中途不得停留和发生冲击。
4. 注意作业完毕恢复开关原位,并加锁。

第十六节　避雷器检修作业

一、作业目的

通过检修,使避雷器安装牢固、无损伤,瓷套无严重放电,动作计数器完好,接地电阻符合规定。

二、作业准备

(1)人员:高处作业2人(不含安全措施人员)。

(2)工具:钢卷尺、水平尺、钢丝刷、油刷、砂纸、锯条、安全用具、防护用具、通信工具。

(3)材料:避雷器零部件、监测计数器、火花间隙、棉纱、漆、黄油、酒精、清洁剂等。

三、作业程序

(1)检查避雷器各零部件有无破损、裂纹、烧伤等缺陷,否则进行更换。

(2)检查避雷器接地线及引线状态,接触不良者应用砂纸将其接触面打磨平整、清洁。

(3)检查避雷器主体(或管体)及绝缘子是否清洁、完好,否则进行清扫、更换。

(4)检查避雷器肩架、底座是否牢固、锈蚀,否则进行紧固、除锈补漆。

(5)各部螺栓是否松动、缺油,否则紧固、涂油。

(6)无防松装置应配置防松螺母或防松垫圈。

(7)检查避雷器监测(动作)计数器是否牢固、监测(动作)准确,否则进行紧固、更换。

四、检修标准

(1)避雷器安装尺寸应符合安装图要求,托架应安装水平,无锈蚀,防腐良好。各部零件应连接紧固,无破损、裂纹、烧伤等缺陷。

(2)避雷器及支持绝缘子应呈竖直状态,倾斜角度不超过2°。表面清洁,安装牢固,无裂纹、破损及放电痕迹。

(3)避雷器绝缘外套不得有脏污、破损和放电痕迹,密封良好。

(4)避雷器引线无烧伤、断股。至高压侧引线的张力应适宜,不应使连接端子受到超出允许的外加应力。极限条件下,高压侧引线对接地体之间的距离大于350 mm。

(5)脱离器状态良好,无破损、裂纹。安装位置应满足动作后引线不侵入限界并与带电体保持足够的绝缘距离。

(6)动作计数器完好,一般安装在距离地面2 m为宜,具备在线泄漏电流监测功能。

(7)在天气干燥情况下测量;测量绝缘电阻值不小于10 000 MΩ(2 500 V兆欧表测量),且与前一次测量结果比较不应有显著下降。

(8)避雷器接地电阻应不大于10 Ω,接地电阻超标时应分析原因并采取措施,必要时进行开挖检查。

(9)避雷器的试验按照国家和行业有关标准执行。

注意事项

1. 不得随意拆卸避雷器主体、破坏密封和损坏元件。
2. 严禁使避雷器主体(或管体)受力。
3. 避雷器引线连接不应使端子受到超过允许的外加张力。

第十七节　绝缘子检修作业

一、作业目的

通过检修，使绝缘子无脏污、烧伤、放电闪络痕迹，无破损和裂纹，附属零部件状态良好，泄漏距离符合规定。

二、作业准备

（1）人员：高处作业2人（不含安全措施人员）。

（2）工具：单滑轮、大绳、钢丝套、抹布、清洗溶液、安全用具、防护用具、通信工具，更换时还须携带手扳葫芦、羊角（楔形）紧线器，滑轮组、杉木杆。

（3）材料：弹簧销、开口销、销钉、清洗剂，更换时还需携带棒式绝缘子、悬式绝缘子。

三、作业程序

（1）检查绝缘子是否脏污，是否有烧伤、放电闪络痕迹，进行清扫，否则进行更换。

（2）检查绝缘子是否破损、裂纹，铁帽及其他铁件是否锈蚀；有机绝缘子还须检查是否老化、闪络、腐蚀，否则进行更换。

（3）检查绝缘子附属零部件状态是否良好，有无短缺，否则更换。

（4）检查绝缘子泄漏距离是否符合规定，机械强度是否符合规定，否则更换。

（5）更换单根支柱悬式绝缘子

利用滑轮组连接支柱和腕臂端部（或调节板）使水平拉杆卸载后，拆除需更换绝缘子，用大绳吊下，吊上新绝缘子，安装牢固后拆除作业工具。

（6）更换软横跨悬式绝缘子

利用（楔形）羊角紧线器，手扳葫芦将软横跨卸载后，拆除需要更换的绝缘子，用大绳吊下，吊上新绝缘子，安装牢固后拆除工具。

（7）更换下锚悬式绝缘子

用手扳葫芦将需要更换的绝缘子卸载后，拆除，用大绳吊下，吊上新绝缘子，安装牢固后拆除工具。

（8）更换棒式绝缘子

利用杉木杆将腕臂端部顶起使其卸载，再使定位器卸载后，拆除需要更换的棒式绝缘子，用大绳吊下，吊上新棒式绝缘子，安装好后，慢松杉木杆使腕臂入绝缘子套筒后，安装紧固各部零件，拆除工具。

四、检修标准

（1）接触网绝缘部件的泄漏距离

① 0、Ⅰ、Ⅱ级污秽等级区域，接触网绝缘泄漏距离不小于1 400 mm；Ⅲ、Ⅳ级污秽等级区

域,接触网绝缘泄漏距离不小于 1 600 mm。

②供电线、正馈线、加强线、电缆终端、接触悬挂下锚、软横跨接地侧、隔离开关绝缘子及分束供电的分段处绝缘子泄漏距离不小于 1 600 mm。

③在海拔超过 1 000 m 的地区,上述泄漏距离应按规定增大。

(2)Ⅲ、Ⅳ级污秽等级区域以及高路堑、跨线桥两侧、接触网下锚、分段、分相处宜采用复合绝缘子。

(3)绝缘部件不得有裂纹和破损。瓷绝缘子的瓷釉剥落面积不大于 300 mm^2,连接件不松动。

(4)在运输装卸和安装绝缘子时应避免发生冲撞,不得锤击与瓷体连接的铁帽和金属件,同时也不得对其进行机械加工和热处理,铁帽和金具无锈蚀。

(5)接触网空气绝缘间隙符合表 5-17-1 的要求。

表 5-17-1 接触网空气绝缘间隙表

序号	项 目	最小值(mm)
1	接触线、承力索、供电线、加强线、正馈线等带电部分至固定接地体间隙	300
2	接触网带电部分至机车车辆或装载货物的间隙	350
3	接触线、承力索、供电线、加强线、正馈线等带电部分至跨线建筑物间隙	500
4	受电弓振动至极限位置和导线被抬高的最高位置距接地体的瞬间间隙	200
5	25 kV 带电绝缘子接地侧裙边距接地体间隙	100
6	43.3 kV 绝缘间隙(关节式分相)	400
7	50 kV 绝缘间隙(AT 区段正馈线与接触网间)	540

注:1. 当海拔高度超过 1 000 m 时,上述距离应按海拔修正系数进行修正。

2. 回流线、保护线、架空地线、架空避雷线距固定接地体或桥梁及隧道壁的正常情况下最小距离 150 mm。

注意事项

1. 在运输装卸和安装绝缘子时应避免发生冲撞,不得锤击与瓷体连接的铁帽和金属件,同时也不得对其进行机械加工和热处理,铁帽和金具无锈蚀。

2. 杵座式悬式绝缘子安装时要使弹簧销状态良好。

3. 耳环式悬式绝缘子安装时要使销钉的开口销掰开,棒式绝缘子安装时要注意受力及铁锚压板螺栓紧固。

4. 有机绝缘子严格按照说明书上进行清洗,严禁使用有机溶剂清洗。

第十八节 吸上线检修作业

一、作业目的

通过检修,使吸上线设置和安装符合规定,电缆截面满足回流要求,与扼流圈、钢轨连接部位牢固可靠、接触良好。

二、作业准备

（1）人员：2～3人（不含安全措施人员）。

（2）工具：钢丝刷、毛刷、酒精喷灯、兆欧表、油桶、安全工具、防护工具、通信工具。

（3）材料：设备线夹、砂布、油漆、防腐材料、焊锡膏。

三、作业程序

（1）检查吸上线电缆截面是否满足回流要求，外露部分电缆护管是否损伤，否则更换。

（2）检查吸上线埋深及穿过钢轨、桥台时采取防护措施是否符合要求，否则重新埋深和穿越。

（3）检查吸上线的设置和安装是否符合要求，否则重新安装。

（4）检查吸上线与扼流圈、钢轨连接部位是否牢固可靠、接触良好，否则打磨安装或更换。

（5）更换设备线夹：

先用钢丝刷对吸上线扁钢与设备线夹连接处进行彻底除锈，对扁钢预热使温度达50℃～60℃并迅速在扁钢挂锡面涂一层焊锡膏，将焊锡均匀熔于扁钢面，焊锡厚度约为1 mm左右，然后进行连接。

四、检修标准

（1）吸上线型号及安装位置应符合设计并满足牵引回流需要，外露部分电缆护管应无损伤且封堵良好。

（2）在有轨道电路区段，采用截面满足要求的电缆接至扼流变压器中性点连接板（端子）。吸上线须与支柱密贴连接牢固。无轨道电路区段按设计进行安装。

（3）吸上线与回流线（保护线）连接时，与悬挂点的距离应符合设计要求；与回流线（保护线）、扼流变压器（或空心线圈）连接处应连接牢固，接触良好，并涂导电脂。

（4）对吸上线进行固定、防护时，其抱箍、套管不得形成闭合磁路。

（5）吸上线电缆沿地面、支柱的敷设必须密贴、牢固。埋入地下时，埋深不少于300 mm。穿过钢轨、桥台时应采取防护措施。

注意事项

1. 吸上线要按有电设备对待，未停电前严禁操作。
2. 严禁断开运行中的吸上线。

第十九节　附加导线检修作业

一、作业目的

通过检修，使供电线、加强线、正馈线、回流线、保护线、架空地线等附加导线张力和弛度符合运行要求,材质和截面能满足通过的最大电流和强度安全系数,接头符合要求,无散股、断股、烧伤和损伤,绝缘距离符合要求,各悬挂点处连接零件状态良好,无锈蚀和烧伤。

二、作业准备

(1)人员:高处作业2人(不含安全措施人员)。

(2)工具:皮尺、钢卷尺、滑轮组、吊绳、锉刀、手锤、硬梯、单滑轮、钢丝刷、毛刷、安全用具、防护用具、通信工具。

(3)材料:铝包带、电连接线夹、并沟线夹、导电膏、$\phi4.0$ mm 铁线、细绑线、抹布、黄油、灰漆、钳管及垫条。

三、作业程序

(1)检查材质和截面积是否满足通过的最大电流和强度安全系数,否则更换。

(2)检查张力和弛度是否符合要求,否则调整。

(3)检查接头及损伤是否符合要求,否则补强、更换。

(4)检查线索有无散股、断股、烧伤及损伤,安装是否牢固,否则绑扎、补强、更换。

(5)检查跨越或接近铁路、公路、电力线、弱电线路、河流时是否符合要求,否则调整。

(6)检查对地面及相互间的距离是否符合要求,否则调整。

(7)检查绝缘距离是否符合要求,否则调整。

(8)检查与接触网同杆合架时是否符合要求,否则调整。

(9)肩架安装是否正确、牢固、水平,否则调整。

(10)检查各悬挂点处连接零件状态是否良好,锈蚀,打开各连件零件检查内部有无烧伤,视具体情况进行处理。

四、检修标准

(1)附加导线系指牵引网中接触悬挂以外的架空导线。包括供电线、加强线、正馈线、回流线、保护线、架空地线等。

(2)供电线、加强线、正馈线、回流线等接触网附加导线的材质和截面积应满足通过的最大电流和强度安全系数不应小于2.5。

(3)张力和弛度。

标准值:符合安装曲线的要求。

标准状态:标准值±6%。

警示值:标准值±8%。

限界值:标准值±10%。

支柱同一侧悬挂为不同线径及材质的导线时,导线的弛度应以其中弛度较大的导线为准。

(4)跨越铁路和一、二级公路以及重要的通航河流时,导线不得有接头;不同金属、不同规格、不同绞制方向的导线严禁在跨距内做接头。一个跨距内一根导线的接头不得超过1个。一个耐张线段内附加导线的接头、断股和补强线段的总数分别不得超过下列规定,且接头距悬挂点的距离大于500 mm：

①耐张段长度在800 m及以下者。

标准值:0处。

标准状态:0处。

警示值:2处。

限界值:4处。

②耐张段长度超过800 m者。

标准值:0。

标准状态:0处。

警示值:4处。

限界值:8处。

(5)附加导线不得散股,损伤断股标准如下:

标准值:无损伤。

标准状态:无损伤。

警示值:无断股。

限界值:断股。

铝绞线和钢芯铝绞线的铝线断股、损伤3股及以下时,可用预绞丝接续条或铝绑线绑扎补强,缠绕方向与被接续导线外层绞向一致,绑扎长度超出缺陷部分30~50 mm;当断股、损伤3股以上、7股以下时,应采用同材质导线进行补强;当断股、损伤7股及以上时,应重新制作接头或更换。

钢芯铝绞线的钢芯断股或损伤时应重新制作接头或更换。

钢芯铝绞线与绝缘子或金具的固定处缠绕铝包带时,应密贴缠绕,不得重叠,绕向与导线绕向一致,绑扎长度为200 mm。

(6)附加导线在接头、下锚和补强处所采用预绞丝护线条时,预绞丝护线条的型号、规格应与附加导线材质相匹配,缠绕方向与附加导线绞向一致。接续时,其缠绕长度、机械性能符合设计要求,接续点处导电性能不低于被接续导线。

(7)附加导线不得跨越屋顶为易燃材料的建筑物;对耐火屋顶的建筑物也要尽量避免跨越,若必须跨越时,其距建筑物的距离要符合表5-19-1的规定,且跨越的跨距内不得有接头、断股和补强。

(8)附加导线带电部分距接地体的最小距离。

标准值:设计值。

安全值:≥300 mm。

限界值:≥240 mm。

当海拔超过1 000 m时,上述距离应按规定加大。

(9)附加导线对地面及相互间的距离在任何情况下不应小于表5-19-1的数值。

表 5-19-1 附加导线对地面及相互距离的最小值(mm)

序号	有关情况		供电线、正馈线、加强线	保护线、回流线、架空地线
1	导线在最大弛度时距地面高度	居民区及车站站台处	7 000	6 000
		非居民区	6 000	5 000
		车辆、农业机械不能到达的山坡、峭壁和岩石	5 000	4 000
2	导线距离峭壁挡土墙和岩石	无风时	1 000	500
		计算最大风偏时	300	75
3	导线跨越铁路时	跨越非电化股道(对轨面)	7 500	7 500
		跨越不同回路电化股道(对承力索或无承力索时对接触线)	3 000	2 000
4	不同相或不同供电分段两导线悬挂点间距离	水平排列	2 400	—
		垂直排列,上方为供电线,下方为供电线或回流线	2 000	—
5	与建筑物间的最小距离	导线与建筑物间最小垂直距离(计算最大弛度时)	4 000	2 500
		导线对建筑物最小水平距离(计算最大风速时)	3 000	1 000

(10)当附加导线与接触网同杆合架时,供电线、加强线、正馈线带电部分距支柱边缘的距离应不小于1 m。附加导线与接触网分杆架设时,应符合电力部门架空输电线路有关规定。

(11)附加导线从腕臂上方通过时,在最高温度时(导线最大弛度时),如果附加导线与腕臂的距离小于200 mm时需增设等电位连接线,采用等电位措施时应充分考虑腕臂的偏转量;或将平腕臂高度适当降低。

(12)加强线、正馈线悬挂点处设护线条,绝缘子的安装孔径应满足设护线条的要求。

(13)加强线、正馈线悬挂节点带电部分距隧道衬砌的绝缘距离不小于300 mm;加强线、正馈线下锚节点带电部分距隧道衬砌的绝缘距离不小于350 mm;加强线、正馈线及跳线在最大弛度时距离受电弓的距离不应小于300 mm。

(14)在双线隧道,加强线、正馈线下锚吊柱距相邻接触网悬挂点或附加导线悬挂点吊柱中心的距离为750 mm。

(15)在任何情况下,跨越线路的回流线距接触悬挂带电部分不小于2 m,回流线距支柱边缘不小于0.8m。回流线距信号机距离不小于1 m。

(16)肩架安装位置正确、安装牢固、呈水平状态;肩架位置的误差为+50 mm;肩架采用方(槽)钢方式时,端头应封堵。

注意事项

1. 高空作业应注意安全防护,安全带扎到可靠部位。
2. 在接触网及附加导线均停电后方准作业。
3. 用铝包带缠绕时要有一定长度缠绕紧密,各连接线夹型号符合实际线材型号。

第二十节　支柱检修作业

一、作业目的

通过检修，使支柱位置符合要求，本体无破损、裂纹，基础牢固，防护符合要求，能满足接触网运行需要。

二、作业准备

(1)人员：2～3人(不含安全措施人员)。

(2)工具：线坠、铁锹、灰抹子、刷子、钢丝刷、扳手、水桶、手扳葫芦、钢丝套、支柱整正器、捣固机具等。

(3)材料：水泥、砂子、油等。

三、作业程序

(1)检查支柱位置是否符合要求，否则移位。

(2)检查支柱本体是否破损、裂纹，钢柱裂纹、开焊，否则修补、更换。

(3)检查支柱倾斜率是否符合要求，否则整正、更换。

(4)检查支柱基础是否符合要求，否则清理、培土、砌石。

(5)检查支柱防护是否符合要求，否则进行防护。

(6)检查支柱拉线是否符合要求，否则进行处理。

(7)整正支柱

①支柱卸载，即对定位器卸载并将承力索取出支撑线夹或钩头鞍子即可。如果支柱上架设附加导线，根据情况临时取消线索的悬挂固定。

②测量核对支柱侧面限界数值、顺线路方向和横线路方向倾斜度，根据测量结果确定出需整正的方向和数值。

③安放整正器。

④支柱上的悬挂从支持装置上拆部完毕后，开挖支柱根部，深度为2.5m左右。

⑤限界的调整。

⑥倾斜度的调整。

⑦回填支柱根部基础土石，并捣固。

⑧拆卸整正器，其余人员恢复支柱上的悬挂固定至技术要求。

四、检修标准

(一)混凝土支柱

1.混凝土支柱本体检修

1)支柱位置

(1)跨距调整幅度为设计跨距的，调整后的跨距不得大于65 m，相邻两跨距之比不宜大于

1:1.5。当股道数大于4股道时,硬横跨的跨距不宜大于55 m。

(2)支柱的侧面限界应符合设计规定,允许误差$^{+100}_{-60}$ mm,但不得小于《铁路技术管理规程》规定的建筑限界值,曲线区段按规定加宽。接触网整体更新改造时,接触网支柱侧面限界根据需要预留大机养护和调车作业条件。

(3)每组软横跨两支柱中心的连线应垂直于正线,偏角不大于3°。

(4)支柱应尽量设在侧沟限界以外,若客观条件限制必须设在侧沟中,则应留有排水通道,支柱根部应用砂浆砌石加固。

(5)支柱埋设深度应符合设计要求,允许误差±100 mm。当实际埋设深度达不到设计要求时,应培土或砂浆砌石加固。

(6)单线电气化区段跨越平交道口两侧的支柱应对称布置。

(7)双线电气化区段跨越平交道口两侧的支柱分为上、下行方向,位于列车前进方向的支柱应尽可能远离道口布置。

(8)在平交道口不应设锚段关节,不得在平交道口左右两侧设下锚支柱。

2)支柱本体

(1)横腹杆式钢筋混凝土支柱表面应光洁、平整。横腹板破损应及时修补,翼缘破损和露筋不超过两根且长度不超过400 mm应及时修补;露筋达两根以上但不超过4根且长度不超过400 mm可以修补后降级使用;露筋超过4根或者露筋长度超过400 mm应及时更换。支柱翼缘不得有横向、斜向和纵向裂纹。支柱翼缘与横腹板结合处裂纹及横腹板裂纹宽度不超过0.3 mm时,要及时修补,大于0.3 mm时应更换。混凝土支柱破损不露筋者,可以用水泥砂浆修补后使用。

(2)环形等径预应力混凝土支柱表面应光洁平整。合缝处不得漏浆,不应有混凝土剥落、露筋等缺陷。支柱弯曲度不大于2‰,杆顶封堵良好。支柱应具有防止安装设备扭转及滑动措施。横向裂纹宽度不超过0.2 mm且长度不超过1/3圆周长的支柱要及时修补,否则应更换;纵向裂纹宽度大于0.2 mm但不超过1 mm的支柱要及时修补,纵向裂纹宽度大于1 mm的支柱应更换。

(3)修补支柱破损部位的混凝土等级比支柱本身混凝土高一级。

3)支柱倾斜率

(1)支柱在顺线路方向应保持铅垂状态,其倾斜率不超过0.5%。锚柱应向拉线方向倾斜,其倾斜率不超过1%。

(2)支柱在垂直线路方向均应直立,允许向受力的反向倾斜,腕臂柱、隔离开关支柱、硬横跨支柱倾斜率不超过0.5%;软横跨支柱高度13 m的倾斜率为0.5% ~1%,高度15 m及以上的倾斜率为1% ~2%。

(3)接触网各种支柱,均不得向受力方向倾斜。向线路侧倾斜时,任何情况下不得侵入基本建筑限界。

2. 混凝土支柱基础检修

1)杯形基础

(1)杯形基础内杯底距基础面的距离为1 500 mm,允许误差+50 mm;基础垂直于线路方向的中心线与线路中心线垂直,偏差不大于3°,杯形基础中心距线路中心线的垂直距离为

3 350 mm，误差 +50 mm。

（2）杯形基础面应与路基面平齐，不得高于路基面，杯形基础面平整，限界符合设计要求，外形尺寸：H60（ϕ350 mm）为1 200 mm×1 200 mm，H85（ϕ350 mm）为1 200 mm（顺线路）×1 500 mm（横线路），允许误差 ±20 mm。

（3）杯形基础田野侧的土层不得小于600 mm，否则需进行边坡培土或砌石；路堑地段的基础外侧与水沟外侧的间距不得小于300 mm。

（4）杯形基础采用不低于C15级混凝土。

2）混凝土整体浇注拉线基础

（1）外形尺寸应符合下列要求。

①全补偿接触网锚段关节及站线下锚：

（2.8 T系）顺1 500 mm×横1 300 mm×（2 800 mm+50 mm）；

（2.5 T系）顺1 150 mm×横1 000 mm×（1 700 mm+50 mm）。

②接触网中心锚结下锚：

（2.8 T系）顺1 500 mm×横1 000 mm×（2 300 mm+50 mm）；

（2.5 T系）顺1 150 mm×横1 000 mm×（1 700 mm+50 mm）。

③接触网附加导线下锚：

（2.8 T系）顺1 400 mm×横1 000 mm×（2 000 mm+50 mm）；

（2.5 T系）顺1 150 mm×横1 000 mm×（1 700 mm+50 mm）。

（2）拉线基础的中心距线路中心的距离应符合下列要求。

①全补偿接触网锚段关节及站线下锚：4 100 mm～4 400 mm；

②接触网中心锚结下锚：4 100 mm～4 400 mm；

③接触网附加导线下锚：3 400 mm。

（3）拉线拉环内沿距基础顶面距离100 mm，允许偏差 +20 mm。

（4）拉线拉环应位于基础中心，误差不大于50 mm。

（5）拉线拉环应采用二级热浸镀锌防腐，拉线基础不得有积水。

（6）拉线基础培土同钢柱基础培土标准一致。

3）支柱根部

支柱根部周围5 m范围内不得取土，1 m范围内应保持清洁，不得有积水和杂物。

4）支柱防护

（1）道口两侧、经常有机动车辆运行的场所以及装卸货物站台上等易被碰撞的支柱，均应设置强度较高的防护桩。防护高度原则上不小于1.5 m，道口两侧支柱防护桩的高度为2 m。

（2）支柱防护宜采用混凝土防护墩或钢结构防护，不应采用外围砖砌、内填石砟或砂土的封闭式防护方式。采用混凝土防护墩防护时，厚度不小于0.4 m并采用混凝土灌注基础，基础满足稳固要求，混凝土标号不小于C20并植入钢筋网；采用钢结构防护时，埋设深度应满足稳固要求并采用混凝土灌注基础。

（3）防护桩内壁与支柱保持0.5 m的距离，且不得侵入铁路建筑限界。

（4）防护桩外表面应有黄黑相间的警示标识。

(5)需防护支柱装有开关操作机构时,需同时将开关操作支架纳入防护保护范围。

(6)曲线内侧侧沟边的支柱,需在支柱田野侧路肩处设跨越侧沟的支撑。

(7)当支柱线路侧有侧沟时,需在支柱线路侧路肩处设跨越侧沟的支撑。

5)下锚拉线

(1)下锚底座角钢安装高度符合设计要求,允许误差±20 mm。

(2)拉线位于接触悬挂下锚支的延长线上(附加导线单独下锚时,应位于下锚支接触线的延长线上),若因地形限制按设计要求施工。

(3)拉线与地面夹角一般情况下为45°,最大不得超过60°,特殊困难地形按设计要求施工。

(4)支柱拉线在任何情况下不得侵入限界。

(5)拉线应处于受力状态,在同一支柱上的各拉线应受力均衡,拉线不得有散股、断股、接头及锈蚀,锚板拉杆与拉线应成一条直线。

(6)防腐措施,露出地面部分的地锚拉杆不得有严重锈蚀和变形。

(7)UT型线夹螺帽外露螺纹长度不应小于20 mm,且最大不得大于螺纹全长的1/2,UT型线夹不得被掩埋。下锚角钢与支柱密贴,并保持水平,各部螺栓紧固力矩符合要求。锚杆出土部分周围应进行夯实,并对表面进行防水处理;拉线基础周围不得有积水、杂物和被掩埋,否则,应采取防护措施。对设在侧沟内的锚板拉杆应采用混凝土整体浇注拉线基础。

(8)设在挡土墙、隧道(门墙)、桥墩、坚石地带及砂浆砌石护坡上等处打孔灌注的地锚杆,其杆径和埋入深度应符合设计规定。受力后其周围水泥灌注部分不得有裂纹、破损及脱落现象。禁止将地锚杆设在孤石、风化石、次坚石上。地锚杆不得严重锈蚀和弯曲,对被掩埋的地锚杆应采取防护措施。

(9)采用化学锚固方式进行锚固的地锚杆应符合设计要求,投入使用前应对化学锚栓进行拉拔试验。

(10)下锚拉线采用拉线板安装方式时,拉线板应用标号不低于C10级的混凝土制作基础帽。

(11)对经常有机动车辆运行的场所、装卸货物站台上等易被碰撞的下锚拉线,应设置“凹”形或“┓”形防护墩,防护墩设置标准及要求与支柱防护相同。

(12)公路边上、货场、站台上、道口附近等行人经常通过处所的下锚拉线上须安装长度不低于1米的红白相间的反光警示管。

(二)格构式钢柱

1. 格构式钢柱本体检修

1)支柱位置

(1)跨距调整幅度为设计跨距的,调整后的跨距不得大于65 m,相邻两跨距之比不宜大于1∶1.5。当股道数大于4股道时,硬横跨的跨距不宜大于55 m。

(2)支柱的侧面限界应符合规定,允许误差$^{+100}_{-60}$ mm,但最小不得小于2 440 mm,曲线区段按规定加宽。

(3)每组软横跨两支柱中心的连线应垂直于正线，偏角不大于3°；每组硬横跨两支柱中心的连线应垂直于正线，偏角不大于2°。

(4)支柱应尽量设在侧沟限界以外，若客观条件限制必须设在侧沟中，则应留有排水通道，支柱根部应用砂浆砌石加固。

(5)单线电气化区段跨越平交道口两侧的支柱应对称布置。

(6)双线电气化区段跨越平交道口两侧的支柱分为上、下行方向，位于列车前进方向的支柱应尽可能远离道口布置。

(7)在平交道口不应设锚段关节，不得在平交道口左右两侧设下锚支柱。

2)支柱本体

(1)钢柱各焊接部分不得有裂纹、开焊。

(2)钢柱的主角钢不应有扭转现象，主角钢弯曲不得超过5‰，副角钢弯曲不得超过2根。

(3)钢柱锈蚀面积不得超过10%。

(4)分节组装的钢柱连接紧固密贴，中间不得加钢垫片，且中心线与中间法兰连接平面不垂直度不应大于$H/1\,000$(H为钢柱高度)。

(5)热浸镀锌的钢柱，锌层应均匀、光滑，连接处不得有露铁、毛刺、锌瘤和多余结块，并不得有过渡酸洗造成的蚀坑、泛酸等缺陷。

(6)钢柱基础螺栓外露140 mm，允许误差±10 mm。

(7)整正钢柱使用的垫片不得超过3块，每块垫片的面积不小于50 mm×100 mm，厚度不大于10 mm。

3)支柱倾斜率

(1)接触网各种支柱，均不得向线路侧和受力方向倾斜。

(2)安装在曲线外侧及直线上的支柱，在垂直线路方向要向受力的反向倾斜。腕臂柱(包括桥钢柱)的外倾斜率为0~0.5%(即支柱外缘垂直于地面)。软横跨支柱的倾斜率：高度13m的支柱为0.5%~1%；高度15 m及以上的支柱为1% ~2%。

(3)硬横梁钢柱顺、横线路方向均应中心直立，允许偏差0.3%。

(4)曲线内侧的支柱、装设开关的支柱、双边悬挂的支柱、硬横跨支柱、均应中心直立，允许向受力的反向倾斜，其倾斜率不超过0.5%。

(5)支柱在顺线路方向应保持铅垂状态，其倾斜率不超过0.5%。锚柱垂直线路方向应中心直立，并应向拉线方向倾斜，其倾斜率不超过1%。

2. 格构式钢柱基础检修

1)钢柱基础

(1)金属支柱基础面应高出地面(或站台面)100~200 mm。基础外露400 mm以上者应培土，每边培土宽度为500 mm，培土边坡与水平面呈45°。金属支柱有基础帽时，基础帽应完整无破损、无裂纹。

(2)填方地段的支柱外缘距路基边坡的距离不小于500 mm，否则应培土或砌石，其坡度应与原路基相同。高填方地段培土困难、流失严重或土质强度不够者，应采用砂浆砌石护坡加固，片石应挤压紧密、堆砌整齐，砂浆应饱满、标号符合规定。

(3)浇注钢柱基础的混凝土强度为C15级。

(4)支柱根部周围5 m范围内不得取土,1 m范围内应保持清洁,不得有积水和杂物。

(5)桥支柱的托架与接腿、支柱的连接应牢固可靠,螺栓应用双螺帽并涂油防护。

2)基础帽

(1)所有钢支柱地脚螺栓均需打基础帽,基础帽浇注前必须对钢柱基础螺栓进行防腐处理。

(2)基础帽的混凝土标号不低于C10级。

(3)外形尺寸符合要求:厚度150 mm +100 mm,凸线长为(基础长边 +50 mm的1/3)。

(4)基础帽表面平整有棱角,表面光洁,防水防漏,基础帽在主角钢处不得有积水。

(5)基础帽完整无破损,支柱根部和基础周围应保持清洁,不得有积水和杂物。

3)杯形基础

(1)杯形基础内杯底距基础面的距离为1 500 mm,允许误差 +50 mm;基础垂直于线路方向的中心线与线路中心线垂直,偏差不大于3°,杯形基础中心距线路中心线的水平距离为3 350 mm,允许误差 +100 mm。

(2)杯形基础面应与路基面平齐,不得高于路基面,杯形基础面平整,限界符合设计要求,外形尺寸:H60(ϕ350 mm)为1 200 mm ×1 200 mm,H85(ϕ350 mm)为1 200 mm(顺线路)×1 500 mm(横线路),允许误差 ±20 mm。

(3)杯形基础田野侧的土层不得小于600 mm,否则需进行边坡培土或砌石;路堑地段的基础外侧与水沟外侧的间距不得小于300 mm。

(4)杯形基础采用C15级混凝土。

4)混凝土整体浇注拉线基础

(1)外形尺寸应符合下列要求。

①全补偿接触网锚段关节及站线下锚:

(2.8 T系)顺1 500 mm ×横1 300 mm ×(2 800 +50 mm);

(2.5 T系)顺1 150 mm ×横1 000 mm ×(1 700 +50 mm)。

②接触网中心锚结下锚:

(2.8 T系)顺1 500 mm ×横1 000 mm ×(2 300 +50 mm);

(2.5 T系)顺1 150 mm ×横1 000 mm ×(1 700 +50 mm)。

③接触网附加导线下锚:

(2.8 T系)顺1 400 mm ×横1 000 mm ×(2 000 +50 mm);

(2.5 T系)顺1 150 mm ×横1 000 mm ×(1 700 +50 mm)。

(2)拉线基础的中心距线路中心的距离应符合下列要求。

①全补偿接触网锚段关节及站线下锚:4 100 ~4 400 mm;

②接触网中心锚结下锚:4 100 ~4 400 mm;

③接触网附加导线下锚:3 400 mm;

(3)拉线拉环内沿距基础顶面距离100 mm,允许偏差 +20 mm。

(4)拉线拉环应位于基础中心,误差不大于50 mm。

(5)拉线拉环应采用二级热浸镀锌防腐,拉线基础不得有积水。

(6)拉线基础培土同钢柱基础培土标准一致。

5）支柱防护

（1）道口两侧、经常有机动车辆运行的场所以及装卸货物站台上等易被碰撞的支柱，均应设置强度较高的防护桩。防护高度原则上不小于1.5 m，道口两侧支柱防护桩的高度为2 m。

（2）防护墩采用“凹”形，防护墩高度为1.5 m，厚度为0.4 m，防护墩内壁与支柱保持0.5 m的距离，且不得侵入限界。

（3）防护墩混凝土标号为C20，混凝土内植入直径不小于4 mm的镀锌铁线或钢筋网。

（4）支柱带开关操作机构时，需同时将开关操作支架纳入防护墩保护范围。

（5）防护墩外表面自上而下，每隔200 mm喷刷黄黑相间的油漆。

（6）曲线内侧侧沟边的支柱，需在支柱田野侧路肩处设跨越侧沟的支撑。

（7）当支柱线路侧有侧沟时，需在支柱线路侧路肩处设跨越侧沟的支撑。

6）拉线

（1）下锚底座角钢安装高度符合设计要求，允许误差±20 mm。

（2）拉线位于接触悬挂下锚支的延长线上（附加导线单独下锚时，应位于下锚支接触线的延长线上），若因地形限制按设计要求施工。

（3）拉线与地面夹角一般情况下为45°，最大不得超过60°，特殊困难地形按设计要求施工。

（4）支柱拉线在任何情况下不得侵入限界。

（5）拉线应处于受力状态，在同一支柱上的各拉线应受力均衡，拉线不得有散股、断股、接头及锈蚀，锚板拉杆与拉线应成一条直线。

（6）防腐措施，露出地面部分的地锚拉杆不得有严重锈蚀和变形。

（7）UT型线夹螺帽外露螺纹长度不应小于20 mm，且最大不得大于螺纹全长的1/2，UT型线夹不得被掩埋。下锚角钢与支柱密贴，并保持水平，各部螺栓紧固力矩符合要求。锚杆出土部分周围进行应夯实，并对表面进行防水处理；拉线基础周围不得有积水、杂物和被掩埋，否则，应采取防护措施。对设在侧沟内的锚板拉杆应采用混凝土整体浇注拉线基础。

（8）设在挡土墙、隧道（门墙）、桥墩、坚石地带及砂浆砌石护坡上等处打孔灌注的地锚杆，其杆径和埋入深度应符合设计规定。受力后其周围水泥灌注部分不得有裂纹、破损及脱落现象。禁止将地锚杆设在孤石、风化石、次坚石上。地锚杆不得严重锈蚀和弯曲，对被掩埋的地锚杆应采取防护措施；

（9）采用化学锚固方式进行锚固的地锚杆应符合设计要求，投入使用前应按对化学锚栓进行拉拔试验。

（10）下锚拉线采用拉线板安装方式时，拉线板应用标号不低于C10级的混凝土制作基础帽。

（11）对经常有机动车辆运行的场所、装卸货物站台上等易被碰撞的下锚拉线，应设置“凹”形或“┐”形防护墩，防护墩设置标准及要求与支柱防护相同。

（12）公路边上、货场、站台上、道口附近等行人经常通过处所的下锚拉线上须安装长度不低于1 m的红白相间的反光警示管。

(三)H 型钢柱

1. H 型钢柱本体检修

1)支柱位置

(1)支柱侧面限界应符合设计规定,允许偏差 $^{+100}_{-60}$ mm,但最小不得小于《铁路技术管理规程》规定的建筑限界值。跨距允许偏差 $^{+1}_{-2}$ m。接触网整体更新改造时,接触网支柱侧面限界根据需要预留大机养护和调车作业条件。

(2)支柱应尽量设在侧沟限界以外。若客观条件限制必须设在侧沟中,应留有排水通道,排水通道与排水沟应统一设计,避免对路基防排水系统的影响。支柱根部应用砂浆砌石加固。

(3)支柱埋设深度应符合设计要求,允许偏差 ±100 mm。

2)支柱本体

(1)钢柱表面应光洁平整,支柱本体平直,锌层应均匀、光滑,连接处不得有露铁、毛刺、锌瘤和多余结块,并不得有过渡酸洗造成的蚀坑、泛酸等缺陷,钢柱锈蚀面积不得超过 10%。

(2)支柱本体不得弯曲、扭转、变形,各焊接部分不得有裂纹、开焊,表面防腐层剥落面积不得超过 10%。

(3)整正支柱使用的垫片不得超过 3 块,每块垫片的面积不小于 50 mm × 100 mm,厚度不大于 10 mm。

3)支柱倾斜率

(1)支柱在顺线路方向应保持铅垂状态,其倾斜率不超过 0.5%。锚柱应向拉线方向倾斜,其倾斜率不超过 1%。

(2)支柱在垂直线路方向均应直立,允许向受力的反向倾斜,腕臂柱、隔离开关支柱、硬横跨支柱倾斜率不超过 0.5%。

(3)接触网各种支柱,均不得向受力方向倾斜。向线路侧倾斜时,任何情况下不得侵入基本建筑限界。

2. H 型钢柱基础检修

1)钢柱基础

(1)金属支柱基础面应高出地面(或站台面)100 ~ 200 mm。基础外露 400 mm 以上者应培土,每边培土宽度为 500 mm,培土边坡与水平面呈 45°。金属支柱有基础帽时,基础帽应完整无破损、无裂纹。

(2)填方地段的支柱外缘距路基边坡的距离不小于 500 mm,否则应培土或砌石,其坡度应与原路基相同。高填方地段培土困难、流失严重或土质强度不够者,应采用砂浆砌石护坡加固,片石应挤压紧密、堆砌整齐,砂浆应饱满、标号符合规定。

(3)浇注钢柱基础的混凝土强度不低于 C15 级。

(4)支柱根部周围 5 m 范围内不得取土,1 m 范围内应保持清洁,不得有积水和杂物。

2)基础帽

(1)所有钢支柱地脚螺栓均需打基础帽,基础帽浇注前必须对钢柱基础螺栓进行防腐处理。

(2)基础帽的混凝土标号不低于 C10 级。

(3)外形尺寸符合要求:厚度 150 mm + 100 mm,凸线长为(基础长边 + 50 mm 的 1/3)。

（4）基础帽表面平整有棱角，表面光洁，防水防漏，基础帽在主角钢处不得有积水。

（5）基础帽完整无破损，支柱根部和基础周围应保持清洁，不得有积水和杂物。

3）拉线

（1）下锚底座角钢安装高度符合设计要求，允许误差 ±20 mm。

（2）拉线位于接触悬挂下锚支的延长线上（附加导线单独下锚时，应位于下锚支接触线的延长线上），若因地形限制按设计要求施工。

（3）拉线与地面夹角一般情况下为45°，最大不得超过60°，特殊困难地形按设计要求施工。

（4）支柱拉线在任何情况下不得侵入限界。

（5）拉线应处于受力状态，在同一支柱上的各拉线应受力均衡，拉线不得有散股、断股、接头及锈蚀，锚板拉杆与拉线应成一条直线。

（6）防腐措施，露出地面部分的地锚拉杆不得有严重锈蚀和变形。

（7）UT 型线夹螺帽外露螺纹长度不应小于 20 mm，且最大不得大于螺纹全长的 1/2，UT 型线夹不得被掩埋。下锚角钢与支柱密贴，并保持水平，各部螺栓紧固力矩符合要求。锚杆出土部分周围进行应夯实，并对表面进行防水处理；拉线基础周围不得有积水、杂物和被掩埋，否则，应采取防护措施。对设在侧沟内的锚板拉杆应采用混凝土整体浇注拉线基础。

（8）设在挡土墙、隧道（门墙）、桥墩、坚石地带及砂浆砌石护坡上等处打孔灌注的地锚杆，其杆径和埋入深度应符合设计规定。受力后其周围水泥灌注部分不得有裂纹、破损及脱落现象。禁止将地锚杆设在孤石、风化石、次坚石上。地锚杆不得严重锈蚀和弯曲，对被掩埋的地锚杆应采取防护措施。

（9）采用化学锚固方式进行锚固的地锚杆应符合设计要求，投入使用前应按对化学锚栓进行拉拔试验。

（10）下锚拉线采用拉线板安装方式时，拉线板应用标号不低于 C10 级的混凝土制作基础帽。

（四）双线路腕臂吊柱检修

（1）双线路腕臂应保持水平状态，其允许仰高不超过 100 mm，无永久性变形。定位立柱应保持铅垂状态。

（2）接触线导高为 6 000 mm 时，双线路腕臂横梁底距轨面最小高度为 8.2 m；接触线导高为 6 450 mm 时，双线路腕臂横梁底距轨面最小高度为 8.9 m。

（3）双线路腕臂横梁一律采用冷弯空心矩形截面型钢。

（4）双线路腕臂横梁构件焊缝均为连续封闭，焊缝高度不应小于焊件的最小厚度。

（5）焊缝质量等级：端板与柱的连接焊缝为全熔透坡口焊，质量为一级，所有施工图构件拼接用对接焊缝，焊缝质量应达到二级。

（6）双线路腕臂横梁切割部位准确，切口整齐；切割前钢材切割区域表面的铁锈污物应清除干净，切割后应清除毛刺、熔渣和飞溅物。

（7）所有钢构件均采用热浸镀锌防腐，钢构件的锌层附着量不低于 610 g/m^2，即任何局部锌层厚度不低于 86 μm；螺栓螺母等紧固件镀锌层附着量不低于 350 g/m^2，即任何局部锌层厚度不低于 50 μm。

（8）各部零部件无裂纹、变形，零部件按规定力矩进行紧固。

(五)隧道内吊柱检修

(1)单线隧道吊柱采用 DDZ 型吊柱;双线隧道吊柱采用 SDZ-I 型吊柱,吊柱安装中心线与隧道中线距离不大于450 mm,当吊柱安装中心线与隧道中线距离大于450 mm 时,应根据隧道衬砌的轮廓线选择采用 SDZ-Ⅱ型或 SDZ-Ⅲ型。

(2)双线隧道上、下行吊柱安装一般相距大于或等于5 m。隧道内吊柱的安装位置符合设计要求,吊柱的侧面限界一般控制在2 600 mm 范围内,螺栓紧固力矩符合设计要求。

(3)吊柱中心线与隧道中心线的水平距离应符合设计要求,吊柱安装后应保证吊臂不侵入双层集装箱运输限界和瞬时电气包络线中。

(4)吊柱安装应保持铅锤,吊柱底部与隧道拱顶连接间隙应采用垫板调平。

(5)吊柱本体与底板、底板—吊柱本体—筋板间的焊接缝均应封闭,焊缝厚度为8 mm,所有焊缝均采用三角焊缝。

(6)下底座采用孔外安装时,最下一排的孔需安装一套带销钉的螺栓 M20×60、M20 螺母、垫圈 M20。

(7)吊柱法兰盘与隧道壁应结合密贴。吊柱固定螺栓应采用双螺母,拧紧螺帽后螺栓外露长度不得小于30 mm;吊柱调整使用的镀锌闭环垫片不超过2片,垫片的面积不小于50 mm×100 mm,厚度不大于10 mm。

(8)吊柱通过锚栓与隧道衬砌连接。锚栓公称直径为 M20,锚栓钢材强度采用8.8级,并经过热浸镀锌处理。锚栓外露长度应考虑吊柱底板厚度、装配调整量、装配要求。宜万线吊柱底板与隧道衬砌的间隙按35 mm 计算。锚栓的外露长度不小于100 mm;当现场吊柱与隧道衬砌的间隙大于35 mm 时,锚栓的外露长度应根据实际情况加长。

(9)锚栓钻孔深度、锚固深度、安装扭矩、清孔等工艺严格按照产品的相关说明和操作程序进行。宜万线隧道衬砌混凝土强度等级满足 C25、设计最小厚度为300 mm。

(10)当吊柱长度大于或等于2 800 mm 时,吊柱需增设斜撑、固定底板及底座各一套。

注意事项

1. 注意来往车辆,做好防护。
2. 注意和带电部分的安全距离。
3. 雨天和雨后要加强基础的巡视检查。
4. 操作整正器手柄时用力要均匀,不得猛拉、猛推,以免支柱断裂。

第二十一节 限界门检修作业

一、作业目的

通过检修,使限界门安装位置正确,防护桩符合要求,技术状态符合设计要求,各连接件状态良好,螺栓紧固无锈蚀。

二、作业准备

(1)人员:2 人(不含安全措施人员)。

(2)工具:车梯(硬梯)、测杆、钢卷尺、皮尺、铁锹、刷子、安全用具、防护用具。

(3)材料:ϕ4.0 mm 铁线,GJ-10 镀锌钢绞线,吊板、钢线卡子、油漆、黄油等。

三、作业程序

(1)检查限界门安装位置是否正确。

(2)检查防护桩是否符合要求。

(3)检查限界门的宽度、吊板、门框及揭示牌是否符合要求。

(4)其他形式的限界门技术状态是否符合设计要求。

(5)检查各连接件状况,螺栓紧固并涂油。

四、检修标准

(1)为了防止汽车或其他车辆装载高大货物横过铁路时触及接触网造成短路,损坏货物和危及人身安全,在平交道口的铁路两侧公路上,应装设限界门。限界门应设在沿公路中心线距最近铁路的线路中心不小于 12 m 的地方,特殊情况按设计要求埋设。

(2)在限界门至铁路之间的公路两边各装设不少于 6 根防护桩,桩距不大于 1.4 m,防护桩埋深不小于 0.8 m。限界门支柱埋设时,应分层夯实,并应用水泥砂浆片石加固,支柱受力后应保持直立并应略有外倾;支柱在距路面 1.5 m 的高度开始,涂黑白相间的油漆,间距 200 mm,涂 5 道黑,4 道白,防护桩地上部分亦涂黑白相间油漆,间距为 200 mm。

(3)限界门的宽度不得小于平交道口处公路路面的宽度,格构式限界门的横梁为圆钢管,钢管安装要平齐,钢管下缘距地面的高度为 4.5 m,并悬挂限高标志。

(4)在限界门处应按《电气化铁路有关人员电气安全规则》的规定悬挂安全揭示牌。安全揭示牌设于限界门汽车前进方向右侧的立柱上(距路面高 2.5 m),规格尺寸为:厚度为 1 ~2 mm钢板制成,规格为 500 mm ×600 mm。

(5)各种车辆和行人通过电气化铁路平交道口必须遵守下列规定:

①通过道口车辆限界及货物装载高度(从地算起)不得超过 4.5 m,超过时,应绕行立交道口或进行货物倒装。

②通过道口车辆上部或其货物装载高度(从地面算起)超过 2 m 通过平交道口时,车辆上部及装载货物上严禁坐人。

③行人持有长大、飘动等物件通过道口时,不得高举挥动,应与牵引供电设备带电部分保持2m 以上的距离。

④须使物件保持水平状态走过道口。

要将本条规定内容制成揭示牌,固定在道口两面限界门的右侧门框上。

(6)安装调整后,限界门横梁应呈水平状态。限界门支柱上不得加挂电缆和其他线索。

(7)格构式限界门支柱为圆钢柱,横梁为圆钢管,如图 5-21-1 所示。

(8)吊索限界门支柱为钢筋混凝土圆柱,上拉索、下拉索用 GJ-10 钢绞线制成,吊线用 ϕ4.0 mm铁线,如图 5-21-2 所示。

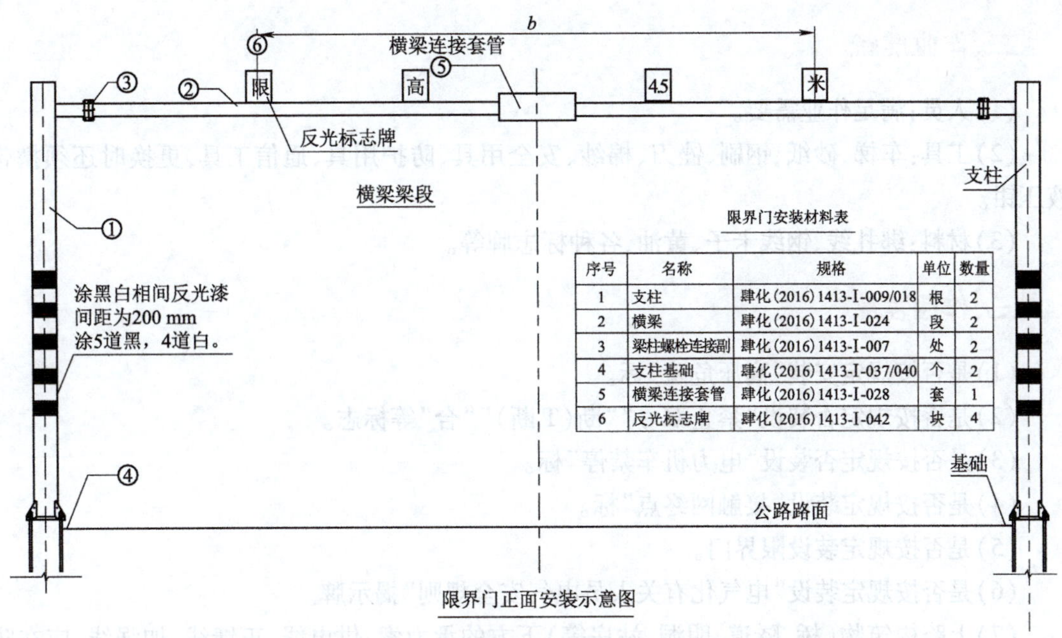

限界门安装材料表

序号	名称	规格	单位	数量
1	支柱	肆化(2016)1413-I-009/018	根	2
2	横梁	肆化(2016)1413-I-024	段	2
3	梁柱螺栓连接副	肆化(2016)1413-I-007	处	2
4	支柱基础	肆化(2016)1413-I-037/040	个	2
5	横梁连接套管	肆化(2016)1413-I-028	套	1
6	反光标志牌	肆化(2016)1413-I-042	块	4

图 5-21-1　格构式限界门安装示意

图 5-21-2　吊索式限界门安装示意

注意事项

1. 检修过程中注意来往机动车辆和行人。
2. 严禁人员上道。

第二十二节　保安装置及标志检修作业

一、作业目的

通过检修,使“高压危险”“禁止双弓”“断(T 断)”“合”“电力机车禁停”“接触网终点”等标志设置位置及状态符合规定,正确安装限界门,在合适位置采取绝缘防护措施。

二、作业准备

(1)人员:满足作业需要。

(2)工具:车梯、砂纸、钢刷、锉刀、棉纱、安全用具、防护用具、通信工具,更换时还须携带液压钳。

(3)材料:绑扎线、钢线卡子、黄油、各种标志牌等。

三、作业程序

(1)是否按规定安装"高压危险"标。

(2)是否按规定否装设"禁止双弓""断(T断)""合"等标志。

(3)是否按规定否装设"电力机车禁停"标。

(4)是否按规定装设"接触网终点"标。

(5)是否按规定装设限界门。

(6)是否按规定装设"电气化有关人员电气安全规则"揭示牌。

(7)上跨构筑物(桥、隧道、明洞、站房等)下方的承力索、供电线、正馈线、加强线,应在防断点处至少5 m采取防护措施。

四、检修标准

(1)站内和行人较多的接触网每根支柱上,在距轨面2.5 m高的处所,以及安全挡板或细孔网栅均要有涂以白底用黑色书写"高压危险"字样和用红色画出闪电符号的警告标志。

(2)在接触网分相处应装设"禁止双弓""断(T断)""合"等标志。绝缘锚段关节作为接触网电分段处宜装设"电力机车禁停"标,必要时还应根据反向行车需要设置。上述标志格式及装设位置各铁路局集团公司自定。

在接触网终端应装设"接触网终点"标。"接触网终点"标应装设于接触网锚支距受电弓中心线400 mm处接触线的上方。

上述标志均为白底黑框,黑字黑体,标志装设位置及规格符合《铁路技术管理规程》《铁路电力牵引供电工程施工质量验收标准》等规定。

(3)在机动车辆、兽力车通过的平交道口处铁路两侧的公路上,应设置限界门。限界门应设在沿公路中心线距最近铁路的线路中心不小于12 m的地方。

(4)各种标志和揭示牌应完整无损、安装牢固、字迹清晰、便于瞭望,不得侵入限界,与行车有关的标志应设于列车运行方向的左侧。

(5)上跨构筑物(桥、隧道、明洞、站房等)下方的承力索、供电线、正馈线、加强线,应在防断点处至少5 m采取防护措施。

注意事项

1. 检修过程中注意来往机动车辆和行人。
2. 严禁人员上道。

第二十三节 27.5 kV 高压电缆检修作业

一、作业目的

通过对 27.5 kV 高压电缆及其附件的检查，规范高速和普速铁路接触网高压电缆检修程序及标准。

二、作业准备

(1)人员：停电作业不少于 7 人。

(2)工具：接地线、验电器、防护箱、安全带、对讲机、手持机、照明工具、等位线、绝缘手套、绝缘电阻测试仪、单滑绳、钢卷尺、力矩扳手、人字梯(根据具体作业内容对应增减)。

(3)材料：抹布、35 kV 自粘性绝缘胶带、零配件(螺栓、螺母、垫片、开口销等)、棉纱、防火泥(根据具体作业内容对应增减)。

三、作业程序

(一)外观检查

1. 高压电缆终端头

(1)检查电缆终端头表面是否光洁，伞群状态是否良好，是否有放电痕迹。

(2)测量电缆头固定抱箍距电缆头根部距离是否在 200～400 mm 范围内，判断电缆终端头是否受力；检查电缆固定抱箍内是否有绝缘衬垫。

(3)高空操作人员目视检查电缆终端头与线夹连接螺栓弹垫是否压平。未压平时，用力矩扳手紧固螺栓。

(4)检查电缆头颈部应力锥上的爬流圈(又称引流圈)及接地铜辫子是否状态良好，铜辫子需绝缘包扎且不能被抱箍夹在内部。

2. 高压电缆及附件

高压电缆本体结构如图 5-23-1 所示。

(1)检查电缆外护套有无损伤、鼓包，电缆与套管之间有无防护措施，电缆套管是否形成闭合磁路。

(2)检查电缆固定卡箍是否锈蚀，螺栓是否齐全，紧固是否到位，电缆固定卡箍是否形成闭合磁路。

(3)检查电缆最小盘圈半径是否小于电缆直径的 20 倍，不符合标准时调整弯曲半径；检查转角处电缆是否受力，

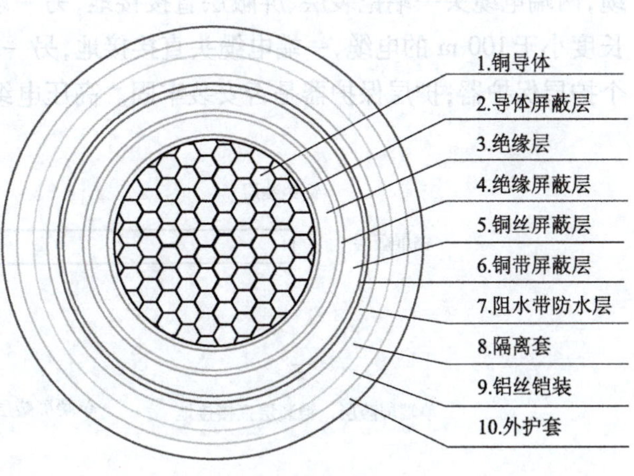

图 5-23-1 高压电缆本体结构示意

是否有绝缘衬垫。

(4)检查电缆支架、桥架及吊架切口边缘状态，不允许毛刺和卷边，电缆与切口边缘接触处应加橡胶垫。电缆支架、桥架的长度应超过电缆预留口的范围，防止电缆本体受力过大。

(5)检查电缆标桩是否齐全。缺失时补装。

3. 围墙、支柱及电缆沟

(1)围墙周围无塌陷，墙体无裂纹并有警示标志；围墙内无杂草等易燃物。

(2)支柱检查详见本章第二十节"支柱检修作业"。

(3)电缆沟检查。

检查电缆明沟盖板是否缺失、破损、移位等，电缆明沟路径上不得有动土、堆土的非法施工。

4. 电缆固定底座

电缆固定底座无锈蚀、断裂，零部件齐全，规格型号与固定电缆数量对应；安装位置约1～2 m一处。

5. 电缆终端托架

电缆终端托架主角钢处于水平状态，不得偏斜；支撑角钢处于支撑状态；各零部件齐全，无锈蚀。

6. 母排及设备线夹

(1)母排无裂纹、锈蚀、电气烧伤；安装处于水平状态，不得弯曲。

(2)设备线夹安装部分涂抹电力复合脂；连接螺栓紧固密贴，不得有间隙；不同材质间连接时，需安装同材质过度垫片。

7. 中间接头

外护层无开裂、划伤；装甲带无移位或开裂；接头屏蔽网套无对外放电的痕迹。

8. 护层保护器及接地装置

(1)护层保护器

检查电缆头铜屏蔽层和铠装层是否单独接地；两端电缆头是否接地（长度大于100 m的电缆，两端电缆头一端铠装层、屏蔽层直接接地，另一端铠装层、屏蔽层均通过护层保护器接地；长度小于100 m的电缆，一端电缆头直接接地，另一端不接地）；多个电缆头接地线是否共用一个护层保护器；护层保护器是否安装牢固。高压电缆接地示意如图5-23-2所示。

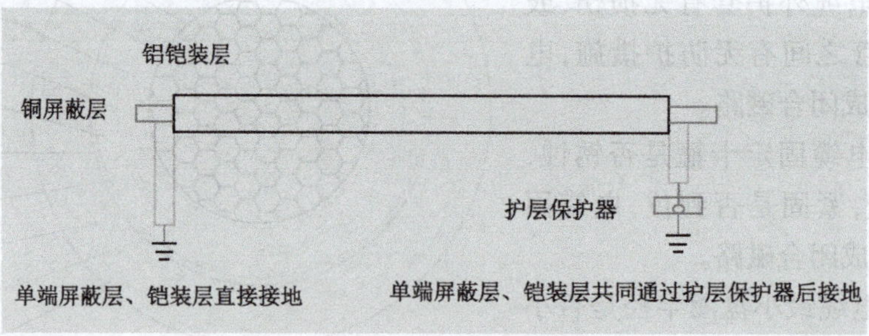

图5-23-2　高压电缆接地示意

(2)接地装置

依照接地装置检修作业有关要求执行。

(二)参数测量

1. 力矩

各连接件连接密贴,符合“接触网连接螺栓紧固力矩标准”(表4-7-5)的力矩要求。

2. 电气绝缘距离

检查27.5 kV户外电缆终端头及附属设备对地绝缘距离、电气绝缘距离是否符合要求。电缆终端头处对地空气间隙≥450 mm;终端头本体与空气间隙 >35 mm,如图5-23-3所示。

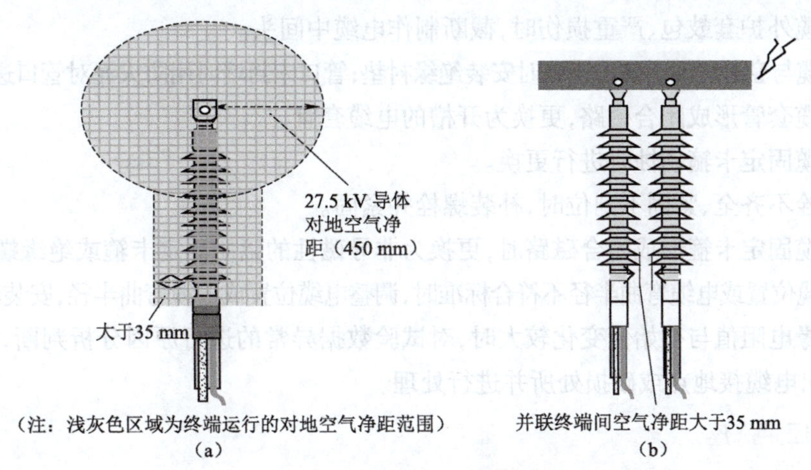

图5-23-3　户外电缆终端头及附属设备对地距离

3. 绝缘性能

(1)用2 500 V兆欧表摇测电缆主绝缘绝缘电阻,绝缘电阻值与初始值及历次数据比较,不应有显著变化。

(2)利用红外热成像仪或紫外成像仪器观察电缆头及相关主导电回路连接点温度及电场,判断是否有明显相对温度异常点和电场光子数异常点,具体参见相关设备使用说明。红外紫外图像示例如图5-23-4所示。

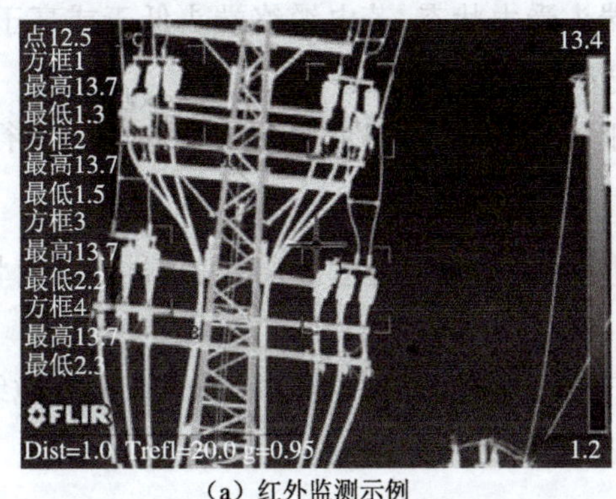

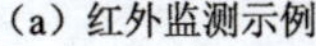
(a) 红外监测示例

(b) 紫外监测示例

图5-23-4　红外、紫外图像示例

4. 接地电阻

用接地电阻测试仪测量电缆头接地电阻值是否大于10 Ω。

（三）检调与更换

1. 电缆头

（1）电缆终端头表面脏污，使用棉纱对电缆头绝缘部分进行清扫。

（2）电缆终端头伞群破损、烧伤痕迹严重，更换电缆终端头。

2. 电缆本体及附属

（1）电缆外护套轻微损伤时，用自粘性绝缘胶带包扎。

（2）电缆外护套鼓包、严重损伤时，截断制作电缆中间头。

（3）电缆与套管之间无防护措施时安装绝缘衬垫；管口未封堵时用防火泥对管口进行封堵。

（4）电缆套管形成闭合磁路，更换为开槽的电缆套管。

（5）电缆固定卡箍锈蚀时进行更换。

（6）螺栓不齐全、紧固不到位时，补装螺栓并紧固。

（7）电缆固定卡箍形成闭合磁路时，更换为非导磁性的铝质固定卡箍或绝缘螺栓。

（8）电缆位置或电缆弯曲半径不符合标准时，调整电缆位置或电缆弯曲半径，安装绝缘衬垫。

（9）绝缘电阻值与初始值变化较大时，对试验数据异常的进行原因分析判断，立即进行全面排查，找出电缆接地点或破损处所并进行处理。

3. 电缆固定底座

电缆固定底座锈蚀使用细砂纸进行打磨并涂防锈漆。

4. 电缆终端托架

电缆终端托架主角钢偏斜将托架连接螺栓松开，将水平尺放置于主角钢，调整至水平状态。

5. 母排及设备线夹

（1）母排

①发现母排锈蚀使用细砂纸进行打磨处理。

②母排表面有裂纹时，将缺陷母排拆除，重新安装。

③发现母排弯曲变形时，首先检查电缆终端头受力状态，若电缆终端头低于或高于母排，应将电缆终端托架整体降低或提高电缆终端头安装高度进行调整。

（2）设备线夹发现设备线夹有锈蚀，应使用细砂纸进行打磨处理；发现有裂纹应及时进行更换。

6. 护层保护器及接地装置

（1）电缆头采用护层保护器接地，铠装层、屏蔽层未全部通过护层保护器接地时，将铠装层、屏蔽层全部通过护层保护器接地。

（2）多个电缆头接地共用一个护层保护器时，加装护层保护器使每个电缆头接地线分别通过护层保护器接地。

（3）护层保护器安装不牢固时，紧固螺栓。

（4）电缆头编织线外护套破损时，用35 kV自粘性绝缘胶带包扎；编织线破损、断裂时，用同材质的线索进行接续，同时用35 kV自粘性绝缘胶带进行包扎。

接地电阻值大于10 Ω时，对接地极采取降阻措施。

四、检修标准

（一）电缆

（1）电缆本体各部分无机械损伤，无过热变色、变形、开裂、放电现象。

（2）电缆及电缆终端的固定处必须采用专用的铝制或非磁性材料抱箍，并加装保护垫。

（3）电缆固定支架无松动、严重锈蚀或变形，电缆悬挂钢索和挂钩无严重锈蚀或脱落。

（4）电缆铠装层、屏蔽层及电缆导体之间均应可靠绝缘。

测量电缆铠装层、屏蔽层及电缆主绝缘之间的绝缘电阻值与历次数据比较，不应有显著变化。

（5）电缆上网点宜设置隔离开关并纳入远动控制。

（二）电缆终端

（1）电缆终端表面干燥、清洁、密封良好，无渗漏水、裂纹、老化、破损等。

（2）电缆终端应保证竖直向上，不得出现偏转、扭曲变形，伞裙不得挤压变形，最大偏移角度不得大于30°。

（3）电缆终端母排及零部件应与大地、接地钢构、固定抱箍等保持足够的绝缘距离。顶部端子对地空气绝缘距离不小于450 mm，电缆终端应力锥对地空气绝缘距离不小于35 mm，多个电缆终端并联时，其间空气绝缘距离不小于35 mm。

（4）电缆终端应固定牢固，金属端子不得承受拉力，应力锥无受力变形。电缆终端固定夹持部位距离冷缩地线管下端大于100 mm，不得夹持在电缆终端椎体表面，并与接地线保证50 mm以上的距离。

（5）电缆及电缆终端投运前应按照《电气化铁路27.5 kV单相交流交联聚乙烯绝缘电缆及附件》（GB/T 28427）有关标准进行试验，试验合格后方可投入运行。

（三）电缆接地

（1）电缆长度小于100 m时，电缆终端应一端直接接地，另一端可不接地。长度大于100 m及以上时，宜每隔400 m（直供方式）或800 m（AT供电方式）划分区段且在每个区段应实施接地绝缘分隔。电缆终端应一端铠装层、屏蔽层直接接地，另一端铠装层、屏蔽层通过护层保护器分开接地。

（2）电缆终端接地线及端子应采取绝缘包扎并固定在电缆上，不得与金属构架直接接触。

（3）电缆终端接地线无破损现象，受损股数不得超过总数的20%。

（四）电缆敷设

（1）电缆采用地面敷设时须单独设置电缆沟槽，按规定设置地面电缆标识桩。同沟（槽）敷设2根以上电缆时，每隔30 m分别标识。

（2）电缆应作波浪形敷设，在敷设过程中，不应出现铠装压扁、电缆绞拧、护套折裂破损等现象，电缆弯曲半径不小于电缆外径的20倍。电缆终端（上支柱、上桥等）处，电缆应预留不小于5 m。

（3）电缆上、下行间敷设应无交叉，供电线、正馈线电缆间无交叉（特殊区段用绝缘板做隔离），并按规定采取隔热及阻燃防护措施。

(4)当电缆穿管敷设时，保护管长度、内径应符合要求；当采用磁性保护管防护时，应顺向切割开缝，防止构成闭合磁路。

(5)当电缆直埋敷设时，电缆表面距地面不应小于0.7 m，穿越农田时不应小于1 m；其径路应避开使电缆受到机械损伤、化学或地下电流腐蚀、振动、热影响、虫鼠等危害地段。困难情况下应设置电缆槽、沟，并采取必要的防护措施。电缆过轨时应加装防护套管，埋深低于轨面不少于1 m。

(6)直埋或以直埋电缆槽方式敷设的电缆，敷设后应及时填埋电缆沟，并采取减振、阻燃、阻断鼠道措施。同路径并排展放的多根电缆，相邻两根之间应有隔离措施。

(7)电缆标桩埋设应清晰显示出路径状态，直线地段每35～50 m设置一根电缆标桩，在出所位置、电缆转弯处，以及和其他管、线、路交叉处，可增加标桩数量。电缆标桩上字样由各铁路局集团公司自定。

(8)电缆上网处应自地面下0.8 m至地面以上2 m，砌钢筋混凝土电缆槽或砖砌防护墙进行防护。

注意事项

拆卸电缆头形成断口时必须采取短封措施，拆卸及测量绝缘电阻作业时必须戴绝缘手套对电缆进行充分放电，摇测完毕要及时恢复电缆护层接地。

思考题

1. 对接触网运行有哪些要求？
2. 接触线接头如何制作？
3. 承力索位置如何规定？
4. 吊弦高差如何规定？
5. 简述软横跨检修作业程序。
6. 简述绝缘锚段关节检修标准。
7. 防断式中心锚结的技术状态有何要求？
8. 单开道岔标准定位的线岔如何调整？
9. 如何调整 b 值？
10. 如何更换分相绝缘器？
11. 简述分段绝缘器技术标准。
12. 如何整正支柱？
13. 27.5 kV 高压电缆如何通过护层保护器接地？

第六章 接触网施工管理

第一节 施工项目

铁路营业线施工是指影响营业线设备稳定、使用和行车安全的各种作业，按组织方式、影响程度分为施工和维修两类。

邻近营业线施工是指在营业线两侧一定范围内、营业线设备安全限界外，或可能影响铁路营业线设备稳定、使用和行车安全的作业。

维修是指作业开始前不需对行车条件进行限制，结束后须达到正常放行列车条件，并且在维修天窗时间内能完成的项目。

一、营业线施工

(一)施工项目(供电专业)

(1)增建线路、新线引入、电气化改造等施工。

(2)跨越、穿越铁路线路或站场的电力线路施工。

(3)在铁路安全保护区内架设、铺设、拆除电力线路及杆塔的施工。

(4)在规定的安全区域内实施爆破作业，在电力电缆径路隐蔽工程上作业。

(5)设置在线路上的安全检测、监控设备的新建、技术改造、大中修及施工。

(6)影响营业线正常运营的牵引供电远动系统的网络通道施工。

(7)牵引供电变配电设备、远动设备、电力、接触网技术改造及大修，高速铁路接触网三级修等施工。

(8)工程质量缺陷施工。

(9)整锚段更换接触线、承力索、附加线索，更换接触网支柱(吊柱)，隧道内接触网预埋件整治等施工。

(10)在线间距不足6.5 m地段(两线间已有站台、栅栏等设施的除外)一线作业邻线行车时，线路允许速度120 km/h以上区段使用接触网车梯、梯子的作业。

(11)其他影响营业线设备稳定、使用和行车安全的施工。

(二)施工等级

1.高速铁路施工

高速铁路施工等级分为三级。

(1) Ⅰ级施工

超出图定天窗时间且需要调整图定跨局旅客列车开行(含确认列车)的大型站场改造、新线引入等施工。

(2) Ⅱ级施工

不需要调整图定跨局旅客列车开行(含确认列车)的站场改造、新线引入、整锚段更换接触线或承力索施工。

(3) Ⅲ级施工

除Ⅰ级、Ⅱ级施工以外的各类施工。

2. 普速铁路施工

普速铁路施工等级分为三级。

(1) Ⅰ级施工。

繁忙干线封锁5 h及以上、干线封锁6 h及以上的大型站场改造、新线引入、电气化改造施工。

(2) Ⅱ级施工。

①繁忙干线封锁正线3 h以上或干线封锁正线4 h及以上的施工。

②一次更换2个锚段以上的接触线或承力索。

③Ⅲ级施工。

除Ⅰ级、Ⅱ级施工以外的各类施工。

二、邻近营业线施工

(一)营业线设备安全限界

(1)高速铁路。路基地段线路防护栅栏(桥梁地段为桥面最外侧)为营业线设备安全限界。当接触网支柱在线路防护栅栏以外(桥梁地段为桥面最外侧)时,接触网支柱外侧2 m(接触网支柱外侧附加悬挂外2 m,有下锚拉线地段时在下锚拉线外2 m)为营业线设备安全限界。

(2)普速铁路。电气化铁路接触网支柱外侧2 m(接触网支柱外侧附加悬挂外2 m,有下锚拉线地段时在下锚拉线外2 m)、非电气化铁路信号机立柱外侧1 m为营业线设备安全限界。

(二)邻近营业线施工分类

邻近营业线施工分为A、B、C三类。

1. A类施工

邻近铁路营业线进行以下影响营业线设备稳定、使用和行车安全的工程施工,列为A类施工,必须纳入铁路局集团公司月度施工计划。

(1)吊装作业时侵入营业线设备安全限界的施工。

(2)架设或拆除各类铁塔、支柱及接触网杆等在作业过程中侵入营业线设备安全限界的施工。

(3)开挖路基、路基注浆、桩基施工等影响路基稳定的施工。

(4)需要对邻近的营业线进行限速的施工。

2. B 类施工

邻近营业线进行以下可能因翻塌、坠落等意外而危及营业线行车安全的工程施工，列为 B 类施工。

B 类施工应设置防护设施并经铁路局集团公司有关部门审批，不能设置防护设施时纳入铁路局集团公司月度施工计划。影响营业线设备稳定、使用和行车安全的防护设施设置必须纳入铁路局集团公司月度施工计划。

(1)使用高度或作业半径大于吊车至营业线设备安全限界之间距离的吊车吊装作业。

(2)影响铁路通信杆塔、通信基站、信号中继站、箱式机房及供电铁塔、支柱等基础稳定的各类施工。

(3)邻近营业线进行现浇梁、钢板桩、钢管桩、搭设脚手架、膺架等施工的设备和材料翻落后侵入营业线设备安全限界的施工。

(4)营业线路堑地段有可能发生物体坠落，翻落侵入营业线设备安全限界的施工。

3. C 类施工

邻近营业线进行以下可能影响铁路路基稳定、行车设备使用安全的施工，列为 C 类施工。

(1)铲车、挖掘机、推土机等施工机械作业。

(2)开挖基坑、降水和桩基施工。

(3)邻近供电、通信、信号电(光)缆沟槽及供电支柱、油气及水电管路、通信信号杆塔(箱盒、通话柱)10 m 范围内的挖沟、取土、路基碾压等施工。

(4)绑扎钢筋、安装拆除模板等未侵入营业线设备安全限界的施工。

(5)路基填筑或弃土等施工。

三、维修项目及等级

维修等级分为二级。按照作业复杂程度和设备影响范围，高速铁路和普速铁路维修项目分为Ⅰ级维修项目和Ⅱ级维修项目，具体项目如下：

(一)高速铁路

1. Ⅰ级维修项目

(1)更换接触网支撑装置、补偿装置。

(2)更换接触网隔离开关、电缆及电缆头等设备。

(3)接触网检修车列进行的接触网维修作业。

(4)三辆及以上接触网作业车进行的接触网维修作业。

(5)两个及以上接触网工区进行的联合作业。

2. Ⅱ级维修项目

(1)更换接触网零部件。

(2)接触网检查检测作业。

(3)接触网悬挂、分相、分段、线岔等检查调整。

(4)接触网吸上线、回流线，上部地线、附加悬挂检查维护。

(5)接触网绝缘部件清扫维护。

(6)6C 设备、隔离开关检修及远动设备维护、调试。

(7)站内、栅栏及隧道内电力设备检修。

(8)在天窗内可以完成的其他作业项目。

(二)普速铁路

1. Ⅰ级维修项目

(1)接触网检修车列进行的接触网维修作业。

(2)三辆及以上接触网作业车进行的接触网维修作业。

(3)两个以上接触网工区进行的联合作业。

2. Ⅱ级维修项目

(1)更换接触网零部件。

(2)接触网检查检测作业。

(3)更换接触网腕臂支撑、补偿装置、器件式分相绝缘器、分段绝缘器、线岔、隔离开关等。

(4)接触网悬挂、分相、分段、线岔等检查调整。

(5)接触网吸上、回流线,上部地线、附加悬挂检查维护。

(6)接触网绝缘部件清扫维护。

(7)6C 设备、隔离开关检修及远动设备维护、调试。

(8)站内、栅栏及隧道内电力设备检修。

(9)在天窗内可以完成的其他作业项目。

四、施工天窗、邻线限速

天窗是指列车运行图中不铺画列车运行线或调整、抽减列车运行线为施工和维修作业预留的时间,按用途分为施工天窗和维修天窗。各条线路天窗时间和位置在编制列车运行图时确定,施工维修时应按照列车运行图预留的天窗条件,满足安全生产、作业标准和质量要求进行安排。

铁路局集团公司因施工维修需临时调整高速铁路、繁忙干线和影响跨局运输的干线天窗时,须报国铁集团运输调度指挥中心(以下简称调度中心)批准,其中涉及调整跨局施工维修天窗和编制施工分号列车运行图时,由国铁集团运输部负责协调。

(1)施工和维修作业时天窗时间按以下原则安排:

①高速铁路天窗原则上应不少于 240 min。

仅开行动车组列车的区段应安排垂直天窗,有普速列车运行的区段困难条件下可安排 V 形天窗。

开行夕发朝至高铁动卧列车期间,天窗时间由铁路局集团公司根据列车运行图铺画情况按区间最大化安排,按开行日和非开行日分别公布。垂直天窗时间不满足 240 min 的区段,高铁动卧列车开行日垂直天窗时间应不少于 180 min,非开行日区间垂直天窗时间应不少于 300 min,枢纽等地段不满足天窗条件时在列车运行图文件中公布。

②普速铁路施工天窗:技术改造工程、接触网大修及改造时,应不少于 180 min。

③普速铁路维修天窗：双线应不少于 120 min；单线宜不少于 120 min，能力紧张区段不满足天窗条件时在列车运行图文件中公布。

(2)施工天窗和维修天窗安排按以下规定：

①施工天窗安排。

高速铁路、繁忙干线和干线集中修、图定货物列车对数小于 12 对的普速铁路施工时可连续安排施工天窗。

其余各线周六、周日不安排施工天窗。

②维修天窗安排。

高速铁路：每日安排维修天窗。

普速铁路：国铁集团组织集中修的区段集中修时间外，周一至周四安排维修天窗，周五、周六、周日不安排维修天窗；其他区段周一至周五安排维修天窗，周六、周日不安排维修天窗。

维修天窗在时间安排上应与施工天窗重叠套用，除春运、节假日及国铁集团调度命令停止外，原则上每月每区间应不少于 20 次（双线为单方向）。维修单位确不需要时，经主管业务部室主任或副主任批准，可不申请或减少天窗次数、时间，不计入天窗修考核。

春运、节假日停止天窗期间，可根据旅客列车开行方案和设备检修需求适当安排维修天窗，具体在春运文件和月度施工计划中明确。

③普速铁路双线车站同时影响上下行正线的渡线道岔或影响全站信号设备正常使用的以电务为主、工务综合利用的设备检修，每月应保证 2 次垂直天窗，每次不少于 40 min（可结合供电垂直天窗安排）。编组、区段站可按接发列车方向划分联锁区，按联锁区每月应保证 1 次不少于 40 min 天窗。

④电气化区段双线车站，不具备 V 形停电作业条件的接触网设备检修，每月应保证不少于 1 次垂直封锁停电天窗，每次不少于 40 min。

电气化区段编组、区段站每个供电臂每月应保证 1 次不少于 60 min 封锁停电天窗。需要两个及以上供电臂同时停电作业的电分相等接触网设备检修，每半年应保证不少于 1 次，每次不少于 60 min 的封锁停电天窗。

⑤不影响跨局运输的干线和其他线路，根据施工和维修需要，铁路局集团公司可适当增加天窗时间和次数或对天窗时段进行调整。

(3)各项施工、维修作业应采用平行作业的方式，综合利用天窗，提高天窗的利用率。严格按照运行图预留的慢行附加时分控制线路慢行处所，繁忙干线和干线原则上单线 1 个区段慢行处所不超过 2 处，双线 1 个区段每个方向慢行处所不超过 2 处，同一区间内慢行处所不超过 1 处（包括施工慢行处所）。各项施工应按规定控制慢行速度和慢行距离。

针对施工需要编制施工分号列车运行图时，可依据慢行附加时分，适当增加施工慢行处所。滚动施工阶梯提速，按 1 处慢行处所掌握。施工后产生的慢行在 12 h 以内恢复常速以及施工涉及的邻线限速可不统计慢行处所。

(4)在线间距不足 6.5 m 地段（两线间已有站台、栅栏等设施的除外）一线施工邻线行车时，邻线限速在执行《铁路技术管理规程》规定基础上并作以下规定：

①限速范围。施工作业（开行路用列车运送人员、装卸机具路料，使用检查检测车进行动态检测以及人员不上道的施工除外）。

②限速标准。限速标准为60～100 km/h，瞭望困难地段可按45 km/h。邻线限速长度不应小于实际作业范围。

③限速措施。施工邻线限速应纳入施工计划，按运行揭示调度命令流程管理，发布运行揭示调度命令。临时封锁要点的施工需要邻线限速时，设备管理单位须在“行车设备检查登记簿”内登记邻线限速的起止里程及限速值，调度所下达邻线临时限速调度命令。

第二节 施工计划

一、营业线施工计划

（一）营业线施工计划审批权限

（1）营业线施工计划实行国铁集团、铁路局集团公司、站段分级管理，逐级审批制度。

（2）国铁集团负责审批的施工计划。

①影响高速铁路和普速铁路跨局旅客列车（含高速铁路确认列车）停运、变更运行区段、增减停站、改变始发终到时刻和局间分界站运行时刻的施工。

②影响繁忙干线和干线跨局货物列车停运的施工。

③调整繁忙干线和干线跨局货物列车编组计划的施工。

④调整繁忙干线和干线跨局车流径路，实行迂回运输的施工。

⑤变更繁忙干线和干线跨局货物列车牵引定数的施工。

⑥编制跨局施工分号列车运行图的施工。

⑦繁忙干线封锁正线3 h及以上、影响全站（全场）信联闭4 h及以上的施工。

⑧因特殊原因，繁忙干线（大秦线、石太线、侯月线、新焦线、新兖线除外）慢行处所超过规定：繁忙干线和干线原则上单线1个区段慢行处所不超过2处，双线1个区段每个方向慢行处所不超过2处，同一区间内慢行处所不超过1处（包括施工慢行处所）。针对施工需要编制施工分号列车运行图时，可依据慢行附加时分，适当增加施工慢行处所。滚动施工阶梯提速，按1处慢行处所掌握。施工后产生的慢行在12 h以内恢复常速以及施工涉及的邻线限速可不统计慢行处所。

国铁集团负责审批的施工计划，由铁路局集团公司进行施工方案审核和施工计划编制，并制定运输组织方案和施工组织方案。国铁集团调度中心组织相关部门进行审批，运输组织方案由运输部门负责，施工组织方案由各专业部门对口负责。铁路局集团公司依据国铁集团批复，编制具体施工计划并组织实施。

（3）维修计划和国铁集团负责审批以外的施工计划，全部由铁路局集团公司负责审批。

正线、到发线以外的对运输影响较小的施工计划审批权限，由铁路局集团公司界定。

（4）大型客运站、枢纽、高速铁路、繁忙干线和干线影响较大的Ⅰ级施工计划，按规定须由国铁集团审批时，由铁路局集团公司营业线施工领导小组组织研究，提出施工组织方案、运输组织方案等报国铁集团。根据施工对运输的影响情况，国铁集团组织相关部门和铁路局集团公司及施工单位进行专题研究。

(5)影响行车或影响行车设备稳定、使用的施工项目未经申报批准严禁施工，擅自施工或擅自扩大施工内容和范围的，一经发现立即停工并追究施工单位责任。

(二)营业线施工计划

(1)营业线施工计划分为年度轮廓施工计划、月度施工计划、施工日计划和维修计划。

(2)国铁集团调度中心负责组织编制全路繁忙干线集中修年度轮廓施工计划，审批国铁集团管理的月度施工计划和繁忙干线、干线施工分界口货物列车停运计划，审核国铁集团管理的日计划；铁路局集团公司施工办负责组织编制铁路局集团公司年度轮廓施工计划、月度施工计划、施工日计划和高速铁路维修计划；车务段(直属站)负责组织编制普速铁路维修计划。

(3)铁路局集团公司施工办每年12月初根据各业务部室提出的部门年度轮廓施工计划，组织有关业务部室编制铁路局集团公司次年年度轮廓施工计划。国铁集团调度中心组织有关铁路局集团公司于每年12月份召开次年繁忙干线集中修年度轮廓施工计划协调会，协调铁路局集团公司繁忙干线集中修年度轮廓施工计划。

(4)国铁集团调度中心负责组织审批国铁集团管理的月度施工计划及繁忙干线、干线施工分界口货物列车停运计划，审批程序如下：

①每月13日前，铁路局集团公司施工办与相关部室及单位协调编制次月国铁集团管理的施工计划申请及繁忙干线、干线施工分界口货物列车停运计划申请，经分管运输副总经理批准后，以文电形式上报国铁集团调度中心，同时抄送国铁集团相关专业部门。

繁忙干线和干线以外的其他线路影响跨局运输的施工，施工计划可由施工铁路局集团公司与相邻铁路局集团公司商定后报国铁集团调度中心备案。

②国铁集团调度中心每月17日前组织相关部门研究确定次月国铁集团管理的月度施工计划。

③国铁集团管理的月度施工计划及繁忙干线、干线施工分界口货物列车停运计划，经国铁集团调度中心主任(副主任)批准后，于每月20日前以国铁集团调度中心文电形式下达有关铁路局集团公司，纳入铁路局集团公司月度施工计划。

(5)铁路局集团公司施工办负责组织编制铁路局集团公司月度施工计划。

①施工单位应于每月9日前将经设备管理单位和行车组织单位会签的次月施工计划申请上报铁路局集团公司主管业务部室(建设项目施工计划申请应先报项目管理机构预审，再报主管业务部室)。各业务部室对施工计划申请进行审查汇总，由分管副主任批准后，于11日前向施工办提出月度施工计划申请。

②施工办每月组织相关业务部室、主要施工单位和有关站段审查编制月度施工计划。月度施工计划经营业线施工领导小组批准后，以铁路局集团公司文件形式下发站段和有关施工单位。

③设备检修天窗分站别在月度施工计划中公布(或在运行图文件中公布)。

④超出维修天窗时间的区间装卸路料计划应纳入月度施工计划；未纳入月度施工计划的临时区间装卸路料，有关业务部室提前3日向施工办提出计划，由施工办负责协调安排。防洪、抢险区间装卸路料由调度所及时安排。

(6)铁路局集团公司施工办负责施工日计划的编制，程序如下：

①施工单位于施工前3日将施工日计划申请报铁路局集团公司主管业务部室(建设项目

施工日计划申请应先报项目管理机构预审，再报主管业务部室），主管业务部室审核（盖章）后，于施工前2日9:00前向施工办提报施工日计划申请。

②Ⅰ级施工、高速铁路和繁忙干线国铁集团管理的施工计划，铁路局集团公司施工办于施工前2日15:00前将施工日计划申请提报国铁集团调度中心，调度中心根据国铁集团月度施工计划和批准的施工文电进行审核后，于施工前2日18:00前反馈相关铁路局集团公司施工办。

③编制施工日计划应以月度施工计划为依据，施工办应将主管业务部室提报的施工日计划申请与月度施工计划（批复文电）进行核对，编制施工日计划，经铁路局集团公司施工办主任（副主任）审批后，纳入调度日计划。Ⅰ级施工、高速铁路和繁忙干线国铁集团管理的施工日计划于施工前1日15:00前报调度中心。

④施工办于施工前1日12:00前（0:00~4:00执行的施工日计划于前1日8:00前）将施工日计划下达有关机务段、动车段、车务段（直属站），传（交）主管业务部室和相关计划调度台、列车调度台、供电调度台。主管业务部室负责通知施工单位、配合单位，车务段（直属站）负责通知相关车站。其中涉及相邻铁路局集团公司的车务段（直属站）和相关调度台时，传（交）相邻铁路局集团公司施工办并由其负责转达。

(7)高速铁路维修计划实行日计划，编制程序如下：

①设备管理单位于维修作业前3日向铁路局集团公司主管业务部室提报计划申请，铁路局集团公司主管业务部室根据设备管理单位的提报，与其他主管业务部室沟通协调后编制本专业维修计划，于维修作业前2日9:00前报铁路局集团公司施工办，施工办负责审核维修日计划。

②施工办于维修作业前1日12:00前将维修日计划下达相关车务段（直属站），传（交）主管业务部室和相关计划调度台、列车调度台、供电调度台。主管业务部室负责通知维修单位、配合单位，车务段（直属站）负责通知相关车站。

(8)普速铁路维修计划实行周计划。维修日期、天窗时间由施工办在月度施工计划文件中公布，具体维修计划由设备管理单位向有关车务段（直属站）提报，由车务段（直属站）组织审核、编制后，报施工办安排实施。设备管理单位提报维修计划时，应注明作业项目、地点、维修负责人、配合单位、影响范围等。普速铁路维修计划编制程序由铁路局集团公司规定。

(9)铁路局集团公司所管设备越过局间分界站延伸至相邻铁路局集团公司调度指挥区段时（简称延伸段），按下列规定办理。

①延伸段的施工计划：由施工单位向本铁路局集团公司提报施工方案，本铁路局集团公司按规定程序审核。施工方案审核后，由施工单位于每月9日前向调度管辖区段铁路局集团公司施工办提报经本铁路局集团公司主管业务部室审核（盖章）的次月施工计划申请（附带施工方案审核资料、施工安全协议），由调度管辖区段铁路局集团公司安排月度施工计划，国铁集团管理的施工计划由调度管辖区段铁路局集团公司按规定报国铁集团审批。施工单位于施工前3日将延伸段施工日计划申请报本铁路局集团公司主管业务部室，经主管业务部室审核（盖章）后，于施工前2日9:00前向调度管辖区段铁路局集团公司施工办提报施工日计划申请，由调度管辖区段铁路局集团公司施工办编制、下达施工日计划，发布施工调度命令。施工现场组织实施工作由本铁路局集团公司负责。

②高速铁路延伸段的维修计划：设备管理单位于维修作业前4日向本铁路局集团公司主管业务部室提报计划申请，本铁路局集团公司主管业务部室与局内相关业务部室沟通协调后，于维修作业前3日向调度管辖区段铁路局集团公司主管业务部室提报计划申请，由调度管辖区段铁路局集团公司主管业务部室编制维修计划并向施工办提报实施。

③普速铁路延伸段的维修计划：由设备管理单位向调度管辖区段车务段(直属站)提报，由车务段(直属站)负责审核、编制后，报施工办安排实施。

(三)计划变更及临时施工

(1)未纳入月度施工计划的施工项目原则上不准进行施工。特殊情况必须施工时，由施工单位提出施工申请，按规定进行施工方案审核，签订施工安全协议，制定安全措施，通过主管业务部室审查(建设项目施工计划应先报项目管理机构预审)，报施工办审核后，经分管运输副总经理(总调度长)批准，由施工办安排施工。需增加国铁集团管理的施工计划时，铁路局集团公司提前15天向国铁集团调度中心提出申请(涉及修改LKJ基础数据的须提前20天，涉及旅客列车停运、提前开车和停站变化的须比预售期提前15天)，经国铁集团调度中心批准后方可安排施工。

(2)月度施工计划原则上不准变更。特殊情况必须进行调整时，由施工单位提前5天向铁路局集团公司主管业务部室和施工办提出申请，由施工办调整施工计划。涉及LKJ基础数据变化的施工日期不得提前。

纳入月度施工计划的施工项目原则上不准停止施工，因专特运等原因需停止施工时，须经分管运输副总经理(总调度长)批准，原则上于前日14:00前以调度命令通知有关单位。

已批准的国铁集团管理的施工计划需停止施工时，须经国铁集团调度中心主任(副主任)批准。

对于停止的施工，国铁集团调度中心和铁路局集团公司施工办应尽快重新安排，因停止施工引起的本月未按月计划完成的施工，可顺延至下月。

(3)维修计划下达后，因特殊原因需临时增加维修作业时，在不与其他施工及维修作业产生冲突的前提下，高速铁路由设备管理单位报主管业务部室、普速铁路由设备管理单位报车务段(直属站)审核同意后，报铁路局集团公司施工办实施。铁路局集团公司所管设备越过局间分界站延伸至相邻铁路局集团公司调度指挥区段时，高速铁路由调度管辖铁路局集团公司业务部室、普速铁路由调度管辖铁路局集团公司车务段(直属站)审核同意后，报铁路局集团公司施工办实施。

(4)综合检测列车及设备管理单位发现160 km/h以上区段行车设备需要临时维修时，由设备管理单位向铁路局集团公司主管业务部室提出申请，经主管业务部室审核后会同施工办向分管运输副总经理(总调度长)汇报同意后，由施工办及时安排。

(5)对突发性设备故障和灾害的紧急抢修及设备状态超过临时补修标准和重伤设备处理等需临时封锁要点的施工，按下列程序办理：

①需临时封锁要点时，由设备管理单位向铁路局集团公司主管业务部室提出申请，主管业务部室审查，经分管运输副总经理(总调度长)批准后，由调度所安排。

②危及行车安全需立即抢修时，设备管理单位按规定采取措施，在“行车设备检查登记簿”内登记，高速铁路经调度所值班主任(高铁值班副主任)批准，普速铁路经调度所值班主任

批准，发布调度命令进行抢修，设备管理单位同时通知配合单位和铁路局集团公司主管业务部室。

二、邻近营业线施工计划

邻近营业线A类及B类纳入铁路局集团公司月度施工计划的施工按营业线施工有关规定执行。邻近营业线B类不纳入铁路局集团公司月度施工计划的施工以及C类施工由铁路局集团公司负责编制邻近营业线施工安全监督计划，编制程序如下：

(1)施工单位(建设项目管理机构)于每月15日前将经相关站段、业务部室会签的次月邻近营业线施工安全监督计划申请上报铁路局集团公司项目主管业务部室，铁路局集团公司项目主管业务部室审核、批准后，于每月20日前将本专业邻近营业线施工安全监督计划交铁路局集团公司施工办，由施工办汇总后作为铁路局集团公司月度施工计划附件下发。

(2)临时增加的邻近营业线施工安全监督计划，经相关站段、业务部室会签，由铁路局集团公司项目主管业务部室审核、批准后，交施工办汇总下发。临时增加的邻近营业线施工安全监督计划原则上每旬不超过1次。

第三节　施工组织

一、营业线施工组织

(1)铁路局集团公司应成立营业线施工领导小组，组长由分管运输副总经理担任，副组长由分管工电、建设副总经理担任，成员由施工办、运输、客运、货运、安监、工务、电务、供电、建设、调度等部门负责人组成，全面领导营业线施工管理工作。营业线施工领导小组主要负责研究制定营业线施工管理有关制度办法，批准年度轮廓施工计划和月度施工计划，研究制定施工和运输组织方案，组织营业线施工考核，协调解决营业线施工管理重大问题和结合部问题等。

(2)铁路局集团公司施工办负责营业线施工领导小组日常工作，主要承担营业线施工管理、施工与运输组织协调等职责。

(3)铁路局集团公司应优化施工办机构设置和专业结构，配齐配强工作人员。施工办计划管理人员应选配熟悉运输业务和设备养护规律、综合协调能力强的人员，原则上应具有列车调度员工作经历。施工办应配备业务熟练、综合能力强的工务、电务、供电专业技术人员。

(4)铁路局集团公司施工办应优化业务分工、建立健全工作流程。施工办编制施工计划时应根据运输能力和施工需求，对铁路局集团公司整体施工安排进行协调。具体实施时应按照月日计划统一、分线分区域的原则进行，同一区域的施工计划管理人员应相对固定，不同区域间的结合部应指定专人进行协调。

(5)铁路局集团公司施工办应建立施工现场踏勘调研制度，编制Ⅰ、Ⅱ级施工计划前应组织进行施工现场踏勘调研。

(6)铁路局集团公司业务部室是营业线施工的专业管理部门，主要承担营业线施工方案审查、计划审核以及组织、实施、安全等管理职责。

(7)铁路局集团公司应明确各相关部门在营业线施工管理中承担的主要职责。

(8)为加强施工组织领导,铁路局集团公司、站段应成立施工协调小组。

①Ⅰ级施工由铁路局集团公司分管运输副总经理、有关分管副总经理担任施工协调小组正、副组长,成员由行车组织、设备管理、建设、设计、施工、监理、安监等有关部门和单位负责人组成。

②Ⅱ级施工由铁路局集团公司施工办主任(副主任)、施工主体项目业务部室主任(副主任)担任施工协调小组正、副组长,成员由行车组织、设备管理、建设、设计、施工、监理、安监等有关部门和单位主管人员组成。

③Ⅲ级施工。

a. 在车站和车务负责行车组织的动车段(所)登记的Ⅲ级施工,由车务段(直属站)分管副段长(副站长)担任施工协调小组组长,施工主体项目专业的设备管理单位分管副段长担任施工协调小组副组长(建设项目由建设项目管理机构分管负责人担任施工协调小组副组长),成员由行车组织、设备管理、建设、施工等有关单位成员组成。

b. 在调度所登记的Ⅲ级施工,由施工主体项目专业的设备管理单位分管副段长担任施工协调小组组长(建设项目由建设项目管理机构分管负责人担任施工协调小组组长,施工主体项目专业的设备管理单位分管副段长担任施工协调小组副组长),成员由行车组织、设备管理、建设、施工等有关单位成员组成。

c. 在机务段(包括机辆段、机车检修段,以下简称机务段)、车辆段、非车务负责行车组织的动车段(所)登记的Ⅲ级施工,由机务段、车辆段、动车段分管副段长担任施工协调小组组长,施工主体项目专业的设备管理单位分管副段长担任施工协调小组副组长(建设项目由建设项目管理机构分管负责人担任施工协调小组副组长),成员由行车组织、设备管理、建设、施工等有关单位成员组成。

d. 施工协调小组组长、副组长因Ⅲ级施工较多等原因不能亲自到现场组织时,可提前办理委托手续委托胜任人员,委托手续办理时机及委托期限由铁路局集团公司规定。胜任人员按以下原则安排。

车务段(直属站):施工期间需无联锁接发列车的施工,只允许委托其他副段长(直属站副站长);其他情况可委托安全、技术科长(副科长),中间站站长(副站长),运转车间主任(副主任)及以上级别专业人员。委托中间站、车间负责现场组织时,车务段(直属站)应安排安全技术人员进行现场检查指导。

设备管理单位:可委托车间副主任及以上级别专业人员。委托车间负责现场组织时,设备管理单位应安排安全技术人员进行现场检查指导。

负责多个项目的建设项目管理机构:可委托质量、安全、工程部负责人及以上级别专业人员。

(9)施工协调小组的主要职责:

①负责组织相关部门和单位协调解决营业线施工、运输、安全等问题,做到运输、施工统筹兼顾,确保行车、人身和施工安全。

②负责并参加施工现场的组织协调工作。检查施工前的准备工作,检查各项安全措施的落实,掌握施工进度,维护施工期间的运输秩序,协调解决施工有关部门临时发生的问题。

③负责施工现场的安全监控工作。按专业分工对施工期间运输、施工进行安全监控,协调解决影响安全的相关问题。

④负责组织召开施工预备会和总结会。

⑤Ⅰ、Ⅱ级施工协调小组负责审定相应施工等级的施工方案、施工过渡方案、施工安全措施等。

⑥需要由施工协调小组讨论决定的其他情形。

(10)下穿线路等施工时间超过24 h的Ⅲ级施工，施工协调小组正、副组长和成员应参加施工开始、结束和关键节点的现场组织协调和安全监控等工作。其他时段由设备管理单位和建设项目管理机构人员进行现场监控。

(11)施工负责人由施工单位按照施工等级安排相应人员担当。施工负责人不得临时更换，遇特殊情况必须更换时，须安排同级别及以上且掌握该施工方案的专业人员担任，具体更换时机由铁路局集团公司规定。

①建设项目、工程单位承担的技术改造项目：Ⅰ级施工由标段项目负责人担当，Ⅱ级施工由标段副职担当，Ⅲ级施工由项目分部负责人(副)担当。

②技术改造项目(工程单位承担的除外)、大中修项目：Ⅰ级施工由施工单位负责人担当，Ⅱ级施工由施工单位分管副职担当，Ⅲ级施工由施工单位段领导或车间主任(副主任)担当。

③配合人员资格由铁路局集团公司规定。

(12)维修的组织领导工作由设备管理单位负责。Ⅰ级维修负责人由车间主任(副主任)担当(Ⅰ级维修较多时，车间主任可委托车间胜任干部担当)，Ⅱ级维修负责人由工(班)长担当。

(13)施工(维修)负责人的主要职责：

①负责施工(维修)现场的组织指挥工作。检查施工(维修)和开通前的各项准备工作，指挥现场施工(维修)，安排施工(维修)防护，确认放行列车条件等。

②负责协调解决施工(维修)中发生的问题，协调各单位施工(维修)作业，掌握施工(维修)进度，反馈现场信息，施工负责人还应及时向施工协调小组汇报施工情况。

③负责总结分析施工(维修)组织、进度和安全等情况，对施工(维修)现场的安全负责。

(14)施工(维修)现场为两个及以上单位综合利用天窗在同一区间或站内作业时，施工和高速铁路维修由施工办、普速铁路维修由车务段(直属站)指定施工(维修)主体单位，明确主体施工(维修)负责人。主体施工(维修)负责人负责协调各单位施工(维修)组织，各单位必须服从主体施工(维修)负责人指挥，按时完成施工和维修任务，确保达到规定的放行列车条件。施工(维修)主体单位的确定办法由铁路局集团公司规定。

两个及以上单位作业车进入同一区间移动作业时，由主体施工(维修)负责人统一划分各单位作业车作业范围及分界点，作业单位必须按规定分别设置防护。

同一区间或站内施工和维修综合利用天窗时，维修组织由主体施工负责人统一指挥，维修单位参加施工预备会和总结会。

(15)同一区间或站内有两个及以上单位综合利用天窗进行维修作业时，作业前由车务段(直属站)组织维修单位召开维修协调会，明确维修作业范围、防护措施、路用车辆进出、人员上下道、结合部分工、配合重点等事项。不设行车人员的车站，维修协调会组织办法由铁路局集团公司规定。

(16)各站区应建立以车务段(直属站)为组长单位，工务段、电务段、供电段、房建公寓段等设备管理单位为副组长单位的站区施工协调机制，定期召开施工协调会议，研究站区施工维修组织和现场监控等工作。

(17)设备管理单位应实时掌握施工和维修作业动态,段生产调度指挥中心应对当天施工和维修计划、作业进度、安全防护措施、监控干部到岗离岗情况实时掌握并记录。

二、营业线施工方案审核

(一)施工方案编制与审核

(1)施工方案由施工单位制定,经相关设备管理单位和行车组织单位会签后,上报铁路局集团公司主管业务部室(建设项目施工方案应先报项目管理机构预审,再报铁路局集团公司主管业务部室)。提报的施工方案应包括:施工项目及负责人、作业内容、地点和时间、影响范围及限制行车条件、设备变化和行车方式变化、技术标准、施工方式及流程、施工过渡方案、施工组织、施工安全和质量的保障措施、施工防护办法、列车运行条件、验收安排、指挥体系、应急预案等基本内容。

(2)施工方案由铁路局集团公司主管业务部室负责组织审查,初步确定施工等级。Ⅰ、Ⅱ级施工分别报Ⅰ、Ⅱ级施工协调小组审定,Ⅲ级施工由主管业务部室组织有关业务部室共同审定。

(二)施工安全协议

施工方案审核通过后,施工单位应与设备管理单位和行车组织单位按施工项目分别签订施工安全协议。

设备管理单位在自管范围内进行的维修作业,不需签订施工安全协议,涉及非自管设备时应与相关单位签订施工安全协议。

施工安全协议的基本内容应包括:

(1)工程概况(施工项目、作业内容、地点和时间、影响范围)。

(2)施工责任地段和期限。

(3)双方所遵循的技术标准、规程和规范。

(4)安全防护内容、措施及专业结合部安全分工(根据工点、专业实际情况,由双方制定具体条款)。

(5)双方安全责任、权利和义务(包括共同安全职责和双方各自安全职责)。

(6)违约责任和经济赔偿办法(包括发生铁路交通责任事故时双方所承担的法律责任)。

(7)安全监督检查和基建、技术改造项目配合费用。

(8)法律法规规定的其他内容。

施工单位在提报施工计划申请时,应同时提报施工安全协议。未签订施工安全协议的施工计划申请,铁路局集团公司主管业务部室不予审核,严禁施工。

三、营业线维修组织

(一)高速铁路

(1)高速铁路维修作业应按照统筹安排、综合利用的原则,实施综合维修生产一体化作业组织。

(2)高速铁路维修作业原则上按车站和区间上、下行分别划分基本作业单元。接触网检修作业按供电臂划分停电单元。站内维修作业可根据需要划分不同作业区域。具体划分由铁路局集团公司规定。

(3)高速铁路维修天窗综合利用原则。

①维修作业原则上按作业单元分别组织，需同时占用两个及以上作业单元时，需相关单位协商一致。

②区间维修作业综合利用原则。

a. 开行路用列车时，同一封锁区间原则上每端只开行一列路用列车（超过时，其安全措施及运行办法由铁路局集团公司规定）。有多台作业车进入同一区间时，作业车辆应组成综合作业车列合并运行，共用一个调度命令进入区间、返回车站或到达前方站。作业车及车列由车站开往区间后，由主体作业单位统一组织协调，划分各作业车的作业范围及分界点。各作业单位必须严格按规定分别设置防护。

b. 不开行路用列车时，由主体作业单位统一划分各单位作业范围及分界点，作业单位必须按规定分别设置防护。

c. 天窗内所有影响路用列车运行的维修作业必须在路用列车通过后方可进行，并须在路用列车返回前结束。铁路局集团公司应制定相应安全卡控措施。

③站内维修作业综合利用原则。

a. 使用作业车时，原则上应分咽喉或者分上下行线进行。

b. 不使用作业车时，可根据需要划分不同作业区域作业。

c. 由主体作业单位统一划分各单位作业范围及分界点，作业单位必须按规定分别设置防护。

④高速铁路固定设备上线检查、检测、维修工作应在天窗时间内进行，天窗时间外不得进入桥面、隧道和路基地段栅栏范围内以及车站站台安全线股道一侧。其他地段的检修作业，由铁路局集团公司规定。

(二)普速铁路

(1)普速铁路维修作业应探索一体化作业组织，实施维修作业集中化、专业化，综合利用天窗。

(2)普速铁路维修作业，双线V形天窗区段一线作业时不得影响另一线行车设备的正常使用，涉及上下行渡线时由铁路局集团公司施工办安排。同一区间或站内当日安排有施工天窗时，维修作业应在施工天窗内等时长套用，不再单独安排维修天窗。

(3)普速铁路车站到发线及编组站、区段站的维修天窗可根据车站性质、线路功能等特点，按运输影响分级管理，根据需要划分不同作业区域或作业单元，维修天窗时长和时段可适当调整。具体由铁路局集团公司规定。

(4)车站不办理接发列车（含到达场、出发场不办理接发列车一端）的行车设备，在确保安全的前提下，维修作业由车站负责安排。车站驼峰设备检修实行“停轮修”，应利用交接班、调车作业间休等时间进行，原则上每次不少于40 min。

机务、车辆、动车段（所）内有关行车设备的维修作业，在确保安全和不影响机车（动车组）出入、车辆取送的前提下，由机务、车辆、动车段（所）负责安排。

(5)下列维修作业可在天窗点外进行，但严禁利用速度160 km/h及以上的列车与前一趟列车之间的间隔时间作业。其他维修项目必须纳入天窗，严禁利用列车间隔时间作业。

①接触网步行巡视、静态测量、测温等设备检查作业。

②接触网打冰，处理鸟窝、异物。

③在道床坡脚以外栅栏以内的标志安装及整修、基础整修、接地装置整修、支柱（拉线）基坑开挖、危树修枝等不影响设备正常运行的作业。

④电力线路步行巡视、静态测量、测温。

⑤站内到发线等客车水栓及给水管路的巡视、检查。

上述作业应制定天窗点外维修作业计划，天窗点外维修作业计划由设备管理单位车间或段一级批准，具体审批程序由铁路局集团公司规定。作业前应在车站“行车设备检查登记簿”内登记，车站值班员签认，应按规定设置驻站联络员、现场防护员，联系中断时必须停止作业。

同一区间或站内安排天窗内施工维修作业时，天窗时间内上述作业不准按天窗点外维修作业实施。

四、集中修施工组织

（1）集中修是调配施工机械、人员、路料，综合利用施工天窗，集中完成一条线路行车设备大中修、技术改造和维修任务的一种施工组织形式。集中修主要适应于通过能力紧张的繁忙干线和干线。

（2）集中修的施工时间根据施工工作量来确定，可集中安排一段时间，也可分段进行施工。集中修期间一般需调整施工分号列车运行图，在运输条件许可的情况下，施工天窗、施工慢行附加时分和处所可适当增加，同时相应采取整体运输调整措施，为集中修创造条件。在完成集中修的地段，国铁集团可适当调整维修天窗时间和作业次数。

（3）集中修施工计划编制应坚持货运旺季错峰安排、平行通道错时安排原则。繁忙干线集中修的年度轮廓计划由国铁集团协调相关铁路局集团公司编制，以国铁集团文电形式公布实施，干线集中修的年度轮廓计划由铁路局集团公司编制。繁忙干线每条线集中修施工前，国铁集团组织相关铁路局集团公司对施工日期、天窗、运输调整等事项进行协调。集中修具体施工计划由铁路局集团公司编制。

（4）铁路局集团公司应加强集中修的组织管理，成立集中修协调小组，协调小组成员参照Ⅰ级施工协调小组，全面负责施工方案、施工计划、施工组织协调、施工安全管理等工作，协调小组应指定人员具体负责集中修日常协调组织工作。根据集中修范围，可分片区成立集中修施工管理小组，负责本片区的施工组织协调实施工作。

（5）设备管理单位应对每处施工地点进行监控，加强对施工安全和质量的监督检查，并负责与施工单位负责人共同确认开通条件，严把施工开通关。与集中修有关的车站，站长（副站长、运转车间主任或副主任）应到岗监督作业，保证行车安全。铁路局集团公司应成立集中修施工安全监督队伍，强化施工现场安全监控，发现问题及时纠正，危及行车安全时有权责令施工单位恢复设备，停止施工。

（6）集中修的施工机械、人力、路料调配工作由国铁集团相关部门协调铁路局集团公司确定，铁路局集团公司应提前做好集中修的各项准备工作。铁路局集团公司应制定路料运输方案，调度所应加强路料运输的日常组织，保证集中修路料运输。

（7）铁路局集团公司应加强集中修考核工作，对施工天窗兑现率和利用率进行统计、分析、考核，掌握施工进度，提高施工天窗的综合利用效率。

五、营业线施工登销记

（1）施工（维修）登记按以下规定：

①在车站和车务负责行车组织的动车段（所）登记的，施工（维修）负责人应确认已做好一切施工（维修）准备，于开始前40 min由施工（维修）负责人（驻站联络员）在"行车设备施工登记簿"内完成登记，按规定向车站或通过车站值班员向列车调度员申请施工（维修）。

②在调度所登记的，施工（维修）负责人应确认已做好一切施工（维修）准备，于开始前40 min由施工（维修）负责人（驻调度所联络员）在"行车设备施工登记簿"内完成登记，列车调度员签认。

③在机务段、车辆段、非车务负责行车组织的动车段（所）登记的，施工（维修）负责人应确认已做好一切施工（维修）准备，于开始前40 min由施工（维修）负责人（驻站联络员）在"行车设备施工登记簿"内完成登记，机务段、车辆段、动车段（所）签认。

（2）施工（维修）销记按以下规定：

①在车站、调度所和车务负责行车组织的动车段（所）登记的，作业完成后，经施工、设备管理单位检查达到放行列车条件，由施工（维修）负责人（驻站、驻调度所联络员）、设备管理单位检查人（设备管理单位指定人员）办理开通登记（施工销记），车站（列车调度员）签认后，按规定开通。

②在机务段、车辆段、非车务负责行车组织的动车段（所）登记的，作业完成后，经施工、设备管理单位检查达到开通条件，由施工（维修）负责人（驻站联络员）、设备管理单位检查人（设备管理单位指定人员）办理开通登记（施工销记），机务段、车辆段、动车段（所）签认后，按规定开通。

（3）铁路局集团公司所管设备越过局间分界站延伸至相邻铁路局集团公司调度指挥区段时，延伸段的登销记应在局间分界站办理。同时影响两站以上的通信施工，登销记应在调度所办理。

（4）铁路局集团公司应规定"行车设备施工登记簿"填记标准，规范驻站（驻调度所）联络员管理。

（5）运输部门应加强运输组织和调度指挥工作，确保天窗时间兑现。因旅客列车晚点等原因，准许变更天窗起止时间，列车调度员应提前通知驻调度所联络员或通过车站值班员通知驻站联络员，驻调度所（驻站）联络员通知施工（维修）负责人。施工（维修）作业前，驻调度所（驻站）联络员应与列车调度员（车站值班员）确认列车正晚点情况，并将列车正晚点情况通知施工（维修）负责人。

第四节　施工安全

一、管理责任

（1）确保施工安全是建设、设计、施工、监理、行车组织、设备管理等单位和部门的共同责任。各单位应牢固树立安全意识，严格执行各项规章制度，建立健全安全责任制，落实安全措施和责任，正确处理施工与行车安全的关系，严格遵循“安全第一”的原则，服从行车安全的需要，做到分工明确、责任清楚、措施具体、管理到位。

(2)建设单位应按照国家及国铁集团有关规定负责审核设计、施工、监理单位的资质，审查施工单位的工程技术人员、机械设备、施工组织设计、安全生产保障措施等。按规定做好勘察、设计、工程招投标、施工方案审批、项目经理和有关人员的安全培训、法制教育、工程质量和安全的日常监督检查、工程竣工验收等工作，落实施工安全管理主体责任，确保行车安全。

(3)设计单位在设计文件中，应明确施工期间营业线的行车安全条件，施工影响范围内各种行车设备的状况，对所涉及的行车设备的防护措施，以及为确保行车安全必须采取的施工工艺和指导性施工安全方案、施工过渡方案等。

(4)监理单位应认真履行监理合同，按监理规范规程要求监督施工单位按设计标准和有关规范、规定施工，重点监督路基稳定、轨道结构、隐蔽工程和加固防护等施工项目，及时防范施工中的安全隐患，彻底消除因施工质量不良给行车安全留下的隐患。

(5)施工单位应建立健全施工安全保证体系，按规定设置安全生产管理机构，配备安全生产管理人员，履行施工安全管理和日常检查的职责；负责对全体施工人员进行施工安全教育，建立完善的施工安全责任制；严格执行营业线施工的各项规章制度，科学制定施工方案，对Ⅰ、Ⅱ级施工还应制定施工方案示意图、施工作业流程计划图、安全关键卡控表，并严格按审定的方案、范围和批准的封锁慢行计划组织施工。

(6)施工(维修)负责人对施工项目的安全工作全面负责。因施工(维修)原因发生的铁路交通事故，首先追究施工(维修)负责人的责任。

施工(维修)负责人和施工项目经理、副经理，安全、技术、质量等主要负责人应经过铁路局集团公司有关部门或指定单位营业线施工安全培训，未经培训或培训不合格的人员不得担任上述工作。

(7)施工单位的安全员、防护员、联络员、带班人员和工班长应经过铁路局集团公司有关部门或指定单位培训。未经培训或培训不合格的人员担任上述工作，追究施工单位领导的责任；未严格履行培训考试程序发放培训合格证书的，追究培训部门的责任。

(8)施工单位在施工前，应做好充分准备，根据需要组织好施工前的联合调查，并提前向设备管理和使用单位进行技术交底，特别是影响行车安全的工程和隐蔽工程。技术交底内容、标准和流程由铁路局集团公司规定。

施工中应严格执行技术标准、作业标准、工艺流程和卡控措施，严禁无计划、超范围、无命令作业，确保施工质量；施工完成后达到放行列车条件并经设备管理单位确认后，方可申请开通线路。轨道车、施工机械等自轮运转特种设备上线运行应符合国铁集团的有关规定。施工单位接受运输、设备管理单位和部门安全检查人员的监督检查，对检查出的问题应立即整改。

(9)封锁施工开通后，施工单位和设备管理单位应加强检查和整修，设备管理单位严格把关。

(10)施工单位至少在正式施工 72 h 前向设备管理单位提出施工计划、施工地点及影响范围。设备管理单位接到施工单位的施工请求后，应对施工方案和计划及影响范围进行认真核对，并在施工开始前派员进行施工安全监督。

(11)设备管理部门和单位应建立施工安全监督体系，加强对施工安全和工程质量的监督检查。设备管理部门和单位应根据工程规模和专业性质，委派熟悉业务的人员对各种施工涉及行车安全的各方面实行全程监督检查，对施工单位违章作业、安全措施不落实，以及危及行车安全的施工，有权停止作业；对封锁施工应根据施工质量，最终确认满足线路放行列车条件后，方可开通线路；线路开通后，需要慢行的地段还应对慢行的速度、距离和时间进行检查，直到列车恢复常速、线路质量稳定。设备管理单位应加强对施工的点前准备、点中控制、点后开通、逐步提速等情况的监护工作，实行开通、提速检查签认制度。

(12)设备管理单位应积极协助设计和施工单位核查既有设备情况，提供地下管、线、光电缆等隐蔽设施的准确位置。无法提供准确位置时，由设计单位会同施工、设备管理单位(对行车安全影响较大的还应有铁路局集团公司参加)共同探查、核实，划定防护范围。并在签订安全协议时，明确各方安全责任。

(13)设计和施工单位对既有设施应有可靠的防护措施，防止施工中造成损坏。由于设备管理单位提供的设施位置错误造成损坏的，设备管理单位应承担责任并及时修复。因设计单位提供的设施位置不准确或遗漏造成损坏的，设计单位应负主要责任；提供的设施位置准确，因施工造成的损坏，施工单位应负主要责任。施工单位和设备管理单位应经常监视既有设备，发现异常必须立即停工处理，确认对既有设备无影响后，方可继续施工。因施工造成既有设备发生损坏时，施工单位应及时组织抢修，设备管理单位应积极配合，尽快恢复正常使用。

(14)行车组织部门应积极做好施工组织协调工作，根据需要制定施工情况下的运输组织措施，提前调整车流，加强施工期间的行车组织指挥，为施工作业创造条件。

行车部门应加强施工期间行车组织和调度指挥，无联锁条件下接发列车，站长(副站长、运转车间主任或副主任)应到岗监督作业，严格执行作业标准，落实施工安全卡控措施。控制好行车命令发布、区间空闲确认、进路检查确认、行车凭证填写交付、引导信号使用等关键环节。施工开通应严格执行施工单位和设备管理单位登记开通、车站签认、列车调度员发布开通命令的程序。

(15)运营单位的安全监督检查及配合费用纳入概(预)算，按铁路营业线施工配合技术服务费计取的有关规定和安全协议支付。

(16)各级施工协调小组，应提前确定现场监控人员，深入施工现场，做好组织协调工作，强化现场安全监控。建设、设计、施工、监理、设备管理、行车组织、安全监察等部门、单位人员，应在组长或副组长的领导下，明确工作重点，盯住关键环节，督促安全措施落实，协调解决施工过程中临时发生的问题，保证施工安全。

二、专项管理

(1)施工单位应严格执行铁路安全生产各项规章制度。对于施工前超范围准备、施工中挖断光电缆、爆破损坏行车设备、作业车辆溜逸、轨道车辆违章行驶、施工后线路未达到放行列车条件违章放行列车、开通后整修线路不及时、机械和料具侵限、使用封连线和违章使用手摇把等危及行车安全的问题，应制定管理制度，坚决杜绝此类问题发生。施工料具应集中管理，必要时派人看守。对影响行车的各个环节，应加强管理，落实措施，严密防范，确保行车安全。

(2)参加营业线施工的劳务派遣工和业务外包用工应由具有带班资格的正式职工(即带班人员)带领，不准上述劳务人员单独上道作业。劳务派遣工由劳务派遣单位进行必要的安全生产教育和培训，用工单位进行岗位安全操作规程和施工安全培训；业务外包用工由业务承包单位负责施工安全培训，设备管理单位可提供师资支持，并对培训情况进行监管。上述劳务人员应先培训，培训合格后方可上岗。对营业线施工的轨道、桥隧、通信信号、接触网等技术复杂、可能危及行车安全的作业项目，严禁分包、转包。上述劳务人员不准担任营业线施工的施工安全防护员和带班人员等工作，不准单独使用各类作业车辆。

(3)加强汛期施工安全工作。营业线施工应认真执行铁路防洪工作管理相关规定，落实防洪措施。施工中应保持营业线排水系统的畅通，对可能影响营业线路基、桥涵、隧道等设施设备稳定的任何作业，应有足够可靠的安全防护措施，制定汛期防洪专项预案，有效应对突发事件。建设单位应及时组织设计、施工、监理及设备管理等单位和部门，对施工地段联合进行汛前防洪检查，发现问题由设计、施工单位及时处理。凡可能影响安全度汛的施工地段，施工单位应认真接受防洪部门的防洪检查和指导，按要求认真落实责任，并制定防洪预案。

(4)高速铁路防护栅栏门和桥梁救援疏散通道门以关闭加锁为定位。普速铁路和高速铁路并行时，普速铁路施工和维修作业应与高速铁路做好物理隔离。

(5)施工和维修作业安全防护管理。

施工和维修作业前应按规定设置驻站(驻调度所)联络员、现场防护员，驻站(驻调度所)联络员和现场防护员施工维修期间不得临时调换。

现场防护员应根据施工作业现场地形条件、列车运行特点、施工人员和机具布置等情况确定站位和移动路径，并做好自身防护。

作业过程中，驻站(驻调度所)联络员与现场防护员必须保持通信畅通并定时联系，确认通信良好。一旦联控通信中断，施工(维修)负责人应立即命令所有作业人员下道。铁路局集团公司应制定驻站(驻调度所)联络员、现场防护员及施工(维修)负责人之间的联控办法，明确通信设备管理要求，对联控时机、联控内容、联控对象、联控标准用语及复诵确认等环节进行规范。

(6)施工期间需设置临时道口时，应依照铁路道口管理规定办理相关的手续。施工单位在临时道口设置期间应设人看守，并按规定日期拆除。施工单位在施工中应保证道口(含临时道口)设备、标识符合标准，并按铁路道口管理有关规定进行管理。

三、安全奖惩

(1)铁路局集团公司应加强营业线施工考核工作，建立经济考核制度和奖惩办法，对施工计划质量和施工、维修天窗兑现率、利用率进行考核。运输部门考核兑现率，兑现率是指运输组织部门实际给点时间、次数与计划时间、次数之比。主管业务部室考核利用率，利用率是指施工单位实际作业时间、次数、工作量完成与计划时间、次数、工作量之比。铁路局集团公司应根据实际情况，确定“两率”基数，严格按月考核。对超过“两率”基数的给予奖励，对达不到“两率”基数的给予处罚。

铁路局集团公司应根据管内设备状态和大型机械配备情况，制定单位天窗时间施工项目的工作量参考标准。

(2)铁路局集团公司应建立施工安全奖惩制度。

对在营业线施工保证行车安全中做出贡献的人员和单位给予奖励。对不遵守铁路施工安全规定，影响铁路行车安全及运输设施安全的施工单位，按照《铁路安全管理条例》有关规定进行处理。

对发生铁路交通责任事故的建设、设计、施工、监理等单位，根据事故性质，按《铁路安全管理条例》《铁路交通事故调查处理规则》和国铁集团营业线工程施工招标工作的有关规定进行处理，处理方式可采用停工整顿、责令改正、赔偿经济损失、辞退责任施工单位等；铁路运输企业在一定期限内不再委托责任单位承担铁路营业线工程项目，或在招投标时对其进行扣分。

特别重大事故按照国家和国铁集团有关规定办理。

(3)铁路局集团公司安监室每月将铁路局集团公司管内上月有关施工单位发生事故调查处理和责任情况，上报国铁集团安监局。国铁集团建设部根据安监局的事故统计报告按有关规定及时进行处理。铁路工程项目资格审查时，招标人应将事故责任情况作为重要的评审条件。

(4)发生事故按照《铁路交通事故调查处理规则》对事故进行认真分析，查明原因；铁路局集团公司安监室应将施工的责任事故调查处理和定责情况及时通知建设、设计、施工、监理等有关单位，责成其对事故责任者、责任单位及有关领导进行严肃处理，追究其责任。

(5)铁路局集团公司应建立施工延点考核制度，国铁集团根据需要建立施工延点差异化考核制度。铁路局集团公司施工办每日对施工天窗兑现情况进行分析，对于未能按施工计划完成施工任务，特别是施工延点造成较大影响的，施工办应督促施工单位查找原因，制定整改措施，并书面报告国铁集团调度中心。

第五节 施工实例

本节以"太焦线东庆车站电气化改造施工"为实例来描述施工管理全流程。（本节地名均为化名，时间仅为叙述方便，不代表实际时间。）

第一步 首先要对现场设备进行修前调查，提出电气化改造申请报告，经铁路局集团公司业务部门审核同意后方可继续实施。修前调查内容如下。

一、运行情况

太焦线电气化于1983年施工，1985年开通运行至2020年已35年。因原设计钢柱采用刷漆工艺，常年运行后受环境污染腐蚀严重，在日常的维护中对钢柱采取除锈打磨和涂油防护，对特别锈蚀严重的进行加焊角钢加固等措施，虽经多次防腐处理，仍无法从根本上改变钢柱锈蚀、容量下降的现状，已经严重危及供电安全。

太焦铁路为Ⅰ级双线电气化线路，是连接山西、河南最主要的铁路干线。东庆车站是太焦线上的一个车站；铁路中心里程为K324+822。

东庆车站共4股道，Ⅰ、Ⅱ道为正线，3、4道为侧线，信号楼位于下行侧，站台位于下行3道侧和Ⅱ、4道间，站场中部为$R=600$ m左右曲线。

车站接触网悬挂形式采用全补偿简单链型悬挂，接触网吊弦为绝缘吊弦，供电方式为直供加回流（上、下行侧回流线为双回流线）。正线Ⅰ、Ⅱ道及站线3、4道为电气化股道。正线采用LXGJ-80+CT-110；站线采用LXGJ-80+CT-85。站内接触网承力索、接触线共计6.86条公里，站场内采用软横跨结构形式，全站钢柱共计18根。

回流线线材采用LGJ-185（上、下行为双回流线）；架空地线线材采用LGJ-70。

二、修前调查

1. 线路示意

通信线路、电务线路、排水沟与新立支柱的关系如图6-5-1～图6-5-3所示。

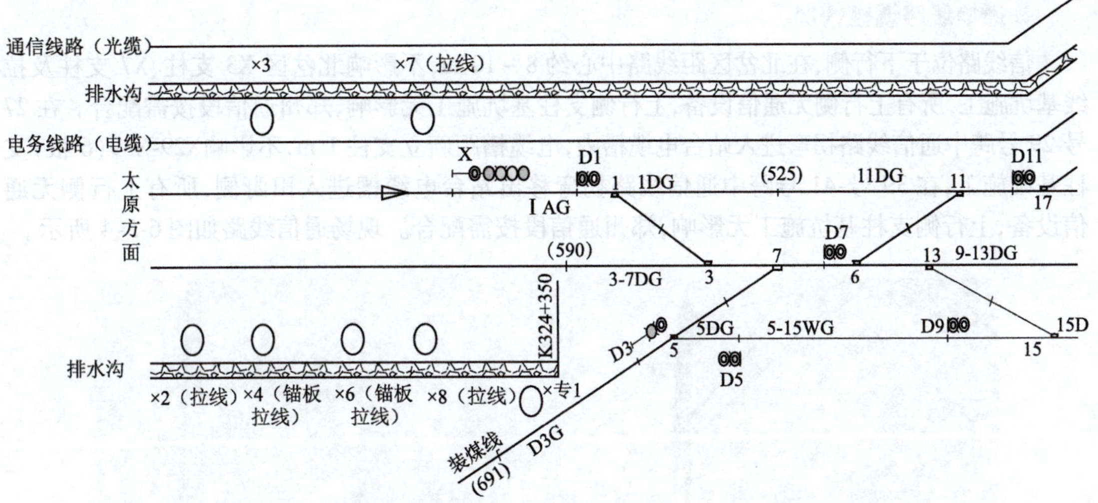

图 6-5-1　通信线路、电务线路、排水沟与新立支柱在北岔区示意

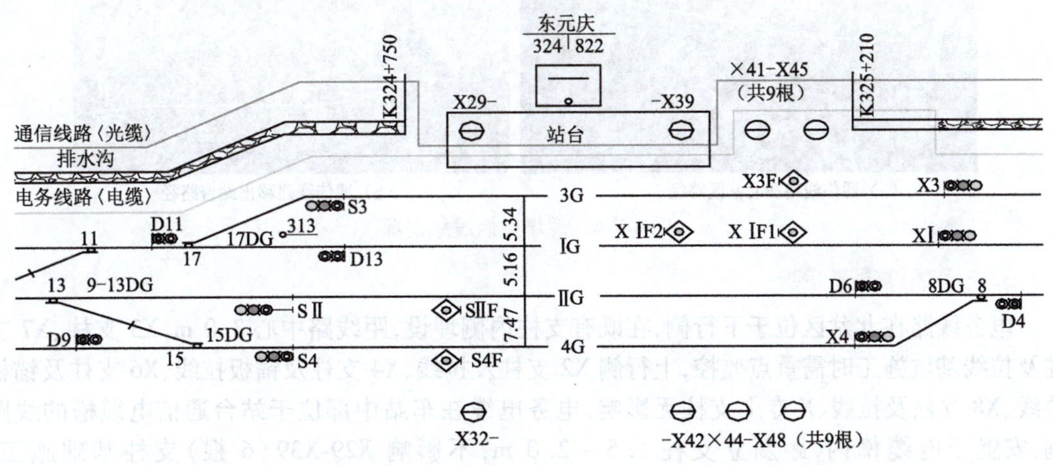

图 6-5-2　通信线路、电务线路、排水沟与新立支柱在股道中间示意

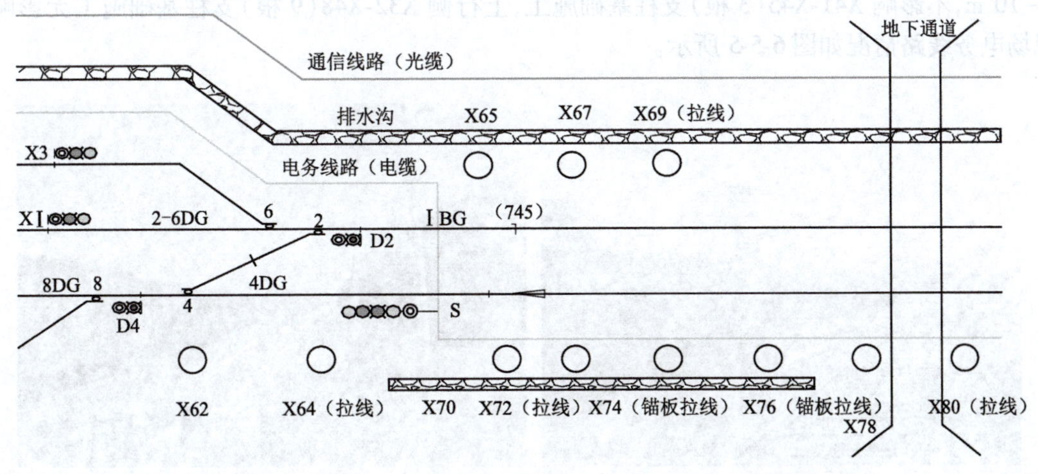

图 6-5-3　通信线路、电务线路、排水沟与新立支柱在南岔区示意

2. 通信线路调查情况

信线路位于下行侧，在北岔区距线路中心约 8～10 m，不影响北岔区 X3 支柱、X7 支柱及拉线基坑施工，所有上行侧无通信设备，上行侧支柱基坑施工无影响，郑州通信段按需配合。在 27 号-29 号跨中通信线路拐弯进入站台电缆槽内，电缆槽距新立支柱 1 m，不影响X29-X39（6 根）支柱基础施工，在 39 号-41 号跨中通信线路拐弯移出站台电缆槽进入田野侧，所有上行侧无通信设备，上行侧支柱基坑施工无影响，郑州通信段按需配合。现场通信线路如图 6-5-4 所示。

（a）通信线路在北岔区路径

（b）通信线路移出站台路径

图 6-5-4　现场通信线路情况

3. 电务线路调查情况

电务线路在北岔区位于下行侧，在既有支柱内侧埋设，距线路中心 3.0 m，X3 支柱、X7 支柱及拉线基坑施工时需重点监控，上行侧 X2 支柱及拉线、X4 支柱及锚板拉线、X6 支柱及锚板拉线、X8 支柱及拉线、X 专 1 支柱无影响，电务电缆在车站中部位于站台通信电缆槽的线路侧，安置于电缆槽内，距新立支柱 1.5～2.0 m，不影响 X29-X39（6 根）支柱基础施工，在 39 号-41 号跨中电务线路和通信电缆同样拐弯移出站台电缆槽进入田野侧，距线路中心约 6～10 m，不影响 X41-X45（3 根）支柱基础施工，上行侧 X32-X48（9 根）支柱基础施工无影响。现场电务线路情况如图 6-5-5 所示。

（a）电路线路在北岔区路径

（b）电务线路在车站中部路径

图 6-5-5　现场电务线路情况

4. 改移排水沟

（1）北岔区上下行侧排水沟位于既有支柱外侧，紧贴支柱，由于施工期间处于防洪期，以减少对排水沟的干扰为原则，尽量不对排水沟进行改移，X3 支柱、X4 支柱及锚杆拉线、X6 支柱及锚杆拉线以不改变限界为原则，减少对排水沟干扰；由于下锚柱受线索影响需增大侧面限界，因此 X7 支柱及拉线、X2 支柱及拉线、X8 支柱及拉线需改移排水沟；X 专 1 无排水沟影响。

（2）站场中部无排水沟，对 X29-X45、X32-X48 共 18 根钢柱基础施工无影响。

（3）南岔区上下行侧排水沟同样位于既有支柱外侧，紧贴支柱，X65 支柱、X67 支柱、X70 支柱、X74 支柱及锚杆拉线、X76 支柱及锚杆拉线以不改变限界为原则，减少对排水沟干扰；由于下锚柱受线索影响需增大侧面限界，因此 X69 支柱及拉线、X72 支柱及拉线需改移排水沟；X62、X64 支柱及拉线、X78、X80 支柱及拉线无排水沟影响。排水沟改移情况如图 6-5-6 所示。

（a）附加悬挂下锚无须改移排水沟

（b）接触悬挂下锚需改移排水沟

图 6-5-6 排水沟改移情况

三、施工配合调查情况

下部施工配合调查情况见表 6-5-1。

表 6-5-1 下部施工配合调查情况

序号	支柱号	限界	支柱类型	通信配合情况	电务配合情况	工务配合情况
1	Z3 号	既有限界	H78/9.2 +3.0	按需配合	重点监控	重点监控
2	X7 号（含拉线基础）	3.1	H78/9.2 +3.0	按需配合	重点监控	重点监控、改移排水沟
3	X2 号（含拉线基础）	3.1	H78/9.2 +3.0	按需配合	按需配合	重点监控、改移排水沟
…						

四、各单位配合内容

（1）××电务段：

①基坑开挖时，现场监护并按规定填写“临近营业线施工现场安全重点监控表”。

②基坑开挖时，确认地下电缆情况，对地下设施位置、走向进行标示，防止挖断电缆。

(2)××通信段：

①基坑开挖时，现场监护并按规定填写“临近营业线施工现场安全重点监控表”。

②基坑开挖时，确认地下电缆情况，对地下设施位置、走向进行标示，防止挖断电缆。

(3)××工务段：

①基坑开挖时，现场监护并按规定填写“临近营业线施工现场安全重点监控表”。

②基坑开挖时，监控路基的稳定，不得使其受到破坏和减弱，防止道碴污染及排水沟诸塞。

(4)××车站：

①组织召开施工协调会。

②安排施工车辆进出。

五、各单位联系方式

××供电段调度：×××××。

配合单位：××电务段调度电话：×××××；××通信段调度电话：×××××；××工务段调度电话：×××××；××车站调度电话：×××××。

六、主要工程数量

1. 供电迁改工程数量表(表6-5-2)

表6-5-2　供电迁改工程数量表

东庆站改建主要工程数量表					
序号	名称	型号及规格	单位	数量	备注
一	接触悬挂				
1	悬挂调整	正线	条公里	3.82	
2	悬挂调整	站线	条公里	3.04	
3	整体吊弦	正线/站线	条公里	3.82/3.04	
二	立杆				
1	混凝土支柱	H78/9.2+3.0	根	18	
2	钢柱	Gz(0.8)250/15	根	18	
三	基础				
1	横卧板	上3-Ⅱ 下1-Ⅱ底1-Ⅰ	处	18	
2	基础	J15-10	处	18	
3	拉线基础		处	7	
4	锚板拉线	单环	处	6	
四	腕臂柱安装				
1	水平腕臂结构	中间柱正	处	6	
2	水平腕臂结构	中间柱反	处	3	
3	水平腕臂结构	非绝缘关节中心柱	处	1	

续上表

东庆站改建主要工程数量表					
序号	名称	型号及规格	单位	数量	备注
4	水平腕臂结构	非绝缘关节转换柱	处	5	
5	水平腕臂结构	道岔柱	处	1	
五	软横跨				
1	软横跨节点	1S 单	个	9	
2	软横跨节点	2S 单	个	9	
3	软横跨节点	B2 单	个	16	
4	软横跨节点	Z5 单	个	16	
5	软横跨节点	8a 单	个	9	
6	软横跨节点	9a 单	个	9	
7	软横跨节点	B14 单	个	2	
8	软横跨节点	Z14 单	个	2	
六	下锚装置				
1	全补偿下锚	1:3 +1:2(20 +20)	处	6	
2	全补偿下锚	1:3 +1:2(20 +17)	处	1	
3	中心锚结	防窜	处	4	
七	回流线				
1	回流线肩架	混凝土柱	处	28	
2	回流线肩架	钢柱	处	36	
3	回流线长肩架	混凝土柱	处	2	
4	回流线对向下锚		处	4	
八	架空地线				
1	架空地线肩架	混凝土柱	处	12	
2	架空地线肩架	钢柱	处	18	
3	架空地线终端下锚		处	2	
九	设备及附属设施				
1	电连接线	线岔、关节电连接	处	13/4	
2	横向电连接		处	16	
3	股道电连接	四股道	处	4	
4	支柱号码牌	砼柱	块	64	
5	支柱号码牌	钢柱	块	18	
6	高压危险牌	砼柱	块	64	
7	高压危险牌	钢柱	块	18	
8	接地极	单/双	处	1/4	
9	钢柱防护		处	18	
10	站台水泥路面破除及恢复		处	7	

续上表

东庆站改建主要工程数量表					
序号	名称	型号及规格	单位	数量	备注
11	接触网拆除工程		项	1	
十	拆除工程				
1	混凝土支柱		处	18	
2	钢柱		处	18	
3	腕臂装置		套	18	
4	软横跨		组	24	

2. 电力迁改工程数量表（表 6-5-3）

表 6-5-3　电力迁改工程数量表

序号	名称	型号及规格	单位	数量	备注
	电力				
1	挖土质电缆沟		m	550	
2	破站台面电缆沟		m	550	
3	恢复水泥路面		m^2	550	
4	电力电缆	VV22-1kV-2×16	m	120	
5	电力电缆	VV22-1kV-4×35	m	300	
6	电力电缆	VV22-1kV-4×70	m	150	
7	电缆保护管	PE50	m	120	
8	电缆保护管	PE80	m	300	
9	电缆保护管	PE120	m	150	
10	电缆保护管	PE120	m	150	预留
11	既有热源箱变改造		项	1	
12	电缆检查井		个	10	
13	拆除	单相变压器及其他电力设备	项	1	

第二步　根据修前调查情况，施工单位编制“太焦线东庆车站电气化改造施工方案”，内容包括地点和时间、影响范围及限制行车条件、设备变化和行车方式变化、技术标准、施工方式及流程、施工过渡方案、施工组织、施工安全和质量的保障措施、施工防护办法、列车运行条件、验收安排、指挥体系、应急预案等。

一、编制依据

《铁路电力牵引供电工程施工质量验收标准》（TB 10421—2018）；

《客货共线铁路电力牵引供电工程施工技术指南》（TZ 10208—2008）；

《铁路营业线施工安全管理办法》（铁总运〔2012〕280 号）；

《电气化铁路有关人员电气安全规则》（铁运〔2013〕60 号）；

《铁路技术管理规程(高速铁路部分)》(铁总科技〔2014〕221号);

《铁路营业线施工安全管理办法补充规定》(铁总运〔2014〕180号);

《普速铁路接触网运行维修规则》(铁总运〔2017〕9号);

《普速铁路接触网安全工作规则》(铁总运〔2017〕25号);

……

二、修前调查

包含前述修前调查情况。

三、施工项目及负责人

(一)施工项目

东庆车站电气化改造。

(二)施工单位

××供电段。

(三)施工负责人

×××,电话138××××××××。

四、作业内容及等级

作业内容:基坑开挖、浇筑及回填,排水沟改移、光电缆改移、支柱组立、软横跨安装、肩架安装、腕臂安装、电力线改迁等接触网、电力施工。

施工等级:接触网基坑开挖、浇筑及回填,排水沟改移、光电缆改移,电力电源改迁为邻近营业线施工。

支柱组立、软横跨安装、肩架安装、腕臂安装等接触网施工为营业线Ⅲ级。

五、作业地点及时间

(1)地点:太焦线板桥—东庆(含)—金城北K324+000—K326+100。

(2)时间:2020年4月10日至2020年7月31日。

六、影响范围及限制行车条件

(1)停电范围:板桥(不含)—东庆—金城北—金城(不含)上行K316+487—K336+371,下行K316+487—K336+369;司徒集配站K0+000—K0+062(供电臂编号:TJ08);司徒集配站K0+062—K2+975(供电臂编号:TJZ05)。

(2)停电限制行车要求:

①板桥站的电力机车不得向板桥—东庆区间上、下行线发车。

②金城站的电力机车不得向金城—金城北区间上、下行线发车。

③司徒站电力机车不得向金城北站方向发车。

④金城北站电力机车不得越过21号道岔进入司徒站。

七、设备变化及行车方式变化

(1)设备变化:支柱位置、下锚拉线发生变化距既有位置偏移3 m。

(2)行车方式变化:无

八、技术标准

1. 支柱

(1)支柱受力后顺线路方向应直立,软横跨支柱允许施工偏差为±0.5%。

(2)紧固螺母时应对角循环进行,使受力均匀,且力矩符合设计要求。

……

2. 软横跨

(1)软横跨横向承力索(双横承力索为其中心线)和上、下部定位索应布置在同一铅垂面内,横向承力索的弛度符合要求。

(2)横向承力索,上、下部定位索受力部件状态良好,不得有接头,断股和补强,其机械强度安全系数不应小于4.0,上、下部定位索斜拉线,各固定线夹状态良好,定位环线夹(U形线夹)无裂纹、烧伤、锈蚀,定位索的机械强度安全系数不应小于3.0。

……

3. 腕臂

(1)腕臂底座安装高度应符合设计规定,底座与支柱密贴,底座槽钢呈水平状态;必要时进行调整。

(2)腕臂、定位器(或定位管)应随安装温度的安装曲线进行安装,当温度变化时,偏移量与承力索、接触线在该点的伸缩量相一致。

(3)反定位安装防风支撑时,定位管卡子距定位器底座的距离100~300 mm。

……

九、施工方式及流程

1. 施工方式

下部基础施工:采用人工开挖方式,混凝土浇筑采用商砼,车辆能到达地方直接浇筑,无法到达地方采用高泵车+人工推车+人工搬运方式。

支柱组立:采用轨道吊+平板+作业车方式。

软横跨架设、腕臂安装、吊弦安装、悬挂调整等上部工程:采用作业车+梯车方式。

2. 施工流程

(1)工程流程:施工准备、测量→基坑开挖→支柱组立→腕臂、软横跨安装→吊弦安装→悬挂调整。

(2)各环节流程。

支柱基坑测量:测量准备→纵向定位→书写标记。

软横跨钢柱基础浇筑:测量准备→选择起测点→纵向测量→全站仪(等腰三角形法)横向定位→基础顶面标高定位→书写标记。

道岔支柱基坑测量:测量准备→选择测量点→复核→书写标记。

塌方坑开挖(木板防护):施工准备→确认坑位→清理工作面→安置挡板→开挖→安置防护板→检验→填写隐蔽工程记录。

拉线坑开挖:施工准备→确认坑位→清理工作面→开挖→检验→填写隐蔽工程记录。

支柱组立:清理基础→吊立→对位安装→整正→填写记录。

腕臂定位器更换:参数测量→计算→下料→零件组装→预配腕臂→预配定位器→复核数据→安装工序流程如图 6-5-7 所示。

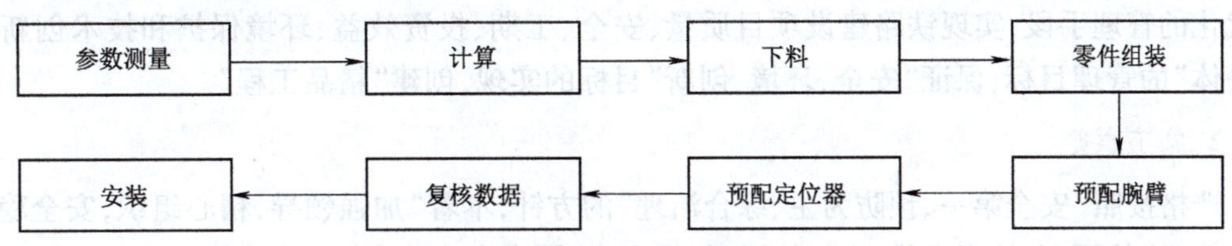

图 6-5-7 支柱装配预配及安装施工工序流程图

吊弦安装:施工准备→测量计算→吊弦位置→安装吊弦→结束。

软横跨更换:测量计算→软横跨预制→安装→调整。

……

十、施工过渡方案

1. 电缆过渡

基坑开挖前,需对既有线路通信、信号、光电缆等既有设备进行调查,人工开挖探沟,确定线路走向,做好标识。对影响的通信、信号、光电缆等设备采取临时性迁移,对不影响的地段,根据标识,必须有专人指挥现场施工,以防挖断电缆。

2. 软横跨过渡

原则上软横跨安装完毕后立即倒定位,拆除旧软横跨,当无法按时倒定位时,软横跨需过渡,过渡期间要求如下:

(1)新软横跨上下部固定绳应紧固到位,分段绝缘子两端 1 m 以外加装定位线夹并用直吊弦将下部固定绳吊起,防止下部固定绳受绝缘子重力影响下垂。

(2)新软横跨上下部固定绳距承力索、接触线保持 200 mm 以上间距,否则加装等位线。

(3)新软横跨距最近吊弦保持 2 m 以上距离。

(4)主要过渡材料:定位环线夹、软态不锈钢线、整体吊弦、承力索电连接线夹、120 型电连接线,按正式工程对待和使用标准零部件。

3. 腕臂过渡

原则上腕臂安装完毕后立即倒定位,拆除旧腕臂跨,当无法按时倒定位时,腕臂需过渡,过渡期间要求如下:

(1)腕臂安装完毕未悬挂承力索、接触线时不得安装定位器和定位管,腕臂拉向支柱一侧采用双股铁线分别将平腕臂、斜腕臂固定在支柱上，防止风摆。

（2）腕臂安装完毕只悬挂承力索时，斜腕臂不得侵入受电弓动态包络线，不得影响线岔调整。

十一、施工组织及指挥体系

1. 施工目标

全体参建人员树立"科学管理、追求卓越、求真务实、塑造品牌"的施工理念，树立安全质量意识，严格按照国铁集团《铁路营业线施工安全管理办法》的要求，逐级落实质量终身负责制，精心组织、规范施工、确保工期，优质、高效地完成施工任务。坚持科学管理，求实创新，以现代化的管理手段，实现铁路建设项目质量、安全、工期、投资效益、环境保护和技术创新"六位一体"的管理目标，保证"安全、环境、创新"目标的实现，创建"精品工程"。

2. 施工原则

严格按照"安全第一、预防为主、综合治理"的方针，本着"加强领导，精心组织，安全稳妥，严格管理"的原则，认真安排，密切协调，加强配合，圆满完成此次施工任务。

3. 施工组织结构

本着"专业分工、轮流盯岗、领导包保、分层管理"的原则设置，在施工领导组的全面领导下，以安全生产为前提，质量控制为手段，施工技术管理为主线，开展施工管理工作。

4. 施工领导组

组　长：×××；组　员：×××等；职责：……

5. 技术组

组　长：×××；组　员：×××等；职责：……

6. 安全组

组　长：×××；组　员：×××等；职责：……

7. 施工组

组　长：×××；组　员：×××等；职责：……

8. 施工配合组

组　长：×××；组　员：×××等；职责：……

9. 后勤保障工作组

组　长：×××；组　员：×××等；职责：……

十二、施工安全和质量保障措施

1. 安全管理机构

安全目标。坚持"安全第一，预防为主，风险控制、综合治理"的方针，树立"以人为本，预防危害，遵纪守法，履行义务，持续改进，本质安全"的安全管理理念；杜绝铁路交通安全责任一般D类及以上安全事故，坚决遏制铁路交通安全一般D类责任事故；杜绝责任施工火灾、爆炸事故;杜绝人身伤亡事故;消灭重大交通和重大机械设备责任事故。

2. 安全保证体系

建立健全安全保证体系,建立安全生产逐级负责制,认真贯彻《中华人民共和国安全生产法》和国铁集团、集团公司、建设项目有关规定,设置安全生产管理机构,配备安全生产管理专职人员,建立健全各项安全管理制度,落实安全生产责任制,切实把确保认真和行车安全放在首位,坚持“安全第一,预防为主,综合治理”的方针,做到分工明确,责任清楚,措施具体,管理到位。

3. 安全管理机构

组长:×××;副组长:×××;组员:×××……

4. 安全管理制度

(1)安全培训制度。

(2)安全技术交底制度。

(3)施工安全红线及安全禁止。

(4)会议制度。

……

5. 营业线施工安全保证措施

在施工前,应和本工程内有关运营单位建立对应联系制度,严格执行安全协议书和批准的施工计划,遵守安全规定,互为监督,协调配合,尽职尽责,堵塞漏洞,消除不安全因素。重要工点保证指派施工负责人和安全负责人。

在开工前对全体参加施工人员进行一次全面系统的营业线施工安全教育,增强全员安全意识。

主动协调运营部门间的关系,同运营部门签定施工安全协议,做好行车、施工安全的防范工作,保证行车安全和施工生产安全。

利用梯车进行施工作业时,每台梯车不得少于 6 人,梯车上部作业人员不得多于 2 人,梯车推行速度不得大于 5 km/h,曲线地段应在曲线外侧设置梯车防倾倒措施。

……

6. 设备质量保证措施

加强与设备管理单位联系沟通,协调做好施工配合。须提报施工配合计划,签订施工安全协议,配合计划主要包括:施工项目、施工地点、影响范围、施工时间、施工负责人及联系电话,劳力及机具准备情况。在施工项目正式施工 3 天前向有关配合单位书面送达“施工配合通知单”。

在营业线施工时,要保证既有设备的完好和安全,在施工中对正在使用中的设备严格按照“三不动、三不离”的原则,当既有设备确实影响施工,需要移动时,要提前与设备所属单位联系,请求指派专人到现场配合。

施工测量、基坑开挖想、支柱整正、支柱装配、软横跨安装、倒锚作业安全措施、既有电缆安全防护措施等施工过程设备安装质量的控制标准。

……

十三、施工防护办法

1. 防护设置

防护员（驻站、现场）须经过安全培训、考试并取得合格证的人员担任。

现场防护员设在作业组两端，按标准上岗：佩戴安全帽，穿防护服携带上岗证、对讲机（一台）、备用电池、视频记录仪、防护旗（红、黄各一面）、防护喇叭、记录本和防护灯。

驻站联络员：设在车站行车室。携带对讲机（一台）、视频记录仪、备用电池、耳机和记录本。

2. 联系中断应急措施

驻站联络员连续呼叫三次未得到现场防护员应答时，立即通过其他方式进行联系，当通过其他方式仍不能联系到现场防护员时，应通知车站值班员扣停经由作业地点的列车。

驻站联络员确需离开行车室时要通知现场防护员，确认现场作业人员和机具下道后，在"上道作业列车防护登记簿"中登记，并告知车站值班员。返回行车室后，在"上道作业列车防护登记簿"中登记，告知车站值班员，通知现场防护员，方可恢复作业。

现场防护员与驻站联络员之间每3～5 min联系一次，一旦中断联系，应立即通知现场负责人停止作业，人员机具撤至建筑限界以外。

营业线施工进入封闭网时，由驻站联络员在"上道作业列车防护登记簿"中进行登记并做好防护后方可入网。入网时间以营业线Ⅲ级施工行车调度下令时间为准，在作业门做好登记后方可进入施工现场。

……

十四、列车运行条件

按既有运行方式。

十五、验收安排

（1）计划2020年8月10日～8月30日进行竣工验收工作。

（2）成立验收组织并负责编写验收报告。

（3）验收标准执行专业验收规程。

十六、应急预案

1. 恶劣天气的应急预案

2. 施工突发意外情况处置预案

旧电连接拆卸不掉处理措施：可直接将旧电连接断开，重新更换新电连接（打磨、贴试温片）。

放线过程中线索出现损伤的处理措施：观察线索损伤程度，接触线局部损伤面积不大于原截面积的20%时，采取安装接头线夹方式进行补强，将损伤处打磨平滑。否则应将缺口处截断，重新做接头。

3. 轨道车应急抢修预案

（1）轨道车脱线应急预案。

(2)轨道吊车作业中故障应急处理办法。

(3)作业车平台应急复位预案。

(4)轨道车溜逸应急预案。

4. 支柱折断应急预案

支柱折断是接触网比较严重的故障,一般破坏比较严重,抢修难度大。抢修时一般是临时抢通,降弓通过,正式恢复时重新立支柱。断杆处有附加悬挂,要视具体情况采取措施保证安全距离,恢复送电。支柱折断可能影响工务、电务设备,影响时需通知相关单位,共同抢修。

(1)锚柱折断

若相邻两锚段长度不大,可在两转换柱间将两锚段承力索和导线分别合并,合并后要保证张力平衡,必要时可取消一个中心锚结。在断杆处立抢修支柱,将悬挂挑起。

如相邻两锚段长度均比较大,不宜延长锚段时,可借助附近容量足够的支柱下锚,但必须注意要上紧拉线。临时下锚可作硬锚,其下锚拉线紧固良好,且在受力方向上。处理此类故障时必须注意,紧起后的导线高度必须达到规定要求值以上,锚段关节处的过渡要保证受电弓顺利通过,不能保证时要采取降弓措施。两条馈线间的绝缘锚段关节抢修后不能保证绝缘要求的可将其短接。要注意保证电气连接可靠,回路畅通。

(2)中心柱、转换柱折断

可立抢修支柱或利用附近建筑物挑起悬挂,降弓通过。当两悬挂间不能保证规定的绝缘距离时,可暂不作绝缘锚段关节用。

(3)中间柱折断

直线区段的中间柱折断,接触悬挂高度在规定值以上时,可不立杆,接触悬挂在此处不悬挂,不定位,即可送电。否则,需立抢修支柱,挑起悬挂。

曲外支柱折断,在保证接触悬挂高度和电气安全距离条件下,可不立支柱,否则,需立抢修支柱挑起悬挂。在保证接触悬挂和电气安全距离条件下恢复供电。

(4)绝缘子故障

绝缘子表面因脏污引起闪络,擦拭后送电。绝缘子内部击穿和严重破损的,必须更换。

(5)补偿绳断线

补偿绳断线,用手扳葫芦紧起接触线或承力索,保证电气绝缘后做硬锚,拆除中心锚节,送电,相应的锚段关节、线岔及导线高度等技术参数如不符合行车条件,采取降弓措施。

……

第三步　施工单位将施工方案编制完成后,技术负责人审核,主管领导批准,并分别在施工方案上签字,加盖单位公章。

第四步　交给配合单位共同会签,施工单位结合会签意见对施工方案重新修改补充完善并共同确认后,报集团公司供电部。

第五步　供电部组织电务部、工务部、运输部及相关站段召开施工方案审查会,并形成会议纪要。

第六步　施工方案审查会提出的审查意见全部修改完毕并确认后,主管业务部供电部签署"同意"的意见并加盖公章。

第七步　施工方案审查通过后,施工单位与各配合单位签订"营业线施工安全协议",内

容包括施工项目、作业内容、地点和时间、影响范围；施工责任地段和期限；双方所遵循的技术标准、规程和规范；安全防护内容、措施及专业结合部安全分工；双方安全责任、权利和义务；违约责任和经济赔偿办法；安全监督检查和基建、技术改造项目配合费用等。

第八步　施工单位填报“营业线施工管理信息系统（V5.0）”，申请施工计划并提报开工申请；供电部审核同意后报施工办纳入月度施工计划。

第九步　施工单位根据公布的月度施工计划，申报施工天窗日计划，经施工办（调度所）批准后组织实施。

思考题

1. 铁路营业线有哪些供电专业施工项目？施工等级是如何划分的？
2. 供电维修项目和等级如何划分？
3. 邻近营业线施工项目有哪些？施工计划有何要求？
4. 施工协调小组的职责是什么？
5. 哪些项目可以纳入天窗点外维修作业？如何实施？
6. 营业线施工（维修）登销记有何规定？

第七章 普速铁路接触网大修管理

普速铁路接触网整体设备寿命周期一般为20～25年，到期后要进行接触网大修。普速铁路是指工频、单相、交流25 kV、列车运行速度200 km/h以下铁路（仅运行动车组列车的线路除外）。

通过接触网大修，应达到改善牵引供电设备运行质量，保证接触网设备运行安全可靠的目的。同时还要坚持“质量第一、兼顾效益”的方针，落实铁路供电主要技术装备政策，依靠科技进步，积极采用新技术、新工艺、新材料、优化施工方法，提高施工质量，科学管理，降低成本。

第一节 一般规定

接触网大修是接触网修程重要组成部分，是根据线路运行速度、运行环境及设备损耗规律，为恢复和提高接触网设备性能和生产能力，根据设备状态有计划地进行整治或周期性大修，对接触网设备进行全面的修理和更换主要零部件。

一般情况下零部件（包括附加导线的金具）应随设备本体同时更新。特殊情况的零部件、支柱、吊柱等，经铁路局集团公司组织鉴定确认残余使用寿命期后可以不更换。

对运行达到一定服役年限且经服役状态评估后不能满足质量要求，或运行状态不能满足要求的接触网设备，应进行大修。设备服役年限自开通投运时的日期计算。虽然说普速铁路接触网整体设备寿命周期一般为20～25年，但鉴于各条线、各地区接触网设备性能和运行条件不同，各铁路局集团公司应根据线路运行速度、运行环境等实际情况，组织进行质量状态评估，达到质量要求的，可适当延长接触网设备的寿命周期。

大修后的接触网设备须与运能运量、列车速度、线路等级相匹配，开行或计划开行动车组列车的线路，其设备大修标准应适应动车组列车开行需要。

接触网大修按照项目管理，采用概（预）算管理方式，按轻重缓急，统筹安排接触网大修计划，确保设备运行安全，同时注重投入产出分析，切实提高接触网大修投资效益。

第二节　大修项目及实施条件

一、大修项目

接触网大修分为整体大修和局部大修。

整体大修是指对整区间（或站场）接触网全部设备进行的综合性更换修理；局部大修是指对局部、单项接触网设备进行的更换修理。

1. 整体大修

整体大修项目包括：整区间（或站场）更换接触悬挂、定位支撑装置、附加悬挂、单项设备、支柱（吊柱）及基础等接触网设备。

2. 局部大修

局部大修项目如下：

（1）成段或批量更换接触网承力索、接触线、附加悬挂。

（2）成段或批量更换接触网支柱（吊柱）、软（硬）横跨、定位支撑装置、下锚补偿装置、拉线及基础等。

（3）成段或批量更换接触网绝缘子、吊弦、电连接、分段绝缘器、分相绝缘器、隔离开关、避雷器、27.5 kV电缆等。

（4）成段或批量更换接触网接地回流装置、地面磁感应器及埋入杆件等。

（5）批量的接触网支柱（硬横梁）除锈、防腐处理。

（6）批量的支柱、拉线的防护设施大修。

（7）批量更换预绞式金具、保安装置及标识、驱鸟装置等。

（8）其他设备大修。

二、实施条件

接触网大修实施由接触网设备性能和运行条件决定。对达到一定服役年限的接触网设备，由铁路局集团公司组织进行质量鉴定和服役状态评估。通过人工现场检查、设备履历资料分析、零部件抽查检验等形式对接触网设备载流能力、机械强度、绝缘性能、质量状态、残余寿命等进行评估。

设备履历资料包括动态条件下的弓网作用参数检测数据、静态条件下的接触网几何位置测量数据、零部件质量检验资料、历年质量鉴定记录，以及设备日常运行、检修情况和故障分析资料等。

对评估后不能满足质量要求的应及时安排进行大修，对评估后达到质量要求的，可延长一定时限安排大修，一般不超过最大服役年限的20%。接触网整体设备服役年限一般为

20～25 年。接触网部分设备服役年限可参照表 7-2-1。

表 7-2-1 接触网部分设备服役年限表

序号	设备名称	服役年限
1	分相绝缘器	5～8 年
2	分段绝缘器	5～8 年
3	地面磁感应器	5～8 年
4	整体吊弦	10～12 年
5	常动隔离开关	10～12 年
6	避雷器	10～12 年
7	滑轮补偿装置	10～12 年
8	复合绝缘子	10～12 年

对达到大修服役年限的接触网设备，在未进行大修前，应结合运行状态和质量评估情况确定是否采取有针对性的补强和保安措施。一般情况下设备大修时，零部件（包括附加导线的金具）应随设备本体同时更换。

第三节 大修管理

一、管理职责

接触网大修实行统一领导、分级管理的原则充分发挥各级管理组织的作用。

国铁集团负责贯彻执行国家有关法律、法规和行业标准，制定、批准有关标准、规范和规章，监督、检查铁路局集团公司接触网大修工作，审核局界区段接触网设备标准、结构及材质的变更，掌握新技术、新工艺、新材料、新设备在大修工程中的应用与推广。

铁路局集团公司负责集团公司管内接触网大修管理工作，贯彻执行国铁集团有关规程、规范和标准，组织制定铁路局集团公司接触网大修有关标准、制度和办法，审查设备鉴定评估报告，编制、审批（申报）接触网大修计划，委托设计单位编制设计文件和概（预）算，组织项目标准审查和设计文件鉴定、预算审查、开工报告审批和竣工验收，监督、检查、指导、协调集团公司接触网大修工作，组织新技术、新工艺、新材料、新设备在大修工程中的应用与推广。

供电段负责贯彻执行上级有关规章、标准和制度，组织管内设备修前调查，开展质量鉴定和服役状态评估，提报设备鉴定评估报告，编制年度设备大修建议计划，参加大修设计审查，组织编制施工组织方案及开工报告并报铁路局集团公司审批，根据设计文件及上级批准的工程预算和下达的大修计划组织实施，按阶段完成验工计价工作，编制竣工资料并组织工程自验，参加验收工作。

铁路局集团公司设置专职人员负责接触网大修管理工作，供电段也设置专职人员或按项目指定专职人员负责接触网大修管理工作。

二、项目前期管理

铁路局集团公司和供电段应建立本层级大修项目储备库，储备库项目为达到接触网大修条件的项目。储备库应包含项目名称、工作量、概算金额、主要情况说明等要素。

供电段结合接触网设备运行和鉴定评估情况，每年对储备库项目按照轻重缓急进行排序报铁路局集团公司。

铁路局集团公司统筹考虑，对本级储备库项目进行整体排序。根据运输需求及设备条件变化进行动态调整，按程序编报并审批项目可行性研究报告，确定待实施项目。根据设计及（概）预算批复情况，形成次年接触网大修建议计划，每年9月底前按规定进行报送。

铁路局集团公司按照研究确定的接触网大修实施项目于每年2月底前下达本年度接触网大修计划。

三、设计及预算

大修工程设计原则上采用一阶段设计（施工设计），编制施工预算。项目单一或工作量较小的大修项目，可由供电段直接编制大修说明和预算报铁路局集团公司审批。

设计单位勘察设计过程中，应征集有关供电段意见，结合运输需求、设备运营安全问题等优化改进设计方案；对技术复杂、施工难度大的工程提出比选方案；对施工过渡工程在设计文件中明确过渡方案。

设计文件包括设计说明书、施工图纸、预算（特殊设计应附单价分析）等内容。大修项目预算根据设计说明书、设计图表、工程数量、施工方法和概预算编制办法等进行编制，预算编制要合理、节约。

接触网大修计划下达后，铁路局集团公司应组织对设计文件进行审查批准后方可交付施工。设计文件一经批准，不得擅自变更或简化项目。设计标准和方案变更时，应由供电段提出申请，原设计单位出具变更设计，铁路局集团公司批准后方可实施。

四、施工管理

接触网大修施工执行国家安全生产、国铁集团铁路营业线施工管理、接触网安全工作规则各项规定，严格按照设计文件和有关施工规范的要求施工，保证行车安全、人身安全和工程质量。

受施工能力限制或规模较大、施工较为复杂的大修项目，可通过招标等方式委托有资质施工单位施工。在施工招标时对施工单位专业施工资质进行审查，严禁分包、转包。

供电段依据铁路局集团公司批准的设计文件，组织编制施工组织方案和开工报告，报铁路局集团公司审批。

施工单位按照批准的设计文件（施工预算）进行施工，不得擅自减少工程规模、降低技术标准、简化作业程序。

接触网大修施工计划纳入铁路局集团公司年度轮廓施工计划。铁路局集团公司合理组织，确保大修施工计划兑现。

接触网大修施工天窗应不少于180 min，原则上逐日连续安排。对垂直天窗作业项目，应根据需要合理安排,确保兑现。

接触网大修施工应加强全过程管控,对隐蔽工程、关键工序、重要部位的质量进行有效控制,隐蔽工程须留存可追溯的文字、影像资料。

五、大修用料

接触网大修用料应符合国家、行业标准,落实国家、国铁集团有关物资采购、供应、验收的要求,严格源头控制,优先选用耐腐蚀、抗疲劳、高强度、轻型化的产品。

供电段应建立物资采购、安装可追溯制度,制定旧料回收办法,及时办理固定资产报废及建档手续。

重要零部件、线材、设备入库前,铁路局集团公司按规定进行验收,必要时进厂验收。接触网大修用料不得使用未经验收或验收不合格的材料。

接触网重要零部件、线材、绝缘子等生产厂家应具备行政许可资质,纳入国铁集团铁路专用产品认证采信目录的接触网设备应具备有效的铁路产品认证证书。

接触网零部件应有明确的、永久性生产厂家标识,否则视为不合格严禁使用。

接触网重要零部件、线材、绝缘子、分段绝缘器、27.5 kV 电缆等应按规定送专业检验机构进行抽样检验,不锈钢零部件还应进行外观检查、化学成分及机械力学性能等检验。

六、竣工验收

铁路局集团公司负责组织接触网大修验收。验收小组一般由铁路局集团公司相关部门、设计、施工、监理、设备管理单位等组成,对工作量较小的大修项目,铁路局集团公司可委托设备管理单位组织验收。

接触网大修严格按计划下达的项目内容组织实施,不得弄虚作假、冒名顶替、随意变更计划内容。接触网大修验收须依据批复的预算,对竣工项目、工程规模、工程数量等进行审核。验收结束形成接触网大修工程竣工验收报告,参加验收人员应在验收报告上签字,并加盖验收组织单位印章。

(1)接触网大修工程完工,设备管理单位申请验收须具备以下条件:

①工程全部按设计范围、要求竣工。

②竣工文件齐全。

③施工缺陷全部处理完毕,达到设计标准。

④设备管理单位已完成自验。

(2)接触网大修竣工文件应包含以下书面和电子版技术资料:

①工程验收报告、施工小结、竣工工程数量表。

②与竣工后设备相符的竣工图纸,主要包括供电分段示意图,车站、区间接触网平面布置图,供电线路平面布置图,接触网装配图,设备零件图及安装曲线,接触线磨耗换算表等。

③项目设计(含变更设计)及其批复文件、图纸及审核意见资料,开工报告、工程检查记录、验工报表。

④工程施工记录,主要包括隐蔽工程记录,锚栓拉拔试验记录,轨面标准线记录(主要包括支柱侧面限界、外轨超高等),不同电压等级附加导线、引线、接触悬挂等线索交叉时的最小

间距及对地距离等。

⑤每根支柱装配图表(主要包括定位、支持装置、吊弦等)。

⑥各种线索、零部件、设备安装档案(主要包括生产厂家、批次、安装地点和安装时间等)。

⑦设备、零部件、金具、器材的技术规格、合格证、出厂试验记录和试验报告、安装维护手册(使用说明书),承力索、接触线、绝缘部件及接触网零部件等抽样检验报告,电缆相关资料(主要包括电缆及附件合格证、出厂试验报告、现场试验报告、电缆清册、电缆路径图等)。

⑧设备招标技术规格书、采购的产品供应合同以及施工单位工程质量保证合同。

⑨上跨接触网电线路(主要包括上跨电线路名称、位置、电压等级、上跨线高度、产权单位及联系方式等)、跨越接触网的构筑物(主要包括构筑物名称、位置、最近的构筑物墩距线路中心的距离,接触网带电部分距构筑物最小距离)有关资料。

⑩大修工程完工后的静态检测数据、波形图,如需动态检测,还应包括动态检测波形图及检测报告。

影响接触悬挂几何参数且达到一个区间及以上的接触网大修,铁路局集团公司应组织进行动态检测,对接触网动态几何参数、接触线平顺性参数、弓网受流性能参数等进行综合分析、质量评价。

接触网大修工程通过验收后,设备管理单位应及时做好技术资料和设备履历更新,并对设计、施工、验收等工作进行总结。

第四节　大修技术标准

一、通用标准

接触网性能满足200 km/h以下运行速度的接触线波动传播速度要求。接触网与受电弓动态配合性能满足200 km/h以下运行速度要求。接触网载流能力与牵引机型、牵引质量及列车追踪时间相匹配,并根据运输规划在供电能力、安全可靠性方面留有适当裕度。

接触网在自然环境中满足系统可靠性、安全性的要求,有足够的机械、电气强度和安全性能。根据地形地貌和雷电分布情况,采用有效的雷电防护措施,对处于雷电地闪密度2.78次/(km^2·a)及以上或雷暴日40天及以上地区,或者当接触网无防雷措施时的雷击跳闸率大于4次/(100 km·a)时,应采用避雷线措施进行雷电防护。

大风、重污、高盐等特殊环境条件下,接触网大修技术标准应与环境条件相适应,留有安全余量。供电线穿越山区、河流、林区、桥梁等困难区段时,可采取增高架设、电缆敷设等特殊方式。

支线、专用线供电方案应具有独立性和灵活性,确保线路设备故障不影响干线设备正常供电。支线、专用线接触网优先采用从牵引变电所、开闭所引接独立馈线供电。从干线接触网引接电源供电时,应采用可切断故障电流,且具备保护功能的开关设备。所有引接的开关设备纳入远动控制并加装视频监控。

二、接触悬挂

接触网一般应采用全补偿链型悬挂。采用简单悬挂时应适当增加接触线的张力，同时明确允许通过的列车速度。采用刚性悬挂时，电力机车（动车组）的运行速度不宜超过120 km/h。

接触网锚段长度不宜超过1 600 m，最大跨距不得超过65 m，对山口、谷口、高路堤和桥梁等风口范围内的跨距，应按设计标准选用值缩小5～10 m，且最大跨距不宜超过50 m。接触网相邻跨距比不宜超过1.5∶1。上下行渡线宜采用独立锚段。

正线承力索和接触线宜采用恒张力架设。正线接触网的综合张力和正线接触线的张力不应低于表7-4-1中所列数值。

表7-4-1 列车不同运行速度对应的接触网张力、接触线张力表

区段内列车运行速度（km/h）	接触网综合张力（kN）	接触线张力（kN）
$v \leqslant 120$	25	10
$120 < v \leqslant 160$	28	13
$160 < v < 200$	30	15

站线接触线、承力索的标称截面、材质、张力宜与正线一致。接触线、承力索应采用铜合金材质，容许载流量符合运能需要。接触网中心锚结宜采用防断形式，承力索中心锚结绳应与承力索同材质。锚支接触线在其垂直投影与线路钢轨交叉处，应高于工作支接触线300 mm以上，并持续抬升至下锚处。下锚角钢安装高度应符合线索延伸下锚抬升的需要。在变坡区段的始末跨，接触线坡度变化不宜大于变坡区段最大坡度之半。接触网吊弦应采用整体吊弦。

接触网坠砣宜采用高密度复合坠砣或铁质坠砣。坠砣限制架的安装位置应满足坠砣升降变化要求。山谷口、高路堤（一般指高出自然地面5 m）、高架桥等“风口”地段，宜采用防风型坠砣限制架。

线岔、锚段关节及链型悬挂与简单悬挂的衔接处、加强线（载流承力索）的终端、车站电力机车（动车组）经常起动处的股道之间等处所，应装设电连接，电连接宜采用压接型。电连接线均要用多股软铜线做成，其额定载流量不小于被连接的接触悬挂、供电线的额定载流量，且不得有接头。承力索、接触线间距≤1 000 mm时电连接线采用“C”形连接方式；间距>1 000 mm时电连接线采用“S”形连接。其裕度满足接触线、承力索因温度变化伸缩的要求。

交叉跨越线索间距不足200 mm的处所应加装等位线，其中不足60 mm的处所，应同时加装预绞式铠装护线条，等位线及其连接线夹应与被连接线索材质匹配，截面积不小于10 mm^2。上跨构筑（建筑）物（桥、隧道、明洞、站房等）下方的承力索、供电线、正馈线、加强线，应在防断点处至少5 m采取防护措施。

三、定位支撑装置

软横跨吊线、定位管吊线、软定位器拉线等接触网吊（拉）线应采用不锈钢等防腐性能好的绞线。

接触网腕臂支撑装置应采用平斜腕臂结构形式。定位支撑装置宜采用独立支柱或软(硬)横跨安装固定,不应采用双线路及多线路腕臂安装形式。定位器应处于受拉状态,拉力不小于 80 N。

四、支柱、拉线和基础

支柱容量满足受力要求,宜采用热浸镀锌钢支柱,采用混凝土支柱时支柱容量不应低于 60 kN · m。

接触网支柱大修时,支柱侧面限界根据需要预留大机养护和调车作业条件。

支柱应尽量设在侧沟限界以外。若客观条件限制必须设在侧沟中,应留有排水通道,支柱根部应用砂浆砌石加固。

道口两侧、经常有机动车辆运行的场所,以及装卸货物站台上等易被碰撞的支柱及拉线,应设置防护设施。

接触悬挂、附加导线下锚拉线基础宜采用钢筋混凝土浇筑基础。

接触网下锚拉线及零部件不得与回流线、保护线、地线间形成环流通路。

后植锚栓或后植滑槽应避免设置在隧道伸缩缝、不同断面接缝、石缝或明显渗水、漏水处所。采用后植锚栓时,其锚固抗拔力应 100% 检查。

五、附加悬挂

附加导线对地面及相互距离在任何情况下不应小于规定的数值。附加导线与接触网分杆架设时,应符合电力部门架空输电线路有关规定。附加导线的材质和截面积应满足通过的最大电流和规定的机械强度安全系数。

附加导线不得跨越屋顶为易燃材料的建筑物;对耐火屋顶的建筑物也要尽量避免跨越,若必须跨越时,其距建筑物的距离要符合规定。

六、单项设备及其他

绝缘子及绝缘器件的绝缘泄漏距离不小于 1 400 mm。

供电线、正馈线、加强线、电缆终端、接触悬挂下锚、软(硬)横跨接地侧、隔离开关绝缘子,分段绝缘器主绝缘、上下行或不同馈线供电的横向分段绝缘子及分束供电的分段处绝缘子泄漏距离不小于 1 600 mm。

Ⅲ、Ⅳ级污秽等级区域及高路堑、跨线桥两侧、接触网下锚、分段、分相处宜采用复合绝缘子。接触网隔离开关刀闸、触头、设备线夹宜采用铜或铜合金材质,设备线夹与铝材质线材连接时应采取可靠的铜铝过渡措施。

接触网电分相宜采用绝缘锚段关节形式。列车运行速度 120 km/h 以下线路困难情况下可采用器件式分相。

27.5 kV 电缆及电缆终端的固定处须采用专用的铝制或非磁性材料抱箍,并加装保护垫。供电线电缆应预留备用,电缆上网点宜设置隔离开关并纳入远动控制。电缆长度小于 100 m 时,电缆终端应一端直接接地,另一端可不接地。长度 100 m 及以上时,宜每隔 400 m(直供方式)或 800 m(AT 供电方式)划分区段且在每个区段应实施接地绝缘分隔。电缆终端应一端铠装层、屏蔽层直接接地，另一端铠装层、屏蔽层通过护层保护器分开接地。电缆采用地面敷设时须单独设置电缆沟槽，并按规定设置地面电缆标识桩。

避雷器安装位置应满足动作后引线不侵入限界并与带电体保持足够的绝缘间距。避雷器引下线应直接从避雷线(避雷器)连续、完整、最短距离的引下并可靠接地。引下线的材质、结构和最小截面应满足雷电流强度检算并不小于避雷线的铜当量载流截面。

吸上线型号及安装位置应符合设计并满足牵引回流需要，外露部分电缆护管应无损伤且封堵良好。

每根接触网支柱上均应安装反光号码牌。绝缘锚段关节作为接触网电分段处应装设“电力机车禁停标”，必要时还应根据反向行车需要设置。

七、紧固性能及耐腐蚀

接触网零部件采用螺纹副结构作为紧固装置时，螺纹副结构须具备可靠的紧固性能。接触网紧固装置的紧固技术性能应符合《电气化铁路接触网零部件技术条件》(TB/T 2073)规定。紧固装置材质、强度性能、螺纹公差配合等应符合相应的国家标准、行业标准、国铁集团企业标准相关要求。

金属材料零部件表层保护类型和厚度设计应考虑现场环境条件，结构设计应尽量避免滞水。钢质接触网零部件表面防腐措施应采用热浸镀锌工艺，其标准应满足《锌锭》(GB/T 470)、《金属覆盖层　钢铁制件热浸镀锌层　技术要求及试验方法》(GB/T 13912)、《电气化铁路接触网零部件技术条件》(TB/T 2073)等要求。不锈钢、铜合金材质零部件一般可不设置表层保护，设计制造时应考虑使用环境及工作应力，避免发生应力腐蚀开裂。

在潮湿酸性、碱性环境，以及污染较为严重地区，铝合金接触网零部件应在原有防腐措施的基础上再采用表面涂装处理，并满足接地或等电位连接的电气导通需要。线夹、电缆附件和其他金具应不与它们接触的导体产生金属过渡腐蚀。

第五节　大修施工实例

本节以武汉局集团公司“京广线牵引供电扩能改造工程”为实例来描述大修实施全流程。(本节地名和时间均为叙述方便，不代表实际地名和时间。)

一、前期调查

(一)运行情况

京广铁路郑州至武昌段电气化1991年开通，至2015年接触网设备运行近25年，已达到整体大修年限，其间虽历经第五、第六次等大提速，部分区段正线腕臂支撑结构、接触线进行了更换，但绝大多数设备仍然存在设备标准低、老化严重，设备故障率增大，影响运输质量、安全，有必要在京广扩能改造中一并进行改造。

××供电段管内京广铁路接触网设备北起小商桥至孟庙区间上行220号(K808+400)、

下行219号（K808+400）支柱定位线夹北京侧500 mm处，南至陆家山至孝感区间上行2号（K1099+450）、下行5号（K1099+450）定位点以北500 mm处，全长291.05正线公里，933.369延展条公里。

供电方式：孟庙（含）至陆家山（含）段采用AT供电方式，孟平支线采用带回流线的直接供电方式。

接触网悬挂类型：采用全补偿简单链型悬挂（直链型）。

导线张力组合：额定工作张力正线为15 kN+15 kN（补偿传动比1∶3+1∶3），站线为15 kN+8.5 kN（补偿传动比1∶3+1∶2）。

接触线高度：漯河客场，漯河新场，明港，信阳客场，信阳上、下行场，花园站既有导高为6 450 mm；其他均为6 000 mm。

结构高度：接触网结构高度一般为1 400 mm，非改造区段原则维持既有。

中心锚结：中心锚结一般采用两跨式中锚。正线上优先采用防断式中锚，侧线困难时可采用防窜式中锚。

（二）设备现状

1. 承力索及吊弦

既有正线孟庙—漯河新场、西平—焦庄、遂平—驻马店、新安店—信阳下行场、李家寨站、卫家店—陆家山，以及既有侧线承力索，均为钢绞线、铝包钢绞线、硬铜绞线等。由于已超大修期运行，承力索老化、锈蚀、断股现象十分严重。非铜承力索区段吊弦均为非截流型吊弦（图7-5-1），不符合技术要求。

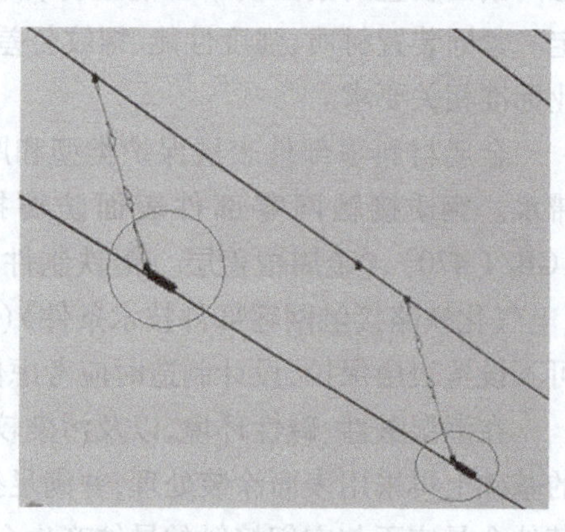

图7-5-1　非载流吊弦

2. 接触线

既有侧线接触线自1991年电化开通以后至2015年运行已近25年，磨耗严重、接头遍布，如图7-5-2和图7-5-3所示。

（a）　（b）

图7-5-2　接触线磨耗严重

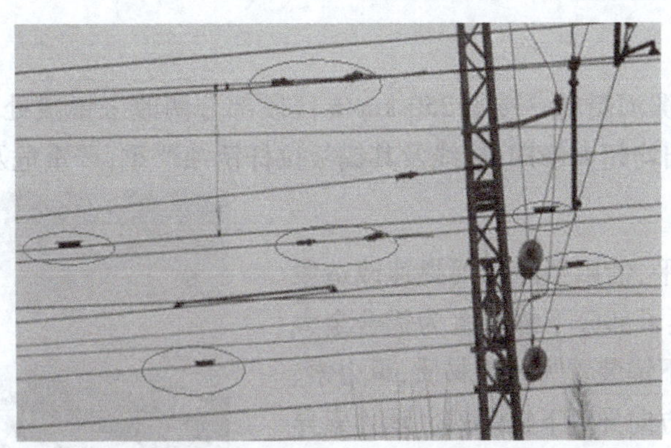

图 7-5-3 接头遍布

3. 附加悬挂

除信阳至陈家河段接触网第六次提速 200 km/h 改造外，附加导线自电化开通以来未进行更换。已到大修周期的附加导线普遍出现锈蚀、损伤、断股、接头，如图 7-5-4 所示。

图 7-5-4 附加悬挂线索断股

4. 支柱及基础

区间除第五、第六次大提速曲改直地段支柱更换为 H60 支柱外，其余多为已经运行近 25 年的 H38 支柱，风化、破损严重，支柱容量不足；车站除部分提速改造段已更换硬横跨外，孟庙站、漯河站（含客场、新场）、李新店站、信阳站（含一站三场）、东双河站、柳林站、李家寨站、卫家店站、花园站、陆家山站既有软横跨已经超大修期，钢柱锈蚀严重（图 7-5-5），横向承力索及上下部固定绳老化、断股。

（a）

（b）

图 7-5-5 钢柱基础锈蚀严重

5. 拉线及基础

除第六次大提速漯河新场—遂平 250 km/h 区段部分两改三锚段处下锚拉线进行了改造外，其余拉线及其基础均超大修期，拉线及其锚板拉杆锈蚀严重，严重危及供电安全。

6. 补偿下锚

全线除孟庙至遂平、信阳至陈家河提速改造段外，既有下锚装置更换了部分下锚装置为铝合金大半径滑轮。未更换的下锚装置为铸铁材质，承力索、接触线在支柱顺线路方向异侧下锚形式。承力索异侧支柱下锚坠砣与拉线互磨严重，如图 7-5-6 所示。

图 7-5-6　线索互磨严重

7. 侧线支持装置

既有侧线为电化开通时的水平拉杆结构，已不符合运营要求，在新的电气化铁路接触网零部件标准（铁道行业标准）中已无相对应的配件。

8. 中心锚结

除信阳至陈家河提速区段外，既有中心锚结均为开通运行时的三跨式结构，老化、锈蚀现象严重。

9. 供电线

除信阳至陈家河段第六次提速改造外，供电线及其支柱自电化开通以来未进行更换。已到大修周期的供电线普遍出现锈蚀、损伤、断股、接头，供电柱老化、锈蚀严重。

10. 电连接

除信阳至陈家河段第六次提速改造外，其他区段未更换且连接形式为螺栓式，电连接及其线夹处出现严重的电腐蚀现象，如图 7-5-7 所示。

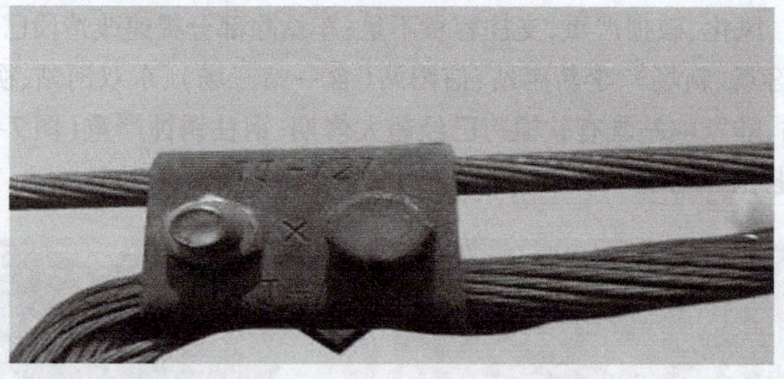

图 7-5-7　电连接电腐蚀严重

11. 隔离开关

开关绝大部分额定电流不足，老化严重，操作不到位。

12. 分段绝缘器

根据××局集团公司供电部“接触网设备大修技术管理指导意见”“分段绝缘器主绝缘

本体不宜与受电弓滑板直接滑动接触”，目前在用分段绝缘器绝大多数为老式的菱形分段绝缘器。

13. 绝缘子

既有绝缘子爬电距离为 1 200 mm，不符合《接触网绝缘防雾(污)闪管理办法》第 6 条“0、Ⅰ、Ⅱ污秽等级区域，接触网绝缘爬电距离不小于 1 400 mm；Ⅲ、Ⅳ污秽等级区域，接触网绝缘爬电距离不小于 1 600 mm”的要求。确山站、明港站腕臂支持绝缘子为第六次大提速时安装的复合绝缘子，目前已到大修期。

二、鉴定评估

自京广铁路开通电气化以来，接触网设备运行近 25 年，已达到整体大修年限，其间虽历经第五、第六次等大提速，部分区段正线腕臂支撑结构、接触导线进行了更换，但绝大多数设备仍然存在设备标准低、老化严重，设备故障率增大，影响运输质量、安全，有必要在京广扩能改造中一并进行改造。

三、可行性研究报告

根据运输需求及设备条件变化进行动态调整，按程序编报并审批项目可行性研究报告，确定待实施项目。

四、设计概算

根据可行性研究报告，中铁第 × 勘察设计院制定了“京广线牵引供电扩能改造工程”设计方案。

五、建议计划

1. 承力索

所有非铜合金承力索全部更换，吊弦相应更换。

2. 接触线

所有侧线接触线全部更换。

3. 附加悬挂

所有附加悬挂及其悬挂装置全部更换。

4. 支柱

所有 H38 支柱、所有侧面限界 2 500 mm 的支柱、所有风化和破损的支柱全部更换；所有超大修期的钢柱全部更换。孟庙站、漯河站(含客场、新场)、李新店站、信阳站(含一站三场)、东双河站、柳林站、李家寨站、卫家店站、花园站、陆家山站既有软横跨全部更换。

5. 拉线及其基础

所有拉线全部更换，所有锚板式拉线基础全部更换为浇筑式基础。

6. 补偿下锚

所有异侧下锚改为同侧下锚。路基上采用滑轮下锚形式,正线1:3+1:3,站线1:3+1:2。桥上下锚采用棘轮1:3+1:3形式。

7. 中心锚结

所有中心锚结由三跨式改为两跨式。

8. 供电线

所有供电线及其支柱进行更换。

9. 电连接

所有电连接全部更换为压接式。

10. 绝缘子

确山站、明港站复合绝缘子,所有泄漏距离1 400 mm的绝缘子全部进行更换。上下行正线间(含软横跨)分段绝缘子采用瓷质绝缘子。

11. 侧线支持装置

全部更换为水平腕臂结构。所有双线路腕臂全部改为软横跨。

12. 防雷接地

除进行避雷器升级更换外,建议对信阳至杨寨山区、及其他重雷区在接触网支柱顶部沿线路架设LBGLJ避雷线。

13. 隔离开关

变电所供电线上网按2台单极电动隔离开关更换考虑;分区所、AT所、开闭所按双极隔离开关更换考虑。考虑能满足反向行车,在既有分相关节的行车方向的近端和远端各设常开电动隔离开关,并纳入远动。

14. 分段绝缘器、吸上线

对超期运行的分段绝缘器、吸上线进行更换。

15. 硬横跨

京广、宁西线并行区段(彭家湾—信阳)全部采用硬横跨,以便解决并行区段设备停电检修问题。

16. 镀线锚段

对站场侧线承力索、接触线进行改造时同步考虑上、下行渡线锚段进行改造,渡线锚段独立架设,形成较短的独立小锚段,减少上下行间故障情况下对运输的影响范围,缩短故障停时,便于接触网设备的快速抢修恢复。

17. 锚段长度

接触网锚段长度适当缩短。正线双边补偿时的最大锚段长度不宜大于2×800 m,站线最大锚段长度不宜大于2×850 m,以满足滑轮补偿极限温度下坠砣a、b值的要求。

六、组织实施

施工单位中铁××电气化局根据前期调查和建议计划、设计概算，制定“京广线牵引供电扩能改造工程施工方案”，经审核批准后按照施工方案组织实施。

1. 工程名称

京广线牵引供电扩能改造工程。

2. 工程地址

京广线孟庙至陆家山段（K807+975—K1099+450）291.475正线公里（双线），共计22站24区间；孟平支线（上行联络线K0+000—K3+500、下行K0+000—K33+100）33.6正线公里（单线，不含裴城站、邓李站），共计2区间；鸡杨支线（K0+000—K40+526）40.526正线公里（单线），共计5站6区间。

3. 工程概况

接触网改建工程范围为孟庙（含）至陆家山（含）段，正线长291.475公里，孟平支线36.6单线公里、鸡杨支线40.5单线公里。本次工程对上述范围（除信阳至陈家河段等已更新改造区段）老化严重的既有接触网进行更新改造，更换容量不够或腐蚀严重的接触线、承力索、供电线、正馈线、回流线、支柱等设备。线索更换量：更换承力索655.5条公里、接触线178.5条公里，更换正馈线/保护线506条公里、回流线28条公里、架空地线92条公里、供电线92条公里；支柱更换量：更换混凝土支柱1 874根、桥钢柱112根、软横跨钢柱1 016根，新建硬横梁26组。腕臂及软横跨装配更换量：腕臂更换3 100套，软横跨更换562组。主要工程数量见表7-5-1。

表7-5-1 主要工程数量表

序号	项目名称	规格型号	单位	设计数量	剩余数量	备注
一	接触网专业					
1	承力索	JTMH-70、95、120	条公里	655.5	655.5	503个锚段
2	接触线	CTAH-120、85	条公里	178.5	178.5	160个锚段
3	附加导线		条公里	1 218	1 218	598个锚段
4	软横跨更换		组	624	609	已更换15组
5	基础浇筑	钢柱及拉线基础	个	3 142	2 736	已浇筑406个
6	混凝土支柱组立	H78、H93、H170	根	2 297	1 884	已组立413根
7	格构式钢柱组立	G120-G650	根	1 372	1 217	已组立155根
8	桥钢柱	G100/12	根	111	111	
9	设备安装	开关、避雷器	处	759	759	
	……					

七、竣工验收

××局集团公司于2021年8月组织完成了京广线孟庙至蒲圻段牵引供电设施改造工程

的初步验收工作。

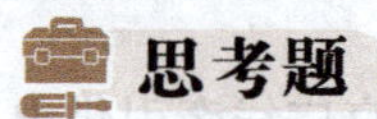

思考题

1. 普速铁路接触网大修施工项目都有哪些？
2. 接触网设备的服役年限是如何规定的？
3. 大修管理各层级的职责是如何划分的？
4. 大修工程设计原则是什么？设计文件都有哪些？
5. 大修竣工验收需具备哪些条件？
6. 大修竣工验收需提供哪些资料？

第八章 高速铁路接触网精测精修

高速铁路接触网精测精修是指通过检测动态条件下的弓网作用参数，测量静态条件下的接触网几何位置，检验零部件质量状态，依据检测、检验分析结果，全面调整接触网静态几何参数，更换失效或接近预期寿命的零部件和设备，更换局部磨耗接近限值的接触导线，恢复接触网标准状态。

第一节　一般规定

一、精测精修条件要求

（1）正常情况下，一般运行7年或弓架次达到50万次以上应安排进行一次精测精修。

遇有动态检测发现弓网动态作用特性成区段持续不良；接触网超标值增多或故障多发且分析后认为有必要实施精测精修，以及线路纵断面发生调整的区段，应在规定时间内提报精测精修计划。

（2）接触网精测精修工作执行铁路营业线施工有关规定，安排在天窗时间内进行，接触网精测精修天窗时间一般不少于4 h，一个任务周期内，天窗日计划原则上应逐日安排连续进行。

（3）国铁集团监督、检查、指导全路高速铁路接触网精测精修实施情况。各铁路局集团公司负责编制接触网精测精修计划，组织审批设计和实施方案，组织实施和竣工验收。

二、精测精修项目

接触网精测精修包括精确检测、零部件检验、分析诊断和设计、精确修理、验收工作5个方面。

（一）精确检测

精确检测一般包含静态检测和动态检测两种形式。

1. 静态检测

静态检测是非接触式检测，主要用于接触网几何参数的测定，利用车载式非接触激光测量仪、弹性吊索张力测量仪、激光测量仪、数显定位坡度仪等接触网检测设备检测接触网静态参数，检查设备外观情况，以及接触线导高等接触网静态几何参数，并输出静态参数波形图。

2. 动态检测

动态检测即接触式检测，主要用于测量弓网动态性能参数指标，输出弓网动态检测参数波形图。

（二）零部件检验

零部件质量检验是指通过对拆卸送检的接触网零部件进行外观检查、补充试验等方式确认其质量状态。零部件性能下降、状态劣化，判定即将或基本达到寿命时，应纳入精修项目进行更换。

（三）分析诊断与设计

根据监测数据，结合接触网运行状态检测和设备运营维护情况，对接触网运行质量状态进行诊断分析，编制接触网动、静态检测分析报告。同时，依据零部件检验机构出具的零部件检验报告，结合接触网线路运行条件、设计结构特点、零部件工况、样本比例等情况综合对比分析，判断相同运行条件下同批次接触网零部件质量状态，编制接触网零部件运行状态分析报告。委托具有资质的路内、外设计单位开展精确修理前设计工作，设计单位依据接触网动、静态检测分析报告和零部件运行状态分析报告，确定精修项目，明确接触网静态参数调整方案、需更换零部件设备型号数量等，组织编制精修施工设计文件。

（四）精确修理

根据设计部门交付的精修施工设计文件，组建自主队伍或委外施工，组织精修实施单位完成精修实施方案的编制；组织需更换物资材料招标采购；精修后对接触网参数进行静态测量确认，通过1C检测数据分析及波形图比对，验证精修效果。

（五）组织验收

精修工作结束后，依据有关标准和精修方案的目标要求组织施工验收。相关检测复核数据、试验分析报告、接触网调整及零部件设备更换记录等资料移交设备管理单位存档。

第二节 精确检测

一、一般规定

（1）接触网精确检测和分析工作一般应由具有高速铁路接触网综合检测设备、具备高速铁路接触网检测数据和设备质量分析诊断能力的专业单位承担，如需要外部单位承担，应通过公开招标方式选择有相应业绩的专业单位。

（2）精确检测一般由综合检测列车、高速铁路接触网检测车或者其他能够完成精确检测任务的设备实施。精测设备应经过标定且在合格的周期内，通过精测前的现场测试验证，满足精度要求。

（3）精确检测一般采用非接触检测和接触检测两种方式。非接触检测主要用于测量接触网几何位置。接触检测主要用于测量弓网动态性能参数。

(4)动态检测可结合综合检测车检测工作周期统筹安排。根据铁路局集团公司申报,在国铁集团综合检测车检测计划中明确接触网精测精修区段动态检测的内容和有关要求。

(5)采用非接触检测方式进行检测时,其车辆行驶速度不得高于检测系统所允许的最高速度。采用接触检测方式进行检测时,检测装置应能满足线路允许运行速度条件下的检测需求。

(6)接触网几何参数检测的输出结果至少应包含接触线高度、高差、拉出值、接触线磨耗、定位器坡度、接触线相互位置(锚段关节、线岔、分相关节)等接触网静态几何参数,并能输出静态参数波形图。

(7)弓网动态检测参数至少应包括弓网动态接触力、受电弓弓头垂直加速度(硬点)、动态接触线高度、动态拉出值、离线、接触网电压等,并输出弓网动态检测参数波形图。

二、静态检测及检查

(一)静态检测

静态检测是指利用运行检测车辆在接触网静止状态下进行非接触式测量,或人工使用仪器、工具测量接触网技术状态。静态检测主要应用于接触网静态验收阶段,可客观地反映接触网建设初始状态;由于是非接触式测量,静态检测技术是一种非常安全的检测技术,不会对高速铁路接触网引起任何电气和物理损伤。在高速铁路静态检测技术中,通常选用多功能接触网激光测仪和带静态检测装置的自轮运转式接触网设备进行静态检测。通过静态检测数据,同正常数值,设计、施工资料参数进行对比,分析接触网参数存在的问题,通过精测精修实施对存在的缺陷进行整改和消除,从而使接触网静态参数达到标准状态。

静态检测项目主要如下:

(1)线岔。

(2)自动过分相地面磁感应器。

(3)接触线几何参数(接触线拉出值、跨中偏移值、接触线高度、接触线坡度)。

(4)绝缘锚段关节、关节式电分相。

(5)轨面标准线。

(6)非绝缘锚段关节。

(7)补偿装置。

(8)接地电阻。

此外,静态检测还包括不定期检测项目,对动态检测超限处所进行静态复核、确认。

(二)检查

检查分为巡视检查、全面检查、单项设备检查和非常规检查。其中全面检查、单项设备检查具有检查、测量和试验等多重职能。针对无法或不易通过静态和动态检测、监测手段掌握设备及零部件运行状态的所有项目,利用天窗在接触网作业车作业平台、车梯或支柱上进行近距离检查,并进行必要的测量和试验,为接触网精确检测提供数据支撑。

根据接触网分类,检查项目主要如下:

1. 腕臂结构

外观检查零部件是否损伤(腐蚀、裂纹、磨损等)、腕臂有无变形、螺栓有无松动等。

2. 接触线、承力索

外观检查线索有无硬点、烧伤、损伤,承力索有无断股;测量接触线磨耗,接触网弹性等。

3. 吊弦

外观检查吊弦线夹状态、载流环方向、吊弦线烧伤、承力索有无磨损及断股等;测量吊弦点处接触线高度、第一吊弦与定位点的距离、接触线高差平顺度等。

4. 弹性吊索

外观检查弹性吊索状态,线索有断股、烧伤、磨损,检查弹性吊索线夹是否开裂、偏斜变形情况;必要时测量弹性吊索张力是否满足设计要求。

5. 电连接

外观检查电连接有无散股、断股、烧伤,绑扎是否标准,线夹状态有无开裂、滑移现象,电连接数量是否满足载流要求;测量电连接弛度、电连接电阻率。

6. 下锚补偿装置

检查棘轮或滑轮是否损伤,转动灵活,坠坨能否上下自由活动,补偿绳有无散股、断股测量 a、b 值,补偿绳与框架的距离。

7. 单项设备检查

外观检查分段绝缘器、隔离开关状态,开关开合是否灵活;测量分段绝缘器两端接触线高度、分段绝缘器间隙距离,隔离开关引线距接地体绝缘距离等。

8. 27.5 kV 电缆及附件

电缆本体各部分无机械损伤,无过热变色、变形、开裂、放电等现象;测量电缆铠装层、屏蔽层及电缆主绝缘之间的绝缘电阻值。

9. 绝缘距离

测量正馈线与 PW 线、承力索等之间的距离,开关电连接与托架、承力索等之间的距离。

10. 绝缘部件

绝缘部件(包括避雷器、电缆终端)有无破损和闪络。

11. 接地连接

外观检查接触网接地连接可靠性,测量接地电阻。

12. 接触网关键设备状态

(1)交叉线岔

检查始触区是否存在除吊弦线夹外的其他线夹,逐吊弦测量道岔区导线高度,测量交叉吊弦、限制管安装位置。

(2)无交分线岔

检查始触区是否存在除吊弦线夹外的其他线夹,逐吊弦测量道岔区导线高度,测量交叉吊弦安装位置。

(3)绝缘关节、分相关节

测量转换柱、中心柱处两支悬挂的垂直距离、水平距离,分段绝缘子串与工作支导线的距离。

三、动态检测

动态检测是指利用弓网综合检测装置(1C),车载接触网运行状态检测装置(3C)等手段,测接触网技术状态和弓网接触受流状态。动态检测技术主要应用于接触网开通后,可以动态直观地对接触网运行状态进行检测,该技术的应用可以有效地发现接触运行过程中存在的潜在问题,针对性地进行缺陷处置及运养维护,有效排除接触网运营中的安全隐患,降低运行风险。此外,动态检测技术还要对弓网关系评价提供翔实准确的信息,包括导线高度、压力等,是反映运行状态的有效依据,通过对接触网动态检测数据的观测可以有效对比多个关键数值,为精测精修方案的确定节省了大量的时间及人工成本。

接触网动态主要检测项目如下:

1. 弓网综合检测装置(1C)检测项目

(1)接触线动态拉出值、高度。

(2)硬点、一跨内接触线高差。

(3)弓网接触力、接触线抬升量、燃弧。

(4)接触网电压。

2. 车载接触网运行状态检测装置(3C)检测项目

(1)接触线动态拉出值、高度、接触线的相互位置。

(2)燃弧次数、燃弧时间、燃弧率。

(3)接触网温度。

四、精测实施方式

精测实施方式主要分车载设备测量、人工测量及自动化设备测。

1. 车载设备测量

指利用弓网综合检测装置(1C)、车载接触网运行状态检测装置(3C)、接触网悬挂状态检测监测装置(4C)等安装在接触网作业车上的装置进行接触网零部件状态、动静态参数检测,在自动识别与分析的基础上形成建议,指导现场精确测量、精准维修。

2. 人工测量

采用照明设备、激光测量仪、钢卷尺、角度仪、温度计、梯车、张力仪、测杆等进行测量。一个测量组一般为5~6人。

3. 自动化设备测量

采用自动化轨行设备测量(如5~16 km/h、非接触式检测的手推式激光测量仪、充电式可提式电动轨道巡检小车),利用设备在轨道上行走,采用光学成像,可得出侧面限界、导高、拉出值、定位器坡度等数据并自动记录，效率比人工测量方法有大幅提高，一个测量组一般3～4人。由于测量仅能在夜间天窗点进行，为提高效率，推荐采用自动化设备进行测量，人工测量辅助，提高效率。

第三节　零部件检验

一、一般规定

(1)当高速铁路接触网零部件接近预期寿命或在日常检查时发现接触网零部件存在质量隐患、无法确认其能否在预期寿命周期内安全运行时，应对该类批零部件抽样进行质量检验。

(2)对满足下列情况之一，应根据分析结果，对接触网零部件进行专项或抽样质量检验：

①发现同一处所或部位重复发生磨损、裂纹、腐蚀、烧损等异常现象时。

②特殊环境(大风、严寒、沿海、潮湿、隧道、周边有严重污染源等)区段检查发现接触网零部件状态劣化，表面腐蚀或磨损明显，需确认其是否能够继续安全使用时。

③检测发现接触网参数与初始参数对比变化较大，经分析确认其与连接的零部件性能关联性较大时。

④区段内接触网零部件脱落、裂损、烧伤等原因故障多发时；需要检验判断确认零部件运行状态或预期残余寿命时。

⑤需要检验判断确认零部件运行状态或预期残余寿命时。

二、送检项目

接触网设备疲劳损伤检验原则上按批次进行抽样送检，设备管理单位建立接触网零部件上网检验追溯制度，建立完善相关台账及履历，掌握各类零部件批次及安装位置。周期性送检原则上自线路开通运行7年或弓架次达到50万次时开始，可结合三级修工作实施；周期性送检原则上每次抽样一个批次中零部件，下一周期抽取下一个批次中零部件，循环抽检。

设备周期性送检优先选取高速、小半径曲线、特殊环境(大风、沿海、潮湿、隧道、周边有严重污染源等)区段及锚段关节(含关节式分相)、线岔等位置。

根据接触网各型腕臂结构零部件材质、制造工艺及运行受力特点，关键受力部件铸件需包含无损探伤检验内容。当送检设备存在关键不合格项时，应再增加抽检数量进行补充送检。

第四节　分析诊断与设计

一、一般要求

(1)检测单位依据检测数据和结果，综合接触网运行状态监测结果、日常维护情况等，诊断分析接触网质量状态，编制接触网检测分析报告。

(2)铁路局集团公司组织依据零部件检验机构出具的检验报告,结合接触网线路运行条件、设计结构特点、零部件工况、样本比例等综合分析,判断相同运行条件下同批次接触网零部件质量状态,编制接触网零部件运行状态分析报告。

二、接触网运行状态分析诊断

(一)接触网静态运行分析诊断

1. 静态检测分析诊断

静态检测分析诊断主要是对接触线高度、接触线拉出值、跨中偏移值、接触线坡度等静态参数进行综合分析判断。通过接触网静态检测分析诊断,一方面抑制接触网参数超标可能引发的故障,另一方面及时改善接触网服役状态,延长使用寿命。

相关参数标准如下:

(1)接触线高度:导线相对于轨面连线的垂直长度。

标准值:设计值;

标准状态:标准值 ±30 mm;

警示值:标准值 ±60 mm;

限界值:标准值 ±100 mm 且小于 6 500 mm。

(2)接触线拉出值:在直线区段,接触线在定位点处相对于线路中心的偏移距离称之为拉出值。在曲线区段中,定位点处接触线与受电弓中线轨迹的距离称为拉出值。

标准值:设计值;

标准状态:标准值 ±30 mm;

警示值:400 mm;

限界值:450 mm。

(3)接触线磨耗是指接触线的磨损消耗量,接触线的磨耗与接触悬挂状态及电力机车受电弓的运行方式、取流状态、滑板硬度等诸多因素有关。局部磨耗严重可能造成接触线拉断线塌网,中断供电。形成硬点会打坏受电弓或引起弓网故障。如果接触线局部磨损达到或超过极限值,应立即更换。如果达到或超过警告值,则应对其进行控制,并将其纳入三级修(精测精修)进行更换,接触线磨耗标准见表 8-4-1。

表 8-4-1 接触线磨耗标准

设计速度(km/h)	导线材质	工作张力(kN)	标准值	警示值	限界值
200～250	CTS	—	无磨损	15%	20%
300～350	CTSH-150	28.5	无磨损	11%	15%
	CTMH-150	28.5	无磨损	17%	23%
	CTMH-150	30	无磨损	14%	19%
	CTCZ-150	31.5	无磨损	19%	25%
	CTCZ-150	33	无磨损	16%	21%
	RiM 120	27	无磨损	13%	17%

(4)接触线坡度是指两定位点间接触线的高差，其计算方式为两定位点高差/两定位点距离。

标准值：$v \leqslant 250$ km/h时，坡度$\leqslant 1‰$，$v > 250$ km/h时，坡度为0；

标准状态：$v \leqslant 250$ km/h时，坡度$\leqslant 1‰$，$v > 250$ km/h时，坡度$\leqslant 0.5‰$；

警示值：$v \leqslant 250$ km/h时，坡度$\leqslant 1‰$，$v > 250$ km/h时，坡度$\leqslant 0.5‰$；

限界值：$v \leqslant 250$ km/h时，坡度$\leqslant 1.5‰$，$v > 250$ km/h时，坡度$\leqslant 1‰$。

(5)定位器坡度是指定位器与轨平面连线之间的夹角。

标准值：8°；

标准状态：6°~10°；

警示值：6°~13°；

限界值：4°~15°。

2. 检查分析诊断

由于个别试验标准、试验方法还不够完善，单纯以抽检产品质量检验结果判断能否继续安全使用或预期剩余寿命有一定难度。因此，当抽样质量检验或分析诊断存在不确定性时，应参考日常运行维护情况（如：弓网故障、停电跳闸的影响程度及设备缺陷情况等）进行综合评判。此外，当零部件和设备的技术寿命终止、技术标准升级换代时，应考虑进行全部更换。特别是如武广高铁等早期开通的350 km/h速度等级高铁线路，采用德国设计标准且部分产品零部件采用进口方式，当进口产品存在购置、技术服务受限时，应考虑更换为符合国家或铁道行业标准的国内产品。

检查发现的接触网零部件缺陷总体可以分为两类：一类是零部件运行产生的缺陷，二类是零部件自身缺陷，部分典型缺陷照片如图8-4-1所示。

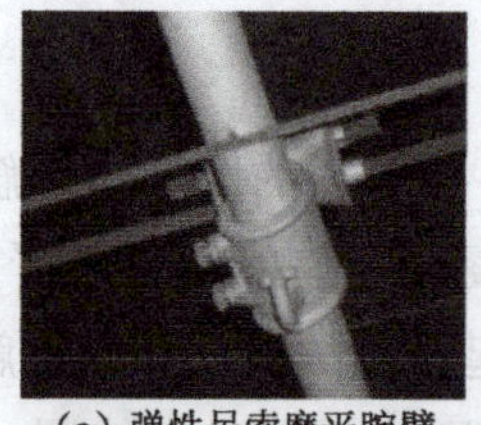

(a) 弹性吊索磨平腕臂

(b) 弹性吊索线夹开裂

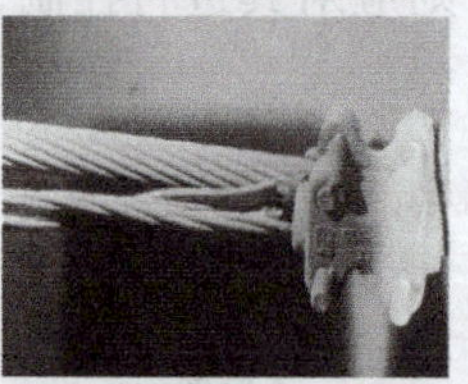

(c) 弹性吊索牙口处断骨

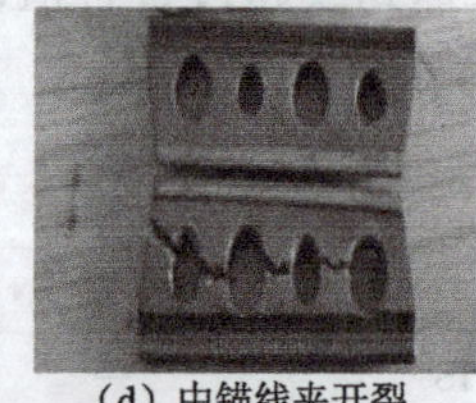

(d) 中锚线夹开裂

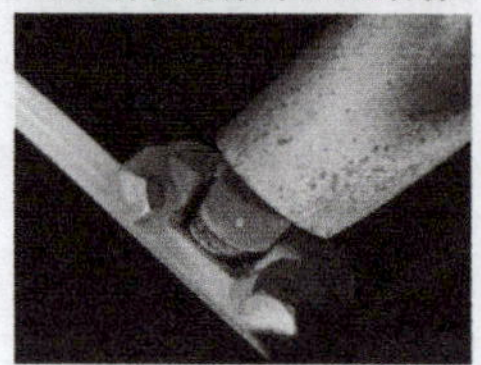

(e) U形销钉磨损

(f) 定位器与定位支座互磨

图8-4-1　零部件典型缺陷

(1)零部件运行缺陷。主要是指在运行过程中产生的振动或设备参数变化而造成的问题,如吊弦存在断丝、断股等,具体如下:

①吊弦存在断丝、断股的问题。

②定位器与定位支座互磨问题。

③斜拉线同斜拉线钩互磨。

④弹性吊索与其他设备相磨。

⑤弹性吊索、电连接疲劳断股。

⑥分段绝缘器铜滑板磨耗。

(2)零部件自身缺陷。主要包含零部件产品质量缺陷、安装工艺不标准、零部件生锈等问题,具体如下:

①个别零部件存在开裂情况,如接触线中锚线夹、弹性吊索线夹、防风拉线固定环,个别定位线夹U形销钉磨损等问题。

②部分零部件存在未按标准施工情况,如线索运输及非标准施工导致的受损断股、施工时β销掰开弹性失效、PW线针式绝缘子固定未按标准绑扎等问题。

③弹性吊索线夹存在螺栓变形、生锈及安装错误问题。

④承力索电连接线夹端没有用绑扎线绑扎,隔开开关、避雷器引线未绑扎固定问题。

⑤铜铝过渡设备线夹存在铜铝结合部位发生断裂、开裂隐患。

⑥部分零部件存在生锈的问题,如吸上线并沟线夹、分相标识牌固定螺栓、拉线绑扎线、铁锚压板螺帽、坠砣、基础螺栓、避雷器计数器、防风拉线环、引线并沟线夹、供电线并沟线夹螺栓、隔离开关防雨挡板等。

(二)接触网动态运行分析诊断

接触网动态性能与运行速度及受电弓状态密切相关。检测速度应与被评价线路的运营速度相同,检测受电弓应满足相应标准要求且状态良好。所用检测设备的技术指标应满足《接触网动态检测评价方法》(Q/CR 841—2021)的要求,具体见表8-4-2。

表8-4-2 检测设备技术指标

检测参数	测量范围	分辨力	最大允许误差
接触线高度	5 000 ~ 7 000 mm	1 mm	±10 mm
拉出值	-625 mm ~ 625 mm	1 mm	±10 mm
硬点	0 ~ 980 m/s²	10 m/s²	±10 m/s²
弓网接触力	0 ~ 500 N	1 N	±5 N
燃弧时间	0 ~ 500 ms	1 ms	±2 ms
接触线水平距离	0 ~ 800 mm	1 mm	±20 mm
接触线垂直距离	0 ~ 500 mm	1 mm	±20 mm
支柱位置定位	—	—	1%
速度	0 ~ 400 km/h	0.1 km/h	±0.1 km/h
跨距	0 ~ 80 m	0.1 m	1%
公里标	0 ~ 10 000 km	0.1 m	±50 mm

1. 接触网动态缺陷诊断方法

通过平均接触力、接触力标准偏差、燃弧率、定位点抬升量验证接触网与受电弓的匹配关系，确认受电弓受流状态。通过动态拉出值、动态接触线高度、一跨内接触线高差、硬点、最大接触力、最小接触力、最大燃弧时间等进行接触网动态缺陷诊断，辅助接触网维修。高速铁路按照《接触网动态检测评价方法》（Q/CR 841—2021）进行接触网动态缺陷诊断（具体见表3-4-2）。

接触网动态缺陷诊断一般以正线公里为单元，根据每公里接触网扣分数进行评价。质量评价等级分为优良、合格、不合格三种。总扣分 $t<10$ 为优良，$10\leqslant t<40$ 为合格，$t\geqslant 40$ 为不合格。区段质量评价根据区段内每公里接触网评价结果确定，优良、合格、不合格公里数为相同质量等级公里数之和，优良率、合格率、不合格率分别按下列公式计算。诊断发现的接触网动检检测缺陷需纳入精修方案中进行调整。

$$\text{优良率}=\frac{\text{优良设备数量（正线公里）}}{\text{设备评价总数量（正线公里）}}\times 100\%$$

$$\text{不合格率}\frac{\text{不合格设备数量（正线公里）}}{\text{设备评价总数量（正线公里）}}\times 100\%$$

2. 接触网动态性能指数（CDI）

接触网动态性能指数（Catenary-pantograph Dynamic Index，CDI）是依据高速弓网综合检测装置1C的动态检测数据子项（如：接触线拉出值、接触线高度、弓网接触力、燃弧率等）对接触网运行质量进行评价，对于弓网动态作用特性成区段不良的问题，考虑采用CDI进行评价。

CDI评价方法按照接触网的固有结构划分评价单元。基本评价单元为一个锚段、或一个关节式电分相、或一个线岔等，各评价单元的接触网动态性能由CDI进行量化描述，取值范围为0≤CDI≤10。

CDI各分量及其权重如下：

（1）拉出值分量（CDIs），权重为0.18。

（2）动态接触线高度分量（CDI_H），权重为0.36。

（3）弓网接触力分量（CDI_F），权重为0.36。

（4）燃弧率分量（CDI_A），权重为0.10。

按照线路速度等级，CDI管理值见表8-4-3。对于CDI管理值不达标的锚段应纳入精修方案进行整治。

表8-4-3 CDI管理值

速度等级	CDI管理值
300～350 km/h	1.8
200～250 km/h	2.0
200 km/h以下	2.0

（三）接触网零部件检验分析诊断

接触网设备疲劳伤损检验应满足《电气化铁路接触网零部件技术条件》（TB/T 2073）、《电气化铁路接触网零部件试验方法》（TB/T 2074）、《电气化铁路接触网零部件》（TB/T 2075）、《电气化铁路用铜及铜合金接触线》（TB/T 2809）、《电气化铁路接触网用绝缘子》（TB/T

3199）等行业规范要求。

对照接触网零部件相关检测标准，检验结果若发现问题时，应立即组织设计、厂家、施工等单位认真分析原因并制定整改措施；检验发现接触网设备性能下降、状态恶化，判定即将或基本达到寿命时，应及时纳入三级修或专项修进行整治。

三、设计

铁路局集团公司应委托具有资质的路内、外设计单位开展修理前设计工作。设计单位依据接触网检测分析报告和零部件运行状态分析报告，确定精修范围、项目和需更换零部件设备型号数量等，组织编制精修施工设计文件。

在开展设计工作前，设计单位需确认检测数据和零部件质量检验结果的有效性和完整性，并开展工作。

交付的设计文件应达到施工图深度。设计文件应包括：工作项目、工作量、机具配置、材料规格、数量和工程预算等。

第五节　精确修理

一、一般要求

接触网精修工作应由铁路局集团公司组建的高速铁路接触网精修专业队伍，或具有高速铁路接触网施工业绩的专业队伍承担。接触网精修队伍成员应由铁路局组织专门培训合格并认定的人员担任。

精修工作应依据设计文件开展。根据交付的施工设计文件，铁路局集团公司组织精修实施单位完成精修实施方案的编制。

现场调整接触网参数前，需对目标区段需要调整的接触网参数进行测量复核，确认分析结果无误后方可调整。应在专业技术人员指导下，使用符合规定的工器具进行，调整修理的部位和更换的零部件设备等应分类标注、统计、记录。精修过程中，应对动态弓网作用参数关联性较强的项目（接触网静态几何参数、定位器坡度、止钉间隙、吊弦或腕臂偏移、补偿灵活性、相关结构间距等）进行专项检查确认。精修后，应对接触网参数进行测量确认，通过检测数据分析及波形图比对，验证精修效果。对未调整到位的接触网进行二次调整，直至达标，二次调整不增加费用预算。

精修工作结束后，铁路局集团公司依据有关标准和精修方案的目标要求组织验收。精修工作结束后一个月内，精修实施单位应将相关检测复核数据、试验分析报告、接触网调整及零部件设备更换记录等资料移交设备管理单位存档。

二、精修的项目及内容

设计单位依据接触网检测分析报告、零部件运行状态分析报告，确定精修范围、项目和需更换零部件设备型号数量等，组织编制精修施工设计文件。同时结合接触网运行状态差异化评估，对弓网性能存在缺陷的区段组织精修，一般包括如下内容：

（一）接触悬挂

（1）接触线更换（评估为接触线局部磨耗变形及损伤，影响弓网正常匹配关系，局部磨耗严重可能造成接触线拉断线塌网，中断供电等情况）。

（2）吊弦更换［评估为吊弦断丝、断股缺陷频发，特别是锚段关节（含分相）、站场咽喉区，以及区间吊弦长度不满足要求引起导高偏差超标等不良区段］。

（3）弹性吊索更换（评估为弹性吊索安装不标准同其他接触网设备动态互磨断股、弹性吊索线索在线夹牙口应力集中点疲劳断股，存在断脱后侵入受电弓动态包络线引发弓网故障情况）。

（4）电连接更换及加装（评估为电连接在长期载流、过弓振动影响下，可能存在的疲劳折断侵入受电弓动态包络线等情况）。

（二）定位支撑装置

（1）腕臂调整及定位器调整（评估为定位器角度或限位间隙不满足要求会引起系统安全性降低易引发弓网事故、拉出值超标导致系统安全性降低易引发弓网事故、腕臂偏转不符合温度偏转曲线引起导高偏差超标等情况下）。

（2）隧道内定位支撑装置更换（评估为隧道内无风雨光等非自然条件下运行环境，造成的接触网零部件氧化腐蚀，影响设备机械强度、受力造成打弓等情况下）。

（3）定位器、定位支座互磨、U 形销钉磨耗缺陷处理（评估为长期过弓接触网振动定位器抬升导致的同定位支座动态互磨、U 形销钉磨耗等情况）。

（三）附加悬挂

（1）隧道口 PW 线下锚改造（评估为隧道口处部分 PW 线悬挂点位于 AF 线下方，线索在竖直平面内形成交叉，在极限天气情况下存在 AF 线、PW 线动态绝缘距离不足引发接触网跳闸等情况）。

（2）吸上线加装（评估为前期施工中隧道内吸上线缺失，引发系统牵引回流不畅等情况）。

（3）AF 线、吸上线并沟线夹、设备线夹锈蚀（评估为作为主导电回流，在长期载流过程中受电腐蚀、运行环境影响导致的螺栓锈蚀，进一步导致接触电阻增大引发线索烧伤断股等情况）。

（四）单项设备

（1）下锚装置状态检查及调整（评估为下锚卡滞导致接触网状态及导高偏差超标或产生偏磨影响系统安全情况下）。

（2）分段绝缘器更换（评估为早期开通高铁线路引进国外分段绝缘器，在备品购置、技术服务受限情况下设备产生缺陷缺少备品更换问题）。

（五）27.5 kV 电缆及附件

电缆绝缘不良整治（评估为电缆附件老化，电缆外护层受损、电缆中间头工艺老化等绝缘不良，引发电缆绝缘击穿发生调整等问题）。

（六）零部件调整及更换

评估为零部件临近寿命，运行中产生的腐蚀、变形、老化、互磨、断丝、断股、磨损、断裂风险等异常现象时。

具体的精修范围需要结合线路实际情况，在精测完成后，经评估及现场调查具体确定。

三、精修实施及验收

鉴于高速铁路接触网系统的系统性及关联性强，一般情况下精修的实施流程如下：

(1)通过精测确定精修范围及内容。

(2)根据精修范围及内容，进行工点设计，含腕臂预配及安装一体化工点设计及吊弦预配安装一体化工点设计，保证精修后接触网状态满足要求。

(3)根据一体化工点设计，利用一体化工艺施工，确保施工工艺、工序的准确性，一次施工安装到位。如弹性链型悬挂调整时，需要从调整位置开始，一直调整到下锚处。具体采用的工艺、工序，在开工前评审确定。

(4)复测精修后状态，确保满足符合设计要求。设计成果作为新的一杆一档资料归档。

(5)铁路局集团公司主管部门负责组织验收，编制验收总结报告。设备管理单位接收竣工资料，更新相关技术文件。

第六节 精修实施案例

武汉至广州高速铁路(简称武广高铁)是京广高铁最早建成的一段，运营维护由武汉局集团公司、广州局集团公司分别承担，因此分区段进行接触网精测精修方案研究，依据设计原则划定了精测精修范围，并根据精测数据评价和分析诊断结果确定了精修项目和内容。由于之前两个铁路局集团公司各自完成了管段内一些接触网缺陷整治工作，因此在精修范围、项目和内容上侧重有所不同，下面以广州局集团公司长沙供电段2019年高速铁路接触网标准线建设精修案例进行说明。

一、概况

武广高铁2009年开通，至2019年已运行十年，接触网设备整体运行情况良好，大多数零部件都在使用寿命周期内。但是在长期的服役过程中，受振动和外部环境的影响，部分零部件出现老化和疲劳现象，诸如整体载流吊弦断丝、断股、电连接折断等缺陷已日渐突出。在广州局集团公司统一部署下，长沙供电段结合武广高铁实际运行情况组织开展了高铁接触网三级修，对武广高铁赤壁北至衡山西间K1354+142—K1654+074，共计299.932运营公里(908.776条公里)接触网设备开展了标准线建设，效果和成绩显著。

二、精修项目

根据精测数据评价和分析诊断结果，研究确定了急迫实施的精修项目和内容，对武广高铁共计10个项目进行精修，具体内容见表8-6-1。

表 8-6-1　武广高铁 K1354 +142—K1654 +074 段精修内容

精修项目	精修内容
更换整治	1. 整体吊弦更换：对关节（含分相）、岔区共计 34 894 根吊弦进行全部更换。全部更换为改进压接工艺和结构的耐疲劳型整体吊弦。 2. 电连接及开关引线：全部更换。电连接存在断丝、断股缺陷或压接工艺不标准，承力索电连接线夹端没有用绑扎线绑扎，导致电连接存在折断的隐患。 3. 横向电连接加装：中心锚结的两侧电连接加装 1 108 根。增强接触网电流导通性，需增加横向电连接。 4. 弹性吊索：对 128 处互磨、张力按照不符合标准弹性吊索进行更换。 5. 定位器与定位器支座互磨缺陷：对 160 处定位器及定位底座互磨缺陷进行更换调整。 6. AF 线、吸上线并沟线夹、设备线夹：将全部 1 370 处 AF 线并沟线夹、设备线夹更换并将所用螺栓更换为不锈钢螺栓。 7. 隧道内加装吸上线：将隧道中未安装吸上线的 8 处所补装吸上线，增强回流通道回流能力。 8. 低压回流缆独立回所整治：对武广高铁 24 个变电所（亭）回流进行整治，规范轨回流、PW 线回流及综合贯通回流同变电所（亭）连接。武广高铁变电所（亭）处回流系统 PW 回流、地回流、PW 线吸上线在钢柱底部通过螺栓并接在一起
精调	1. 定位器坡度调整：7 544 处。 2. 接触网平顺度调整：对弹性吊索更换张力调整、吊弦更换、定位坡度调整等涉及的接触悬挂进行精调

三、精修精调具体内容

1. 吊弦断丝、断股

存在问题：武广高铁赤壁北至株衡区间缺陷数据见表 8-6-2。

表 8-6-2　武广高铁 K1354 +142—K1654 +074 历年缺陷吊弦数量表

年度	2010	2011	2012	2013	2014	2015	2016	2017	2018	总数
缺陷数量	2	12	8	50	66	218	736	781	832	2 705

根据历年吊弦缺陷发展趋势（图 8-6-1），吊弦缺陷从 2010 年以来随着设备运行寿命延长，吊弦断丝、断股、断脱等缺陷都有逐年递增的趋势，同时根据精测数据来看，部分区段接触网静态参数未达到标准状态。

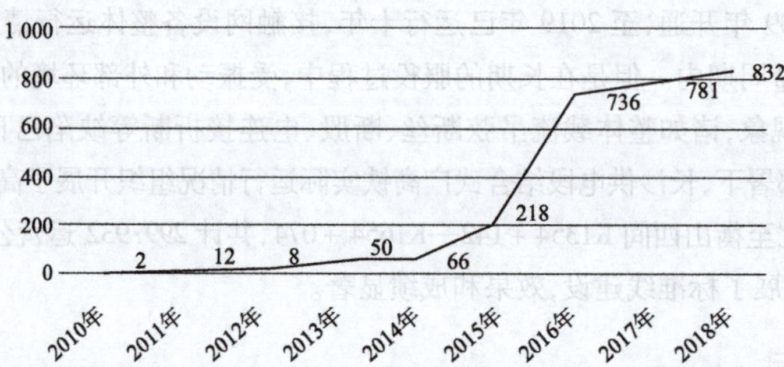

图 8-6-1　武广高铁 K1354 +142—K1654 +074 历年来吊弦缺陷趋势图

原因分析：一是由于参数不达标导致；二是运行时间过长吊弦疲劳导致。

精修措施：对分段、分相、线岔、正线关节处所有吊弦全数更换，其他区段对断丝、断股缺陷的吊弦进行更换，并对更换后接触网平顺度进行精调。吊弦更换前后照片如图 8-6-2 所示，更换精调后 1C 检测波形如图 8-6-3 所示。

整体吊弦的工艺、标准需满足下列要求：

(1)采用椭圆压接的压接方式，对吊弦线的压接损伤，压接强度损失≤5%。

(2)减小心形护环及吊弦线夹的配合间隙，有效地避免了因心形护环与线夹本体的碰撞而产生的对吊弦线的磨损。

(3)为保证了整体吊弦具有的较高的弯曲次数和拉断力，整绳反复弯曲次数不小于 120 次不断丝，综合拉断力不小于 6.3 kN。

(a) 上部压接管处断股

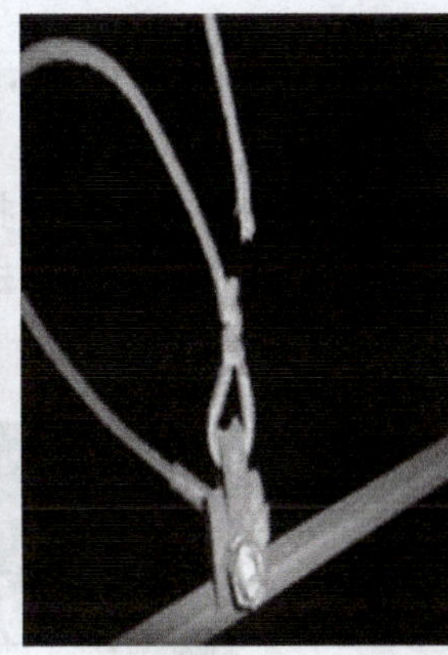

(b) 下部压接管处断脱

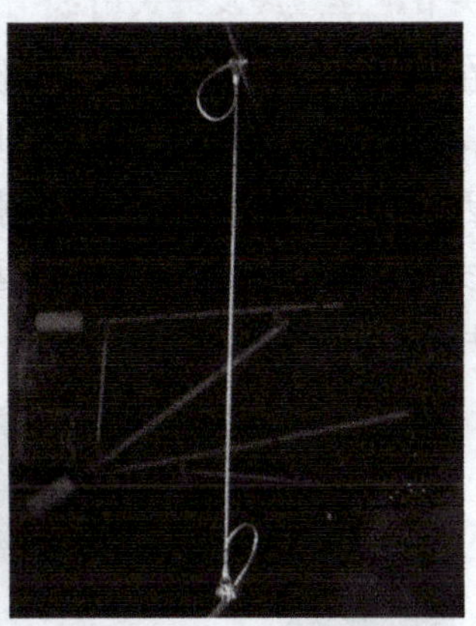

(c) 精修新更换吊弦

图 8-6-2　吊弦缺陷及精修更换后图示

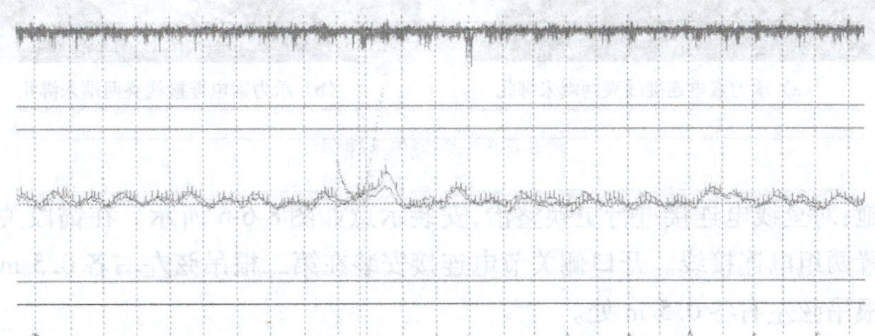

图 8-6-3　吊弦更换前后波形图

2. 定位器坡度调整

存在问题：通过对武广高铁 K1354 + 142—K1654 + 074 间上行、下行接触网悬挂进行测量，共采集定位器角度数据 12 573 处，现场实测数值小于设计值共 7 734 处，占比 61.51%。

原因分析：一是施工工艺不标准；二是部分定位器安装时存在以轨平面为基准情况。

精修措施：对 7 734 处定位器坡度较小处所进行精调，确保调整后定位器坡度、定位点拉出值及导高满足设计及维修规程标准，定位器坡度调整前后照片如图 8-6-4 所示。

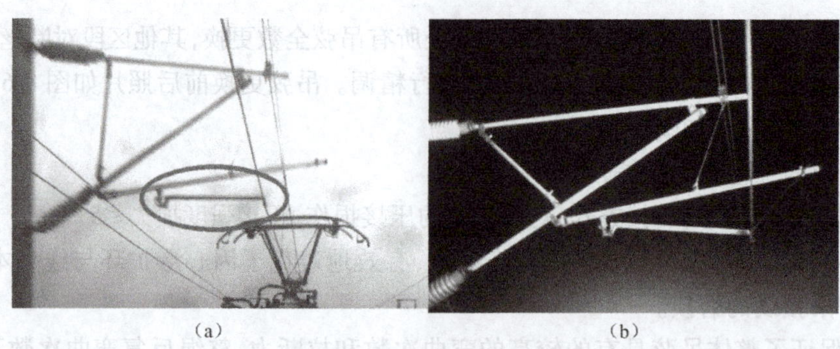
（a） （b）

图 8-6-4 定位器坡度调整前后图示

3. 关节电连接线及开关引线

存在问题：电连接存在断丝断股缺陷或压接工艺不标准，承力索电连接线夹端没有用绑扎线绑扎，导致电连接存在折断的隐患。

原因分析：因电连接线在承力索电连接线夹两端未用绑扎线绑扎，在长期的振动情况下，电连接线易折断，且现有电连接已运行10年，在长期过弓振动影响下易造成疲劳折断。现场缺陷照片如图8-6-5所示。

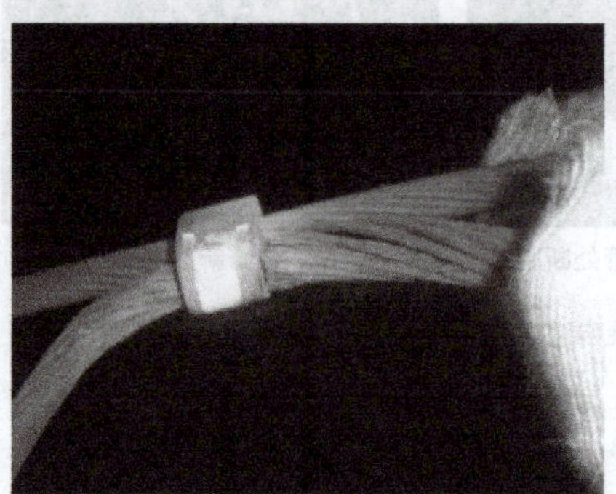
（a）承力索电连接线夹两端未绑扎

（b）承力索电连接线夹两端未绑扎

图 8-6-5 现场缺陷照片

精修措施：对全线电连接进行更换整治，安装示意如图8-6-6所示。在锚段关节开口侧和闭口侧各设置两组电连接线。开口侧关节电连接安装在第二根吊弦左右各0.5 m处。闭口侧安装在第三根吊弦左右各0.5 m处。

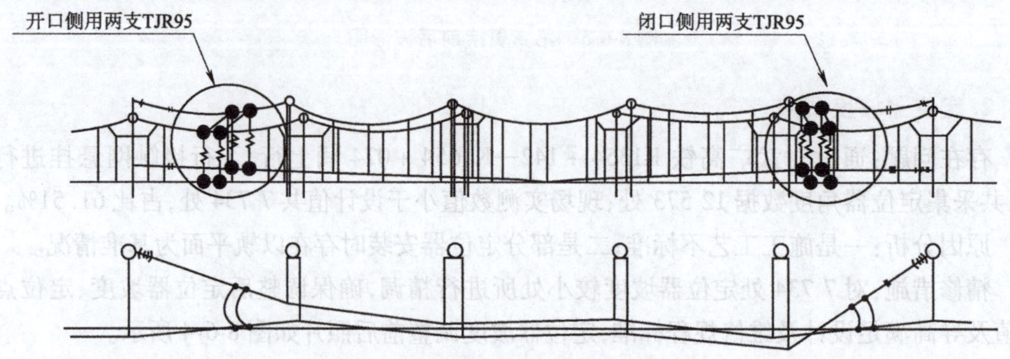

图 8-6-6 关节电连接安装位置示意

注意事项

更换新的电连接时需对电连接与接触线、承力索位置处的表面做清洁处理，若表面有铜绿及污垢物需对表面铜绿及污垢物进行打磨处理。从而提高电连接线与接触线和承力索的导电性。打磨时注意对线材本体的保护，仅对表面污垢物及铜绿进行处理，切勿伤害接触线、承力索线材本体。

更换后电连接及开关引线如图 8-6-7 所示。

(a) 加装电连接整体图示

(b) 电连接承力索端绑扎图示

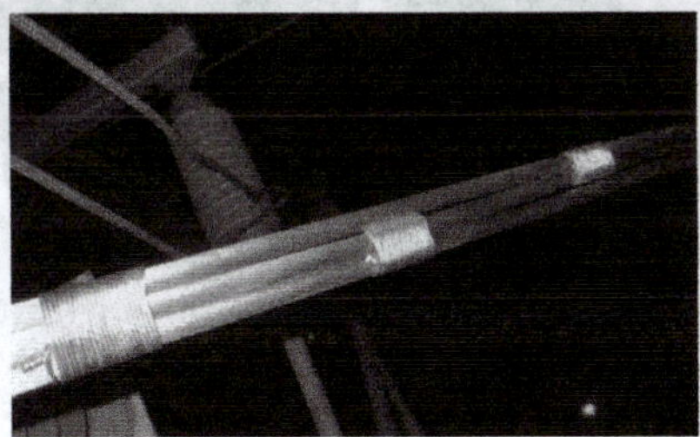
(c) 开关引线更换绑扎图示

图 8-6-7　更换后电连接及开关引线

4. 横向电连接加装

存在问题：目前武广高铁赤壁北至株衡区间只有关节处安装了电连接，为增强接触网电流导通性，需增加横向电连接。

原因分析：原系统设计无横向电连接。

建议措施：根据调查研讨情况，为增强接触网载流能力，提高接触网设备运行品质和安全可靠性，正线接触网横向电连接每个锚段设置两处，设置位置在中心锚结的两侧，平面示意图及局部放大如图 8-6-8 所示。

横向电连接位置安装在中锚下锚柱外第一根和第二根支柱之间，即平面示意图中的①和②之间。横向电连接详细安装位置见局部放大图，即①和②支柱间靠近①号支柱第二根吊弦和第三根吊弦之间，横向电连接距离第三根吊弦 0.5 m。

5. 弹性吊索

存在问题：一是弹性吊索与其他设备相磨，主要表现为工作支弹性吊索磨非工作支定位管吊线、弹性吊索磨承力索座等；二是弹性吊索张力普遍都不符合标准；三是弹性吊索吊弦安装位置不符合标准。部分缺陷如图 8-6-9 所示。

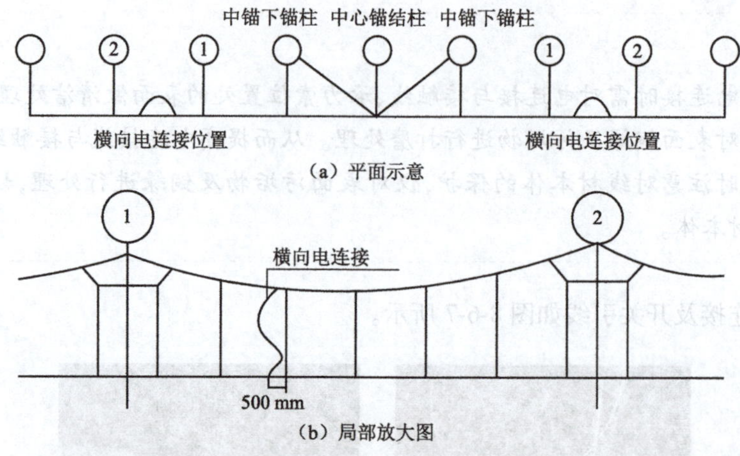

图 8-6-8　中锚横向电连接加装图示

（a）弹性吊索磨承力索座

（b）弹性吊索磨斜拉线

图 8-6-9　弹性吊索与其他设备相磨图示

原因分析：一是安装不标准；二是由于运行过程中，线索蠕变导致弹性吊索参数变化；三是武广高铁赤壁北至株衡区间所用弹性吊索长度为 14 m，弹性吊索长度较短导致弹性吊索与承力索座空间位置相对较近，导致弹性吊索与承力索座及定位管吊线互磨。

精修措施：对弹性吊索与其他设备互磨的 14 m 弹性吊索全部更换为 18 m 弹性吊索。同时，对弹性吊索的张力进行调整；对弹性吊索吊弦的安装位置进行调整；确保控制弹性吊索与周围设备的距离在 80 mm 以上。弹性吊索的调整会影响整个锚段接触悬挂参数的改变，因此弹性吊索调整完毕后需对所在锚段的悬挂参数进行复测并调整，弹性吊索互磨调整前后如图 8-6-10 所示。

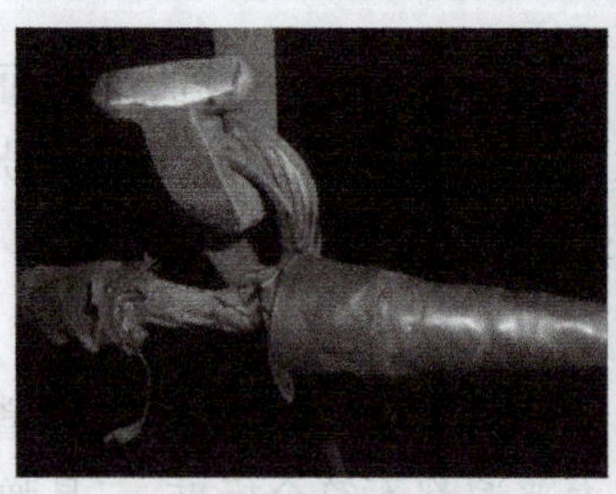

（a）弹性吊索互磨调整前

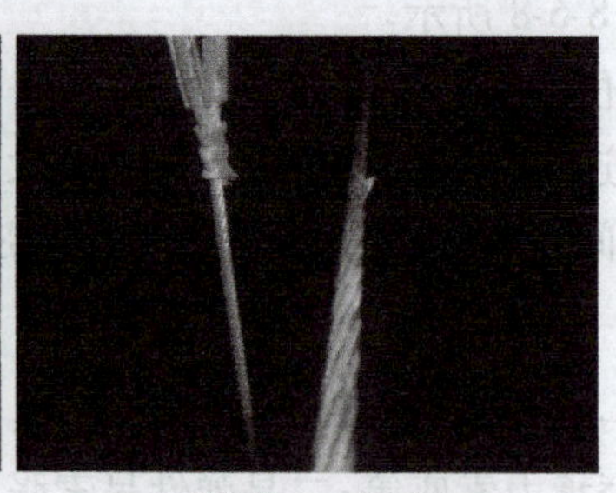

（b）弹性吊索互磨调整后

图 8-6-10　弹性吊索互磨整治前后，更换为 18 m 弹性吊索

6. 定位器与定位器支座互磨缺陷

存在问题：武广高铁赤壁北至株衡区间发现多处中间柱定位器与定位器支座互磨，缺陷照片如图 8-6-11 所示。

原因分析：武广高铁赤壁北至株衡区间部分定位支撑装置拉出值较小，定位器水平拉力较小，在长期过弓振动情况导致定位器与定位管产生相对运动，进而导致定位器与定位器支座互磨严重。

精修措施：将定位参数调整纳入精测精修项目，对照腕臂预配数据对安装型号错误处所定位器进行更换，对定位器坡度、定位拉出值进行调整。

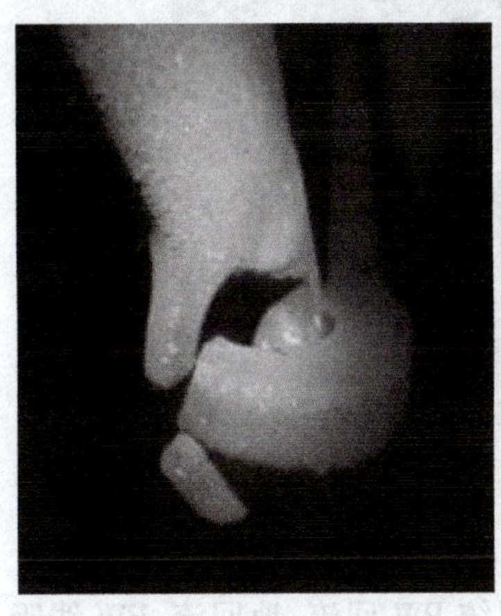
（a）

（b）

图 8-6-11　定位器与定位器支座互磨缺陷

7. AF 线、吸上线并沟线夹、设备线夹

存在问题：AF 线并沟线夹、设备线夹螺栓变形、生锈严重。

原因分析：零部件本身质量缺陷。

建议措施：将所有 AF 线并沟线夹、设备线夹更换并将所用螺栓更换为不锈钢螺栓，更换前后照片如图 8-6-12 所示。

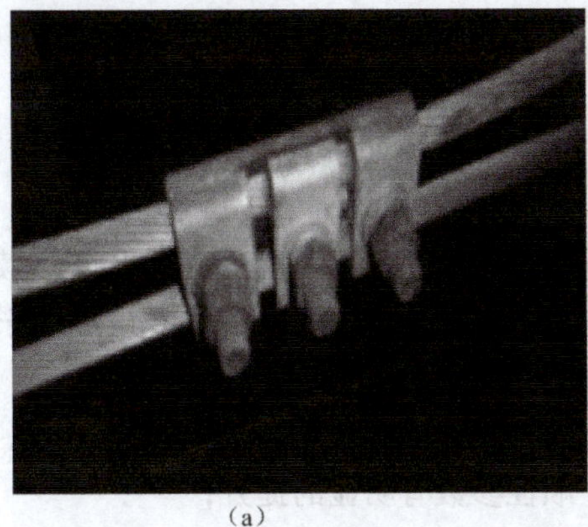
（a）

（b）

图 8-6-12　并沟线夹螺栓锈蚀更换前后

8. 隧道内加装吸上线

存在问题：隧道内缺少吸上线。

原因分析：原集成商施工时漏装。

建议措施：将隧道中未安装吸上线的8处所补装吸上线。为增强回流通道回流能力，隧道内吸上线采用间隔1.5 m的M12化学锚栓固定，隧道外吸上线采用间隔1.5 m的抱箍进行固定安装，现场作业如图8-6-13所示。

图8-6-13　隧道内吸上线加装

9. 低压回流缆独立回所整治

存在问题：武广高铁变电所（亭）处回流系统PW回流、地回流、PW线吸上线在钢柱底部通过螺栓并接在一起。导致并接处烧蚀放电及变电所（亭）存在回流不畅的问题。

原因分析：回所电缆在支柱底部的螺栓接触不良。

建议措施：解列钢柱底部通过螺栓并接在一起的PW线回流缆和吸上线。各回所电缆独立路径连接至变电所内综合接地箱（三根轨回流、两个PW线回流、一根综合贯通地线回流），将两根PW线回流缆通过电缆头延长回流缆，延长的回流电缆采用1 kV 150 mm^2铜芯电缆，PW线回流缆通过并沟线夹与PW线连接。一根综合贯通地线回流通过电缆头延长回流缆，延长的回流电缆采用1 kV 150 mm^2铜芯电缆，综合贯通地线回流缆连接至综合贯通地线端子上。吸上线通过并沟线夹单独从PW线上引下两根150 mm^2铜芯电缆连接至扼流变中性点。系统图见8-6-14所示。

四、总体评价分析

精测精修标准线建设开展以来，累计处理设备状态缺陷5 346处，从2020年后续检测及运营维护情况来看，精测精修的实施有效地提升了武广高铁接触网设备质量。主要表现为：

一是设备优良率达到了100%，接触网动态性能指数CDI不断上升；

二是一级缺陷已全部消除，二级缺陷除少量的弓网接触力缺陷外，接触线拉出值、导高、一跨内高差也均已全部消除，接触线几何参数及平顺性参数有明显的提升；

三是精测精修以来未发生过诸如更换过的吊弦断丝、断股、电连接断股等前期频发性缺陷。

通过开展接触网设备精测精修工作，全面提升了接触网设备质量，设备缺陷基本根除，设备品质大幅提升。通过零部件更换、设备维修整治，从源头上解决了松、脱、卡、磨、断、裂和几何尺寸超标等问题，设备参数恢复标准值，运行状态得到显著改善。通过对精修区段导高、拉出值、定位器坡度等参数进行调整，使接触网参数基本满足标准状态，消除了动态检测缺陷，有力保障了供电安全和运输畅通。

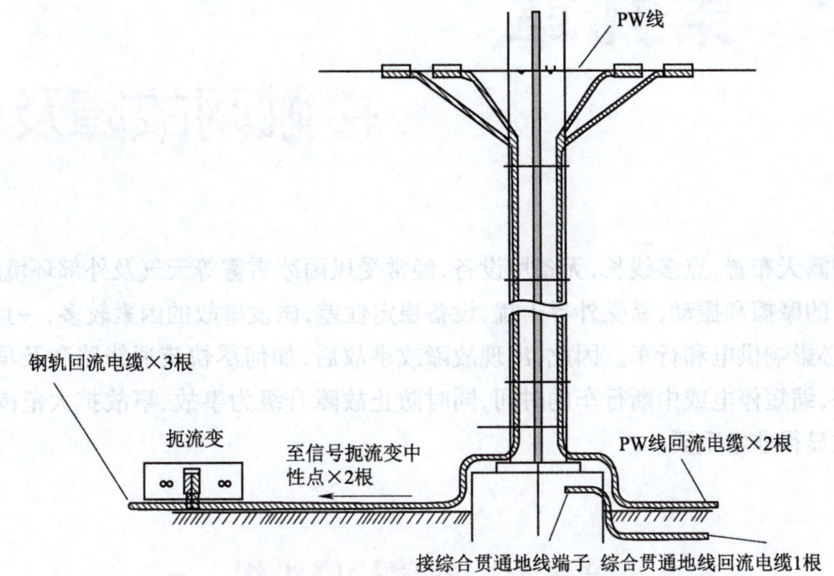

图 8-6-14　回流系统改造示意

思考题

1. 高速铁路接触网精测精修指的是什么？
2. 接触网精测精修包括哪几方面的工作？
3. 一般情况下高速铁路接触网满足什么条件可以开展精测精修？
4. 精确检测一般采用何种方式实施？
5. CDI 表示什么？指标各分量及权重占比如何？
6. 精修的项目和内容有哪些？
7. 精测精修设计文件应包含哪些内容？

第九章 接触网故障及处理

接触网露天布置，点多线长，无备用设备，经常受风雨冰雪雾等天气及外部环境影响，同时承受受电弓的摩擦和振动，易受外界干扰，设备稳定性差，诱发事故的因素较多，一旦出现故障或事故，势必影响供电和行车。因此，出现故障或事故后，如何尽快疏通线路和及早恢复设备正常的状态，缩短停电或中断行车的时间，同时防止故障升级为事故、事故扩大范围和发生其他意外事故显得非常重要。

第一节 故障抢修组织

一、故障抢修基本要求

接触网故障抢修实行段、车间、班组三级负责制。根据故障破坏程度和影响范围的不同，由相应各级部门组织辖区范围内的故障抢修应急工作。故障抢修工作必须服从铁路局集团公司供电调度（以下简称供电调度）的统一指挥。抢修方案由供电调度批准实施。故障抢修可不开工作票，但必须有供电调度的命令。

接触网故障抢修要遵循“先行供电”“先通后复”和“先通一线”的基本原则，以最快的速度满足滞留列车供电条件，尽快疏通线路并尽早恢复设备正常的技术状态。按照“细分供电单元，缩小供电范围，准确判断故障，压缩故障停时”的要求，合理抢修布局，强化抢修设施配套，完善抢修预案，实现快速响应、高效抢修。在确保安全的前提下，允许接触网降低技术条件临时恢复供电开通运行。

根据故障现场需要，接触网抢修可采取 V 形停电作业或垂直停电作业方式。在申请 V 形停电作业命令时应同时申请撤除相关馈线断路器重合闸。

接触网设备大面积损坏，不能满足动车组降弓惰行条件时，要利用开闭所、分区所、AT 所及站场两端绝缘锚段关节、枢纽地区的联络开关，采取越区或迂回供电等措施最大限度减小停电范围，满足列车降弓运行条件。

在接触网的设备故障中，有些抢修工作量较小，所需时间一般不超过 30 min，对运输影响不大，如果采取降弓通过的方案，很可能由于司机误操作而扩大影响范围，造成更为严重的后果。对该故障无须分层作业，应抓紧时间一次抢修完毕，恢复供电行车。

二、应急组织及职责

铁路局集团公司应成立故障抢修领导小组，供电段、车间、班组均应成立故障抢修应急组织，负责组织制定本级和审查下一级制定的故障抢修预案并检查落实，故障发生时启动应急响应，组织、协调故障抢修工作，宣布应急结束，组织善后处理工作，做好总结上报。

铁路局集团公司应急抢修领导小组由分管供电、运输的副总经理任组长，总调度长任副组长，成员由供电部、运输部、机务部、电务部、客运部、科信部、物资部、安全监察室、调度所相关人员组成。

应急抢修领导小组办公室设在集团公司供电部，负责应急管理和预案启动、协调指挥、日常检查指导等工作。

供电段成立以段长、党委书记为组长，安全副段长、生产副段长为副组长，安全、技术、设备、材料、职教科室和指挥中心、后勤部门为成员的故障抢修应急领导小组，设置日常管理办公室。负责制定供电段接触网故障应急预案；对下一级故障抢修工作进行检查、指导、演练；负责组织段管内接触网故障的抢修应急工作，协调故障抢修有关事宜；掌握管内抢修车列、作业车存放地点和运行状态；编制故障抢修报告并及时按照规定上报。接到故障抢修通知后，各成员按照职责，迅速赶往现场，组织抢修工作。

供电（综合、维修）车间要成立以车间主任为组长的车间故障抢修现场指挥小组，小组成员由管理人员组成。负责故障抢修现场指挥协调，制定现场抢修方案并组织实施；对工区抢修值班、料具储备、演练等工作进行日常检查指导；抢修结束后组织召开分析会，对事故原因、抢修过程、存在问题、好的做法分析和总结，并制定防范措施。

每个供电（运行、维修）工区设值班抢修组，值班负责人任组长，组员为当班职工，具体实施故障抢修。抢修组人数不少于规定人数（含高速铁路值守点），24 h 值班。

为提高故障抢修速度，工区抢修值班组成员应进行明确分工，抢修分工表（包含人员分工、工具材料准备）张贴在值班室醒目位置，日常进行模拟演练，加以熟练。

根据高速铁路线路特点，在高速铁路车站（含动车段、所）站房内应设立接触网应急值守点。值守点应具有不少于30 m^2 单独的值守和工具材料房间，满足值守抢修条件。特殊情况时，可在重点区段增设临时应急值守点。在冰雪、大雾、雷雨、台风等恶劣天气时，应急值守点人员、车辆等应相应加强。

应急值守点值守人员担任供电工区日常施工及维修作业的驻站联络员，并办理作业“行车设备检查登记簿”（运统-46）登销记；担任接触网故障抢修时的驻站联络员和兼职安全防护员；添乘动车组列车巡查接触网故障设备及消除影响接触网安全运行的部分外部隐患；对接触网故障、异物等进行应急处理；参加接触网故障抢修。

三、应急响应

1. 应急响应标准

供电段接触网故障分为三级响应。

Ⅰ级应急响应：发生接触网断线、倒杆、塌网等严重影响行车的故障；因供电设备故障影响专运和重点列车运行；接触网设备故障不能满足动车组降弓惰性运行条件。

Ⅱ级应急响应：弓网故障；接触网跳闸重合失败；接触网停电时间超过 10 min 或对行车造成较大影响。

Ⅲ级应急响应：接触网跳闸；因供电其他原因影响行车时。

2. 应急响应启动

(1)工区接到供电设备故障信息或发生事故需出动抢修时，应立即组织出动抢修，同时逐级上报至供电段生产调度（生产指挥中心，以下简称段生产调度）。发生Ⅰ、Ⅱ级响应，生产调度应立即通知到段抢修应急领导小组成员。发生Ⅲ级响应，生产调度通知到主管安全副段长、主管副段长、调度主任、安全科科长、技术科科长。

(2)段生产调度接到故障通知后，启动相应级别应急响应，并将相关故障信息及时通知到抢修应急领导小组成员。相关领导接到通知后，应根据分工迅速赶赴现场，组织故障抢修。

(3)段生产调度、驻局联络员应配合局供电调度员、列车调度员，及时办理列车限速、降弓、扣停等行车限制措施，相关车间及工区（含应急值守点）驻站联络员应立即赶赴车站行车室配合办理各项手续，同时相关车间、工区应立即组织人员登乘后续列车巡视检查设备，并先期赶赴现场。

(4)在接到故障信息后，相关科室人员按照故障抢修分工及时到段生产调度或赶往故障地点指导抢修工作。现场抢修负责人应及时组织安排登乘及网外巡视，确认故障点前后 2 km 范围内接触网设备状态，避免发生次生故障。同时进行前期调查或进行应急处置，并随时向局供电调度及段生产调度准确汇报现场实际情况，为制定现场抢修方案提供依据。事故抢修分工如图 9-1-1 所示。

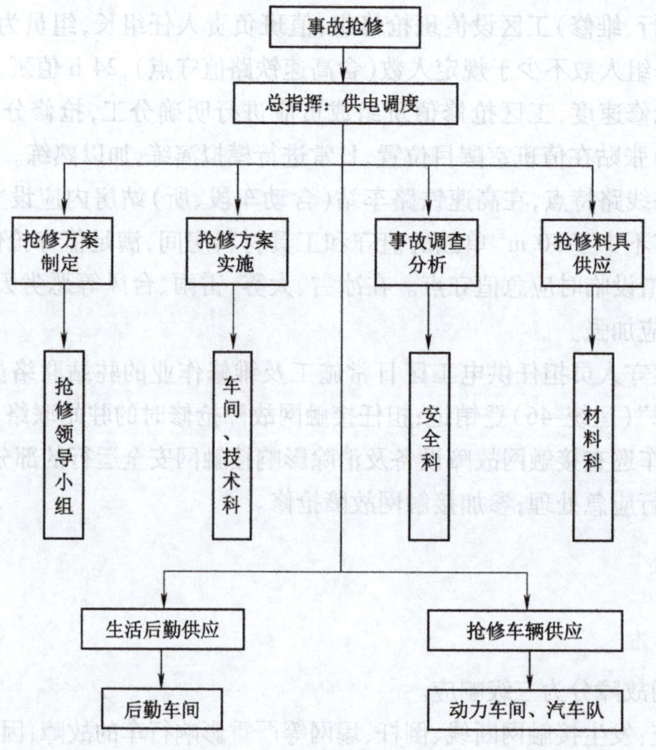

图 9-1-1　事故抢修分工图

(5)故障点查明后,现场抢修负责人应将现场制定的抢修方案及抢修需求上报段生产调度及抢修应急领导小组,经抢修应急领导小组同意后,组织实施。

(6)处理完毕后,现场抢修负责人及时向局供电调度及段生产调度汇报处理情况,并及时安排驻局(站)联络员及相关人员办理出网、销记、开通线路等相关手续。如有需要,应按规定办理各项行车限制手续。相关车间及工区应做好全面的分析总结及上报工作,各科室应及时对各类信息进行分析,总结经验教训,并做好各类上报工作。

四、信息传递流程

(1)变电所在发生跳闸时,值班员将主要信息(包括跳闸时间、变电所、馈线号、故障位置、是否重合成功)第一时间上报段生产调度后,再收集跳闸的参数电传至段生产调度。同时,段生产调度及抢修领导小组及时调阅复视系统,对跳闸参数进行分析,指挥现场抢修。事故抢修信息反馈网络如图 9-1-2 所示。

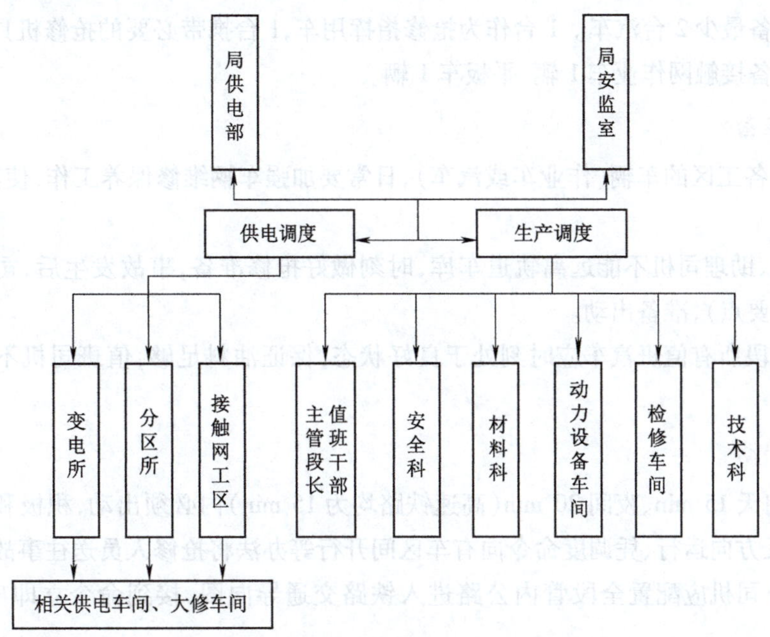

图 9-1-2 事故抢修信息反馈网络图

(2)段生产调度在接到变电所值班员汇报的主要信息(包括跳闸时间、变电所、馈线号、故障位置、是否重合成功)后,要在第一进间通知段领导及相关人员,并通知驻局联络员赶赴局行车调度台。在收集及分析跳闸的具体参数后再次将详细信息通知段领导及相关人员(包括登乘巡视人员)。

(3)供电工区在接到跳闸信息后应及时通知作业车司机做好准备,同时驻站联络员应立即赶赴对应车站行车室,按照现场抢修负责人指示办理或配合办理相关抢修手续,必要时承担行车防护职责。

(4)故障抢修全过程,现场抢修负责人与局供电调度及段生产调度保持不间断的联系,保持通信工具的畅通并及时汇报现场情况，传递有关信息。

故障抢修中的通信工具主要有：段生产调度的固定电话、GSM-R手持终端、现场抢修负责人员的移动电话、对讲机等。无论使用何种通信工具，必须保证其时刻处于良好状态。

（5）段生产调度应有局供电部、供电段及各车间故障抢修应急领导小组有关人员的固定、移动电话号码。

五、机具车辆

为保证事故发生后抢修人员能快速出动、快速抢修、快速恢复，需要做好相应车辆机具的配备，并有相应的管理制度，满足日常和事故情况下的抢修需要。

1. 车辆配置

供电段根据管内设备分布的特点，在设备复杂、线路复杂或公路运输不方便的地段配备事故抢修轨道车组，其中包括架线车、接触网作业车、轨道吊车、轨道车各1辆、平板车2辆。

段部：配备至少1台值班汽车。

车间：配备最少2台汽车。1台作为抢修指挥用车，1台携带必要的抢修机具。

班组：配备接触网作业车1辆、平板车1辆。

2. 车辆准备

（1）配属各工区的车辆（作业车或汽车），日常要加强车辆维修保养工作，使其时刻处于良好状态。

（2）司机、助理司机不能远离轨道车库，时刻做好抢修准备，事故发生后，司机、助理司机应立即上车（要点），准备出动。

（3）供电段所有值班汽车应时刻处于良好状态，保证油料足够，值班司机不能远离，随叫随到。

3. 车辆出动

作业车白天15 min、夜间20 min（高速铁路均为15 min）内必须出动，积极和调度联系，采用正方向或反方向运行、凭调度命令向有车区间开行等办法将抢修人员送往事故现场。

值班汽车司机应配置全段管内公路进入铁路交通导向图，接到命令立即出动赶往事故地点。

4. 工具材料配置

做好物资上的储备也是满足快速抢修的重要一环，包括各种抢修材料、器材、设备、机具、动力的准备等。

在物资储备上要扭转一个物资储备越多越好的观念，物资储备多了，虽然满足了人们心目中“有备无患”的传统观念，但会占用大量资金，耗费大量人力物力管理，一旦产品更新换代将造成浪费。储备少了会影响抢修使用。这就需要根据制定的抢修预案和平时检修需要，编制一个合理的最低储备定额。按照合理分存、减少层次的原则，将主要材料、不常用的材料、大型材料存在段部，常用材料、易耗材料存在工区，按品种、数量、分别存放并加强管理，才能充分发挥储备材料的作用。

5. 对工具材料的要求

(1)按照制定的"接触网事故抢修材料定额""接触网工具定额"给工区配备齐全,接触网工区根据有关规定加强管理。

(2)大型抢修料(铝合金支柱、枕木头、绝缘子等)存放在便于搬运的地方,并采取相应的防护措施,防止损坏或丢失。

(3)个别抢修材料、工具可以组装配套存放,对较小的零部件、工具等可存放在抢修箱内。

(4)抢修用料、工具禁止外借,特别是受力工具、专用工具等。

(5)照明设备、动力设备、受力工具、绝缘工具要定期进行试验,确保时刻处于良好状态。

(6)抢修用料日常作业不得使用,每次事故消耗后要及时补充,

六、后勤保障

1. 保障组织

为更好地服务于事故抢修现场,解除抢修人员后顾之忧,日常就要建立并完善段、车间、班组三级后勤保障体系,并明确各自职责、范围和任务,在事故情况下能够根据情况及时启动。

2. 保障范围

(1)只有一个工区参与抢修的,由本工区负责后勤保障。

(2)在车间范围内由相邻工区参加抢修时,由车间负责后勤保障。

(3)多个工区、多个车间参加抢修,或参加抢修人员较多、时间较长时,由段上保障小组负责。

(4)路局组织多单位进行的大型事故抢修,一般都有保障组织,段保障小组要主动和路局保障组织取得联系,争取得到生活供给。

3. 保障程序

(1)工区出动抢修时,保障负责人(伙食管理员)要根据情况及时进行准备。

(2)需要车间组织抢修时,车间保障负责人到场后,工区保障负责人向车间报到,现场保障工作由车间统一负责。

(3)若段保障小组人员到达事故现场,车间、班组保障负责人主动报到,听从统一指挥安排,保障工作由段统一负责。

各级保障小组及人员在现场要统一听从事故抢修的第一指挥者的领导。

4. 保障内容

(1)保障人员首先要了解现场参加抢修人员的人数,询问大致抢修时间,根据实际情况准备物品、足够的资金等。

(2)到达现场后,要清点参加抢修人数,并对保障人员进行细致分工,保障人员要按分工积极组织足够的饮水、食品,组织安排的饮水和食品要确保卫生、不变质。

(3)事故现场有上级组织的医务人员,保障小组要及时取得联系。

(4)必要时保障小组还要安排抢修人员临时休息的地方。

七、安全规定

(1)在未得到局供电调度下令准许作业、做好验电接地之前,任何人不得进入断线地点10 m范围之内,防止跨步电压伤人,此时应将接触网设备按有电对待。

(2)事故抢修时的相关安全措施要严格执行高速、普速"接触网事故抢修规则""接触网安全工作规则"等有关规定。

(3)根据现场情况设置防护人员,认真履行职责,防止邻线通过的列车对抢修造成威胁。

抢修现场情况复杂、人员较多,作业时一定要加强监护,防止本部门或配合部门的轨道车、机车等碰撞车梯、人员事件发生。

(4)抢修作业负责人在抢修作业前要向作业人员宣布停电范围,划清设备带电界限,对可能来电的关键部位和抢修作业地段要按有关规定设置可靠足够的接地线,对在抢修过程中可能触及的已停电线索(回流线、供电线、导线)均应接地。

(5)抢修工作涉及多条馈线时,应分别验电接地。

(6)在攀杆和车顶高空作业时,必须系好安全带、戴好安全帽,严格执行呼唤应答,特别是在有发生支柱倾倒的可能和需要断线时,除需要加强监护外,还要采取相应的安全措施。

(7)在拆除接触网相关设备(如支柱顺斜、线索断线、脱落等),在抢修恢复作业时,对安装的零部件特别是受力部件要紧固牢靠,防止脱落断线等引起事故扩大。

(8)在有多个部门、多个作业组参加的抢修作业或个别需要工务、电务、车务、机务等配合救援时,要加强联系、统一指挥、相互协作,保证各种命令、信号传递准确,防止误传、误认,杜绝意外事故发生。

(9)在遇有雨、雪、雾、大风等恶劣天气抢修时,应采取相应的防滑、防冻、防摔等措施,确保抢修人员作业安全。

(10)在夜间或隧道内抢修时,要安排专人负责照明,其他人尽量不要触动,防止触电伤人。

(11)抢修作业时工作领导人、监护人、防护人等要佩戴明显标志,各司其职,也防止其他人员误认。

(12)抢修作业区段内上、下行任一线停、送电前,局供电调度均须事先征得事故抢修负责人的同意。

(13)向事故区段内放入列车前应事先征得事故抢修负责人同意。

(14)事故抢修工作领导人在送电前确认所有人员、机具脱离带电体并撤至安全地带后方准申请送电开通。

第二节　故障抢修应急响应

一旦发生事故,尽快找到准确的事故地点无疑会为恢复事故节省大量的时间,但由于接触网点多线长,往往需要大量的人员、相当长的时间才能找到,因此,有必要掌握一些查找故障点的方法,尽量节省时间。

一、故障判断

故障发生后,现场抢修组应立即根据故障指示、保护动作及各方面信息、反映,判断故障性质,及时报告供电调度有关事宜,组织调动抢修队伍。当判定发生永久性接地故障后,立即报告供电调度,对事故地段的供电臂发布接触网停电限制行车命令。需登乘动车组列车检查处理故障时,驻局联络员应及时协调列车调度员办理抢修人员登乘事宜。

1. 永久性接地判断

变电所断路器跳闸重合、试送电均不成功,可能由于接触网线索、正馈线或供电线断线、绝缘子击穿、分段绝缘器击穿、隔离开关引线脱落或断线、较严重的弓网故障、动车组列车故障、电缆故障、避雷器击穿、外界原因等造成的金属性接地。生产调度要根据SCADA故障报告、故标指示、跳闸参数,以及供电调度员、列车调度员、车站等反馈的有关信息,进一步判断故障原因。

2. 断续接地判断

变电所断路器跳闸重合成功,过一段时间又跳闸,可能是接触网或动车组绝缘部件闪络,树木与接触网放电、接触网与接地部分距离不够,接触网断线但未落地,弓网故障等。

3. 短时接地判断

变电所断路器跳闸重合成功,一般是绝缘部件瞬时闪络、电击人或动物、异物瞬间碰触或接近接触网放电等。

二、故障点的查找

接触网故障查找应以故标指示为依据,向两侧扩大查寻。要按照供电调度的指令,参考车务、车辆、机务、工务、电务、公安等人员反映的情况,结合天气、温度、运行环境等因素有重点地组织向故标指示点两侧扩大查找。

(1)登乘动车组查找:相关供电车间应立即组织人员办理各项手续、登乘本线或邻线后续列车巡视检查设备,确认接触网设备状态,查找故障点。

(2)现场网外查找:现场人员首先达到故标指示地点,以此点为中心向两边分组扩大巡视。巡视中各组要保持不间断联系,现场负责人应及时将现场巡视情况通报供电调度。

(3)当现场找不到故障点时,现场负责人可通过驻站联络员向供电调度申请强送电。强送电时,人员要远离设备,通过声、光、电现象判断故障点。

(4)若按上述办法仍寻查不到故障点,可采取打开电分段开关的办法试送电查寻。试送电要在确认查寻人员撤离线路保证人身安全的前提下进行。

三、抢修出动

(1)供电工区(含应急值守点)接到抢修通知后,应根据抢修预案和现场情况,带好材料、工具等,高速铁路15 min内出动,普速铁路白天15 min,夜间20 min内出动。

(2)抢修人员优先采取登乘列车的方式出动抢修。登乘人员要本着快速出动、就近上车原则，驻局联络员立即申请要点登乘列车。段生产调度、驻局联络员应及时积极联系协助办理动车组上下车。

（3）接触网故障抢修时，驻站联络员应根据需要及时办理接触网抢修车辆进入故障地段相关手续。

（4）接触网作业车（抢修列）出动抢修时，按救援列车办理。当故障现场有车辆占用时，抢修人员可视情况登车顶处理，或请求列车调度尽快安排排空线路，为接触网抢修作业创造条件。

（5）应急响应时，抢修负责人安排出动抢修，必须遵循添乘出动、汽车出动、作业车热备等3项出动的原则。

（6）当同一行相邻2条供电臂或上下行相邻4条供电臂同时跳闸，重合成功或重合失败试送电成功，故标指示与分相里程接近（误差不大于500 m）或一致时，应迅速组织对分相设备进行巡视和检查，确认设备状态，并做好进一步采取措施的准备。驻局联络员应提醒供电调度员协调列车调度员，采取动车组降弓、限速80 km/h通过故障地点的措施，限速按分相中心里程前后各2 km，降升弓地点按分相断合标位置确定。

四、抢修指挥

接触网故障抢修工作应服从供电调度的统一指挥，按供电调度批准的抢修方案进行。抢修组设现场指挥一人。当故障发生在一个工区的管辖范围内，由工区值班抢修组长担任现场指挥；当故障跨工区且在一个车间范围内时，由车间故障抢修领导小组或由其指定人员担任现场指挥；当故障跨车间或段抢修车列出动到达故障现场时，由段抢修领导小组成员或由其指定人员担任现场指挥；当故障范围跨供电段时，原则上按先期到达故障现场的抢修组负责指挥，后期赶到的抢修人员应服从指挥。当抢修告一段落时，将抢修现场指挥权移交设备管辖段。任何情况下，当抢修现场指挥变更时，必须经供电调度同意。离任现场指挥要向新任现场指挥交清故障现场的详细情况，包括：参加故障抢修的人员、机具、材料，抢修方案，抢修进度、时间要求和已采取的安全措施等，并立即将新的故障抢修现场指挥姓名、安全等级告知供电调度及参加故障抢修工作的全体人员。

五、抢修方案

（1）找到故障点后，查寻人员应立即报告现场抢修指挥人员，说明故障的位置、性质、破坏范围等情况。

（2）现场抢修负责人应立即对现场破坏范围等情况核查清楚，根据设备破坏情况、抢修工作量、抢修能力等因素，尽快提出永久性恢复和临时性恢复（采取降速运行、迂回供电、越区供电、降弓通过、惰性运行等）的建议方案，同抢修需求一起报段应急抢修领导小组。按照段抢修应急领导小组同意并报供电调度批准的方案组织实施。

（3）经供电调度批准后，立即组织实施抢修。确定的抢修方案一经实施，原则上不再改变。

（4）隧道内区间故障抢修，应利用垂直天窗，站场区段进行V形天窗作业时，依照铁路接触网安全规则相关要求执行。

（5）接触网修复过程中，对关键部位及相关设备要严格把关。尤其注意对接触网主导电回路、绝缘间隙、受电弓动态包络线检查，确认符合供电、行车条件后方准申请送电。送电后要在具备条件的处所观察 1 ~ 2 趟列车，确认运行正常后抢修组方准撤离故障现场。

(6)抢修完毕后，若接触网设备不能恢复到满足正常行车速度时，供电段按规定申请限速，经供电调度同意后，在规定位置设置限速标志。

第三节　故障抢修应急预案

故障事故情况千差万别，抢修手段和抢修方法不尽相同，但也存在其共同点，抢修预案就是结合故障事故的共性特点、能够临时快速恢复供电和行车总结出的方案，在日常作业中要不断检验、不断深化、不断完善，努力提高抢修预案的可行性、可靠性和有效性。

已判明故障性质及故障停电单元，短时内不能彻底恢复，但经确认或临时处理满足机车车辆限界及惰行条件时，可组织动车组列车降弓惰行通过故障地点。惰行距离见表 9-3-1 和表 9-3-2。

表 9-3-1　上坡道列车惰行距离(单位:m)

坡度(‰)		0	2	4	6	12	20
初速(km/h)		20	20	20	20	25	25
末速(km/h)	40	800	340	220	160	70	45
	45	1 080	460	290	210	103	65
	50	1 400	600	380	280	140	85
	55	1 750	750	480	350	170	110
	60	2 100	900	580	430	220	135
	65	2 500	1 090	690	510	260	160
	70	2 800	1 200	800	600	3 00	180
	75	3 200	1 400	920	670	340	200
	80	3 500	1 500	1 040	760	380	230
	85		1 700	1 140	830	410	260
	90		1 860	1 250	910	460	280
	95		2 000	1 380	1 000	500	310
	100		2 200	1 500	1 080	540	340

表 9-3-2　下坡道列车惰行距离(单位:m)

坡度(‰)	-2	-4	-6	-12	-20
进入速度(km/h)	20 ~ 60	20 ~ 30	20 ~ 25	<15	<15
惰行距离	2 000	2 000	1 500	1 000	500

对影响较小，恢复时间不长的故障，应组织一次性恢复到接触网正常技术状态。故障破坏

严重，影响范围大，难以短时恢复到接触网正常技术状态的，宜采用分次恢复方式。即对故障临时处理后，开通线路，申请列车以限速、降弓惰行等方式通过故障地点，再利用天窗点组织彻底恢复。

采取列车降弓惰行时，现场抢修人员应根据现场设备情况向驻局联络员和供电调度员申请降弓惰行范围，驻局联络员向列车调度员申请，并协助办理有关行车限制手续。

一、接触线断线

当发生接触线断线时，首先应查明断线发生的确切位置，断口两侧的损坏情况，断线波及的范围等情况。

（1）接触线断线损坏范围较小，断口两侧无较大损伤、变形，可以直接紧线对接。接触线严重损伤在一个跨距以内，必须加换一段接触线，这时可在地面上先做好一个接头，网上将新旧线紧起后做另一个接头。

（2）接触线断线损坏范围较大时，可视具体情况确定方案，如果列车惰行可以通过故障区段时，可将接触网脱离接地采取降弓通过的方法，先行送电通车。具体应遵循如下原则：

①站场正线或区间断线：可将线索紧起，采取降弓通过的办法送电通车。

②站场侧线、联络线断线：断口两侧无较大损伤、变形时，可以直接紧线对接，紧线过程中派专人负责观察故障锚段两端补偿装置状态，确保补偿绳缠绕圈数不小于最小圈数。导线严重损伤在一个跨距以内，必须更换一段导线，这时可在地面上先做好一个接头，将新旧线紧起后做另一个接头。也可视具体情况，将接触网脱离接地，采取降弓通过的方法，先行送电通车。

（3）利用紧线方式送电时，必须加装分流短接线，严禁利用受力工具导通电流回路。

（4）导线断线处理后，必须将该锚段全部巡视一遍，特别是中心锚结、线岔、补偿装置、锚段关节等设备，是否可以通车，同时应考虑气温变化对设备的影响。

二、承力索断线

（1）载流承力索断线时，用链条葫芦紧起检查张力情况，保证线索高度，并接电连接线沟通主导电回路后送电通车。

（2）非载流承力索断线时，如果破坏范围在一个跨距内，用链条葫芦紧起承力索，一次恢复，如果破坏范围较大，短时间内不能恢复时，可先将承力索用4片绝缘子隔离开后，采用两端下死锚送电，以后要点恢复承力索。

（3）承力索断线抢修后，应对整锚段进行巡视测量，特别要注意中心锚结、线岔、绝缘锚段关节等处是否达到要求。多股道承力索同时断线，应以最快速度使悬挂脱离接地，确保主导电回路的沟通，优先开通正线，若同时影响上下行，首先将影响较小的一线脱离接地，先开通一线送电通车。

三、下锚处悬挂断线

（1）接触悬挂在绝缘子带电侧断线时，将断开的线索和另一个锚段的线索进行并锚，在确认已全部脱离接地后送电。条件不具备时降弓通过。

（2）接触悬挂在绝缘子下锚侧断开时，在断点处用紧线器将悬挂拉起，确保锚段关节或线岔几何参数，送电通车。然后根据情况利用停电或远离作业恢复补偿装置。

四、供电线事故抢修

供电线故障应由供电调度迅速采取切除故障供电线后组织越区供电的措施，同时组织接触网工查找供电线故障原因并修复。越区供电时应考虑供电臂末端电压低的问题，采取适当调整分区所的过流定值或限制车流或采取末端并联的方式提高末端电压。

1. 中间柱折断

抢修方案一般是拆除支撑装置，确保供电线有足够的安全距离后恢复供电，如果不能保证供电线有足够的安全距离，应根据现场情况采用立临时铁塔等方式悬挂供电线保证安全供电距离。

2. 对向下锚柱折断

抢修方案一般是拆除支撑和下锚装置，用链条葫芦紧起线索检查张力情况，确保供电线有足够的安全距离、并沟通主导电回路后恢复供电；如果不能保证供电线有足够的安全距离，应根据现场情况采用立临时铁塔等方式悬挂供电线保证安全供电距离。

3. 单向下锚柱折断

根据现场实际情况，可采用立临时铁塔等方式抢修。确保足够的安全距离，以及主导电回路的绝缘强度和机械强度。

4. 供电线

供电线断线时，优先考虑甩掉故障的供电线或将供电线脱离接地，越区供电。供电线断线后，不能实行越区供电时，则必须将供电线接通。

（1）单支供电线：用链条葫芦紧起检查张力情况，保证线索高度，沟通主导电回路后送电通车。

（2）双支供电线：若单根供电线断线，利用另一支供电线固定，沟通主导电回路后恢复供电；若双支供电线断线，用链条葫芦紧起线索，保证供电线的安全距离，沟通主导电回路后恢复供电。

五、正馈线故障

（1）当发生正馈线故障范围较小且位置已确认时，除可采取直接恢复正馈线故障设备方案外，也可采取撤出正馈线，变 AT 供电方式为直接供电方式：

①将故障锚段正馈线撤除运行。在有故障的正馈线锚段末端下锚处，并确保现场正馈线临时下锚不影响正常行车，然后分别断开该锚段与相邻锚段正馈线对向下锚间的连接线，使该锚段正馈线撤出运行。

②改变故障区段内保护定值，制定故障区段内的限制行车条件。

③故障修复后，恢复故障区段保护定值、撤除限制行车条件；恢复送电时，该供电臂 AT 所、分区所自耦变压器投入运行。

（2）当发生正馈线大范围故障或不能确认正馈线故障位置，需甩开正馈线改为直接供电方式运行时：

①正馈线上网前设有单极隔离开关时，在故障供电臂停电条件下断开该单极隔离开关。正馈线上网前未设单极隔离开关，但设有架空线与电缆过渡支柱时，可在故障供电臂停电条件下断开过渡支柱处正馈线连接线；当牵引变电所正馈线采用电缆直接上网时，可在停电条件下拆除故障供电臂正馈线上网点处开关引线。

②断开故障供电臂范围的AT所、分区所内相应断路器、隔离开关及相应上网隔离开关（若不是处理电缆故障，可不断开上网隔离开关）；同时，确认牵引变电所出口处上下行并联开关处于分位。

③恢复送电。恢复送电时，只对故障供电臂接触悬挂送电，故障供电臂供电方式改为直接供电方式。

六、回流线断线

根据现场具体情况利用远离作业直接恢复，或两端接挂接地线后开通，随后恢复。

七、架空地线断线

在不影响供电、行车的情况下利用远离作业恢复。

八、支柱折断

支柱折断是接触网比较严重的故障，一般破坏比较严重，抢修难度大。抢修时一般是临时抢通，降弓通过，正式恢复时重新立支柱。断杆处有附加悬挂，要视具体情况采取措施保证安全距离，恢复送电。

1. 锚柱折断

（1）若相邻两锚段长度不大，可在两转换柱间将两锚段承力索和接触线分别合并，合并后要保证张力平衡，必要时可取消一个中心锚结。在断杆处立抢修支柱，将悬挂挑起。

（2）如相邻两锚段长度均比较大，不宜延长锚段时，可借助附近容量足够的支柱下锚，但必须注意要上紧拉线。临时下锚可作硬锚，其下锚拉线紧固良好，且在受力方向上。处理此类故障时必须注意，紧起后的接触线高度必须达到规定要求值以上，锚段关节处的过渡要保证受电弓顺利通过，不能保证时要采取降弓措施。两条馈线间的绝缘锚段关节抢修后不能保证绝缘要求的可将其短接。要注意保证电气连接可靠，回路畅通。

2. 中间支柱折断

（1）如在直线区段，可不定位，保证导线高度大于5 350 mm，结构高度小于250 mm时（必要时调高相邻支柱的悬挂），送电开通，然后再要点处理。条件不满足时，可立铝合金支柱支撑悬挂，使其满足线路开通条件。需要在铝合金支柱上作业时，必须先固定好“人”字拉线。

（2）如在直线或曲外且一侧靠近山体时，可优先采用在高处打地锚角钢，用绝缘子和软定位器临时固定悬挂的方案。

（3）如在曲线内侧，应利用附近曲外柱悬挂加装绝缘子和软定位器保证线路参数（该曲外柱应先在田野侧打好临时拉线），或立铝合金支柱支撑悬挂，达到临时开通条件。

（4）如在曲线外侧应立铝合金支柱支撑悬挂，达到临时开通条件。

3. 回流线对向下锚支柱折断

悬挂按照中间柱抢修预案执行，回流线两端接挂接地线后开通。

4. 防断中心锚结柱折断

(1) 中心锚结下锚柱折断悬挂按照中间柱抢修预案执行，将承力索中心锚结绳绑扎在承力索上，将本锚段两端补偿固定，检查悬挂受力情况后恢复供电。

(2) 承力索硬锚式中心锚结下锚柱折断悬挂按照中间柱抢修预案执行，将承力索并锚后，检查悬挂受力情况后恢复供电。

(3) 中心锚结柱折断悬挂按照中间柱抢修预案执行，将中心锚结绳绑扎在承力索上恢复供电。

(4) 承力索硬锚式中心锚结柱折断悬挂按照中间柱抢修预案执行。当承力索断线时，并锚后恢复供电。

5. 硬横梁钢柱

(1) 硬横跨钢柱碰弯，用打拉线的方法，先行通车。

(2) 硬横跨钢柱折断时，拆除该组硬横梁及其支撑定位，保证导高恢复供电。条件不具备时降弓通过。

6. 深路堑地段支柱折断抢修

(1) 直线区段参考上述方案抢修。

(2) 曲内可以不立支柱，利用附近曲外柱悬挂加装绝缘子和软定位器保证线路参数，立铝合金支柱固定悬挂。

(3) 曲外可利用在岩壁上安装膨胀螺栓或化学锚栓，也可在高处打地锚角钢，固定承力索和将导线定位；不能满足条件时，立铝合金支柱固定悬挂；拉线采用增加配重或利用周围地理条件的方式固定。

7. 带附加悬挂的支柱折断

(1) 根据支柱的不同类型接触悬挂按照上述预案进行抢修。

(2) 附加悬挂若未断线将线索从支柱拆除，确保安全距离后恢复供电。

(3) 附加悬挂断线，供电线、加强线用链条葫芦紧起线索，确保安全距离，沟通主导电回路后恢复供电。

九、隧道接触网事故抢修

隧道内接触网故障时，应首先查明故障情况及破坏波及范围。若事故点停有列车或其他阻碍事故抢修的情况，双线隧道尽量采用在邻线旋转作业车平台的方式，单线隧道可采用在列车顶部的作业方式。

1. 线索断线

(1) 接触线断线或承力索断线的抢修措施同本节“一、接触线断线”“二、承力索断线”所列措施。

(2) 供电线(加强线)断线：用链条葫芦紧起，检查张力情况，确保安全距离，沟通主导电回路后送电通车。

（3）接地母线断线：在不影响行车、供电的情况下直接开通，随后利用天窗点恢复。

2. 埋入杆件烧断或脱落

双线隧道埋入杆件烧断应首先查明事故波及范围。

（1）埋入杆件在直线上：拆除定位以保证电力机车正常通过，然后要点恢复。

（2）埋入杆件在曲线上：埋入杆件烧断或脱落，技术参数不能保证列车通行，在隧道壁上用膨胀螺栓或化学锚栓临时定位，保证电力机车正常通过。

（3）埋入杆件在曲线上：定位、悬挂埋入杆件均烧断。

①短隧道时，可利用降弓通过的办法，在隧道两头设置升、降弓标。

②长隧道时，在原悬挂及定位旁安装膨胀螺栓或化学锚栓，将承力索和导线定位。

供电设备管理单位也可根据现场实际情况，在隧道预埋受力杆件以供抢修备用。

3. 锚段关节、补偿装置处悬挂断线

（1）接触悬挂在绝缘子带电侧断线时，将线索进行并锚，满足开通条件并送电通车。条件不具备时降弓通过。

（2）接触悬挂在绝缘子下锚侧断开时，将悬挂紧起，确保锚段关节几何参数，先送电通车后利用天窗逐步恢复补偿装置。

（3）补偿绳断线：用链条葫芦将下锚硬锚在锚壁上，检查锚段关节和本锚段的技术状态，送电通车后利用天窗进行恢复。

4. 隧道口补偿装置事故抢修

（1）接触悬挂在绝缘子带电侧断线及隧道口埋入杆件脱落时，将线索进行并锚，满足开通条件并送电通车。条件不具备时降弓通过。

（2）接触悬挂在绝缘子下锚侧断开时，将悬挂紧起，确保锚段关节几何参数，先送电通车后利用天窗逐步恢复补偿装置。

（3）补偿绳断线：用链条葫芦将下锚支悬挂硬锚在隧道壁埋入杆件上，检查锚段关节和本锚段的状态，送电通车后采用远离作业的办法恢复。

十、桥上接触网事故抢修

1. 桥上下锚钢柱折断

抢修方案一般是在两转换支柱间将悬挂并锚，沟通主导电回路，检查相邻桥钢柱状态后降弓通过。若在曲外不能保证邻线的限界时，可在桥避车台立铝合金支柱，将悬挂定位，在田野侧打“人”字拉线。若地理条件限制，可根据桥栏状况，在桥栏杆固定拉线。

2. 桥钢转换柱折断

抢修方案一般是在两转换支柱间将悬挂并锚，沟通主导电回路，检查相邻桥钢柱状态后降弓通过。若在曲外不能保证与邻线的安全距离时，可在桥避车台立铝合金支柱，将悬挂定位，在田野侧打“人”字拉线。若地理条件限制，可根据桥栏状况，在桥栏杆固定拉线。

3. 桥钢中间柱折断

（1）直线按照本节“八、支柱折断”中内容执行。

（2）曲外时在桥避车台立铝合金支柱，将悬挂定位，在田野侧打“人”字拉线。若地理条件限制，根据桥栏状况，在桥栏杆固定拉线。

十一、软横跨支柱折断

1. 钢柱碰弯

钢柱碰弯，用打拉线的方法，先行通车。

2. 钢柱、混凝土柱折断

（1）曲线时立铝合金支柱，打好“人”字拉线，用链条葫芦固定上、下部固定绳，保证结构高度、导高、拉出值、横向承力索吊起来或盘在上部固定绳上不受力，不影响送电即可。

（2）直线上可拆除软横跨，不定位，保证导线高度在 5 350 mm 以上。必要时，可提高相邻软横跨的承力索高度，以保证导线高度。

3. 带下锚、附加线索的钢柱、混凝土柱折断

（1）应以最快速度使悬挂脱离接地，优先开通正线股道，若同时影响上下行，首先将影响较小的一线（上行或下行）脱离接地，先开通一线送电通车。条件不具备时降弓通过。

（2）当支柱倒在线路上压住悬挂时，首先考虑人工（或租吊车）将支柱移开，混凝土柱可分段砸断，检查受压承力索、接触线的受力状况并采取相应防护措施，以防断线扩大事故范围；受压承力索、接触线断线时，将断线紧起后沟通主导电回路。

（3）下锚支采用硬锚改移到相邻支柱或并锚方式，硬锚时必须打临时下锚拉线；并锚时应连接牢靠并观察线索张力，根据现场情况对悬挂张力进行适当调整。

（4）附加线索没有断线时，根据附加线索受力情况将其尽快脱离断柱；附加线索断线时将其尽快脱离断柱并依据相应的抢修预案修复。

（5）断杆处有电力线路或其他设备，应立即通知相关单位，督促相关单位尽快将其设备脱离断柱，在抢修作业中保证足够的安全距离。

十二、隔离开关抢修

隔离开关引线烧断或支持绝缘子爆炸、折断、击穿等，申请停电，将绝缘锚段关节或分段绝缘器短接并甩掉隔离开关，也可以从隔离开关上拆除引线后，将两个引线用电连接线夹接通。隔离开关故障停用后要根据管理权限，及时向铁路局集团公司供电调度员汇报，或在车站等单位的相关记录上登记签认，使用权不属供电部门的开关处理后要及时通知相关单位。

十三、分段绝缘器抢修

1. 装卸线或车站侧线上的分段绝缘器抢修预案

（1）装卸线或车站侧线上的分段绝缘器闪络或击穿的抢修方案为：合上隔离开关、送电即可，并在车站运统记录上签认，随后要点处理。

（2）货物线或车站侧线上的分段绝缘器零件脱落，不影响供电但影响列车通过，抢修方案为：到车站办理封锁手续，利用停电点处理更换分段绝缘器（或拆除分段绝缘器，另接一段导线）。

2. 上、下行间渡线分段绝缘器抢修预案

（1）分段绝缘器发生闪络，机械强度满足要求，在车站登记“运统-46”，封锁该渡线，现场观察，其后申请天窗更换。

（2）分段绝缘器发生闪络，机械强度不满足要求或分段绝缘器烧伤面积超过规定，立即申请停电更换。

十四、绝缘子故障

（1）绝缘子闪络：可清扫后送电。

（2）绝缘子击穿、爆炸或折断：必须更换。

十五、其他接触网故障

如吊弦脱落，线夹偏磨、打碰弓，中心锚结松弛等，可设好防护，先降弓运行，后要点进行处理。

十六、网上异物

（1）接到接触网挂有异物通知后供电车间、工区（含应急值守点）应立即组织人员乘汽车或登乘动车组（本线或邻线）巡视检查设备，并根据需要及时向列车调度员提出利用动车组列车运送人员处理故障的申请。需要接触网停电处理故障时，申请要点处理。

（2）登乘巡视人员登乘巡视期间，应密切注意异物情况，确认是否影响行车（是否侵入受电弓动态包络线，是否侵入行车限界，是否存在短接带电设备造成跳闸等），并及时向生产调度汇报情况。需要点进行处理时，供电车间、工区人员应采用最快方式进行处理，处理完毕后，应及时销记并将情况汇报生产调度。

十七、受电弓挂有异物

在接到受电弓挂有异物的信息后，供电车间、工区人员应根据需要积极配合列车调度员、供电调度员进行处理，尽快恢复正常行车。

十八、自动过分相地面“感应器装置”故障

（1）在接到列车调度员通知动车组列车不能自动过分相时，供电车间、工区（含应急值守点）应立即组织人员登记“运统-46”，对自动过分相地面“感应器装置”进行检查、处理。

（2）供电车间、工区在日常检修中如发现自动过分相地面“感应器装置”故障时，应立即报告驻站（局）联络员，同时登记“运统-46”，写明行车限制条件，要求动车组在该处采用手动断电措施过分相。

（3）自动过分相地面“感应器装置”修复后，供电车间、工区应及时在“运统-46”上销记，恢复正常行车。

十九、关节式电分相事故抢修预案

(一)分相内抢修、救援作业的基本规定

1. 电力机车在分相无电区内停车

由行车、机车调度另外安排机车进行救援。

2. 电力机车在分相无电区内停车的救援措施

当确需供电救援,且供电设备具备供电救援条件,按以下步骤操作:

(1)由供电调度先将列车尾部方向的供电臂停电,通过远动闭合或向接触网工区下达闭合隔离开关的命令,向无电区送电。越区供电应考虑站区分段绝缘器的承压情况,上下行应采取同停同越。

(2)隔离开关操作完毕后,要及时向供电调度消令。

(3)机车开出无电区后,接触网工区要向供电调度报告并申请将隔离开关复位的命令。

(4)得到供电调度的命令后,方可按规定操作,完毕之后及时向供电调度消令。

(5)隔离开关复位后,供电调度方可向停电的供电臂送电。

3. 分相区域内供电设备故障救援措施

(1)分相区域内供电设备故障,经过抢修如能保证一端有断口绝缘时,机车应在整个分相区域内降弓通过。

(2)如在分相区内不能保证有断口绝缘时,可在分相区域外接触线和承力索上做绝缘,机车降弓通过。

4. 送电通车基本技术条件

分相内绝缘锚段关节中最小空气绝缘间隙不少于 400 mm。

(二)分相内线索断线抢修(包括中性线、两锚段关节承力索及接触线)

当发现线索断线时,应迅速查明断头两侧的损伤情况及破坏是否波及电连接、隔断绝缘子、悬挂及定位装置、补偿装置。如波及时,则应同时给予必要的处理。

1. 承力索断线处理方案

(1)如承力索断头两侧没有较大损伤,线索长度无变化时,可直接紧线做接头恢复(紧线有困难时可将两下锚处坠砣同时卸下 5~8 块)。有断股应做补强。

(2)断头两侧线索严重损伤,影响原有长度时,应另接续一段承力索。接线时注意线索的张力及坠砣高度,检查接头质量及各部状态。

如情况特殊不能立即接续线索时,可用手扳葫芦连接,但在中性区以外必须做电连接沟通,且不得障碍受电弓运行。

(3)承力索断线,且被列车拉(挂)严重损伤较长或断多处时,可将线索紧起锚固在导线上,保证导线高度降弓通过。

2. 接触线断线处理方案

(1)如接触线断头两侧没有较大损伤,线索长度变化 500 mm 以内时,可直接紧线用铜接

触线接头线夹做接头恢复(紧线有困难时可将两下锚处坠砣同时卸下 5 ~ 8 块)。有局部损伤的处所应做补强。

(2)断头两侧接触线严重损伤 500 mm 以上时,应另接续一段接触线。紧线时注意导线的张力及坠砣高度,检查接头质量及各部状态。如情况特殊不能立即接续线索时,可用手扳葫芦连接,但在中性区以外必须做电连接沟通。电力机车在该处降弓通过。

(3)接触线断线,且被列车拉(挂)严重损伤较长或断几处,可将导线紧起锚固在承力索上,保证导线高度降弓通过。

3. 承力索、导线均发生断线处理方案

首选方案应是将承力索和导线分别紧线做接头。如情况特殊不能将线索连接到一起时,可以临时将断线头分别锚固在另一支悬挂上,电力机车在整个分相区域内降弓通过,确保降、升弓措施完备无误。

(三)断杆抢修方案

当进行支柱断杆抢修时,应迅速查明隔离开关及引线、隔断绝缘子、电连接、悬挂装置等的破坏情况,并安排做相应的处理。首先应保证隔断绝缘子的绝缘性能和空气绝缘间隙。

1. 中性线下锚支柱(即分相区最外侧下锚柱)折断

可采取并锚方式,即将下锚支悬挂锚固在工作支悬挂上。保证导线高度,恢复分段绝缘性能及绝缘距离降弓通过。

2. 分相区内锚柱折断

因该锚柱又同时为另一锚段关节的转换柱,如不能马上立支柱时,可将该锚柱的下锚支与相邻锚柱下锚支连在一起,紧线时可将紧线器打在另一锚柱的悬挂点(承力索)和定位点(导线)处与断杆的下锚支连接后紧线,观察无障碍受电弓运行时即可。有开关的将开关引线拆除,并保证两绝缘锚段关节绝缘正常。条件不具备时降弓通过。

3. 中心柱或转换柱折断

(1)中心柱折断。抢修时可暂不立抢修支柱,将支撑及定位装置拆除。条件不具备时降弓通过。

(2)转换柱折断。因其支撑着隔断绝缘子,所以抢修方案应首选立铝合金支柱来支撑悬挂。如情况特殊,不能立即立铝合金支柱时可拆除支撑及定位装置,并将该处非支悬挂与工作支悬挂固定在一起(一是两锚支悬挂等电位,二是避免绝缘子碰撞),机车在整个分相区域内降弓通过,并确保降、升弓措施完备无误。

(四)接触悬挂损坏的抢修

(1)因零部件断裂导致腕臂塌架。

有条件时可更换破坏的部件及绝缘子或重新安装支撑及定位装置。条件不具备时可拆除支撑及定位,两支悬挂间空气绝缘间隙保证在 400 mm 以上时,可让机车在该处降弓通过。如不能保证 400 mm 的绝缘间隙,则应在整个分相区域内降弓。

(2)因弓网故障造成定位装置损坏、电连接或吊弦损坏等,应及时更换及检修。

(3)绝缘子闪络、击穿或破损:应及时更换绝缘子。

(五)抢修作业安全措施

(1)在七跨式分相内进行事故抢修时,必须两个供电臂均停电(即重合天窗)。

(2)为防止感应电,应在中性线上加挂一组地线。

(3)分相区域内严禁带电作业。

(4)在供电线上进行抢修作业时,如能保证作业人员及所携带的工具材料距离支柱支撑装置在1 m以上时,只需供电线所在供电臂停电,如不能保证1 m的安全距离,则应申请两供电臂停电后作业(即重合停电)。

二十、列车脱线救援需拆移接触网的配合

一般方法:派人在脱线所涉及半个锚段的下锚处用紧线工具吊起坠砣,卸载导线和承力索的张力,然后用滑轮组,将导线和承力索同时向支柱侧拉移(必要时可从腕臂上卸掉悬挂),配合结束后,按拆移的反向操作恢复设备,确保参数符合要求。

如接触网也被破坏,应在起复列车的同时,留部分人员配合,另一部分人员进行交叉作业,进行接触网恢复工作,如吊车影响作业,则吊车作业结束后,尽快恢复接触网设备,压缩恢复时间。

二十一、接触网设备大面积损坏

不能满足电力机车降弓惰行条件时,要利用开闭所、分区所、站场两端锚段关节,采取越区供电等措施缩小停电范围,满足列车降弓运行条件。否则,可采取整区间接触网停电,依靠内燃机车牵引方式尽快恢复重点列车运行。

二十二、不明故障点的查找

(1)根据公路交通和故障位置的具体情况灵活采用作业车或汽车运送人员至区间巡视的交通方式。故障点查找时做到:根据故标等信息重点查找;人员分散查找;及时向其他单位人员了解情况;发现故障点立即报告现场情况;根据命令及时统一集中。

(2)供电调度、生产调度和抢修人员加强与工务、车务、机务、电务等相关部门的联系,为现场查找故障点提供参考信息。

(3)现场抢修人员必须保证与供电调度、生产调度不间断的联系,及时将现场情况向上级汇报。如在长大隧道等通信信号不畅区段,通过区间电话及时向上级汇报巡视以及查找故障点的情况。

(4)对打弓点等巡视难以发现的供电故障,在安排抢修人员进入区间巡视的同时,应考虑及时安排段检测车至故障区段检测。

二十三、列车碰撞异物

在接到列车碰撞异物的信息后,供电车间、工区人员应根据需要积极配合列车调度员、供电调度员进行处理,尽快恢复正常行车。供电车间及时安排人员进行登乘巡视,夜间天窗组织人员进行上网检查,确保设备安全。

二十四、动车组运行中更换受电弓

动车组列车在运行途中，因不明原因降弓时，在接到通知后，供电车间、工区（含应急值守点）应立即组织人员登乘本线或邻线后续列车巡视检查设备，同时根据需要及时向列车调度员提出利用动车组列车运送人员处理故障的申请。需要接触网停电进行处理的，申请要点处理。

登乘巡视期间如发现接触网设备异常，驻站（局）联络员应及时登记"运统-46"，写明行车限制条件。

设备缺陷处理完毕后，及时进行销记，恢复正常行车。

二十五、接触网舞动

当接触网舞动时，供电工区应将接触网舞动频率及振幅，及时向供电调度员报告，并提出行车限制要求。

接触网舞动时，可根据频率及振幅大小采取限速、降弓惰行、降弓停车停电内燃机车摆渡等措施。

(1)接到接触网舞动报告后，供电工区应在防护网外或登乘列车巡视检查，迅速查明接触网舞动情况，并严密观察接触网舞动程度和动车组列车运行状态，及时、准确向供电调度员和生产调度报告现场情况。

(2)当接触网上下舞动量或水平晃动量不超过 150 mm 时，可采取动车组列车（电力机车）限速 45 km/h 通过晃动区段，并现场观察弓网运行情况。

(3)当接触网上下舞动量或左右晃动量大于 150 mm 时，应适时采取降弓惰行通过晃动区段。当晃动区段过长，无法采取降弓惰行通过时，应采用内燃机车摆渡方案组织行车。

(4)因接触网和附加悬挂舞动，导致接触网和附加悬挂有明显缺陷或设备侵入车辆限界，无法保证动车组列车（电力机车）安全运行时，应立即停电处理。

二十六、接触网结冰

(1)供电车间、工区应掌握接触网导线结冰情况，需要动车组列车限速时，驻（站）局联络员应立即登记"运统-46"，向列车调度员提出限速申请。

(2)需要接触网导线除冰时，驻局联络员在调度所高速铁路调度台登记"运统-46"，申请除冰。供电工区（应急值守点）要登乘除冰车辆监控除冰效果，并巡视供电设备。

(3)遇接触网导线结冰比较严重（厚度大于 5 mm）时，供电工区应及时向调度所申请上线除冰，并做好接触网作业车随时上线人工除冰准备。

(4)遇隧道、上承桥梁、拱形明洞等接触网上方物体结冰影响供电安全时，应采用接触网作业车或使用绝缘杆人工除冰。

(5)除冰结束后，供电部门确认具备动车组列车安全运行条件，驻（站）局联络员在"运统-46"内销记，写明是否限速。

二十七、恶劣天气的应急处置

(1)遇恶劣天气时，要及时撤除相关供电臂重合闸。供电工区根据天气情况，及时向生产调度申请撤除重合闸，生产调度填写“恶劣天气撤除重合闸申请书”，经段值班领导批准后，由生产调度向供电调度员提出撤除相关供电臂重合闸申请（紧急情况下可向供电调度员口头申请，双方做好记录），申请内容包含：撤除原因、范围、批准人等，供电调度员接到供电段撤除相关供电臂重合闸申请后，认真核对申请内容无误后，及时撤除重合闸。

（2）天气转好时，供电工区应向生产调度申请恢复重合闸，生产调度应填报“恶劣天气结束恢复重合闸申请书”，向供电调度员申请恢复重合闸，供电调度员认真审查申请内容无误后，及时恢复重合闸。

（3）当恶劣天气不利于供电设备恢复供电时，供电工区应在天窗开始前 30 min，向供电调度员申请取消停电天窗作业。

二十八、登乘动车组巡视故障区段

（1）现场抢修负责人应查询列车时刻表，在驻局联络员协助下，尽可能安排能够登乘后续首列通过故障点的本线或邻线动车组的供电工区人员，准备登乘该趟动车组，如遇故障地段后续首列已进入故障区间等不具备登乘后续首列的应及时调整，尽量登乘后续未进入故障区间的首列动车。同时组织驻站联络员登记“运统-46”，待列车调度员发布准许登乘动车组列车的调度命令后方可登乘。

（2）登乘巡视人员在接到登乘巡视的通知后，应立即携带指定的 GSM-R 手持终端做好准备，确保调度命令下达后登乘即时开始。

（3）登乘巡视人员应根据接到的跳闸信息密切注意接触网设备状况，遇有可能影响行车的情况应立即拦停列车，确保安全。如登乘巡视人员登乘邻线动车组，遇有接触网设备异常需拦停列车时应立即向驻站、驻局联络员联系拦停有关列车，同时向生产调度汇报。

（4）驻局联络员应向列车调度员说明登乘原因、单位、人数、上车站、巡视或下车区段（行别、公里标按故障地点前后各 2 km）、行车限制条件等。

二十九、利用动车组运送人员处理故障

（1）现场抢修负责人根据供电调度员、段抢修应急领导小组指示及现场需要，组织驻局联络员向列车调度员提出利用动车组列车运送人员处理故障或进行前期调查的申请，待列车调度员发布准许动车组列车运送故障抢修人员赶赴区间进行抢修作业的命令后，相应供电工区（应急值守点）人员应携带抢修箱及其他抢修用具登乘动车组列车赶赴故障点。

（2）相应供电工区（应急值守点）在接到故障信息后，应立即携带抢修箱及其他抢修用具，做好赶赴现场进行应急处置的准备，随时准备登乘动车组。

（3）驻局联络员应向列车调度员说明登乘原因、单位、人数、上车车站、下车地点（行别及公里标，公里按故标指示前后各 2 km，下车地点不得在接触网分相内及线路短链里程内）、行车限制条件、撤离方式（从作业门、疏散通道撤离时应写明行别）等。

（4）列车运行至停车地点停车后，当故障行别与列车运行行别一致时，登乘人员应与动车组司机核对无后续列车及邻线列车限速 160 km/h 及以下（当故障行别与列车行别不一致时，登乘人员应与动车组司机核对邻线封锁、本线限速 160 km/h 以下）的调度命令发布后，在列车运行前方驾驶室后的非会车侧车门下车。登乘人员、机具下车后全部撤离至安全地带要向动

车组司机汇报全部抢修人员、机具已撤至安全地带，动车组可以开车。待列车调度员确认登乘人员乘坐的动车组列车到达前方站，并下达本线（故障行别）封锁准许故障抢修的调度命令，抢修人员再次确认本线（故障行别）封锁，邻线（故障区间邻线）限速 160 km/h 及以下后方可展开巡视及应急处置。

(5)应急处置人员应尽快找到跳闸故障点并向生产调度汇报，同时根据段应急抢修领导小组指示，进行下一步处置。

(6)供电车间、工区应加强与车站、公安部门联系，明确进出车站（站台）固定线路。

第四节　故障抢修演练

接触网设备的特点之一是设备分散、技术复杂、点多线长、事故情况下设备损坏情况多样、对运输生产影响大，加上抢修时间紧、抢修条件差，因而需要一支技术过硬、训练有素的职工队伍。为了培养一支技术过硬、作风过硬，在关键时刻拉得动、上得快的抢修队伍，在突发事件时“召之即来、来之能战、战之能胜”，就要高度重视日常的抢修演练工作，使职工牢固树立抢修观念，加强事故抢修意识，不断提高事故抢修能力。

供电段要加强抢修队伍的定期培训，积极开展故障预想和日常演练。各工区每季组织一次故障抢修出动演习（包括按时集合、整装出动和携带工具、材料等）。供电车间每半年组织管内各工区进行一次故障抢修演习。段、车间应结合实际，适当组织进行相邻车间、工区之间的联合事故抢修演练和预想，提高较大事故抢修中的协作能力。在特殊时期，如防洪期、冬春运期等，还要根据季节或生产的需要，有针对性地增加演练次数。

一、演练组织

为做好事故抢修的日常演练，尽可能地为接触网工区建设供训练用的实做场地和必要的实物。事故演练主要包括破坏设想、抢修原则、故障判断、方案制定、人员组织和领导、机具材料品种数量、通讯联络、与有关部门配合、恢复临时行车的供电方式、接触网技术条件等。

演练要根据生产任务或工作需要，有针对性地组织，充分利用练兵场地和现有的实物，尽量减少材料浪费。演练组织者应围绕如何提高职工应变能力、综合分析判断能力、组织指挥能力和实际操作能力为目的。

二、演练重点

班组组织演练，重点在人员的快速反应、快速准备、快速出动、工具材料准备、抢修方案制定、故障点的判断等方面。

车间组织演练应有意识地安排在工区设备结合部，重点在信息沟通、工区与工区相互协调、相互支援、对彼此设备相互熟悉程度、指挥权变更等方面，还可以使班组之间互相学习、取长补短。

段组织演练，应该有意识地在不同车间设备结合部、组织不同工种均参与的大型事故演练，重点检验调度指挥系统指挥能力、各车间协调配合能力、抢修人员的机动能力、各工种的专业处理能力和配合协作能力、事故预案展开等，为在大型事故中进行集团作战积累经验。

三、演练方式

由于演练毕竟是"高度仿真"的一种演习，往往无法像真正事故一样全过程演练，因此，演练仅仅对快速反应、快速机动、远程支援、信息沟通等进行，对于真正的实际动手操作能力还要平常采取其他的方式进行。

(1)利用工地转移、队伍搬迁的机会锻炼职工远程救援能力，使职工在每一次搬迁中得到锻炼，提高各级组织的指挥能力和领导能力，真正遇到事故时，能够有条不紊地进行远程支援。

(2)利用平时突击性紧急任务进行抢修演练。

在每一次大型紧急任务下达后，如大面积更换不合格定位器、大面积清扫绝缘子等，可以有意识地把生产任务和抢修结合进行练兵，以培养事故情况下队伍的组织能力、领导能力、快速抢修能力。

(3)利用集中修或大型作业的机会进行抢修训练，可以采取分组竞赛或数量竞赛等方式，提高职工实际操作能力和日常快速反应、快速出动相辅相成，提高队伍的全程快速抢修能力。

(4)利用每一次处理联控信息中网上异物等意外事件的机会，有意识地和抢修预案结合起来，判断地点、采取措施、安全注意事项等，处理完后及时总结，找出差距，不断提高对预案和设备的熟悉程度，便于在事故情况下快速判断事故周围设备情况。

(5)日常检修巡视要确保设备质量，特别是关注下部设备的质量状态，每次巡视时要加强观察，发现问题要及时上报处理。因为基础设备在事故中如果受到破坏或者破坏较严重，势必增加抢修的难度，影响快速抢修的时间，如果基础设备质量稳固，事故中只需要更换上部受损设备，大大提高抢修速度。

实践证明，只要有计划有目的地把平时的生产和快速抢修有机地结合起来，就可以取得显著成效，既能保证生产任务按时完成，又能培养全体职工临危不乱、临危不惧、能打善战的作风，为快速抢修打下基础。

演练注意事项

1. 演练前，组织者要和生产调度、供电调度联系说明，以免引发误会。调度对事故演练要大力配合支持，共同搞好事故抢修演练，并按规定执行统一指挥。

2. 各级事故抢修演练组织者要严格按实际事故进行演练，认真做好各种记录，确保达到事故抢修演练的目的，不断提高事故抢修能力。

3. 演练选择合适的时间和主题，突出事故的突发性、偶然性、全天候性，锻炼队伍在任何时间、任何条件下都能应付突发事故。

第五节　安全监督检查

一、供电部检查指导书(表9-5-1)

表9-5-1　供电部检查指导书

序号	项目	检查项点	检查依据
1	安全管理	1.《铁路技术管理规程》《牵引变电所安全工作规程》《铁路电力安全工作规程》《普速铁路接触网安全工作规则》《牵引变电所运行检修规程》《铁路电力管理规程》《普速铁路接触网运行维修规则》《高速铁路接触网安全工作规则》《高速铁路牵引变电所安全工作规则》《高速铁路牵引变电所安全工作规则修订内容》《高速铁路电力管理规则》《铁路电力安全工作规程补充规定》《高速铁路牵引变电所运行检修规则》《高速铁路接触网运行维修规则》《高速铁路接触网精测精修实施办法》等国铁集团规程、规范、标准和规章的贯彻执行,制定本专业有关标准、制度和办法。规章制度是否动态修订补废,是否违反或宽于上级规章。 2.机构和人员是否按规定设置配备到位。 3.双重预防机制、红线管理、标准化规范化建设等安全基础管理工作开展情况;检查国铁集团1号文件落实情况;检查月度安全分析会召开情况,重点事项是否有效落实。 4.全员安全生产责任制建立完善及岗位履职情况。 5.是否按规定组织专业对规检查。 6.安全生产专项整治工作开展情况	《电气化铁路接触网故障抢修规则》《牵引变电所安全工作规程》《牵引变电所运行检修规程》《铁路电力管理规则》《铁路电力安全工作规程》《国铁集团铁路营业线施工管理办法》《高速铁路接触网故障抢修规则》《高速铁路接触网安全工作规则》《高速铁路牵引变电所安全工作规则》《高速铁路牵引变电所安全工作规则修订内容》《高速铁路电力管理规则》《高速铁路牵引变电所运行检修规则》《铁路电力安全工作规程补充规定》《高速铁路接触网运行维修规则》《高速铁路接触网精测精修实施办法》《普速铁路接触网运行维修规则》《普速铁路接触网安全工作规则》《铁路技术管理规程》《轨道作业车管理规则》等
2	设备管理	1.供电设备年度维修计划的核备情况;设备运行分析情况,是否定期开展设备运行质量评价。 2.超周期设备管理情况,是否建立台账及制定管控措施。 3.供电设备地面监测系统(6C系统)运用情况,是否按周期进行检测,数据是否及时分析,缺陷是否及时处理。 4.设备分工分界是否明确。 5.维管设备的监管制度是否建立和得到有效落实。 6.是否针对风、洪(雨)、雷、冰、污(雾)闪、锈蚀、鸟害、异物、危树、上跨桥等影响供电安全的外部环境因素、构筑物,建立有效机制及落实情况。 7.新产品试运行和重要设备变更管理情况	《牵引变电所运行检修规程》《铁路电力管理规程》《普速铁路接触网运行维修规则》《高速铁路电力管理规则》《高速铁路牵引变电所运行检修规则》《高速铁路接触网运行维修规则》

续上表

序号	项目	检查项点	检查依据
3	人员素质	1. 是否明确一名部门领导和一名工作人员负责本系统的职工教育培训工作，每年年初及时提报培训需求计划，并按确定的培训计划积极配合做好培训工作。 2. 是否制定职工教育培训工作实施办法和配套措施。是否编制本系统职工教育培训发展规划、工作计划。 3. 是否按本系统职工总数1‰～2‰的比例选聘兼职师资，做到动态调整和充实。是否按照2～3年的周期组织专兼职师资进行轮训。 4. 对从事特种作业和特种设备作业的人员，是否按照国家规定，经过专业培训和专门部门考核，取证后上岗，是否按要求定期参加复审考核	《中华人民共和国安全生产法》"铁路职工教育培训规定"
4	施工管理	1. 是否制定供电系统营业线施工管理细则、办法。 2. 是否按照规定审核施工方案、施工计划，组织召开施工协调会。 3. 是否按照规定审核高速铁路维修计划。 4. 是否对各段施工情况进行监督检查和考核。 5. 是否协调相关部室保障各段天窗兑现。 6. 是否按照规定参加施工监控	《国铁集团铁路营业线施工管理办法》
5	事故、故障管理	1. 是否建立"铁路交通事故登记簿""铁路交通事故分析会记录簿""行车设备故障登记簿""行车设备故障分析记录簿"，且登记要素齐全。 2. 是否按规定召开事故故障分析会。 3. 是否按月、半年、年度，对本系统事故故障进行分析总结。 4. 事故故障暴露出问题整改情况及整改措施落实情况。 5. 对铁路交通一般D1、D2、D3、D4类责任事故，以及一般C类及以上的作业事故是否向铁路局集团公司分管安全的领导上报问题整改报告	《铁路交通事故调查处理规则》《铁路行车设备故障调查处理办法》《铁路交通事故暴露问题整改督办办法(试行)》
6	应急管理	1. 应急抢修组织机构是否健全。 2. 应急预案是否齐全完善，是否按照规定组织应急培训演练。 3. 供电分段示意图、抢修交通路线图等资料是否齐全	《电气化铁路接触网故障抢修规则》《高速铁路接触网故障抢修规则》

二、供电段检查指导书(表9-5-2)

表9-5-2　供电段检查指导书

序号	项目	检查项点	检查依据
1	安全管理	1. 国家、国铁集团等上级有关规章、标准、制度的贯彻落实和细化情况;规章制度是否动态修订补废,是否违反或宽于上级规章。 2. 机构和人员是否按规定设置配备到位。 3. 全员安全生产责任制建立完善及岗位履职情况。 4. 月度安全分析会、季度安委会的召开情况,重点事项是否有效落实。 5. 双重预防机制、红线管理、标准化规范化建设等安全基础管理工作开展情况。 6. 安全生产专项整治等重点工作开展落实情况。 7. 劳动安全用品、绝缘工具、受力工具管理情况。 8. 道路交通安全、特种设备、消防安全管理情况	《电气化铁路接触网故障抢修规则》《牵引变电所安全工作规程》《牵引变电所运行检修规程》《铁路电力安全工作规程》《国铁集团铁路营业线施工管理办法》《高速铁路接触网故障抢修规则》《高速铁路接触网安全工作规则》《高速铁路牵引变电所安全工作规则》《高速铁路电力管理规则》《高速铁路牵引变电所运行检修规则》《铁路电力安全工作规程补充规定》《高速铁路接触网运行维修规则》《高速铁路接触网精测精修实施办法》《铁路技术管理规程》《普速铁路接触网运行维修规则》《普速铁路接触网安全工作规则》《轨道作业车管理规则》等
2	设备管理	1. 对上级规章制度办法的细化落实情况,是否动态修订,是否违反或宽于上级规章。 2. 设备履历资料是否健全完善,检查设备分工分界是否明确,重点检查结合部分界是否清晰。 3. 生产计划的制定和执行情况,超周期、超修程设备的管控情况。 4. 是否按规定进行设备监测、检测、检查、零部件检验和分析;一级设备缺陷是否及时销号。 5. 供电设备日常运行分析情况,定期开展设备运行质量评价。每件设备异常信息应及时组织分析,查明原因。 6. 是否针对风、洪(雨)、雷、冰、污(雾)闪、锈蚀、鸟害、异物、危树、上跨桥等影响供电安全的外部环境因素、构筑物,建立有效机制及落实情况。 7. 作业指导书的制定和现场执行情况。 8. 有监管职责的供电段对维管段的监管情况	《牵引变电所安全工作规程》《牵引变电所运行检修规程》《铁路电力安全工作规程》《高速铁路电力管理规则》《高速铁路牵引变电所运行检修规则》《高速铁路接触网运行维修规则》《普速铁路接触网运行维修规则》

续上表

序号	项目	检查项点	检查依据
3	人员素质	1. 是否制定干部、职工教育培训工作实施办法和配套措施。 2. 是否制定干部、职工教育培训年度、月度计划，是否组织开展技能竞赛和岗位练兵，培训档案资料是否齐全。 3. 班组长、特种（设备）作业人员等是否按规定培训。 4. 岗位准入情况，重点检查新职、转岗、晋升人员是否按规定培训，以及高速铁路岗位从业人员是否按规定培训，签订师徒合同。 5. 是否按规定组织劳动安全、防洪、防寒等专项培训考试。 6. 是否组织新技术、新设备、新工艺、新规章等适应性培训	《中华人民共和国安全生产法》 "铁路职工教育培训规定"
4	施工管理	1. 施工方案是否有漏洞，重点检查安全、技术措施是否完备有效，是否有针对性的应急预案。 2. 是否按照规定组织召开技术交底会，是否按规定审核施工方案、施工计划，是否按照规定签订施工安全协议。 3. 是否按照规定对本单位施工人员、劳务人员进行铁路施工安全培训，重点检查施工单位的安全员、防护员、联络员、带班人员和工班长是否按规定培训。 4. 安全监督检查人员是否按规定进行培训	《国铁集团铁路营业线施工管理办法》
5	事故、故障管理	1. 是否建立"铁路交通事故登记簿""铁路交通事故分析会记录簿""行车设备故障登记簿""行车设备故障分析记录簿"，且登记要素齐全。 2. 是否存在迟报、漏报、瞒报、谎报安全信息的情况。 3. 是否按规定召开事故故障分析会，重点检查原因分析、定性定责是否准确，整改措施是否切实可行。 4. 是否按月、半年、年度，对本系统事故故障进行分析总结。 5. 事故故障暴露出问题整改情况及整改措施落实情况。 6. 是否按照规定进行责任追究和经济考核	《铁路交通事故调查处理规则》《铁路行车设备故障调查处理办法》《铁路交通事故暴露问题整改督办办法（试行）》
6	应急管理	1. 应急抢修组织机构是否健全，机具、材料是否按规定配备状态良好，应急值守人员是否在岗。 2. 应急预案是否齐全完善，各级是否按照规定组织应急培训演练。 3. 供电分段示意图、设备图纸和安装图、抢修交通路线图等资料是否齐全。 4. 是否对应急抢修过程进行总结分析	《电气化铁路接触网故障抢修规则》《高速铁路接触网故障抢修规则》

三、接触网专业检查指导书(表9-5-3)

表9-5-3　接触网专业检查指导书

序号	项目	检查项点	检查依据
1	维修计划	1. 检查段、车间、班组是否有上级审批的年度维修计划。重点检查设备是否有遗漏。 2. 检查车间、班组维修计划落实情况。遇维修工作调整时是否对计划进行调整	《高速铁路接触网运行维修规则》《普速铁路接触网运行维修规则》
2	生产组织	1. 检查各种天窗修作业前是否掌握动静态检测缺陷、质量鉴定等情况。接触网集中修作业是否有修前鉴定和维修方案,修后是否进行设备质量验收。 2. 检查接触网单项设备是否按周期检查。 3. 检查接触网一级缺陷是否按时限处理完成	《高速铁路接触网运行维修规则》《普速铁路接触网运行维修规则》
3	现场作业	1. 检查工作票、作业安全措施是否正确完备,作业组成员、安全工器具状态是否满足要求,作业分工是否合理。 2. 检查工前预想会是否按要求召开,轨道作业车司机是否参加预想会。 3. 检查是否违规上道,是否按规定设置作业防护,防护用品是否携带齐全状态良好,工器具、材料上线管控措施是否落实。 4. 检查地线状态是否良好,装设、拆除是否按规定操作,是否采取有效的规避"验电死区",装设位置是否正确。重点检查高空作业、防感应电、穿越电流安全措施是否落实。 5. 检查是否无计划、超范围作业。现场作业联控制度是否落实。 6. 检查维修标准、工艺落实情况。 7. 检查是否执行开通条件确认。 8. 检查各级干部是否按规定到岗到位履行职责。 9. 检查是否有违章指挥、违章作业	《电气化铁路有关人员电气安全规则》《高速铁路接触网安全工作规则》《普速铁路接触网安全工作规则》《高速铁路接触网运行维修规则》《普速铁路接触网运行维修规则》
4	维修台账	1. 检查维修记录填写是否及时,工长、车间主任是否按时审核。 2. 检查维修记录填写是否真实、数据准确。各项台账是否齐全。 3. 检查接触网设备履历、台账资料、图纸等是否齐全,是否存在与现场设备不符,是否及时更新	《高速铁路接触网运行维修规则》《普速铁路接触网运行维修规则》

续上表

序号	项目	检查项点	检查依据
5	运行管理	1. 检查接触网设备是否超限界值。 2. 检查各种设备、行车标志是否清晰，安装位置是否符合规定。 3. 检查轨旁设备是否符合行车安全要求。 4. 检查有无影响接触网运行安全的外部环境问题。 5. 检查各级有无设备运行质量分析。 6. 是否在每年组织设备鉴定，评定设备是否明确优良率、合格率、不合格率结果	《高速铁路接触网运行维修规则》《普速铁路接触网运行维修规则》

第六节　接触网事故故障分类

一、接触网事故

根据《铁路交通事故调查处理规则》（以下简称《事规》）规定：事故分为特别重大事故、重大事故、较大事故和一般事故四个等级，一般事故又分为一般A类、一般B类、一般C类和一般D类事故。结合供电专业的特点，与接触网有关的事故通常为一般事故，具体如下：

1. 一般事故A类

A3. 造成500万元以上1 000万元以下直接经济损失。

2. 一般事故B类

B3. 造成100万元以上500万元以下直接经济损失。

3. 一般事故C类

C10. 列车冒进信号或越过警冲标。（因作业时将接地线设置在侵限绝缘处等情形）

C13. 列车运行中碰撞轻型车辆、小车、施工机械、机具、防护栅栏等设备设施或路料、坍体、落石。

C14. 接触网断线、倒杆或塌网。

C19. 电力机车、动车组带电进入停电区。

C20. 错误向停电区段的接触网供电。

C24. 无调度命令施工，超范围施工，超范围维修作业。

4. 一般事故D类

D9. 施工、检修、清扫设备耽误列车。

D10. 作业人员违反劳动纪律、作业纪律耽误列车。

D19. 电力机车、动车组错误进入无接触网线路。（主要是“运统-46”登记及接触网终端标的设置）

D21. 行车设备故障耽误本列客运列车1 h以上，或耽误本列货运列车2 h以上；固定设备故障延时影响正常行车 2 h 以上(仅指正线)。

事故分为责任事故和非责任事故。

事故责任分为全部责任、主要责任、重要责任、次要责任和同等责任。

自然灾害原因导致的事故,因防范措施不到位,定责任事故。确属不可抗力原因导致的事故,定非责任事故。

二、接触网设备故障

根据《铁路行车设备故障调查处理办法》规定,发生耽误列车、危及行车安全或影响列车正常运营的下列情形之一,但未构成铁路交通事故的,为供电设备故障 G9。

因违反作业标准、操作规程及养护维修不当或设计制造质量缺陷、自然灾害等原因,造成供电设备损坏,影响正常行车,危及行车安全,但未造成事故的,均构成设备故障。

设备故障分为责任和非责任,责任划分为全部责任、主要责任、次要责任和同等责任。

因自然灾害等不可抗力导致的设备故障,列非责任;经公安部门查明,确系破坏原因造成的设备故障,列非责任;应采取防范措施而未采取,致使人为破坏造成的设备故障,定相关单位责任。

三、供电安全信息

安全信息是掌握安全生产情况,指导运输生产的重要依据。供电安全信息系指铁路交通事故、设备故障,以及其他影响或危及供电安全生产的信息。

安全信息管理须遵循迅速、真实、完整、闭环的原则。

(1)安全信息要第一时间报告,严禁迟报、漏报。

(2)安全信息要实事求是,严禁谎报、瞒报。

(3)安全信息要内容齐全、重点突出,信息处置的新进展、新情况等要及时续报。

(4)安全信息要查明原因,制定措施,落实整改。

(一)供电安全信息分类原则

(1)符合《铁路交通事故调查处理规则》中相关事故等级的,列为“事故”。

(2)符合以下条件列为“故障”。

①牵引供电设备跳闸,高速铁路或客专停电 10 min 及以上,普速铁路停电 15 min 及以上。

②弓网故障;引线、附加线索断脱;接触网零部件松、脱、断造成停车或影响行车。

③牵引变电所电气设备烧损炸裂;停电后备自投不成功;越级跳闸;断路器、隔离开关拒动、误动影响接触网停送电。

④远动操作不成功,影响停送电、分束供电。

⑤电力电源停电,影响行车。

⑥电力一路电源停电,高速铁路 30 min 及以上,普速铁路 60 min 及以上,其他电源正常,未影响行车。

⑦作业车辆运行过程途中发生故障,影响行车。

⑧其他国铁集团认定的供电设备产品质量缺陷问题。

(3)符合以下条件列为“信息”。

①供电跳闸,重合闸、备自投成功。

②发现设备缺陷、环境隐患,主动要点处理。

③牵引变电所变压器温度报警、轻瓦斯报警、过负荷报警、GIS 气压报警等,未影响接触网供电。

④远动系统异常,未影响供电。

⑤电力一路电源停电,高速铁路 30 min 以内,普速铁路 60 min 以内,其他电源正常,未影响行车。

⑥牵引供电、电力供电线路电压异常波动信息。

⑦供电从业人员当班期间猝死等意外情况。

⑧供电配合铁路应急抢险。

⑨供电设备被盗,影响供电安全。

⑩支线、专用线、代维修铁路供电停电,不影响正线供电。

(4)符合以下条件列为“自然灾害”。

地震、大风、雪灾、火灾、暴雨洪水、山体滑坡、低温冻雨等重大自然灾害。

(二)设备故障责任判定

设备故障定责基本原则如下:

(1)设备源头质量验收把关不严,“三无”产品、不合格产品等投入运行造成的设备故障。

(2)技术标准更新颁布后,未及时更换淘汰产品造成的设备故障。

(3)修程修制改革优化后,未及时调整生产组织方式,设备失管失修造成的设备故障。

(4)设备养护维修不到位、设备超周期运行、检修工艺不达标等造成的设备故障。

(5)落实上级的安全通报、专项整治、整改要求不力,重复发生的典型故障。

(6)SCADA 系统、供电 6C 系统、辅助监控系统等远动控制、检测监测系统各类报警、预警分析确认不到位造成的设备故障。

(7)管理权限范围内的外部安全环境隐患处置不彻底造成的设备故障。

第七节 事故调查分析

一、事故调查的原则

(1)事故调查必须贯彻《中华人民共和国安全生产法》(以下简称《安全生产法》)《中华人民共和国铁路法》(以下简称《铁路法》)《铁路交通事故应急救援和调查处理条例》《铁路安全管理条例》和《铁路交通事故调查处理规则》等法律法规有关要求,坚持尊重科学、实事求是,以“事实为依据、以规章为准绳”,及时、准确查清事故原因,查明事故责任,总结事故教训,提出整改措施,对责任单位和个人做出处理意见,把“四不放过”(即事故原因未查清不放过、责任人员未处理不放过、整改措施未落实不放过、有关人员未受到教育不放过)落到实处。

(2)任何单位和个人不得干扰、阻碍事故应急救援、铁路线路开通、列车运行和事故调查处理。

(3)故障调查比照事故调查进行。

二、事故调查程序(图 9-7-1)

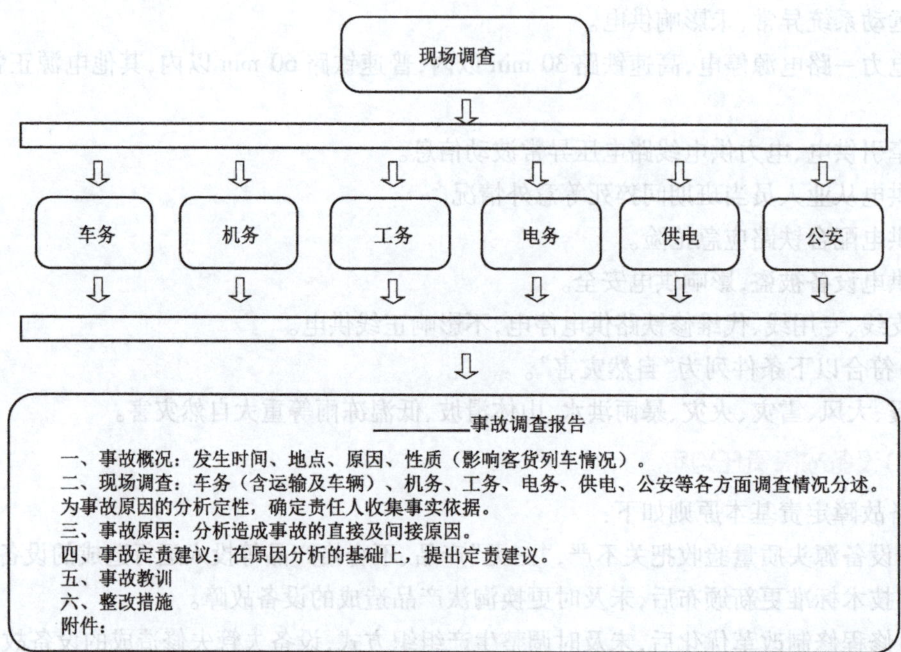

图 9-7-1　接触网事故调查程序框图

第一步:现场调查。

现场调查的目的是寻找收集事故发生时的第一原始信息。包括:原始记录凭证和物证,事故发生的第一原始地点和肇事地点,为判定事故的性质和责任提供原始依据。

一是对事故现场原貌进行实地勘测、察看,测量、记录几何尺寸等相关数据;现场拍照、录像,包括全景、局部、所处位置等;收集现场损坏散落的设备部件;绘制事故现场示意图;收集各种物证。

二是了解事故实际发生的确切时间、地点、原因。询问事故当事人及相关人员,向车站值班员、外勤,以及现场第一目击者(包括司乘人员、工务、电务等人员)了解情况,收取口述、笔述、笔录、证照、档案,并复制、拍照、录音。回放并专储车站及机车无线列调通话原始录音,查看并专储列车运行记录仪运行记录,分析并保存供电调度、牵引变电所(亭)远动记录。

三是调查了解机车及受电弓受损情况。查看并拍照机车及受电弓跳闸放电痕迹。

四是调查了解工务、电务等相关设备状况及损坏情况。

五是调查了解相关施工单位有关施工及周边治安情况。

六是调查事故抢修情况和事故损失。

第二步:在进行初步分析判断事故性质和原因的基础上,补充完善调查资料。

第三步:召开事故分析会议

第四步:撰写事故报告。

三、事故调查的内容

1. 现场调查

(1)施工作业:

①现场的施工作业情况。了解施工单位的施工资质、施工作业组织、安全技术措施、施工安全协议、配合单位、人员的数量、结构组成,具体施工作业的内容、方式、分工、过程,工、机、料、具的使用、检查、保养、审验,现场作业安全卡控措施、办法等相关内容。询问施工组织者、工作领导人及参加作业的相关人员。重点调查本次现场作业的全过程。主要包括:作业的方式、内容、参与人员数量、职务、职名、资质、作业具体分工、现场监控、采取的安全措施、作业程序、起止时间,工机料具的使用等情况。了解事故发生的时间、原因等。了解事故发生时在场人员,以及所采取的处理措施。

②对事故现场原貌进行实地勘测、察看、询问,测量、记录几何尺寸等相关数据。

(2)查看现场施工作业的工作票、命令票;现场的行车防护安全措施、工机具及设备安装等情况。

①机车及受电弓

②外观检查。对在现场的或可疑机车,登顶检查机车顶部、检查受电弓状态,查看挂碰、损坏、放电痕迹、接地可疑物等。

③内部检查。检查机车内部断路器、主变压器、劈相机、自动降弓、自动过分相装置等。

(3)车列。

①对可疑列车车列顶部及侧面,查找跳闸放电烧伤痕迹,确定第一跳闸放电点。

②对可疑车列装载情况进行检查,重点是顶部及侧面,寻找受挂碰的车列,确定第一挂碰点。

(4)接触网设备检查。

①设备破坏、断裂情况检查。

②下锚及补偿装置、中心锚结、电连接线、吊弦、导线、导线接头、承力索、绝缘子、定位装置、接触线、支柱、软(硬)横跨、腕臂、水平拉杆、分段及分相绝缘器、中心锚节、线岔等是否存在缺损、断裂、抽脱、脱落、打碰、倾斜(倒)情况。必要时,进行物理性能试验。

③查看变压器、断路器、隔离开关、避雷器、火花间隙、接地装置、隧道内埋入杆件等情况。

④查看各种警示标志。如平交道口的限界门和断电标、合电标、降弓标志、禁止双弓、禁行等行车防护、警示标志的情况。

(5)查看并记录现场散落、损坏的部件。

①设备几何参数测量。检查站场、区间相关线路的线岔、分段、分相导高、拉出值、定位坡度、支柱侧面限界、平交道口限界门、轨面(红线)标准线等几何尺寸。

②寻找第一跳闸点及第一打碰弓点。必要时对接触网线路扩大范围查找。

③是否有外部因素挂碰、挖掘等原因改变接触网设备的正常状态,造成供电跳闸,致使接触网设备及其他行车设备损坏的情况。

④检查接触网设备安装、检测、试验记录。时间、项目、参数等。判定设备材质情况。

⑤调查了解车务、运输信息。了解相关列车编组、货物装载加固,超高、超限、篷布绑扎等情况。

⑥气候环境。事故地点是否有大风、雷击、雨雪、覆冰或飞鸟、动物等自然灾害造成的供电

跳闸现象，致使接触网设备、车列或其他行车设备遭受破坏的情况。对事故区段的周边环境进行调查。如道口限界门等设施是否损坏，建筑、树木、施工机具等是否侵入限界挂碰造成接触网设备损坏。

⑦绘制事故现场示意图。

2. 相关记录资料

(1)供电相关记录：

①查看接触网工区当日“运统-46”登销记、工作票、命令票，作业命令、检修(测)记录等记录。

②相关变电所、分区所值班记录、倒闸作业登记，调度命令。

③查看供电调度值班日志、远动记录。察听原始记录(录音)，了解确定事故发生时间、地点(范围)、故障跳闸，保护装置动作，故障处理及操作等情况，并复印或打印。

(2)线路相关记录：

线路抬拨道记录，轨面红线复测记录是否清楚、标准，确定网高和起拨道情况(参考工务)。

(3)机车运行记录资料：

机车运记、自动降弓装置、自动过分相装置、接触网参数综合检测装置的原始记录资料(或参考机务)。

(4)车站行车记录登记：

“行车设备检修登记簿”“运统-46”，行车值班日志等(或参考车务)。

(5)电务信号计算机监测数据，对相关数据记录并打印(或参考电务)。

(6)相关施工计划、施工协议、安全技术组织措施、培训情况等资料。

(7)相关气象资料。了解和收集事故发生时的雷电、风、雨、雪、雾等气象资料。

(8)安全管理相关文件。

3. 相关录音和视频资料

(1)行车调度及供电的调度电话录音。

(2)有关机车和相关车站无线列调录音。

(3)有关机车6A视频。

(4)有关机车或动车组弓网视频。

(5)相关人员调查录音。

4. 相关笔录材料

(1)肇事嫌疑人的询问笔录。工作(或施工)领导人、肇事嫌疑人、现场监控人、部门负责人等。

(2)知情人、目击人等相关人员的询问笔录。

5. 摄影、拍照

(1)对挂碰机车、车列及相关车辆的挂碰、跳闸放电烧伤痕迹等破坏情况进行摄影或拍照。

(2)对接触网设备的第一跳闸点、第一打碰弓点和第一挂碰点，设备、部件的损坏、破坏范围等情况进行摄影、拍照。包括全景、局部和所处位置，必要时，应对整个事故破坏范围进行全程录像。

(3)对命令票、工作票、检修(测)记录等原始资料进行拍照。

(4)对事故跳闸烧损的设备进行拍照。

(5)对有关事故物证拍照。

6. 相关物证

搜集并记录现场损坏散落的设备部件及有关事故物证,保持原貌,并妥善保存。

7. 事故抢修或救援

(1)抢修或救援时间。接到通知时间、出动时间、到达现场时间、开始停电时间、开始抢修或救援时间、抢修或救援结束时间,恢复送电时间、线路开通时间。

(2)抢修或救援情况。如参加人员、机具数量,抢修或救援方案、抢修或救援过程等。

8. 事故损失统计。

(1)统计因事故对设备造成破坏的情况。

(2)统计事故抢修的人机料工费用。

(3)计算(或估算)直接经济损失。

9. 写出事故调查报告

附件:

(1)带有注释说明的现场与事故有关的相关实物、实景照片。

(2)事故现场示意图。

(3)远动原始打印记录。

(4)保安装置运行记录。

(5)调度电话录音记录。

(6)无线列调电话录音记录。

(7)相关原始记录、材料、录音等。

四、事故分析程序

(1)事故概况。

(2)设备损坏情况及涉及范围。

(3)事故抢修流程(以时间为顺序)。

(4)事故原因。

(5)经验:缩短事故抢修时间,减少对运输干扰的好方法。

(6)教训:延误抢修时间,增大事故损失的环节及原因。

(7)今后应采取的措施。

(8)其他需要说明的问题。

五、事故调查报告

报告的标题(体现时间、线别、地点)及报告内容

(1)事故概况。(简单、明了描述事故发生的时间、地点、造成的影响,以及事故性质。)

(2)调查情况[发生的经过及应急处置,涉及的车、机(含供电)、工、电、辆专业,包括环境、

气候和治安]。

(3)事故造成的人员伤亡和直接经济损失。

(4)事故发生的原因和事故性质。

(5)事故责任的认定以及对事故责任者的处理建议(含全部、主要、重要等责任)。

(6)事故防范和整改措施建议。(客观、主观和安全管理中存在的问题,整改建议措施。)

(7)与事故有关的证明材料。

①带有注释说明的现场与事故有关的相关实物、实景照片。

②事故现场示意图。

③远动原始打印记录。

④保安装置运行记录。

⑤调度电话录音记录。

⑥无线列调电话录音记录。

⑦相关原始记录、材料、录音等。

第八节　事故故障案例

一、一般C类事故

(1)2022年×月×日,××××线接触网跳闸重合成功。

原因:××站物流有限公司专用线人员,作业后未闭合隔离开关盲目销记,车站作业人员未认真确认,造成电力机车带电进入专用线所致。构成铁路交通一般C19事故。

(2)2017年×月×日,××机车检修厂回送机车出库,××供电段在××站进行接触网停电检修作业,回送机车进入停电区,引起××开闭所5号馈线跳闸。构成铁路交通一般C类(C19)事故。

原因:车站信号员在未得到车站值班员同意的情况下,盲目执行车间监控干部的违章指示,同意检修厂机车出库;供电段登记停电检修影响范围漏"××站Ⅱ场至电力机车检修厂走行线调车作业"的内容,车间干部在监控期间,对行车关键作业监控疏漏;车站信号员在接到停电命令后,对检修厂走行线正在有机车出库,也没有报告提醒,造成电力机车进入停电区。事故定车务主要责任,供电段负同等主要责任。

(3)2021年×月×日,××××线××站6DG瞬间红光带,工务、电务销记设备正常。

原因:供电当天在车站上行线作业,接地线位置设置错误,短接了6DG与4-8DG之间的一组公共绝缘,6DG和2DG(下行正线)为侵限绝缘区段,导致已开放经2DG的下行Ⅰ道出发信号关闭,正在通过的24421次紧急停车,机车越过下行Ⅰ道出站信号机75 m。构成铁路交通一般C10类事故。

(4)2016年×月×日,××××供电段××站42号支柱处Ⅳ道承力索断线,经供电组织抢修,恢复设备正常使用,耽误货车10列,耽误客车5列。构成铁路交通一般C14类事故。

原因:交叉线索整治加装等位线不规范,镁铜承力索与钢绞线使用钢线卡子连接,加之前期施工拆除了股道电连接线,使得本应起等电位作用的钢绞线分流,导致电气烧伤断股严重,造成承力索断线,如图 9-8-1 所示。

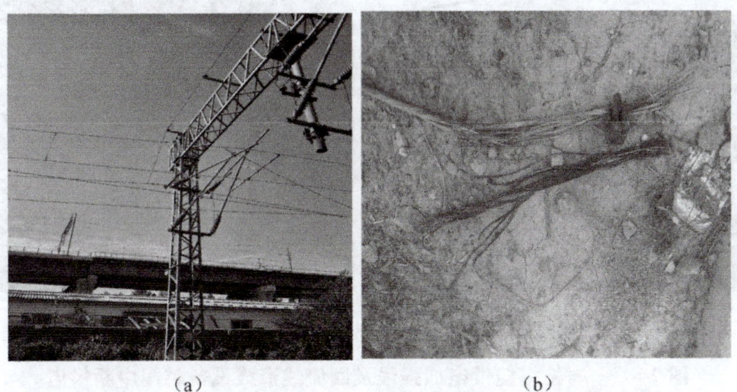

(a) (b)

图 9-8-1 交叉线索等位线电气烧伤造成承力索断线

二、一般 D 类事故

(1)2020 年 ×月 ×日,××线 ××站上行正线及Ⅰ场 2-10 道接触网跳闸重合失败。经供电部门处置恢复设备正常使用。耽误货车 3 列,耽误客车 3 列,构成铁路交通一般 D 类(D10)事故。

原因:供电段施工源头质量不高,安装的架空绝缘导线距离建筑物距离不满足要求;其后,设备巡视不认真,未发现与房檐距离近的问题,也未考虑到天气变化后绝缘导线与建筑物相磨的风险,导致在高温天气时绝缘导线长期与建筑物相磨、绝缘下降,造成设备跳闸,如图 9-8-2 所示。

图 9-8-2 绝缘导线长期与建筑物相磨

(2)2020 年 ×月 ×日 1 时 27 分,××××区间上行线接触网跳闸重合失败。1 时 37 分试送失败,2 时 35 分试送失败。经供电部门处置,4 时 39 分,恢复接触网供电。故障延时 3 小时 12 分钟,影响货车 7 列、客车 4 列。构成铁路交通一般 D21 类事故。

原因:当日天降冻雨及大雪,导致 102 号柱至 104 号柱间上行左侧山坡上马尾松受冻雨及降雪影响负重压垮下滑,树枝搭挂供电加强线及回流线是造成设备跳闸中断供电,如图 9-8-3 所示;供电段应急处置时间长,故障查找方法不当,没有从故标指示地点向两边扩大范围巡视,加之故标装置指示不准确导致延时。

（a）　　　　（b）

图 9-8-3　树枝搭挂供电加强线及回流线造成设备跳闸中断供电

（3）2020 年 ×月 ×日 23 时 05 分，××线 K689 次运行至 ××站内 K951 +180（0‰）处，因机车受电弓故障停于下行咽喉道岔区段，23 时 23 分司机请求救援，26 日 0 时 04 分，列车调度员指示将故障机车甩至货一线。0 时 15 分利用车站调机将 K689 次拉回站内 3 道，1 时 20 分故障机车使用调机牵引至货一线，1 时 37 分 K689 次机车换挂开车。延时 2 小时 32 分钟，影响客车 10 列。构成铁路交通一般 D21 类事故。

原因：车站接触网 24 号线岔非支抬高不足，机车运行方向受电弓的右侧弓角与抬高不足的非支接触线相蹭，导致机车受电弓滑板变形、翻倒（图 9-8-4），供电应急处置不及时导致延时。

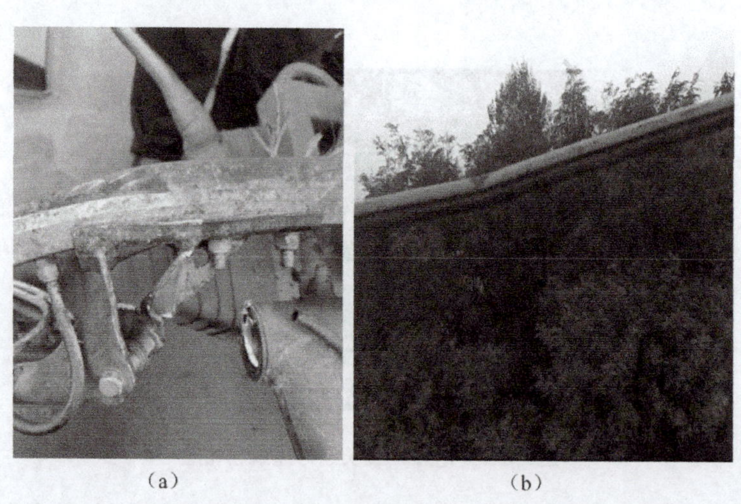

（a）　　　　（b）

图 9-8-4　机车受电弓与非支接触线相蹭后滑板变形、翻倒

（4）2021 年 ×月 ×日 11 时 00 分，××线 D5100 次运行至 ××区间上行线 K582 +650 处因机车无电停车，随车机械师检查机车受电弓受损，申请登顶处理，12 时 44 分登顶作业完毕后，区间上行线接触网送电，13 时 19 分区间开车。耽误货车 4 列，耽误客车 6 列，影响行车 2 小时 19 分钟，构成铁路交通一般 D21 类事故。

原因：××隧道 10 号定位环安装不竖直，定位管定位钩安装不水平，导致定位环与定位管的定位钩铰接状态不良，日常受气温变化，定位钩与定位环别劲相磨，致使定位钩磨损、变形，定位钩开口尺寸变大（原开口尺寸为 8 mm，事发时开口尺寸变为 13 mm），设备在运行中定位钩从定位环中脱出（图 9-8-5），低于接触线，与 D5100 次列车受电弓相蹭，造成受电弓受损。

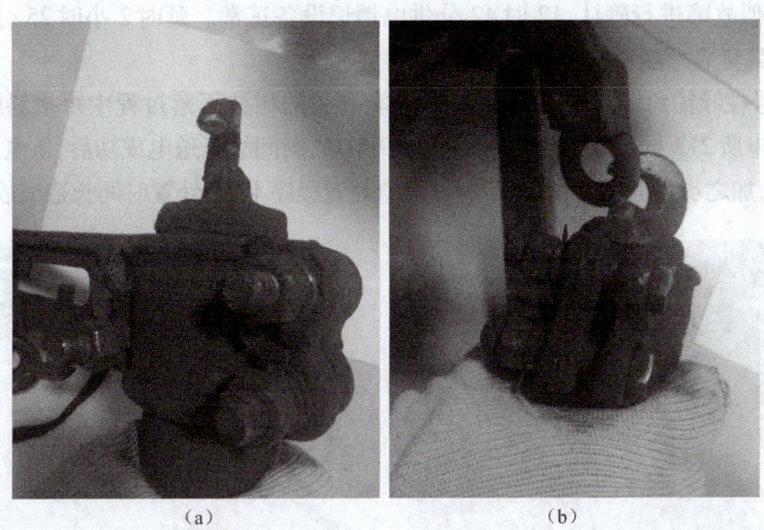

（a）（b）

图 9-8-5 定位钩与定位环别劲相磨致脱出

（5）2021 年 ×月 ×日 9 时 11 分，T125 次运行至 ××区间下行线 K319 +028（ +4‰）处，发生弓网故障，列车被迫停于 K319 +028 处请求救援。利用车站调机（DF7C5530）从尾部救援拉回站内。11 时 41 分，供电抢修完毕开通区间。影响货车 10 列、客车 5 列。故障延时 2 小时 30 分钟，构成铁路交通一般 D21 事故。

原因：月河隧道 03 号水平悬挂调整螺栓丝扣在运行中逐步褪出，悬式绝缘子及调节螺栓套管失去固定后，悬空下垂侵入受电弓动态包络线（图 9-8-6），与经过该处的 T125 次机车受电弓相刮蹭，致使机车受电弓弓头支架变形，供电段应急处置不及时，耽误列车是事故发生的主要原因。供电段作业指导书不完善、检修质量不高是事故发生的管理原因。

（a）（b）

图 9-8-6 悬式绝缘子及调节螺栓套管悬空下垂侵入受电弓动态包络线

(6)2018 年 ×月 ×日 10 时 17 分，××线 ××供电臂跳闸，重合失败，10 时 38 分送电成功，10 时 48 分供电作业车从 ××站出发，11 时 19 分到达 ××站，11 时 21 分作业车进入区间检查设备，11 时 58 分作业车返回车站 3 道停车，12 时 06 分组织步行巡视对区间 62 号斜腕臂棒式绝缘子疑似故障进行确认，12 时 42 分供电销记设备正常。延时 2 小时 25 分钟，影响货车 2 列。构成铁路交通一般 D21 类事故。

原因：62 号柱导锚角钢搭建的鸟巢被风吹落，鸟巢的树枝下落过程中短接斜腕臂棒式绝缘子造成牵引变电所 213 号及 201A 开关跳闸（图 9-8-7），瞬间故障送电成功后，供电段使用作业车封锁区间巡视，加之步行巡视及销记不及时，应急处置程序不清、处置时间长造成故障延时。

(a)

(b)

图 9-8-7　鸟巢树枝短接斜腕臂棒式绝缘子

三、设备故障

(1)2017 年 ×月 ×日，××××变电所 1 号馈线跳闸，高阻接地保护动作、重合闸失败，试送电成功，间隔一段时间再次跳闸。耽误客车一列，构成铁路行车设备故障 G9。

原因：车站四跨绝缘锚段关节中心柱两支接触悬挂空气间隙小，加之凌晨天气寒冷，导致带电侧设备沿绝缘关节向接地侧放电，造成设备跳闸。

(2)2020 年 ×月 ×日，24029 次货物列车运行至 ××区间下行线 K127 +910 处，发生弓网故障停车，经供电人员处理后恢复设备使用。构成铁路行车设备故障 G9。

原因：锚段关节电连接安装不规范，受气温影响弧垂大，侵入受电弓动态包络线，刮坏机车受电弓。

(3)2021 年 ×月 ×日，K1686 次运行至 ××站，发现站内上行线 K246 +393 处接触网支柱冒零星火花停车，同时该供电臂跳闸、重合失败，经供电部门处置，恢复设备正常使用。影响客车 3 列。构成铁路行车设备故障 G9。

原因：日常巡视检查不认真，没有发现该处供电线弛度小（已经将悬式绝缘子抬起），加之两支柱悬挂的供电线存在高差，受气温急剧下降的诱因，供电线线索收缩量增大、向上继续抬升，致使供电线与供电线肩架电地距离不足放电（图 9-8-8），造成 ××变电所 2 号馈线跳闸。

(a)

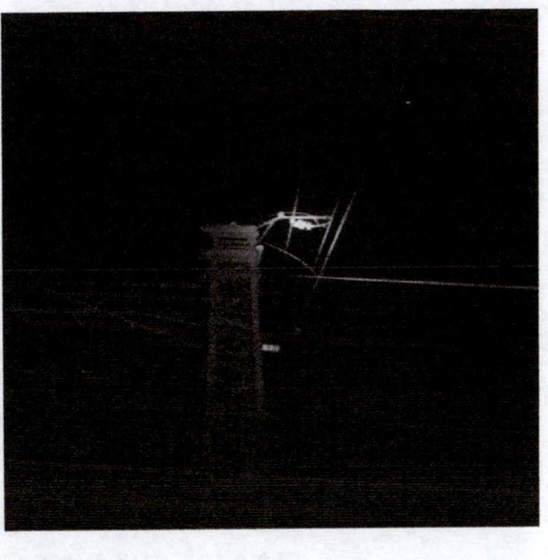

(b)

图 9-8-8 供电线与肩架距离不足放电

(4)2021 年×月×日,××线 84569 次机车司机反映,××区间下行 K648+300 定位器脱落,不影响行车。14 时 31 分至 17 时 15 分供电段利用天窗点申请 V 形停电作业对事发区间 129 号脱落的反定位器进行处理并扩大检查,恢复设备正常。

原因:区间 129 号支柱定位器线夹在前期施工中安装工艺不达标,安装线夹时一侧未入槽(图 9-8-9),后期平推检查及 4C 分析不到位,导致设备隐患长期存在,线夹运行中受振动脱落。

(a) (b)

图 9-8-9 定位线夹一侧未入槽

(5)2021 年×月×日,G1836 次运行至××区间上行线,司机汇报 7 车受电弓被击打停于 K1006+977 处(-2‰),14 时 13 分更换 2 车弓后开车,后续供电部门添乘进入该区间下行线 K1011+772 处下车,处理了掉落与地面的定位器残骸,后续列车采取降弓通过,影响动车 18 列。原因:供电段作业指导书制定不细致,没有明确接触网(高速铁路)定位装置对定位线夹 U 形销磨损情况检查的要求,日常设备检查时,只是检查了定位装置的作业指导书的规定项目,造成 16 号支柱处 T 型定位器定位线夹 U 形销长期磨损、最终磨断,定位器的平头销钉从定位线夹中脱出(图 9-8-10),与运行的 G1836 次受电弓相蹭,造成受电弓变形。

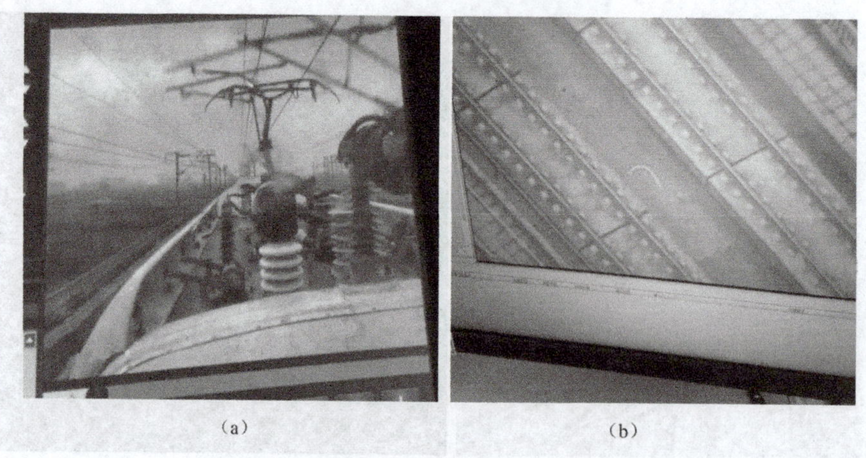

（a） （b）

图 9-8-10 定位器的平头销钉从定位线夹中脱出

(6)2019 年 ×月 ×日，××线 ××站 39 至 41 号接触网支柱间门型双支回流线一支回流线脱落搭接在承力索上，造成 ×× 站至 ×× 站间下行线接触网跳闸重合失败。经供电部门处置，恢复设备正常使用，构成铁路行车设备故障(G9)。

原因：双支回流线未设电气连接存在压差，电流通过三角连板、D 型连接器和耐张线夹形成回路，接触不良发热、长期电腐蚀导致 D 型连接器单耳螺栓孔处烧穿、脱落，造成回流线脱落搭接承力索引起跳闸，如图 9-8-11 所示。

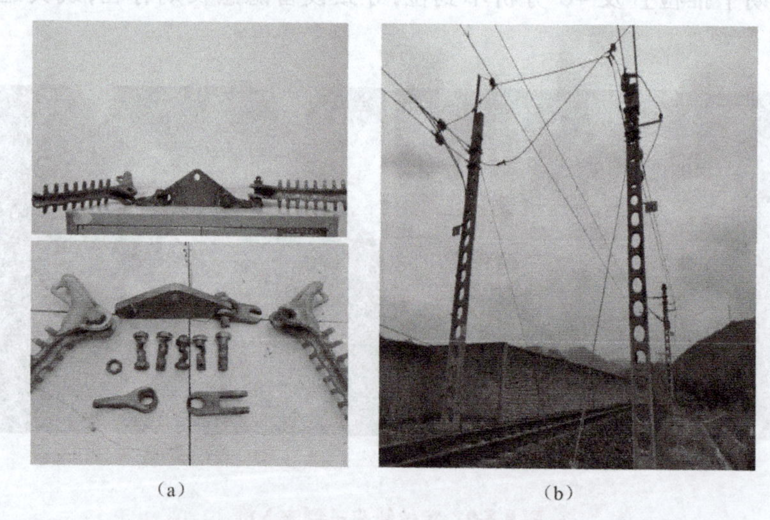

（a） （b）

图 9-8-11 回流线脱落搭接在承力索上引起跳闸

(7)2021 年 ×月 ×日 15 时 32 分，××变电所 1 号馈线 211 断路器跳闸、2 号馈线 212 断路器跳闸，211 断路器重合成功，212 断路器重合失败，15 时 37 分，断开 2122F 隔离开关，15 时 43 分，供电调度试送 212 断路器成功，未影响行车。

原因:28 号-30 号柱跨中的 PW 线和 AF 线弛度大，且间距小，仅 500 mm，大风天气时，线条摆动造成两线的绝缘距离不足引发跳闸。

(8)2020 年 ×月 ×日，××线上行 ××区间新咀头隧道 18 号吊柱(位于隧道口)，下雨时，雨水在风力作用下，飘至污秽的斜腕臂绝缘子上，造成设备污闪跳闸[图 9-8-12(a)];2020

年8月16日，××线下行××区间327号柱(位于跨线桥下)，雨水在风力作用下，飘至污秽绝缘子上，造成设备污闪跳闸[图9-8-12(b)]。

原因：供电段没有按规定周期清扫位于风口处的绝缘子，造成设备污闪跳闸。

(a) 隧道口绝缘污闪

(b) 上跨桥下绝缘子污闪

图9-8-12 绝缘子污闪

思考题

1. 常见接触网故障判断方法有哪些？
2. 事故抢修必须遵循哪些原则？
3. 事故抢修如何做好后勤保障？
4. 支柱折断如何抢修？
5. 电力机车在关节式分相无电区内停车如何救援？
6. 对不明故障点如何查找？
7. 如何组织接触网工区事故演练？
8. 接触网事故如何分类？
9. 事故调查的原则和目的是什么？
10. 事故调查组应履行哪些职责？
11. 简述事故调查的程序和内容。
12. 如何写事故调查报告？

参考文献

[1]于万聚. 高速电气化铁路接触网[M]. 成都:西南交通大学出版社,2004.

[2]张道俊,张韬. 接触网运营检修与管理[M]. 北京:中国铁道出版社,2006.

[3]王修文. 接触网工[M]. 成都:西南交通大学出版社,1994.

[4]张万里. 接触网事故抢修[M]. 北京:中国铁道出版社,2001.

[5]基布岭,普什曼,施密德,等. 电气化铁道接触网[M]. 中铁电气化局集团有限公司,译. 北京:中国电力出版社,2004.

[6]铁道部安全监察司. 牵引供电安全监察培训教材[M]. 北京:铁道部安全监察司,2009.

[7]郑州铁路局. 高速铁路接触网检修作业指导[M]. 北京:中国铁道出版社,2013.

[8]中国国家铁路集团有限公司机辆部. 铁路机车概论[M]. 北京:中国铁道出版社有限公司,2022.

[9]中国国家铁路集团有限公司机辆部. 铁路动车组概论[M]. 北京:中国铁道出版社有限公司,2022.

[10]吉鹏霄,张桂林. 电气化铁路接触网[M]. 3 版. 北京:化学工业出版社,2015.

[11]《铁路安全监督检查指导手册——供电专业》编委会. 铁路安全监督检查指导手册:供电专业[M]. 北京:中国铁道出版社有限公司,2022.

[12]费兆华. 接触网系统简统化、标准化、规范化的研究[J]. 中文科技期刊数据库(引文版)工程技术,2022(2):1-3.

[13]中国铁路总公司. 铁路技术管理规程:TG/01A—2017[S]. 北京:中国铁道出版社,2017.

[14]中国铁路郑州局集团有限公司. 中国铁路郑州局集团有限公司普速铁路行车组织规则[S]. 北京:中国铁道出版社有限公司,2018.

[15]中国铁路郑州局集团有限公司. 中国铁路郑州局集团有限公司高速铁路行车组织细则[S]. 北京:中国铁道出版社有限公司,2018.

[16]国家铁路局. 铁路电力牵引供电设计规范:TB 10009—2016[S]. 北京:中国铁道出版社,2016.

[17]国家铁路局. 高速铁路设计规范:TB 10621—2014 [S]. 北京:中国铁道出版社,2014.

[18]国家铁路局. 铁路营业线施工安全管理办法[S]. 北京:中国铁道出版社有限公司,2021.

[19]中国国家铁路集团有限公司. 国铁集团铁路营业线施工管理办法[S]. 北京:中国铁道出版社有限公司,2021.

[20]中华人民共和国铁道部. 电气化铁路有关人员电气安全规则[S]. 北京:中国铁道出版社,2013.

[21]中华人民共和国国务院. 铁路交通事故应急救援和调查处理条例. 国务院令第 501 号:2007,国务院令第 628 号:2013.

[22]中华人民共和国铁道部. 铁路交通事故调查处理规则[S]. 北京:中国铁道出版社,2007.

[23]中华人民共和国铁道部. 铁路行车设备故障调查处理办法[S]. 北京:中国铁道出版社,2007.

[24]中华人民共和国铁道部. 电气化铁路接触网故障抢修规则[S]. 北京:中国铁道出版社,2009.

[25]中国铁路总公司. 高速铁路接触网故障抢修规则[S]. 北京:中国铁道出版社,2014.

[26]中国铁路总公司. 普速铁路接触网安全工作规则[S]. 北京:中国铁道出版社,2017.

[27]中国铁路总公司. 高速铁路接触网安全工作规则[S]. 北京:中国铁道出版社,2014.

[28]中国铁路总公司. 普速铁路接触网运行维修规则[S]. 北京:中国铁道出版社,2017.

[29]中国铁路总公司. 高速铁路接触网运行维修规则[S]. 北京:中国铁道出版社,2015.

[30]郑州意达信息技术有限公司. 郑州局接触网运行检修管理系统操作手册[Z]. 2022.